MINTAI GUANXI YANJIU
LUNWENJI

闽台关系研究
论文集
（第一辑）

中共福建省委党校
福建行政学院　闽台研究院　主编

九州出版社 JIUZHOUPRESS｜全国百佳图书出版单位

图书在版编目（CIP）数据

闽台关系研究论文集. 第一辑 / 中共福建省委党校,
福建行政学院主编. -- 北京 ： 九州出版社，2017.12
　　ISBN 978-7-5108-6473-5

　　Ⅰ．①闽… Ⅱ．①中… ②福… Ⅲ．①福建－概况②
台湾－概况 Ⅳ．①K925.7②K925.8

　　中国版本图书馆CIP数据核字(2017)第331192号

闽台关系研究论文集（第一辑）

作　　者	中共福建省委党校　福建行政学院　闽台研究院　主编
出版发行	九州出版社
地　　址	北京市西城区阜外大街甲 35 号 (100037)
发行电话	(010)68992190/3/5/6
网　　址	www.jiuzhoupress.com
电子信箱	jiuzhou@jiuzhoupress.com
印　　刷	三河市九洲财鑫印刷有限公司
开　　本	720 毫米 ×1020 毫米　16 开
印　　张	20.75
字　　数	351 千字
版　　次	2018 年 9 月第 1 版
印　　次	2018 年 9 月第 1 次印刷
书　　号	ISBN 978-7-5108-6473-5
定　　价	62.00 元

前　言

习近平总书记在十九大报告中指出："两岸同胞是命运与共的骨肉兄弟，是血浓于水的一家人。我们秉持'两岸一家亲'理念，尊重台湾现有的社会制度和台湾同胞生活方式，愿意率先同台湾同胞分享大陆发展的机遇。我们将扩大两岸经济文化交流合作，实现互利互惠，逐步为台湾同胞在大陆学习、创业、就业、生活提供与大陆同胞同等的待遇，增进台湾同胞福祉。我们将推动两岸同胞共同弘扬中华文化，促进心灵契合。"福建与台湾一水之隔，闽台两地有着"地缘近、血缘亲、文缘深、商缘广、法缘久"的"五缘"关系，是"两岸一家亲"的最集中体现。践行"两岸一家亲"理念，推进闽台交流合作，是中央赋予福建的重要任务。对于中共福建省委党校、福建行政学院来说，深化闽台交流合作，开展闽台关系研究，既是一项重要职责任务，也是当前的一大特色工作。

近年来，中共福建省委党校、福建行政学院从顶层设计、工作机构、学术研究、活动交流等方面不断强化对闽台合作交流的支持，对台交流合作工作取得积极成效。一是出台一份文件，做好顶层设计。制定出台了《打造闽台特色品牌的实施意见》，从突出教学培训特色与效果，打造品牌课程和品牌班次，建设闽台交流合作特色培训基地等方面，对打造闽台合作交流品牌进行了顶层设计，逐步形成涉台办学的拳头优势。二是成立一个中心，设立专门研究机构。2007年，中共福建省委党校成立闽台关系研究中心，集聚社会学、经济学、政治学等领域研究力量，围绕闽台区域族群文化、闽台社会融合、平潭开放开发、闽台产业合作、闽台法规制度等五大领域开展教学、科研、决策咨询相关工作。在闽台关系研究中心成立10周年之际，为更好地突出和加强对台研究工作，2017年福建省委编办批复"经济管理科学研究所"更名为"闽台研究院"，定位为从事省情研究和闽台关系研究的重点智库，与福建省省级重点学科"社会学"共同开展学科、基地建设。近年来，中共福建省委党校、福建行政学院闽台研究中心、闽台研究院成员主持国家社科基金项目 10 多项、省部级项目 40 多项、完成地方政府咨询项目多项，出版著作 10 多部，发表论文 100 多篇。荣获福建省社科优秀成果奖等省部级以上成果奖励 10 多项，获其它奖励多项。有关决策咨询成果报送中央政治局领导参阅，多项成果获得省委书记等省部级领导肯定性批示，并被相关部门采纳。在全国党校、行政学院系统中，成为一个既具鲜明地域特色、又有全国意义的重要研究机构。三是发行一本刊物，创建研究宣传平台。2009 年创办《闽台关系研究》刊物，主要展示闽台关系等涉台研究成果，是我省为数不多的涉台研究刊物。2016 年，《闽台关系研究》转为侨刊乡讯，公开发行，目前发行进入台港澳等地，已成为闽台学术交流的重要平台，在两岸知名度和影响力日益扩大。四是举办一系列培训班次，丰富合作交流主题。举办台湾首届中小企业经贸文化交流培训班、台湾社会菁英研修班，在海峡两岸引起较好反响。围绕"现代服务业""文化创意产业"等主题，多次举办县处级领导干部赴台培训班。五是开展一系列学术活动，拓宽合作交流方式。举办涉台论坛多场，开展合作研究多项，组织赴台交流和选派年青骨干教师赴台访学。同时，邀请台湾知名大学、研究机构多位专家学者来闽讲学交流。

在十九大胜利召开迈入新时代、提出新使命、开启新征程的背景下，在闽台研究中心发展迈过 10 个年头和闽台研究院成立之际，我们将近年来的部分研究成果结集出版，既是对既往工作的回眸和总结，也是对未来工作的开启和展望。《闽台关系研究论文集》选取 28 篇论文，分为闽台文化交流研究、闽台社会发展研究、闽台社会群体研究、闽台经贸合作研究、闽台政法制度研究、平潭开放开发研究 6 个专题，集中体现了闽台关系研究中心、闽台研究院所涉及的主要研究领域。在这本《闽台关系研究论文集》中，既有来自中共福建省委党校、福建行政学院专职教师的成果，也有来自闽台关系研究中心特约研究员的成果，体现了对台研究的开放性与合作性；在这本《闽台关系研究论文集》中，既有个人的研究成果，也有课题组的集体成果，体现了对台研究的个体力量和团队力量的有机结合；在这本《闽台关系研究论文集》中，既有获得省部级奖项的学术性研究成果，也有被有关部门采纳的决策咨询成果，还有部分教学培训过程中形成的调研成果，体现了教学、科研、决策咨询三位一体的工作特色。

　　《闽台关系研究论文集》能够得以顺利出版，要归功于多方面的大力支持与通力合作。感谢中共福建省委党校、福建行政学院领导对本书编辑出版工作的肯定和鼓励，并给予具体的工作指导；感谢闽台关系研究中心、闽台研究院同仁的投入和奉献；感谢九州出版社在编辑出版方面所给予的帮助。

目　录

闽台社会群体研究

闽台经贸合作研究

闽台法规制度研究

平潭开放开发研究

闽台文化交流研究

传承与变迁：台湾客家民间信仰研究

刘大可*

关于台湾客家的民间信仰，前人有过不少的探讨，对其中某一种信仰的研究更是积累丰厚，但将这些信仰置于一个族群整体及相互比较的视野展开讨论的却还比较缺乏。本文试图在前人研究的基础上，就台湾客家民间信仰的基本情况、台湾客家民间信仰对大陆客家民间信仰的继承与发展等问题进行新的探索。

一、台湾客家民间信仰概况

客家是台湾的第二大族群，伴随着闽粤客家人移民台湾，客家民间信仰也传播到台湾。在众多的客家民间信仰中，又以三山国王、定光古佛、义民爷、惭愧祖师、民主公王等信仰最为兴盛。

（一）三山国王信仰

台湾的三山国王信仰，大致分为三大系统：一是以宜兰县大兴振安宫为首的"三山国王宫庙联谊会"系统。大兴振安宫坐落于宜兰县冬山乡大兴村16号，据说始建于清康熙二十三年（1684年），由名叫陈振福的垦首率领三十六位族人和一尊三山国王，从台北越过三貂岭古道，进入宜兰平原，由于受到噶玛兰人的抵制，便一路往南寻找可以安身立命之所，最后终于在火烧围找到垦地，并建草屋供奉三山国王，因而振安宫不仅是宜兰地区最早的三山国王庙，更是宜兰地区历史最悠久的庙宇。创于1988年的"台湾三山国王宫庙联谊会"以其为中心，目前全台湾有一百三十三座庙宇参加。

* 刘大可，历史学博士、文学博士后，中共福建省委党校副校长、福建行政学院副院长，教授。该文原发表在《福州大学学报（哲学社会科学版）》2017年第1期。

二是以彰化县员林广宁宫为中心的"七十二庄"系统。《员林广宁宫宫志》记："广宁宫三山国王庙是员林地区历史最为悠久的庙宇，肇始于清康熙五十年（1711 年）……至雍正四年丙午（1726 年）蒲月完竣，迎请三山国王金身入火安座，神威灵赫，辖有武东保、武西保、燕雾下保等七十二庄（相当现今之员林、大村、埔心和社头等乡镇），香火鼎盛，万民崇仰！"①关于这座广宁宫，还有两则鲜为人知的历史：一是据耆老说，奉祀的妈祖神像，是清代原籍福建漳州的先民渡台时，从湄洲祖庙奉迎而来。同船的正好是广东籍的人士，他们奉迎的是三山国王的王爷。在鹿港登陆后，两尊神像都寄奉在天后宫庙宇。先民在员林开垦立下根基后，一同奉迎到员林来。二是相传初建时名为广福宫，位于员林大街中段，庙中供三山国王和妈祖，三山国王是客家人供奉的，妈祖则是福建漳州人奉祀的。两神合祀在一起，乃因垦拓之初，人口较少的客家人和漳州人，为了共同抵抗人多势众的泉州人，因而形成了结盟的关系，连信仰都可以混合而一。但随着客、漳两籍人口益多，因为生活习俗和语言的差异，彼此间因为利益的问题而产生纷争，甚至还衍生成正面的冲突，导致广福宫一分为二。福建人另建"福宁庙"（后改为福宁宫），主祀天上圣母，分到二妈膜拜；广福宫原址改为"广宁宫"，分到天上圣母大妈与三山国王膜拜。

三是以彰化县溪湖镇霖肇宫为中心的"荷婆仑"系统。霖肇宫坐落于彰化县溪湖镇的三块厝，即该镇荷婆仑中山里大溪路一段 623 号，俗称"荷婆仑霖肇宫"或只称"荷婆仑"。关于这座庙的来历，也有一则颇有意思的传说，据说某年，有名叫马义雄、周榆森的两个人，携带三山国王香火经过此地，三山国王却突然起乩，要在这个小山仑上建庙，因附近又有许多的荷田，故名荷婆仑。庙盖成之后，附近慢慢也聚居了不少客家人，可是附近全是泉州人的天下，泉州人为了赶走这些客家人，乃断绝水源，客家人的生计受到极大的挑战，只得廉价让出土地，全部迁移到埔心、旧馆等地去讨生活。②

据《荷婆仑霖肇宫志》载，该宫分香自广东揭西县霖田祖庙，是三山国王开台祖庙，除辖区跨溪湖、埔心、永靖及田尾四乡二十一村里外，分庙分香遍及全台各地，经年香火兴旺，声誉日隆，使荷婆仑成为善信圣地。该宫主神巾山、明山、独山三位国王，以及神农大帝、财神爷等诸神，为全台及下列五角头信众共建共祀：

① 台湾寺庙整理编委员会编辑部主编：《员林广宁宫宫志》，1993 年，第 10 页。
② 刘还月：《台湾的客家族群与信仰》，常民事业股份有限公司 1999 年版，第 46 页。

1. 大王角：奉祀巾山国王，建角头庙霖兴宫于旧馆，辖旧馆、新馆、南馆、大华、仁里、涌堳、同安、同仁八村。

2. 二王角：奉祀明山国王，建角头庙肇霖宫于巫厝，辖东溪里巫厝、芎蕉村杨庄、独鳌、敦厚四村。

3. 三王角：奉祀独山国王，建角头庙沛霖宫于海丰仑，辖海丰、陆丰、柳凤、竹子、福兴、四芳、仑美、罗厝等八村。

4. 祖牌角：奉祀祖牌，书"敕封三山国王神位"，建角头庙霖凤宫于芎蕉，辖芎蕉村。

5. 神农大帝角：奉祀神农大帝，建角头庙泽民宫于三块厝，辖中山里三块厝。①

这三大系统的中心庙"振安宫""霖肇宫""广宁宫"均具相当规模，信众广大，分庙众多，且影响深远。

（二）定光古佛信仰

定光古佛信仰最早传入台湾大致始于闽西客家人迁台之初，从闽西武平县岩前镇新发掘的"台湾府善信乐助建造佛楼重装佛菩萨碑"的捐款人数和捐款金额看，迁台的闽西客家人及后裔对重修定光古佛佛像的捐款是十分踊跃和虔诚的。再从落款"大清雍正十一年岁次癸丑孟春月三房主持僧盛山、得济、远铎各捐金拾两往台释子宏滋得升吉旦立"看，清雍正十一年（1733 年），三房主持僧盛山、得济、远铎，之所以会各捐金拾两往台，是基于这样的一个背景：在当时居住南岩一带的居民与移民台湾的闽西客家人有比较密切的往来，且经常互通信息，并确知在台湾的闽西客家人对定光古佛仍然保持坚定的信仰，甚或比在原乡时更为虔诚，为重修佛寺往台湾化缘有较大的把握。否则，他们断不会既花钱，又冒风险前往台湾募捐。由此不难发现，定光古佛信仰此时在台湾已形成一定规模，如果考虑到移民家户零星奉祀定光古佛，到形成风气或一定规模，需要一个时间段，则定光古佛信仰最初传入台湾的时间还应由此上溯，推至康熙年间，甚至顺治时期。

台湾的定光古佛信仰虽然在清康熙、雍正，甚至顺治时期即已传入台湾，但直到乾隆以后才开始形成兴盛的局面，这与闽西客家人大规模迁移台湾是一致的。典型的标志就是先后在台中彰化、台北淡水建起了专门祭祀定光古佛的

---

① 曾庆国：《荷婆仑霖肇宫志》。1996 年勒石立于庙左厢。

寺庙。

彰化的定光古佛庙，又称汀州会馆。《彰化县志》载："定光庵，在县治内西北，乾隆二十六年（1761年）永定县士民鸠金公建，道光十年（1830年）贡生吕彰定等捐修。祀定光古佛"；[1] 道光二十八年（1848年），因受地震灾害，张连喜等又鸠资修复。该庙定光古佛塑像庄严，尺度高大，为台湾省神像少有之例，殿内陪祀有天上圣母、境主公王、福德正神等多种神像。该庙现存的古物，除殿前的狮子、殿内的佛像、神像外，还有乾隆二十六年立的"西来化雨"匾、乾隆三十八年（1773年）立的"济汀渡海"匾、乾隆四十一年（1776年）立的"光被四表"匾、乾隆时立的"瀛屿光天"匾、嘉庆十八年（1808年）立的"昙光普照"匾，道光五年立的"智通无阻"匾，均为金碧辉煌的巨匾。主要对联计有："是有定识拔救众生，放大光明普照东海。道光十年。""古迹溯鄞江换骨脱身空色相乎圆光以外，佛恩施台岛灵签妙谛示吉凶于前定之光""定危有赖推移力，光被方堃造化心""活百万生灵迹托鄞江留一梦，觇三千世界汗挥线地有全人。道光十四年端阳月，永定巫宜福、禊敬题。"[2] 此庙不只是汀州人供奉守护神之所，更是汀州移民供同乡聚会、暂住，甚至是会议、论事的会馆。[3]

淡水的鄞山寺，也叫汀州会馆，位于淡水镇淡街芋攀林家庄，为闽西永定县移民罗可斌、罗可章兄弟首倡，闽西客家八县移民共同捐资修建。道光三年（1823年），闽西客家移民分香迎定光古佛到该寺，以定光古佛为主神，左右分别陪祀观音佛祖和福德正神。该寺包括前殿、正殿及两侧的护龙。前殿和正殿之间的天井，左右各有走廊联接。龙柱雕刻线条强劲有力，庙宇坐东朝西，据说是淡水镇最好的风水宝地，属于蛤蟆穴。蛤蟆的子孙是蝌蚪，蝌蚪很多，象征子孙不断，财富不尽。寺庙大厅上悬有道光四年立的"足发彼岸"和"大德普济"匾，以及同年张鸣冈立的古联刻字"捍患御灾功昭宋代，庇民护国法显皇朝"。另有光绪甲午年立的"分彼东宁"匾和光绪十九年的"鄞山寺石碑记"[4]。关于鄞山寺的缘起，据说是清道光年间，从福建省汀州府八县迁来台湾的

① 周玺：《彰化县志》，台湾文献史料丛刊本，台湾大通书局印行，第157—158页。

② 周玺：《彰化县志》，台湾文献史料丛刊本，台湾大通书局印行，第158页；关山情主编《台湾古迹全集》第二册，户外生活杂志社1980年版，第182页。

③ 庄敏信：《第三级古迹彰化定光古佛庙调查研究》，力园工程顾问股份有限公司，1996年，第23页。

④ 陈培桂：《淡水厅志》，台湾文献史料丛刊本，台湾大通书局印行，第346页；关山情主编《台湾古迹全集》第一册，户外生活杂志社1980年版，第223页。

移民中，多半都是经由海路在淡水港上岸，当他们来往淡水与福建之间时，认为在淡水没有一定的落脚之处，殊感不便。可巧这时福建省有人倡议，准备把八县人总镇守的定光古佛迎到永定县鄞山寺，于是就由汀州人罗可赋（斌）、罗可荣（章）兄弟为发起人，向迁来台湾的八县人募捐大约一万多元，从大陆购买建材建庙，落成之后才迎来本尊。最后又用剩余的募款数百元，购买附近的土地，加以开垦之后种植五谷，后来虽然几经变迁，但是仍然算是该庙的所属财产。①

这两座寺庙的兴建，标志着定光古佛信仰在台湾进入了比较兴盛的时期，而围绕这两座寺庙每年正月初五、初六的定期祭祀，以及对于各庙的"互相庆贺"，又进一步促进了定光古佛信仰的兴盛，在其他一些寺庙也开始出现配祀定光古佛的现象，如台北县板桥市的普陀山接云寺以观音佛祖为本尊，定光古佛位于配祀之首。②桃园县大溪的福仁宫，俗称"大溪大庙"，兴建于嘉庆十八年（1813年），"宫内正殿主祀开漳圣王，左龛祀定公古佛，右龛祀玄坛元帅；左厢祀巧圣先师，右厢祀财神爷；后殿主祀天上圣母，配祀注生娘娘、池头娘娘。就庙宇的规制而言，左边为龙边，其位阶高于右边的虎边。定公古佛位居正殿左龛，可知他在福仁宫的地位仅次于开漳圣王。"③而私家供奉定光古佛则更为普遍，以致于"台北一带汀州人聚落，如淡水阿里菁沿岸，家户均供定光佛"④。

（三）义民信仰

义民爷的信仰也分为两个中心：一是屏东县竹田乡西势村的"忠义祠"，为朱一贵事件后闽浙总督觉罗满保拨付专款，厚葬死难的"义民"，并兴建义民亭祭祀。由于这座庙为官方捐建，祭祀的仪式大都采用官式的三献礼，一般民众参与较少。二是新竹县新埔镇枋寮里的"义民庙"。该庙所葬的都是林爽文事件的"义民"，其创建缘于民间的力量，而创建过程中更流传着一则义民自觅风水的传说：

相传林爽文事件后，死难义民尸骨曝于旷野，地方人士林先坤、刘朝珍、

---

① 高贤治、冯作民编译：《台湾旧惯习俗信仰》，台湾众文图书公司1978年印行，第301页。
② 高贤治、冯作民编译：《台湾旧惯习俗信仰》，台湾众文图书公司1978年印行，第472页。
③ 蓝植铨：《大溪的诏安客——从福仁宫定公古佛谈创庙的两个家族》，载台湾"中央大学"客家文化研究中心编《客家文化研究通讯》第二期，1996年6月。
④ 陈香编：《台湾的根及枝叶》，台北"国家出版社"1983年印行，第34页。

陈资云等乃出面到新竹、竹北一带收集了两百多付骨骸，分装在十几部牛车上，准备运到湖口地区安葬，没想到牛车行至现今义民庙址处，却打死也不肯再走，经地方人士掷筊请示义民后，才知义民自选葬身此处，于是先建义冢集葬尸骨，隔年又在冢前建庙奉祀，乃成义民庙。

这个流传久远且颇为盛行的传说，再加上历史的因缘与族群的情感，使得义民爷和民间的结合相当紧密。清道光年间后，原仅新埔、枋寮、六家等地祭祀的义民爷，因附近地区客家人"我群意识"的滋生，湖口、关西、芎林等地也开始轮流祭祀。至光绪初年，相邻的客家聚落更纷纷加入，终于扩大为十四个轮值区，此后还进一步扩增为十五区，每年由一个区分别负责。而彼此间的竞争，又使得祭祀的规模越来越大。

新埔义民庙祭祀圈完成与扩大的同时，有些较偏远的地区则以分香的方式传播了义民爷的信仰。桃园县的平镇，苗栗县的三湾、大湖、头份、狮潭，南投县的埔里、国姓、中寮、水里，高雄市三民区，高雄县的旗美以及花莲县的凤林、富里、玉里等地，也都因客家人的迁徙或者义民信仰的需要而建有分香庙。在诸多因素的互相影响下，终使得新埔的义民庙崇祀，成为台湾客家最重要且最具代表性的信仰，其规模与意义，甚至凌驾于三山国王之上。

与义民庙相类似的，还有义民祠。彰化县的义民祠至少有四处：

1. 彰化市富贵里的怀忠祠。为清代十八义民而建的庙，"十八义民者，能知亲上死长之民，而舍生以取义也。雍正年春，大甲西社番林武力等聚为乱，台镇总兵吕瑞麟率兵讨之，累战弗克，逆番势益猖獗，恣横焚杀，村落多被蹂躏；县治戒严。淡水同知张宏章，适带乡勇巡庄，路经何（应为阿之误）束社，逆番突出围之，枪箭齐发，矢簇如雨。宏章所带乡勇，半皆溃散，几不能脱。时阿束近社村落，皆粤人耕佃所居，方负耒出，据闻官长被围，即呼庄众，冒失冲锋，杀退逆番；宏章乃得走免。是时战阵亡者，曰黄仕远、黄展期、陈世英、陈世亮、汤邦连、汤仕麟、李伯寿、李任淑、赖德旺、刘志瑞、吴伴云、谢仕德、江运德、廖时尚、卢俊德、张启宁、周潮德、林东伯，共一十八人。乡人悯其死，为负尸葬诸县城西门外，题其冢曰：'十八义民之墓'。逆番既平，大宪以其事闻。上深嘉许，赐祭予恤。每人恤银五十两，饬有司购地建祠，春秋祭享，以慰忠魂。今祠已废，而冢犹存。"[①]

---

① 周玺：《彰化县志》，台北大通书局 1984 年翻印，第 263—264 页。

2. 永靖乡永西村的英烈祠。该祠当地人称为"好汉爷庙"，里面所葬之人，相传为道光六年（1826 年）永靖街福佬、客家械斗事件中死难的客家八十二位壮丁。事后，地方士绅感念他们的奋勇精神，乃建祠供奉，同时也给周围的客家人产生了联庄保卫的想法，直接促成了永靖、社头、埔心、员林、田尾、田中等地的七十二个村落的联庄自保。

3. 独鳌村的恩烈祠。该祠供奉十三位"恩公"，相传这十三位"恩公"，就是清光绪年间，受不了当地官吏的苛税暴敛，偷偷潜到福州去告官的"恩公"，死后村人乃建祠供奉之。

4. 埔心乡的忠义庙。该庙原系建在高寮的妈祖庙，日据时期由于原借居的土堰厝倒塌，埔心、永靖、田尾、溪州四乡三十三个角头的信众，希望集资建庙，却为官方不许，只得变通以供奉"忠义之士"的名义建立"忠义庙"，庙成后则同祀圣四妈和忠义公。后来圣四妈另建了五湖宫，忠义庙才名实相符，成了真正供奉忠义公的庙宇。据载，这些所谓"忠义之士"都是当时挺身组织自卫武力的人士，事后为皇帝所封，赐生存者为"褒忠"，战死者旌"忠义"。

（四）惭愧祖师信仰

台湾的惭愧祖师信仰以南投县为主要传播地区，目前南投县祭祀惭愧祖师的庙宇，据瞿海源、李添春《重修台湾省志》载：南投市有 2 座，中寮有 6 座，埔里有 1 座，集集有 1 座，鱼池有 8 座，竹山镇有 6 座，鹿谷有 10 座，总计 34 座。外县市部分，只台中县东势镇有 1 座。[①] 但据其他一些学者估计，台湾供奉惭愧祖师的地方公庙、部分的民宅公神及私人神坛，初步估计约 85 处左右，其中南投县一地占了 67 座。[②] 因此，可以说南投县是拥有惭愧祖师寺庙与信众最多的县份。主要寺庙有南投县中寮村的长安寺、鹿谷村的灵凤庙、凤凰村的凤凰寺等。

关于台湾惭愧祖师的由来，有多种说法。相传，清雍正年间，永定县下洋太平村十四世祖曾衍崇（愧三公）与乡亲团队从乐真寺迎请、携带惭愧祖师神像一起渡海，来到台湾南投县竹山、鹿谷乡新寮一带从事开荒垦殖，他们搭建

---

① 瞿海源、李添春：《重修台湾省志》卷三住民宗教篇，台湾省文献委员会 1992 年版，第 1087—1380 页。

② 林翠凤《台湾惭愧祖师神格论》，2010 年海峡两岸宗教与区域文化暨梅山宗教文化研讨会论文，湖南长沙，中国社科院世界宗教研究所。谢重光：《惭愧祖师身世、法号、塔号、信仰性质诸问题及其在台湾传播的特点试析》，载《世界宗教研究》2012 年 4 期。

简单的茅草寮，形成大大小小的草寮聚落。于是，形成以"寮"命名的地方特点，如中寮、乡亲寮、后寮、分水寮、十八股寮、田寮等，而中寮就是聚落中心转运点。后愧三公因故返回永定故里。等到愧三公第二次返台，与同乡从彰化越过八卦山，沿樟平溪、平林溪，辗转迁到中寮村垦拓立基，先将神像安奉于草寮之中。此时，全境隶彰化县南北投管辖。据台湾南投县中寮村史料载：二百多年前的中寮村四周野兽出没，瘟疫时起，特别是"生蕃出草"杀人抢劫不断。他们共同开垦荒地，搭寮轮值，看守作物。而每当有不祥之兆时，惭愧祖师必示神迹，或托梦救人，禁止信众入山垦作以保平安，降福桑梓，村民同沾。如《云林县采访册》载："在大坪顶漳雅庄；祀阴林山师祖。七处居民入山工作，必带香火。凡有凶番'出草'杀人，神示先兆；或一、二日，或三、四日，谓之禁山；即不敢出入。动作有违者，恒为凶番所杀。故居民崇重之，为建祀庙。光绪十九年，庄董黄谋倡捐修建。"① 基于殊胜法缘，信众遂诚心筹建一座庙宇安奉惭愧祖师，名为长安寺，因显灵显圣，护佑百姓，香火鼎盛，成为中寮村的信仰中心。

至乾隆二十二年（1757年），福建漳州南靖人邱国顺分香在鹿谷新寮建灵凤庙，供奉惭愧祖师。灵凤庙内张挂的《恩主邱国顺功绩事录》有云："渡台开垦恩主邱国顺于乾隆廿二年来台，并奉请惭愧祖师金像。……在小半天开垦时，亦奉请惭愧祖师金像供奉。"但鹿谷乡凤凰村凤凰山寺却说其庙的香火是康熙年间传来："清康熙年间，庄姓先祖率其同伙数十人，由福建渡海来台至顶城庄……故乃结草为庐，开荒垦拓，并安奉随队携带之惭愧祖师香火以为守护神，设座礼拜。"② 两寺并不一致，如果凤凰山寺的说法可靠，则惭愧祖师信仰清初就传到南投一带了。

上述诸庙的建庙缘起大致可归纳为两种模式，一由原乡奉请惭愧祖师金像而建，一由原乡携带惭愧祖师香火而建。奉迎金像和分香，是台湾南投等地惭愧祖师信仰传播的两种基本形式。③

---

① 倪赞元辑纂：《云林县采访册》（二），1968年刘枝万校订排印本影印，台湾成文出版社有限公司1983年印行，第151页。

② 林翠凤《台湾惭愧祖师神格论》，2010年海峡两岸宗教与区域文化暨梅山宗教文化研讨会论文，湖南长沙，中国社科院世界宗教研究所。

③ 关于惭愧祖师信仰在台湾的传播情况，笔者作有《闽台惭愧祖师信仰的互动发展与文化认同》一文，可相互参证。

（五）民主公王信仰

台湾的民主公王信仰以台北三芝乡最为兴盛，在陈厝坑溪与新庄溪合流处建有一座富丽堂皇的民主公王庙。该庙初建于清乾隆二十六年（1761年），系由圆窗开基祖江由兴从永定高头渡海到台开垦，迎民主公王护佑随行，次年建祠座镇于水口。该庙还于1993年进行了重修。这座历史悠久、名字却很现代的民主公王，在当地有不少传说。据说，大约距今二百多年前的乾隆八年（1743年），有一批开垦小基隆（新庄子）的移民，民主公王就是指这些移民而言。因为他们是乡土的开拓者，当地民众感激他们的恩德，并且为了把这些恩德永远传之子孙，以及为了祈求平安幸福，才建了一座四尺方的小庙，当时称为"土地公庙"。道光二年（1822年），从大陆来一位翰林，此人就是巫宜福，他到台湾各地观光，有一天路过小基隆休息时，对于该庙所在地的风光秀丽叹赏不已，于是就嘱令当地人，以后要把这座庙称为"民主公王庙"，当地信徒欣然接受。①其实，"民主公王"之名早在大陆永定、连城、南靖等地就久已有之，是永定、连城、南靖等地的村落保护神。这座"民主公王庙"，则是永定高头一带江姓移民时从永定原乡分灵而来的。该庙正殿祀民主公王，左边陪祀依次为三官大帝、观音佛祖，右边依次为吕仙祖师、福德正神，上方中左边分别有民主公王神位，右边还有保生大帝神位，下方则为中坛元帅神位。

此外，我们在台北三芝乡田野调查时，在一位江姓人的家中还抄得一张神龛的神位表，题头为：金玉满堂富贵春；两边对联曰：灯焰光辉呈瑞色，香烟盘绕结祥云。中间神位为：南无大慈大悲观音佛祖莲座；左右两边依次为：三元三官大帝、天上圣母元君、五谷神农大帝、圆应定光古佛、高头民主公王、伯祖东峰公太。

凡此种种，说明以上四种信仰是台湾客家最普遍的民间信仰，或为移民同乡的纽带、团结斗争的旗帜，或为祖籍原乡的象征、日常生活的保护神，或为族群整合的新标志、族际交往的新载体，均在台湾客家社会生活中发挥了举足轻重的作用。

二、两岸客家民间信仰的异同

由于移民的原因，台湾客家的民间信仰大致承袭了大陆原乡的信仰特色，

---

① 高贤治、冯作民编译：《台湾旧惯习俗信仰》，台湾众文图书公司1978年印行，第397页。

体现了两岸客家民间信仰的共同特征，表现在：

（一）台湾客家民间信仰神明多从大陆客家地区分香而来

乾隆九年（1744 年）《三山明贶庙记》载："三山国王者，吾潮合郡之福神。自亲友佩炉香过台，而赫声濯灵遂显于东土。蒙神庥，咸欣欣建立庙宇，为敦诚致祭之所。"①《荷婆仑霖肇宫志》亦记：本宫分香自广东揭西县霖田祖庙，是三山国王开台祖庙。中寮村的长安寺、鹿谷村的灵凤庙、凤凰村的凤凰寺，分别由原乡奉请惭愧祖师金像而建和由原乡携带惭愧祖师香火而建；三芝乡祀奉的民主公王则声称由圆窗开基祖江由兴从永定高头渡海到台开垦，迎民主公王护佑随行，次年建祠座镇于水口。淡水鄞山寺的定光古佛则以汀州人罗可斌、罗可章兄弟为发起人，向迁到台湾的闽西客家八县人募捐大约一万多元，在大陆购买建材建庙，落成之后才从永定鄞山寺迎来本尊。彰化的定光庙亦"古迹溯鄞江"。

（二）台湾客家民间信仰故事传说的母题与大陆原乡大体相同

移民的过程也是移神的过程，同时也是相关民间故事的传播过程，随着大陆客家民间信仰传播到台湾，一些故事传说也传播到台湾岛内。前述新埔义民庙创建过程中义民自觅风水的传说，其母题显然源自大陆客家原乡神明的故事传说，如：

1. 相传，南宋淳熙年间，汀州太守吕翼之为便于祈祷，将定光古佛遗骸从武平均庆寺迎至长汀。均庆寺僧人多次请求让定光古佛回家，太守不好拒绝，许之。然而，当轿夫抬定光古佛遗骸进入武平地界后，忽然感到轿子十分沉重，虽百人亦抬不定，寸步难移。轿夫认为，这表示定光古佛不愿回家（均庆寺），便掉头而行。回头的路上，轿子又变轻了，不一会儿即回到长汀。此后，定光古佛遗骸便不再返回武平的均庆寺。②

2. 某年，桃溪村旱灾特别严重，村民十分着急。张屋人遂牵头去岩前狮岩请定光古佛来桃溪清醮一日。打醮后，果然十分灵验，上天降下了及时雨。桃溪村各姓人氏便更加敬重定光古佛，一时香火极旺。不知不觉，定光古佛来桃

---

① 台湾文献史料丛刊：《台湾南部碑文集成》第九集，台湾大通书局印行，第 37 页。

② 参见刘将孙：《养吾斋文集》卷二十八《定光元应普慈通圣大师事状》。

溪已有不少时日了，该送它回岩前了。但当菩萨抬至桃地坳时，新轿杠断掉了，虔诚的弟子们觉得事出有因，便通过僮子拜请问佛。古佛说，桃溪的香火很旺，它愿意在桃溪落下。于是，张姓十五世祖嵩磷公前往岩前协商。征得同意后，嵩磷公付给50个银元，请岩前人另施一尊佛像。从此，岩前的这尊定光古佛像便留在桃溪东林寺，接受当地子民的崇拜。①

比较这些神明传说，不难发现闽台客家神明故事前后因循的痕迹。类似的情况还见于淡水鄞山寺的传说：据说鄞山寺所在地如果就风水说观之，正好位于所谓"水蛙穴"，也就是庙后面的两口井相当于蛙眼，而庙前半月形水池则相当于蛙口，在这种地点建庙必然特别灵验，居民将受到周全的保佑，所以汀州人就计划在这里盖庙。然而，草厝尾街居民却认为他们这条街在风水说上恰好是一条蜈蚣，假如让水蛙开始活动，草厝尾街就会受到影响而归于衰落。因此，就汀州人的建庙计划提出严重抗议，可是汀州人根本不加理睬而照建不误。果然，建庙后草厝尾街灾祸频传，使居民陷于极度不安，于是就去请教风水先生。风水先生为他们想出一个对策，这就是钓鄞山寺之蛙的方法，先在草厝尾街高高立一个钓竿，每天夜里都在竿头点火作为钓饵，鼓乐齐奏，频频念咒。结果汀州人大为恐慌，深恐蜈蚣来袭，就通宵警戒，保卫水蛙，可是最后还是被草厝尾街人攻陷，其证据就是鄞山寺靠淡水的井水变成白浊。如此，汀州人更恐惧，就赶紧举行盛大祭典，最后总算保住了水蛙的另一只眼，但水蛙终成为病蛙，就因为如此，据传后来该庙的管理人，即使不死也要罹患重病。②

在闽西客家地区，把水井视为某种"动物"眼睛的例子比比皆是。如宁化县店上山有一座"双忠庙"，庙旁的两口水井被视为"螃蟹"的两只眼睛。由于"双忠庙"是"螃蟹形"，外地香客去朝拜的很多，因此当地人认为"双忠庙"对外地人特别有利，于是就把其中一口井填掉了，目的是为了不让这只"螃蟹"爬得太远。在连城县马屋村，那里的马姓宗族原先出了不少达官贵人，后来由于在家的官太太难当寂寞，就请风水先生在后龙山的正穴挖了两口井，结果使得这条原本很有灵气的地龙两眼瞎了，在外地当官的先生纷纷被贬职还乡，以后也就再没有什么人外出当官了。可见移民在原乡所接受的传统观念，仍然相

---

　　① 刘大可：《闽西武北的村落文化》，国际客家学会、海外华人资料研究中心、法国远东学院2002年版，第343—344页。

　　② 高贤治、冯作民编译：《台湾旧惯习俗信仰》，台湾众文图书公司印行，第301页。

当完整地保留在他们的生活中和记忆里，并随着移民迁徙继续向外地播展。①

（三）台湾客家民间信仰的信仰方式直接脱胎于大陆客家原乡

从宫庙建筑形式看，台湾三芝乡的民主公王庙位于陈厝坑溪与新庄溪合流处，连城县姑田镇的"民主公王庙"也位于上堡村口两溪汇合处，永定县湖坑乡洪坑村、南靖县书洋乡塔下村的民主公王庙，也都建在村头、村尾水口。我们在台湾彰化定光庙、淡水鄞山寺看到的定光古佛神像神态庄严肃穆两手置于胸前，面貌清瘦，五官线条明显，上额皱纹浮现，眼睛略下俯视，与我们在闽西武平县岩前镇均庆寺、梁野山白云寺所见的定光古佛像如出一辙，特别是其"上额皱纹浮现"，让人一望便知。

再从祭祀活动看，每年正月初六，闽西各地都要祭典定光古佛生日。在台湾，同样也是这天祭祀定光古佛，《台湾旧惯习俗信仰》云："位于淡水镇街芊榛林字庄的鄞山寺，是以定公古佛为本尊，正月初五和初六是例行祭日。"② 台南市北区开元寺的《神佛诞辰碑记》亦云："（正月）初六日，定光佛圣诞。"③

民主公王的祭祀活动亦是如此。民主公王是闽西连城姑田镇上堡、中堡、华垄人最为敬仰的神祇，其最主要的活动有正月举行的庙会和正月十五的"游公王"。从乾隆五十六年(1791)年起，上堡的陈、赖、桑三姓在溪边庵组织了一个"公爹会"，这三姓人规定一姓游一年。"游公王"时，由两个小孩擎旗开道，旗后是一棚锣鼓，随后是一顶只有香炉没有菩萨的"香火轿"，由两个人抬；接着就是四个人抬的"公爹轿"；最后又是一棚锣鼓。一路上锣鼓喧天，香烟缭绕，历经各居民点才将"公爹"抬回公王庙。

在台湾，每年正月十五日亦为三芝乡民主公王盛大的祭典之日。正月十五日，民主公王庙备有米糕、猪公等供信徒求乩携回，次年再还愿。时至今日，这些习俗仍然存在，甚至规模比以前更大，如 2005 年正月初十至十五，就在民主公王庙举行了为期五天的规模盛大的活动，具体项目有：鸡年点灯、客家美食、文物文献展览、踩街活动、民俗舞蹈、传统技艺展演、客家蓝染展示、大会开锣、迎古董阵、客家音乐会、传统民谣合唱、客家蓝染体验、传统布袋戏、文化讲座、客家传统习俗拜年（走春）、猜灯谜、客家舞蹈地方戏曲。可见，台

---

① 杨彦杰：《淡水鄞山寺与台湾的汀州客家移民》，载《福建省社会主义学院学报》2001 年第 3 期。

② 高贤治、冯作民编译：《台湾旧惯习俗信仰》，台湾众文图书公司 1978 年印行，第 301 页。

③ 台湾文献史料丛刊：《台湾南部碑文集成》第九集，台湾大通书局印行，第 711 页。

湾民主公王祭祀活动在内容实质上与闽西客家原乡并无二致，只不过随时代变迁增添了一些新的形式而已。

（四）台湾客家民间信仰组织形式及发挥的社会功能与大陆原乡基本类似

如三山国王信仰以彰化员林广宁宫为中心，辖有武东保、武西保、燕雾下保等七十二庄（相当于现今之员林、大村、埔心和社头等乡镇）。荷婆仑霖肇宫除辖区跨溪湖、埔心、永靖及田尾四乡二十一村里外，分庙遍及全台各地，该宫主神巾山、明山、独山、三位"国王"，以及神农大帝、财神爷等诸神，分别为五角头信众共建共祀，如前述霖兴宫奉祀巾山国王，辖旧馆、新馆、南馆、大华、仁里、湳墘、同安、同仁八村；肇霖宫奉祀明山国王，辖东溪里巫、芎蕉村杨庄、独鳌、敦厚四村；沛霖宫奉祀独山国王，辖海丰、陆丰、柳凤、竹子、福兴、四芳、仑美、罗厝等八村。①

这样的组织与功能显然承袭闽粤客家地区。如在宁化县城关及其附近乡村，每年从五月初三开始，定光古佛便被请出来在各村轮流打醮，每村停留一天，共有72村参加。武平县北部的"四大名寺"——亭头太平寺、湘坑宝林寺、龙坑福田寺、昭信田心寺等，均辖有相邻若干个村落或几个宗族，如亭头太平寺又被称作"十乡太平寺"，这"十乡"分别是：亭头、田雁、鲁溪、定坊、江坑、大兰园、火夹域、大水坑、老阿山、社上等十个自然村落。昭信的田心寺则为昭信钟屋、唐屋（村）郑屋、打狗坑王屋、马坑曹屋、龙归礤李屋、下陂马屋、恬下郑屋、礤背张屋等"七姓八屋"人所有。这些寺庙均从武平县梁野山白云寺分香而来，主祀定光古佛，并祀定光古佛五个化身——大古佛、二古佛、三古佛、四古佛、五古佛；或主祀定光佛，外加一、二尊分身像，或干脆只有一至二尊分身像。

颇有意思的是，台湾三山国王"三位王爷"的分工也与闽西定光古佛五兄弟的身份有异曲同工之趣。在台湾大兴振安宫，据说明山国王因做风水、地理、深井勘验百发百中而闻名，巾山国王擅长医理及日理，独山国王则长于驱邪及押煞。而闽西武平县梁野山的定光古佛五兄弟，其身份据说分别是长工、医生、武将、学者和道士。

但另一方面，台湾客家的民间信仰作为一种民俗文化，也随着移民社会的演变而发生了某些适应性的改变，受不同的时空背景影响，而呈现出自己的信

---

① 曾庆国：《荷婆仑霖肇宫志》。1996年勒石立于庙左厢。

仰特点。

第一，对待民间信仰态度的改变。在大陆原乡，祖先崇拜和神明崇拜是传统客家社会运作的两大动力。但相比较而言，又具有"亲祖先，远鬼神"的特点。以闽西客家祠堂、厅堂为例，里面供奉的几乎是清一色的祖先神主牌位，依世系、房系的不同，按后尊前卑、左高右低的顺序，一一排列在神龛上。仅在神龛左侧或祠堂主体背后，单独供奉福德土地神，而不见其他的神明。客家聚落的神明多供奉在村落的水口，或离村落有一定距离的地点，均属完整而独立的祭祀空间，和住家划分得一清二楚。在祭祀时间和心目中的地位，往往也体现祖宗优先的原则。我们在客家地区田野调查时，发现很少有寺庙建在村落的中心，即便偶有所见，那也是今日的中心、昔日的边缘，是社会变迁的结果。

流传久远的"祖在家，神在庙"观念，却在台湾客家社会出现了动摇。置身于台湾移民社会中，人们基于族群、祖籍、姓氏等因素，组成了不同的聚落，但聚落间的互动却是不可或缺的。既有纷争、械斗，也会有交易、互访，乃至通婚、移居。客家聚落也不可避免地受到福佬文化的影响。福佬人更注重神明崇拜的观念，于无声处地浸润于客家社会。每逢神明的庆典，福佬人莫不热衷于准备大型的祭祀大典和迎神赛会，以彰显神明的威灵。为了随时祭祀，还分香回家中供奉，有些人的厅堂中甚至还同时供奉了多种神明，其神龛宛如一座小型神坛。在位置的摆设上，神明稳坐中央大位，祖先的牌位退居在右侧一角，甚至还有不供奉祖先牌位的。台湾客家人受福佬人传统的影响，逐渐放弃原有的信仰方式，有些人也开始在家中供奉起神明，刚开始或许让出厅堂供桌之一角，慢慢地却后来居上，神明正式进驻大位，祖先退居角落。迎神赛会的规模也越来越大，以因应游神祭典的需要。

台湾客家民间信仰观念的不同，还见于台湾南北客家人信仰的不同。台湾南部客家落户台湾较早，历经朱一贵、林爽文事件，形成了战斗、团结、自保的族群性格，较不易受外来文化的影响；中部、北部地区的客家人，部分地方虽也经历林爽文事件，但这些地区移民较迟，且多居住在规模较小的垦地，单打独斗的垦户亦较缺乏群体的观念，对于不同文化的接受程度自然较高。因而，至今南部客家人的厅堂中，还多供奉祖先牌位，祭祀的方式更注重"晨昏须顾祖炉香"。北部的客家聚落，大约于二十世纪六七十年代开始往神庙分香回家，大规模的迎神赛会也于此时勃兴。以竹北为例，建于二十世纪六十年代的天后宫，祭典除了三月二十三日主祀天上圣母的神诞庆典盛大活动、演戏酬神之外，三月二十日还往北港进香。1970年以后，客家聚落的大型迎神进香活动进一步增多，中坜仁海宫、观音甘泉寺、新埔义民庙、五指山灶君堂、苗栗玉清宫等每年都固定举行大型的神诞庆典。1988年，新埔义民庙举办的庆祝两百周年祭，更举行了一个长达十天，出巡新竹、桃源十五联庄的绕境大典。

第二，台湾客家民间信仰发挥的社会功能不同。闽粤地区的客家村落，一般都以血缘为基础，聚族而居。这种地缘与血缘相统一的村落社会，至今仍然随处可见，所以民间信仰多扮演宗族或村落保护神的角色。而台湾的客家社会极少有一村一姓的血缘村落，特别是后期开发的北部和东部，其村落大多是一村多姓。这主要是因为台湾是移民社会，移民自大陆渡台时，不可能整个宗族或家族移入台湾，也不可能由一族中的寥寥数丁占据一块地盘，构成单一姓氏的血缘村落。移民既不能聚族而居，又来自不同的省、府、县，在语言、习俗、信仰上存在差异，于是便依籍贯而类聚，构成以地缘关系为主的地缘村落。所以，台湾客家的民间信仰在许多地方虽仍然有某些宗族、聚落保护神的色彩，但更多的是发挥移民整合的功能和充当区域、族群保护神的角色。

清初虽有"渡台禁令"的限制，但仍有部份客家人以各种渠道到台，因势单力薄，常遭别籍人士欺负，"地方安靖，闽每欺粤，凡渡船、旅舍，中途多方搜索钱文。"[①]潮汕地区的客家人，乃兴建会馆以安置一时无处落脚的同乡，同时供奉地区的角头神为守护。清乾隆年间，盖在港口海边的几座三山国王庙大多扮演这样的角色，鹿港三山国王庙中原立的"奉宪示禁碑"，就是清乾隆五十五年（1790年）二月，客籍监生徐道、廖霖、徐英和、邱子标联名呈请台湾兵备道立的碑，以禁止海关人员欺负客家人，任意索取红包。台南的三山国王庙，又叫潮汕会馆，清季时也一直扮演着重要的会馆角色，"正殿有三开间，筑有花瓶形月门，以通左右殿……旁有半楼式客栈……后殿有客房五间，两侧筑有独立的进出口，是清代潮汕商贾投宿的客栈。"[②]

台湾定光古佛寺庙亦是闽西客家移民入台的落脚点，社会文化活动的中心。无论是鄞山寺，还是彰化的定光庵都有"汀州会馆"的性质。以鄞山寺为例，"鄞山寺碑记"云："昔汀人在沪街后庄仔内，于道光三年建造庙宇，名为鄞山寺，供奉定光古佛，为汀人会馆"。因此，鄞山寺在平时就成为闽西客家同乡刚抵台湾初期的安顿栖息之所和闽西客家人的议事中心兼具仲裁同乡争执之务，

① 林棲凤：《台湾采访册》，台湾文献史料丛刊第二辑，第55种，台湾大通书局，第34页。
② 关山情编：《台湾古迹全集》第三册，户外生活杂志社1980年版，第133页。

而在战争或械斗发生时，鄞山寺就变成保护同乡妇孺及商订作战计划、发号施令的中心。此外，该寺还是闽西客家人重大喜庆、祭祀的重要场所。光绪十九年（1893年）"善后章程条款"碑文云："鄞山寺系台北汀众公建，所有本寺祀业，应由本地汀人办理。公议有事项商确之处，亦由本地汀众集合议决"；"公议鄞山寺对于各庙，本有互相庆贺之举，自应遵行。至于在地绅董实心办理，及实有与劳寺中善后各事宜，若有喜庆，应行恭贺，由董事闻众集议，妥筹办理"；"公议董事必由汀众公议遴选殷实老练之人，秉公办理。倘遇有应行改易者，仍由众议公举接办，以垂定章"；"公议每年春季祭典之时，各董事务宜整肃衣冠，早晨参拜，汀众亦然。"① 这些章程虽然主要是针对鄞山寺的管理、日常活动而言，但通过鄞山寺的管理与活动及定光古佛信仰，在台北的"汀众"已紧密地联系在一起，因此其他重大事项在此商议，其他重大活动在此举行应属当然之举。

另一种功能的不同是神性与神功的转变。台湾惭愧祖师信仰虽源于大陆原乡，但闽粤客家地区惭愧祖师的神功与神性主要体现在枯鱼复生、石莲开花渡河、卓锡泉和江西立券塑像、蓬辣滩救难、避寇，以及祈晴祷雨等。而台湾的惭愧祖师信仰流传最多的是每当"生蕃出草"有不祥之兆时，示神迹、托梦救人，禁止信众入山垦作保平安和行医问药。其中行医问药是台湾惭愧祖师神功、神性极为重要的一个方面。相传，潘氏三兄弟自幼学习武，精通医术，他们常年奔走于漳州平和山区，行医采药，济世救人，闻名远近。每当患者痊愈后，向他们表示谢意时，他们总是连连拱手，谦虚地说："见笑！见笑（惭愧之意）！"有一年，平和县芦溪乡瘟疫流行，潘氏赶紧采药配方，医治救活病患无数，控制了瘟疫的蔓延扩散。乡人感念其服务桑梓拯救乡里的功德，联名一齐赠送他们"华佗再世"的匾额。三兄弟一再表示受之有愧，说："为乡亲效力，本是天职，我们奉献甚少，获取太多，深感惭愧。"因而大家尊称其为"惭愧公"。这一现象符合民间信仰的地方化特征，即地方化过程中保留母文化主体，但因环境的变化，乃将其中改变成适应生活所需的文化，这一新的文化内涵既与母文化并行不悖，又与母文化有所不同。

与之相应的，惭愧祖师的形象也发生了变化。在外在形象上，闽粤客家地区的惭愧祖师为潘了拳一人，其造型为身披袈裟，手执拂尘或禅杖的高僧慈悲

① "鄞山寺碑记"与"善后章程条款"均参见杨彦杰《淡水的鄞山寺与台湾的汀州客家移民》，载《福建省社会主义学院学报》2001年第3期。

形象；而台湾的惭愧祖师父名达，母葛氏，长子达孔、次子达德、三子达明，三兄弟当地居民又称大公、二公、三公，造型为黑面无须，头戴王冠，身着文武装，赤脚跣足，右手持宝剑，左手掐道指，端坐于山头之上。在内在形象上，闽粤客家地区的惭愧祖师为弘扬佛法兼具祈晴祷雨禳灾求福的高僧；而台湾惭愧祖师三兄弟一生仗义疏财，淡薄功名，后来在阴林山炼丹得道。民间相信他们绝非凡人，在其生前就以"惭愧公"尊称，过世后为之立庙塑像，香火奉祀。因三兄弟得道于阴林山，故又称"阴林山惭愧祖师"。

第三，台湾客家民间信仰具有族群区分的含义。以义民信仰为例，清季台湾地区的动荡不安，造成了许多"民激于义则为兵"的义民，且漳泉各籍人士皆有，林爽文事件之后，清廷为宣扬义民之功，"特赐匾额，用旌义勇"，分别颁给泉州庄义民"旌义"，粤东庄义民"褒忠"，漳州庄义民"思义"，平埔族社义民"效顺"等匾额。可见义民的崇祀在清季台湾地区曾经是一种普遍现象。但时至今日，义民信仰却成了最具代表性的一种客家信仰，其原因就在于历史上客家与福佬两大族群的冲突与纷争。

从神格看，义民有类于闽南有应公之类的战死孤魂。台湾移民之初，由于水土不服，路倒病殁者甚多，加上"三年一小反，五年一大反"的兵燹战祸，使得岛上的有应公信仰相当盛行，但其地位甚低，一直未能被列为正神之列。这种情况亦类似于大陆客家原乡的义冢，其地位亦称低下，一般位于村落水口，建筑简陋，仅有一块平头大石碑，上刻着"义冢"二字。即便是像抵抗太平军战死的"团勇"也只在其他庙中竖一碑，并无专祀的庙，如民国《武平县志》载："清咸丰八年，因洪秀全余党窜入濯田，势将侵入我邑，该义士张文益等，桑梓关怀，慷慨请缨，督率北区团练乡勇往黄峰嶂拒寇，因众寡不敌，致有三十人殉难……地方人士钦其忠烈，在北区团练后局，立木主以崇祀。"[①] 类似的例子，还有闽西永定县的义勇祠："开邑以来死事之兵弁而祀之祭，附于厉坛，一在金丰洪川，明嘉靖间草寇张连等，聚众万余劫乡里，林孟明、林孟九、林葵逊、林葵宇四人，率子弟乡勇力御之，乡赖以安，后人感其功为祠祀焉。"[②]

但台湾客家的义民信仰则不然，非但不认为义民爷的神格类似于有应公、团勇，而是不断地进行建构和提升，其中以1987年的九献大礼最为典型，依照

---

① 丘复主纂：《武平县志》（下），福建省武平县志编纂委员会1986年印行，第406页。
② 张汉琴总编纂：《永定县志》第二册，台北市永定县同乡会永定会刊社1982年重刊，第467页。

《客家风云》杂志的说法，经过"九献祭祀大礼之后，义民爷是正神阳神，不再是阴神了！"显然，九九献礼并不只是祭祀的目的和需要，而是当地客家人希望通过传统用来祭祀天神的九献大礼，以提升义民爷的神格。客家人着力地提升义民爷的地位，显然源自于历史上与福佬人冲突的心态。在客家与福佬斗争中，无论在人力、武力及经济能力方面都远逊于福佬人。两籍人士或为土地，或为经济利益常生冲突，但几乎每一次都是福佬人获胜，台中地区的垦拓史是如此，北部地区的开发史亦是如此，甚至客家人渐成客家村落之后，仍不时受到福佬人的挑衅。因此，客家人总是想方设法，希望有机会能够扳回一城，所以当朱一贵、林爽文、戴潮春事件爆发时，客家人莫不高举清廷旗帜，和官兵联合围攻"变民"，借官军之力打击福佬人，以报久积之仇，正是所谓的"治时闽欺粤，乱时粤侮闽。"

历次的民变冲突，其实都是两败俱伤。如朱一贵事件，"六堆军的部将计涂文煊等死伤一百十二人，贼军残将陈福寿、刘国基、薛菊生等，抢得小舟浮海，逃至瑯峤（恒春）幸免一死，其他生还者仅数百人而已。"及至林爽文事件，"右堆（今美浓、高树地区）派兵迎击，却陷于危局，被杀七十余人之外，中坛庄亦遭烧毁"。新竹地区的客家人于"征战中，牺牲成仁义军先烈达两百余人"。[①]尽管如此，客家人毕竟赢得了"最后的胜利"，这样的结果在台湾客家史上本身就值得"大书特书"，再加上乾隆御笔的"褒忠"敕旨，更成了客家人的一种"文化资源"，每每被拿来当作胜利的"标本"，因之，今日义民爷在台湾客家人心目中享有崇高的地位，就不难理解了。

第四，台湾客家民间信仰的符号性特征更为明显。不同的神明信仰及其相关活动也是群体符号的一个来源。信仰也是群体认同中作为区分依据的重要因素。在群体内部，共同的信仰是一种强大的凝聚力；在群体之间，不同的信仰则是区分"我群"和"他群"的重要因素。在台湾客家地区，定光古佛是闽西客家人最崇拜的民间神祇，而成为闽西客家认同的一种符号，因而也就成为闽西客家"同乡凝聚的纽带、团结斗争的旗帜；祖籍原乡的象征，日常生活的守护神"。[②]

三山国王信仰的族群性是颇具争议的一个话题。但是，大凡有三山国王庙的地方都与客家人有莫大的关系。如"罗东北城、冬山丸山、大兴、得安、顺

①　刘还月：《台湾的客家族群与信仰》，常民文化事业股份有限公司 1999 年版，第 236 页。

②　参见刘大可：《闽西客家人迁台与定光古佛信仰》，载《台湾研究》2003 年第 1 期。

安等地，庄庙中都有粤籍开拓先贤牌位。"① 前述三王角的沛霖宫，早期在建构角头的祭祀圈时，便有邻近地方因居住族群的不同而退出的例子；富丽堂皇的国王庙，左侧前壁嵌有一块小石碑，上写着："我海丰仑沛霖宫主祀三山国王，当时八庄联合以为保护之神。迨至明治辛丑年，议建庙宇之时，三十张犁不能同意，惟彭家一族参加而已……长为七庄因缘。"亦即修建大庙之前的海丰仑独山国王，信众共有海丰仑、陆丰（仑仔尾）、柳凤、竹仔脚、福兴庄、四芳、罗厝以及三十张犁等八庄，明治年间才少了三十张犁。为什么三十张犁坚持要退出，三十张犁的彭姓家族却坚持要参加呢？据说三十张犁（今仁里村）居住的大多为福佬人，只有彭姓家族为客家人，所以三十张犁的居民早就不想参加海丰仑的祭典，却一直没有机会，趁着盖大庙时，纷纷推说没钱，借机退出。自此以后三山国王就只剩下客家底的村庄共同祭拜。

民主公王信仰的符号性特征则更为明显。从 1993 年民主公王庙重建的捐款看，重建寺庙的资金就为所有闽西客家人所捐献。再从 2005 年正月初十至十五，在民主公王庙举行的为期五天规模盛大的活动看，其节目中多有客家美食、客家蓝染展示、客家音乐会、客家美食、客家文物及文献展览、客家传统习俗拜年（走春）、客家文化讲座、客家舞蹈地方戏曲等。不难发现，民主公王成为当地客家人的重要精神支柱之一，因而民主公王庙成为当地客家人社会活动的重要场所，民主公王信仰活动也成为客家文化传承的重要方式与渠道，民主公王庙与民主公王信仰活动从而成为当地客家人的一种象征与符号。

三、走向族群融合的台湾客家民间信仰

但是，台湾客家民间信仰表现的族群性，又并非完全呈现族群的对抗性。如惭愧祖师信仰就是典型的例子。日据时期南投郡、竹山郡、能高郡、新高郡等 4 郡，属于台中州管辖之区域，如今皆属南投县辖区范围。据《台湾在籍汉民族乡贯别调查》得知：南投郡总人口数 67400 人，其中客家人 2300 人，闽南人 65100 人；竹山郡总人口数 32900 人，其中客家人 1800 人，闽南人 31100 人；新高郡总人口数 18600 人，其中客家人 1200 人，闽南人 16000 人，其他则为

---

① 邱彦贵：《宜兰溪北地区的三山国王信仰》，宜兰研究第二届学术研讨会论文集，1997 年，第 266—303 页。

1400 人；能高郡总人口数 28700 人，其中客家人 11200 人，闽南人 12100 人。[①]
将上述南投郡、竹山郡、新高郡、能高郡等四郡的人口数统计，可以得知南投
县的汉人中，以漳州人为多数，客家人少数。以少数的来自福建永定、南靖、
平和、诏安和广东嘉应州人的原乡惭愧祖师信仰，却成了以闽南人占多数的南
投县特有的民间信仰。

　　定光古佛信仰也是如此。台北县板桥市的普陀山接云寺，以观音佛祖为本
尊，挟持有善才、良女，从祀有韦驮、护法，配祀有定光古佛、注生娘娘、十
八罗汉、山神、开漳圣王、马元帅、李元帅。例祭日各不相同，本尊的观音是
二月十九、六月十九、九月十九，定光古佛是正月初六，开漳圣王是二月十五。
桃园县大溪的福仁宫也正殿主祀开漳圣王，左龛祀定公古佛，右龛祀玄坛元帅；
左厢祀巧圣先师，右厢祀财神爷；后殿主祀天上圣母，配祀注生娘娘、池头娘
娘。定光古佛与别籍移民的保护神（如开漳圣王等）置于同于寺庙中，甚至出
现在以别籍人为主的寺庙中，共享香火与共同举行各种祭祀活动，显示出定光
古佛信仰成为闽西客家移民对外交往的一条通道，因而又具有跨族群的功能。

　　三山国王信仰更是如此。前述漳州人与客家人共建广福宫就是一例。与此
类似，还有永靖街上的永安宫。该庙中石柱对联曰："永保七十二庄年年青吉，
安祧三百六日事事亨通"，平安符的符头则写道"永靖永安宫永保七十二庄"等
字，在在印证了永安宫七十二庄祭祀中心的说法。关于七十二庄的来历，据说
是道光年间，附近的漳泉两籍人士械斗，弱势的漳州人不敌，希望找客家人出
来调停，没想到泉州人以为漳州人搬来救兵，不分青红皂白就予以袭击，客家
人只得结合漳州人，一同对抗泉州人，并且联合了当时武西、武东、东螺东、
东螺西等保的客家人和漳州人，组成七十二庄，涵盖的范围约今之埔心、员林、
永靖、社头、田中、田尾等六个乡镇大部分的地区，并分成开基祖妈、湄州妈、
大妈、武东保大二妈、武西保大二妈、武西保二妈、旧二妈、太平妈（圣三妈）、
三妈等九个神明会，藉着信仰的力量，以凝聚地方上的力量，形成联保的自卫
团体。[②]八个祭祀圈中，都以妈祖为主神，但属于客家庄的组织，依旧以三山
国王为主神，像是永靖陈厝、五汴头、浮圳等庄所形成武西保二妈，以及永靖
瑚琏、水尾和永靖庄所形成的太平妈，再加上以埔心地方为主的武西保大二妈，

---

　　① 邱荣裕：《台湾客家民间信仰研究》，翰芦图书出版有限公司 2014 年版，第 103 页。
　　② 参见许嘉明：《彰化平原福佬客的地域组织》，载《"中央研究院"民族学研究所集刊》第
36 期，1975 年 2 月版。曾庆国：《"七十二庄"考》，载彰化县立文化中心：《源泉水，历史情——八
堡圳传奇》；刘还月：《台湾的客家族群与信仰》，常民事业股份有限公司 1999 年版，第 43—44 页。

都是典型客家庄的角头，信仰中心自然在永安宫。在宜兰地区，为数众多的三山国王庙，客家人口所占的比例都很低，而且有些分香庙主事者还是福佬人。

浊水溪以北的彰化平原，通常被认为是一个福佬人居住的地方，垦拓的历史往往也是偏重漳、泉两籍人士，似乎与客家人无关。但通过民间信仰寺庙却能发现客家人在彰化平原活动的痕迹，《彰化县志》载："三山国王庙：一在县治南街，乾隆年间，粤人公建。一在鹿港街，一在员林仔街，皆粤人公建。按三山为巾山、明山、独山之神。三山在揭阳县界，原庙在巾山之麓，赐额明贶。凡潮人来台者，皆祀焉。其在潮州尤盛"[①]。再从员林的广宁宫看，康熙中叶始，本地就已经有汉人初垦，其中更有镇平县的垦民詹志道、刘延魁、吴三霖，饶平县的黄可久、黄实贤、卢刚直、张应和、张文敞以及陆丰县的梁文开来初垦；到了康熙末年，八堡圳开通，施世榜又招来许多闽粤两籍垦民，[②] 更印证了广宁宫的初建和客家人有脱离不了的关系。该志还提到，康熙年间以后仍有不少客家人移垦员林地区，比较重要的有：雍正年间，诏安县黄盛漳，饶平县朱天寿、朱天海、张儒林、刘宁厅等人；乾隆年间，诏安县游宗赐，饶平县张布强、张希远等族人。甚至迟到嘉庆年间及之后，仍有饶平人张鹏程等人相继入垦，时至今日，张姓仍是当地第一大姓，只不过全成了操福佬口音的"福佬客"了。

埔心乡忠义庙及忠义公墓园也通常被视为粤籍客家人的庙或墓，但却与百姓公代、有应公、万人爷代表闽籍河洛（福佬）人有所区别，因为它虽代表彰化平原一大群粤籍客家人，在埔心乡及附近的永靖、田尾、社头、员林等这一大片连接地区移垦、奋斗、生存。但目前这批约十万以上的人，却已完全闽南化，被学界称为"河洛客"（"福佬客"），堪称全台最福佬化的客家人、族群融合的模范生。[③] 它从问题的另一面说明了台湾客家民间信仰的族群融合程度。

这就很自然地牵涉到台湾的三山国王是否属于客家人专有的保护神问题。谢重光先生曾说三山国王是广东潮州境内巾山、明山、独山之神，是包括客家、福佬和畲族在内粤东各族群共同的民间信仰。[④] 台湾学者邱彦贵先生亦说："十

---

① 李廷璧主修、周玺总纂：《彰化县志》（二），清道光十六年刊本影印，台湾成文出版社有限公司 1983 年印行，第 577 页。

② 张义清编：《员林镇志》，彰化员林镇公所 1990 年，第 25 页。

③ 参见曾庆国：《埔心乡忠义庙》，见《彰化县口述历史一》，彰化县立文化中心 1995 年版，第 77—88 页。

④ 谢重光：《三山国王信仰考略》，载《世界宗教研究》1996 年第 2 期。

八九世纪时，三山国王是主要分布于潮州府全境及惠州府、嘉应州部分地区的地域性信仰，信徒包括福佬和客家两种，似乎并无方言群 / 族群的区隔。"① 此外，其他绝大多数的客家地区都不见此神，历史文献中，较早出现此神的记载，应是元代刘希孟的《明贶庙记》和朝代不明的佚名氏《神湖州三山神题壁》，以及《永乐大典》、明嘉靖《潮州府志》《韩江闻见录》等。清代以后有关客家的文献，却少有此神的出现。除了潮州、揭西、梅县泮坑山等地的居民视三山国王为守护神之外，其他地区的客家人大多不以他为守护神。

那么，三山国王何以到了台湾之后，在许多地方被认为是客家人的守护神呢？其实，这里存在着一个误解。在台湾早期的移民社会中，台湾的福建移民以闽南人（福佬人）为主体，又包括了部分客家人，如汀州的客家人，漳州南靖、平和、诏安的客家人；台湾的广东移民以客家人为主体，同时也包括了部分福佬人，如潮州、汕头的福佬人。在实际生活中，移民的群体归属，往往结合方言、地域等进行族群认同，不以省籍为限。林树梅《与曹怀朴明府论凤山县事宜书》记："其东南下淡水溪北，自刺仔寮至哔吱尾、附山一带，悉粤籍民，居八十余庄；离埠城远者六十里，近者二十里余，皆闽籍漳、泉之民。而闽之汀州与粤连界，亦附粤庄。"② 闽浙总督觉罗满保亦言："潮属之镇平、平远、程乡三县，则又有汀州人自为守望，不与漳泉之人同伙相杂……（义民李三直等）纠集十三大庄、六十四小庄，合镇平、程乡、平远、永定、武平、大埔、上杭各县之人，共一万二千余名于万丹社，拜叩天地竖旗，立大清旗号，供奉皇上万岁圣旨牌。"与此相映成趣的是，"潮属之潮阳、海阳、揭阳、饶平数县，与漳泉之人语言声气相通"，③ 以致"漳人党漳，泉人党泉，粤人党粤，潮虽粤而亦党漳"。④ 广东移民里的潮州福佬人在台湾也往往依据族群认同归附"闽人"。

但是，在一般观念里，特别是文献记载中，广东移民的聚居地被一概称为"粤庄"或"客庄"。清人林树梅《与曹怀朴明府论凤山县事宜书》有"粤

---

① 邱彦贵：《粤东三山国王信仰的分布与信仰的族群》，载《东方宗教研究》（新）3 期，第109—146 页。

② 林树梅撰、陈国强校注：《啸云诗文抄》，厦门大学出版社 2013 年版，第 19 页。

③ 余文仪等主修、王瑛曾总纂：《重修凤山县志》（四），1968 年赖永祥校订排印本影印，台湾成文出版社有限公司 1983 年印行，第 339—340 页。

④ 姚莹：《答李信斋论台湾治事书》，见《东溟文集》卷四，续修四库全书第 1512 种，上海古籍出版社 2001 年版，第 407 页。

庄"之名，陈梦林《诸罗县志》则记："俗称粤人所居曰客庄"。又记："佃田者，多内地依山之犷悍无赖下贫触法亡命，潮人尤多，厥名曰客；多者千人，少亦数百，号曰客庄"；"自下加冬至斗六门，客庄、漳泉人相半，稍失之野，然近县故畏法；斗六以北客庄愈多，杂诸番，而各自为俗。"[①] 如此，包括潮州、汕头的福佬人在内的所有广东的移民都被称为"粤人"，进而被称为"客家人"。

反映在民间信仰方面，大陆潮汕福佬、客家共有的三山国王信仰，传播到台湾后继续保持着原先的福佬、客家共有的信仰特色，并未完全变成客家人特有的保护神。但由于上述观念的原因，特别是文献记载将所有粤人界定为客家人，所以粤人特有的保护神，被误认为是客家人特有的保护神。

事实上，由于三山国王在大陆原乡就是潮汕福佬人的信仰之一，"潮虽粤而亦党漳"的族群认同，使得漳泉福佬人也容易信仰三山国王，如此三山国王信仰就成为福佬与客家交流融合的重要纽带和族群文化的过渡地带。因此，除了前述兼扮会馆功能的三山国王庙外，其他近一百四十座的三山国王庙，有三分之二左右的比例都不是非落户在现今的客家庄，而是在福佬的垦地或者客家人原本分布就少的地方，如嘉义、宜兰等地。三山国王庙分布数目最多的首推宜兰县，共有二十六座，但宜兰县的客家人却占少数。据陈淑均《噶玛兰厅志》载："嘉庆庚午四月开疆，编查兰属三籍户口，有漳人四万五千余丁，泉人二百五十余丁，粤人一百四十余丁。"[②] 此外，三山国王庙分布最多的地带，也正是福佬客地区或福客交界地区，如彰化、云林、嘉义等县境内的近四十座三山国王庙，都分布在福佬客区；六堆地区佳冬乡有四座三山国王庙，但这里却是福客冲突明显的地区之一。反观在许多客家聚居地，如桃园县境，新竹的湖口、新丰、竹北，苗栗的南庄、狮潭、大湖，屏东六堆的长治、麟洛等地，找不到一座三山国王庙。由此不难发现，三山国王虽然是台湾客家信仰中，分布最为普遍的神祇，但并非是所有客家人的守护神或客家人专有的守护神。

凡此种种，说明作为一个弱势族群，台湾客家人在漫长的历史岁月中，一方面顽强地保留了自己的文化传统与特色，另一方面也接受了其他族群的文化

---

① 周钟瑄主修、陈梦林总纂：《诸罗县志》（二），清康熙五十六年序刊本影印，台湾成文出版社有限公司 1983 年印行，第 429—430 页。

② 陈淑均总纂、李祺生续辑：《噶玛兰厅志》，清咸丰二年刊本影印，台湾成文出版社有限公司 1983 年印行，第 279 页。

成分，同时对自身文化做了某些适应性的调整。这种既传承又有所变化和吸收的双重轨迹，是台湾客家民间信仰的显著特征，同时也是移民文化在新的社会环境中相互交融和理性选择的必然结果。

文化社会学视野下的
闽南文化在台湾的传播及变迁

林　星*

文化认同是民族认同的重要基础，闽南文化是中华文化的重要组成部分，有着独特的内涵。福建和台湾属于同一个海峡文化区，闽南文化是闽台两地共有的文化形态。

近年来，闽南文化研究受到越来越多的关注，取得了丰硕的研究成果。对闽南文化的具体构成部分如民俗宗教、戏曲艺术等方面都有大量深入的研究，但把闽南文化作为一个文化类型进行探讨的尚不多见。在海峡两岸闽南文化关系的研究方面，也存在一些局限。如在文化的发展上，对闽南文化溯源于福建研究较多，对闽南文化在台湾的变迁研究较少；在文化的特质上，对闽台闽南文化共同性的探讨较多，对差异性探讨相对忽略；在研究时段上，也多限于研究明清时期，对日据时期和台湾光复以后闽南文化在台湾的发展分析不多。两地闽南文化的复杂关系，种种异同都是经过长期的历史时期才形成的。本文试图从文化社会学的视角，运用文化传播理论，对闽南文化在台湾的传播、变迁和互动的整个历程作一长时段的分析，并阐释其原因和特性，以期对闽南文化在台湾的发展现状有所认识，从而促进两岸的文化交流和合作。

一、明清时期闽南文化在台湾的传播

文化传播是指文化特质从一个群体或社会传入另一个群体或社会的过程。①文化传播本身是文化发展的一个重要方面。文化传播中存在优势扩散原理，一

---

* 林星，中共福建省委党校、福建行政学院社会与文化学教研部、闽台关系研究中心教授。该文原发表在《台湾研究》2009年第4期。

① ［美］波普诺：《社会学》，中国人民大学出版社，1999年，第623页。

般来说，是较先进的地区的文化辐射和延伸到较落后的地区。唐宋以后，福建社会经济有了很大发展，台湾到明代后期开始得到较大开发。因此，首先是中原的华夏文化向相对后开发的福建地区辐射和延伸，促进福建文化的繁荣和发展；接着，又是包括闽南文化在内的福建文化向发展相对迟缓的台湾地区传播。

1. 闽南人在台湾的移民和开发带来闽南文化在台湾的传播

闽南文化在台湾的传播与闽南人在台湾的移民和开发过程是分不开的。移民的方向和迁出地与迁入地的距离有直接关系，闽台一水之隔，迁往台湾的移民，以最靠近台湾的福建南部泉州人、漳州人最多。闽南山多田少、人口密集，台湾的地广人稀，吸引闽南人历经艰辛，渡台求生存和发展。从宋、元开始，就不断有沿海的渔民、商船进入澎湖和台湾东岸，由取水、避风发展到开发、定居。宋朝澎湖列岛就有泉州的移民，属于福建晋江县管辖。元朝在澎湖设置行政管理机构"巡检司"。从明朝末年到清代中叶，曾经出现了3次较大规模的移民浪潮。明末郑芝龙集团从福建"招饥民数万人……载至台湾"，郑成功驱退荷兰殖民者，收复台湾，许多漳泉人跟着移居台湾，形成第1次移民台湾的高潮。第2次是在清初，施琅平定台湾时，大批漳泉人移居台湾。第3次是乾隆、嘉庆年间，清政府放宽移民台湾的政策，大批闽南人和客家人移居台湾。到1860年前后，台湾社会的人口结构改变为以移民的后裔为主体，社会结构转变为以宗族关系为基础的组合。完成了从移民社会向定居社会转化的过程。① 这一社会建构，台湾学者也称之为"内地化"或"土著化"。

2. 闽南文化在台湾的传播和共同性

随着闽南移民不断迁徙台湾，闽南文化也传入台湾，无论是生产工具、制造技术、商业贸易等"物质文化"，还是宗教信仰、戏曲文学、风俗习惯等"精神文化"，都在台湾社会广泛流传，闽南人的文化特质、性格特征、价值标准、道德取向也扎根于台湾民众心目中。

明清时期闽台两地在文化的许多方面都有共同点。在选官制度上，岁考、科考、乡试都是同时举行的，台湾学子参加乡试也要到福州。在教育制度上，闽台两地的学政管理、教学方法等都是相同的。在思想文化上，由于两地文人的交往，闽学对台湾的社会产生深远的影响，形成相同的伦理制度和道德观念。闽台有着共同的风俗习惯，语言、衣着、饮食、居住以及岁时节庆、婚丧习俗、民间信仰等都十分一致。民间信仰在台湾发展速度很快，神祇成百上千，庙宇

_____

① 陈孔立：《清代台湾移民社会研究》，九州出版社，2006年，第9页。

遍布城乡僻壤。从 1918 年到 1981 年，台湾当局曾先后 6 次对台湾地区各种寺庙的主祀神进行调查统计，历次前列 20 名的主神中，有 16 种是随移民从福建传入台湾的。其中，天上圣母、保生大帝、清水祖师、开漳圣王、广泽尊王等为闽籍移民奉祀的祖籍神明，被称为桑梓神，受到台湾同胞的特别敬奉。[①]

甚至有些社会问题，如养子、械斗、聚众赌博等也大体相似。闽南从明清开始就有收养螟蛉之子习俗的记载。道光年间的《厦门志》载："闽人多养子……长则令其贩洋，赚钱者，则多置妻妾以羁縻之，与亲子无异。分析产业，虽胞侄不能争。"[②]闽南一带多械斗，"每以族大丁多，而生息不蕃者，怵己族的遭欺，遂不计及血统，嗣异姓以为后，且多以多多为善"。[③]而台湾也是如此。如台湾板桥林家，在家族发展过程中就有不少养子。据族谱记载，林平侯所在的 15 世 5 人，其中 3 人各有 1 个养子；16 世共有 17 人，其中 6 人有养子 8 名；17 世有 42 人，其中 15 人有养子 10 人，养女 5 人。[④]台湾的械斗也是长期不断。但处于移民社会阶段的台湾也有它的特殊性。如社会结构方面，移民按地缘关系聚居在一起，和大陆上聚族而居不同，从而产生的"分类械斗"和大陆上的宗族械斗也不相同。[⑤]台湾需要经过几代人建构定居社会，才出现聚族而居和宗族制度，消除分类械斗之类的特殊现象。

因此，这一时期是闽南文化在台湾获得最充分传播与发展的时期，两岸文化几乎是水乳交融，不分彼此，文化共同性也最多。这方面的研究也较为充分。

二、日据时期闽南文化在台湾的坚持和发展

1895 年甲午战争后，台湾沦为日本的殖民地，从此台湾和大陆的发展发生了很大的变化，但正如《台湾问题与中国统一》白皮书中所言："台湾社会的发展始终延续着中华文化的传统，即使在日本侵占的 50 年间，这一基本情况也没有改变"。[⑥]

---

① 林国平：《闽台民间信仰源流》，福建人民出版社，2004 年，第 30—32 页。
② [清·道光] 周凯纂：《厦门志》卷 15 "风俗记"，鹭江出版社，1996 年，第 517 页。
③ 茅乐楠编：《新兴的厦门》，1934 年，第 82 页。
④ 庄为玑、王连茂编：《闽台关系族谱资料选编》，福建人民出版社，1984 年，第 366—369页。
⑤ 陈孔立：《清代台湾移民社会研究》，九州出版社，2006 年，第 41 页。
⑥ 国务院台湾事务办公室、国务院新闻办公室：《台湾问题与中国统一》，《人民日报》1993年 9 月 1 日。

1. 台湾同胞坚持维护中华民族文化

日据时期大陆和台湾发展的共同性相对减少，但仍然存在，主要是建立在共同民族文化基础上的民族意识是息息相通的。[①] 日据时期，日本殖民当局在思想意识和文化教育方面极力推行文化同化政策和思想奴化教育，妄图从语言文字、文学艺术、宗教信仰、思想意识和生活习惯等方面割断台湾与祖国大陆的一切联系，把台湾同胞改造为愿为"大东亚圣战"奉献一切的日本天皇的顺民，把台湾建成日本理想的殖民地。[②] 特别是 1937 年后，日本殖民当局大力推行"皇民化"运动，强迫广大台湾同胞全面接受日本文化，并企图在宗教信仰、民间习俗和生活方式等方面同化台湾。台湾总督府要求台湾同胞改奉日本神祗，下令各家各户供奉日本的"天照大神"，要求改行日本风俗，仿效日本人的言行举止和生活习惯，禁止演出采茶戏、车鼓戏等，到 1939 年歌仔戏也被禁演了。[③]

台湾同胞想方设法坚持维护包括闽南文化在内的中华民族传统文化。在语言文字方面，台湾学生在学校被迫讲日语，读日文，但回到家里就讲闽南话、客家话等汉语方言。台湾同胞还以各种理由要求殖民当局准许他们学汉语。在改用日本姓名方面，绝大多数台湾同胞不愿背弃祖宗，改姓换名。1940 年 2 月，总督府开始鼓动台湾同胞改用日本姓名，但半年后，台北县 52 万人中改姓者不过 37700 人。[④] 在教育方面，日本殖民当局大肆推广日语，培养台湾同胞尤其是青少年的日本民族意识，淡化和压制他们对中华民族意识的认同。但是不少台湾人送子女进私塾读书，学汉文、写汉字、读汉诗，延续中华民族传统文化。台湾的宗教信仰、风俗习惯仍然保持闽南文化的特色。以妈祖信仰为例，1895 年以前，台湾有妈祖庙 232 座，到 1934 年，据台湾总督府的统计，全岛妈祖庙已增至 335 座。[⑤] 闽南文化在台湾顽强生存下来，并且获得发展。闽南文化是中华民族文化的一部分，对闽南文化的坚持和传承，实际上就是在坚持中华文化。但这种情况也造成日据时期台湾文化发展的不均衡：大一统的中华文化受到极端的压制，而其分支闽南文化却得到特殊的发展，这为后来的台湾文化发展埋下了变数。[⑥]

---

① 陈孔立：《清代台湾移民社会研究》，九州出版社，2006 年，第 65 页。
② 张春英主编：《海峡两岸关系史》（第 2 卷），福建人民出版社，2004 年，第 495 页。
③ 吕诉上：《台湾演剧改革论》，《台湾文化》第 2 卷第 3 期，1947 年 3 月 1 日，第 2 页。
④ 张春英主编：《海峡两岸关系史》（第 2 卷），福建人民出版社，2004 年，第 539 页。
⑤ 朱天顺：《清代以后妈祖传播的主要历史条件》，《台湾研究集刊》1986 年第 2 期。
⑥ 陈耕：《加强闽南文化研究，建构闽南学学科体系》，《闽南文化研究》2003 年第 4 期。

在此情形之下，中华文化的一枝一叶备受台湾人民的珍视和珍惜，中华文化的传统在异族侵略的重压下得以延续。日据当局也不得不承认："台湾改隶虽然已经过了40余年，但现在保持着以往风俗习惯信仰，这种汉民族的意识似乎不易摆脱，盖其故乡福建、广东两省与台湾仅一水之隔，且交通来往也极频繁。这些华南地方，台湾人的观念，平素视为父祖墓坟之地，思慕不已"。[①]

2. 台湾的闽南文化对福建的影响

文化传播是一种文化互动现象，它既包括文化的输出，也包括文化的输入。这个时期值得注意的新现象是台湾的闽南文化对福建的影响。根据《马关条约》的规定，在台湾居住的中国人被编入日本国籍，他们被称为日籍台民，亦称台湾籍民。福州和厦门两个城市成为日本和台湾总督府经营的重点，许多台湾籍民来此居留，当地也有一些人加入日本国籍。据福建省政府秘书处统计，到抗战前夕的1936年6月，福州有台湾籍民2026人，厦门有台湾籍民8874人。[②]实际人数则更多。台湾的商人和医生到福建各地经商行医，将台湾的商业文化和医疗文化带到福建。作为物质文化之一的台湾农业生产技术和优良品种也输入福建。两地的人员往来和文化交流仍然在进行。泉州曾经印刷有"专售台湾"的历书，厦门印行的歌仔册流行于台湾，台湾学生前来厦门大学等学校就读，台湾民众经常到大陆进香、探亲。[③]台湾文人连横、施士洁、许南英、汪春源、林鹤年等人曾先后离台内渡闽南。连横还在厦门《鹭江报》和《福建日日新闻》担任过编辑。[④]台湾作家赖和曾在厦门博爱医院当过医生。

歌仔戏的产生和演变是闽台闽南文化交流和融合较为典型的一例。歌仔戏发源于漳州的锦歌，经过台湾艺人的加工和发展，成为台湾本土的剧种。歌仔戏形成以后，又传回闽南地区，演变为闽南的芗剧。台湾的现代化在此时期取得一定成效，台湾的闽南文化也吸收了日本、欧美和东南亚的文化因素，推动了闽南文化的多元化和现代化转型。

三、光复以后闽南文化在台湾的发展和交流

1945年，抗战胜利，台湾光复以后，大陆和台湾走上不同的发展道路，导

---

① 汪毅夫：《"批判地继承"与"传统的延续"》，《两岸关系》2001年第9期。
② 福建省政府秘书处统计室编：《福建省统计年鉴（第一回）》，1937年，第119页。
③ 汪毅夫：《闽台缘与闽南风》，福建教育出版社2006年，第19—23页。
④ 徐学：《厦门新文学》，鹭江出版社，1998年，第22页。

致在政治上、经济上的重大差异。但由于台湾摆脱了殖民地的地位，回归祖国，因而中华民族的文化得到进一步的传播和发扬，台湾和大陆仍然存在许多共同性。①

1. 闽南文化在台湾的曲折发展

台湾光复初期，大量大陆同胞移居台湾。当局在大力推广中华文化的同时，却又走上另外一个极端，把闽南文化看作难登高雅之堂的低俗文化，在文化政策上歧视甚至压制闽南文化。在大力推行"国语"（普通话）的同时又限制台湾人民使用闽南话。还提出台湾演剧改革方案，以新剧（话剧）代替旧剧（歌仔戏）。②因而台湾闽南文化在强大压力下一度遭受冷落。20 世纪 70 年代末，开始调整文化政策，进行文化遗产和文化生态环境的保护工作，逐步重视闽南文化。

台湾的闽南文化在战后获得了一定发展，如乡土文学、电影等。乡土文学是指题材、内容、语言皆来源于台湾乡土的文学，20 世纪 20 年代以来，成为台湾文学主要组成部分。代表作家有赖和、吴浊流、杨逵、钟理和等。③70 年代，台湾知识文化界从中西文化论战和西化思潮泛滥中解脱出来，掀起了"回归传统，关切现实"的思潮。④随着台湾社会向工商业经济过渡，一部分本土作家开始从本土的闽南文化中寻找题材，反映现实、关注底层小人物。台湾民间"乡土文学"成为文坛主流，代表人物有黄春明、陈映真和杨青矗。在他们作品中，爱国主义仍然是一个重要主题。⑤20 世纪 50 年代中期台湾闽南语影片风行一时。其中有过半数的中年以上或者教育水准较低的人们，对于国语影片和外国影片的欣赏程度，远不如对台湾闽南语影片较易吸收和接受；而且台湾闽南语影片中的故事情节与人物，也都是他们所熟悉的和有兴趣的，仅 1956 年就有 110 部影片。⑥电影表现了开发台湾的艰辛和思乡怀亲、不忘故土的精神。

在闽南文化发展中也出现一些不和谐的杂音。20 世纪 80 年代末李登辉上台和陈水扁执政期间，利用"去中国化"来凸显台湾本土意识，切断大陆与台

① 陈孔立：《清代台湾移民社会研究》，九州出版社，2006 年，第 62 页。
② 吕诉上：《台湾演剧改革论》，《台湾文化》第 2 卷第 3 期，1947 年 3 月 1 日，第 7 页。
③ 茅家琦：《台湾三十年（1949—1979）》，河南人民出版社，1988 年，第 130—131 页。
④ 茅家琦：《台湾三十年（1949—1979）》，河南人民出版社，1988 年，第 133 页。
⑤ 茅家琦：《台湾三十年（1949—1979）》，河南人民出版社，1988 年，第 354 页。
⑥ 陈孔立主编：《台湾历史纲要》，九州出版社，1996 年，第 490 页。

湾的历史文化渊源，进一步推行"文化台独"，企图割裂台湾的闽南文化与整个闽南文化的关系，以"树立台湾在国际上独立的文化人格"。[①] 他们提出"中国文化是台湾文化的一部分"，极力凸显闽南文化，把闽南方言定为"国语""母语"，把歌仔戏作为"国剧"，把南音作为"国乐"。[②] 近年来，闽南文化在台湾发展很快，当局加强对文化资源的保护，投入资金建设文化设施和补助文化团体。台湾有专门使用闽南语的电视台、电台和相关频道，经常举办闽南语歌曲比赛等，闽南民间信仰深入民众日常生活和政治生态中。传统戏剧也借助现代传播媒介，不断创新，吸引年轻观众，出现电视布袋戏等。

2.20 世纪 90 年代以后闽南文化在两地的交流与影响

文化交流是两岸往来的一个重要渠道，进入 20 世纪 90 年代以来，闽台文化交流从恢复迅速走向繁荣。文化交流呈现多层次、常态化，并从单向交流发展到双向交流。

闽南文化的优势得到发挥，在促进两岸交流合作中产生了重要的影响。目前已经构建了中国闽台缘博物馆、漳台族谱对接陈列馆、海峡两岸歌仔戏艺术节、泉州国际南音大会唱等交流平台。中国闽台缘博物馆从 2006 年 5 月建成开馆至 2009 年 5 月初，参观人数已突破 200 万，其中约有 15 万台湾参观者。2007 年 6 月，文化部批准在福建省设立第一个国家级区域性文化生态保护实验区——"闽南文化生态保护区"。2001 年、2003 年、2005 年、2007 年和 2009 年，分别在厦门、泉州、漳州、厦门和台北举办了 5 届"海峡两岸闽南文化"研讨会。2007 年 11 月，福建省委提出要努力把海峡西岸经济区建设成为科学发展的先行区、两岸人民交流合作的先行区。海西建设的内涵不断深化，效应持续显现，其中一个重要方面是福建在对台交流合作上先行一步，在先行先试中推动闽台文化交流合作向纵深发展。

歌仔戏、南音、木偶戏、高甲戏等闽南文化艺术，已成为闽台交流的"文化使者"，频频穿梭海峡两岸，增进两岸民众的乡音乡情。2008 年以来，福建共派出赴台文化团体 33 批 856 人，台湾文化界到福建交流的则有 8 批 1543 人。[③] 2008 年 4 月，包括厦门金莲升高甲剧团、漳州市芗剧团在内的福建文化艺术交流团赴台南市参加第七届"郑成功文化节"，并在台北、台中等地开展文

---

① 陈耕：《加强闽南文化研究，建构闽南学学科体系》，《闽南文化研究》2003 年第 4 期。
② 闽南文化发展研究课题组：《闽南文化现状与发展初探》，《闽南文化研究》2005 年第 8 期。
③ 《福建对台文化交流持续升温》，《福建日报》2009 年 3 月 12 日。

化艺术交流和展示活动；2008 年 12 月，泉州市文化局组织的"泉州文化台湾行"团队赴台，并在台北、高雄、台南、宜兰等地进行交流演出。2009 年 3 月，作为"福建文化宝岛行"系列活动之一的"海峡两岸传统戏曲汇演"在台湾台中县举行。参加汇演的文化团体有厦门市南乐团、泉州市木偶团等，文化团还分赴台中县、台北县、彰化县、宜兰县和台中市等地演出。两岸闽南文化正形成相互促进、交融之势。

四、文化社会学视野下的闽南文化

文化传播有两层含义，其一是指从文明的中心向边缘传递文化的过程，其二是指一种双向的文化互动过程，也指围绕传播而展开的社会一体化进程。[①] 在闽台两地闽南文化的交融过程中，特别在早期，是以福建地区向台湾地区延伸为主流。但闽南文化在台湾传播的长时段过程中，后一含义愈发明显。这种传播是在闽台人民社会交往活动过程中产生于两个社区、两个群体之间的共存关系内的一种文化互动现象。

文化是一个不断发展的建构过程，需要不断创造、创新。如果缺少不同区域社会群体的互动，文化就会失去它的生命力。文化中最常见的社会变迁原因就是发现和发明，有时它们也被合并在一起称作创新。[②] 闽南文化在台湾得到传播和创新，台湾的闽南文化反过来也影响了厦漳泉地区的闽南文化，丰富和发展了闽南文化的内涵。闽南文化在台湾发生、发展和演变过程，体现了文化的交流和融合。两地频繁的文化交流活动促进了双方的文化认同和合作，推动两岸走向融合。

在文化社会学看来，文化区是指有着类似文化特质的区域。它可以从以下三方面观察：第一，文化区是文化特质的区域分类。第二，文化区是一个历史的概念。第三，文化区是一种历史形成的文化环境，其居民的心理、性格、行为都带有该区域文化的特征。[③] 福建和台湾的文化有着历史形成的天然的亲缘关系，同属于海峡文化区，闽南文化是其中重要的组成部分。闽南文化在台湾的传播和变迁充分说明了台湾和福建的闽南文化都是闽南文化的一部分。闽南

---

① 王铭铭：《人类学是什么》，北京大学出版社，2003 年，第 31 页。

② [美] 波普诺：《社会学》，中国人民大学出版社，1999 年，第 623 页。

③ 司马云杰：《文化社会学》，中国社会科学出版社，2001 年，第 195—197 页，第 289—294 页。

文化联系、滋养、影响着海峡两岸的同胞,台湾同胞是我们的手足兄弟。海峡两岸同胞今天更应继承、发展闽南文化,促进两岸关系发展。① 闽南文化在形成和发展过程中,不断吸收新的成分,并向外释放影响,最终构成开放、多元化的文化系统。

研究闽南文化的传播,还要注意到文化生态环境的不同,也就是不同社会发展的特殊性。不同地域的闽南文化的传承方式和现状都有所不同。台湾是中国的一个组成部分,但由于历史的原因,台湾和大陆长期处于隔离状态,这就使得台湾的历史发展呈现出它的特殊性。要正确认识今日台湾,就必须正确地估计台湾历史的特殊性。② 在这百年时间中,台湾和大陆基本上处于隔绝状态,并且走上了不同的发展道路。直到今天,不论在社会性质、经济结构、政治制度以及意识形态等各个方面,台湾和大陆都有着巨大的差别。③ 台湾与美国、日本保持着密切关系,它们不仅在经济上,而且在意识形态、民众心态乃至文化教育、流行文化等对台湾的社会影响仍然很大。闽南文化在闽台两地的同质化与地方差异化是同步展开的。两地闽南文化的差异性在闽南文化研究中值得重视。这种差异也是文化交流的基础之一,也有利于闽南文化的全面发展。

文化传播的社会功能十分丰富,如社会交往的功能,社会化的功能,社会调适的功能,社会控制的功能,社会储存的功能。④ 闽南文化在传播过程中,促进了闽台人民的交往,沟通了联系,加强了感情。同时闽南文化中的海纳百川、兼收并蓄的开放性特征,开拓进取、守望相助的特质也对调适社会矛盾,控制社会秩序具有极大作用。从文化上看,台湾和大陆的联系是血脉相连,密不可分的。在明清时期,台湾和福建不仅曾经有政治上的隶属关系和管辖关系,还有文化上、感情上的关系。在日据时期,日本的殖民统治也无法中断闽台的文化联系。20 世纪 80 年代以后,闽南文化更成为沟通闽台人民的精神纽带和桥梁,在促进两岸关系发展中发挥着重要作用。

闽南文化是海峡两岸同胞共同创造的区域文化和族群文化,也是中华文化的重要组成部分,它在台湾的发展过程中从来没有偏离过中华文化的轨道。闽南文化是闽台民众共同的精神家园,海峡两岸都是闽南文化的承载者和传播者。

---

① 《继承发展闽南文化,促进两岸关系发展》,《福建日报》2003 年 2 月 17 日。
② 陈孔立:《清代台湾移民社会研究》,九州出版社,2006 年,第 41 页。
③ 陈孔立:《清代台湾移民社会研究》,九州出版社,2006 年,第 73—74 页。
④ 司马云杰:《文化社会学》,中国社会科学出版社,2001 年,第 289—294 页。

随着文化交流的不断进行，互相吸收，将在海峡两岸形成新的闽南文化的文化区，共同推进闽南文化的创新、融合与发展。

闽台文化交流的意义和作用

——以闽南文化和台湾文化的关联性为视角

洪文生 *

从主体上看，闽南文化是台湾的主流文化，是"台湾自古就是中国领土"的重要文化见证。弘扬闽南文化，促进海峡两岸文化交流，对于促进两岸同胞的相互了解，增进共识，争取台湾民心，增强台湾同胞对祖国大陆的认同感和两地同胞同根同祖的感情意识，切实推动祖国统一大业具有重大的现实意义和作用。

一、台湾文化与闽南文化的紧密关联

文化本质上是维系一个民族的精神纽带，是凝聚一个民族的感情乳胶。作为中华文化的重要分支——闽南文化，凝聚着闽南以及相关地区人民的感情、思想、意志和价值取向，是闽南以及相关地区人民赖以形成、生存、发展的内在依据和巨大动力。从历史渊源看，闽南文化是台湾的主流文化，是"台湾自古就是中国领土"的重要文化见证。

福建与台湾一水相隔，历史上闽南民众曾经大量迁入台湾岛内。南宋时，在澎湖设立巡检司，加强对澎湖、台湾的行政管理。《诸蕃志》记载：泉有海岛，曰澎湖，隶晋江县。"当时澎湖居民如有争讼，须到晋江县裁决。近代以来，闽南地区向台湾的移民从未停过。尤其是 17 世纪初漳州海澄人颜思齐和 17 世纪中叶泉州南安人郑成功的先后入台，形成两次大规模的闽南人迁台潮，此后入台者更是不计其数。几百年来，闽南文化在台湾被较为完整地传承下来，融入了百姓日常生活的方方面面，从语言、饮食、建筑，到民间风俗、民间信

---

* 洪文生，中共福建省委党校、福建行政学院闽台研究院副教授。该文原发表在《闽台关系研究》2015 年第 2 期。

仰、民间艺术、人的性情行为，无不透露着浓重的闽南文化特征，闽南文化元素在台湾遍地可见。

由于迁往台湾的移民主要是闽南人，因此闽南话在岛内十分流行，早在荷据时期，闽南话已成为岛内的常用语言。入清后，随着渡台的闽南移民的大量增加，闽南话成为岛内最主要的通用语言。从民情风俗上看，台湾与福建完全相似，闽南人迁居台湾，不仅带去了家乡的土语方言，也带去了原有的风俗习惯和生活方式，连台湾的许多地名就是直接从福建祖地"移殖"过来的，如泉州厝、同安村、安溪寮等，在台湾很容易地找到这些从闽南"移殖"来的地名。台湾的岁时节庆也与福建闽南地区几乎相同。至今，台湾普通老百姓还保留有许多中国传统节日，如除夕"围炉"、元宵看花灯、清明扫祖墓、端阳龙舟竞渡、七月十五过"普渡"、八月中秋赏月、九九重阳登高、腊月十六"做尾牙"等，所以《台湾通志稿》说，凡此岁时所载，皆漳泉之人流寓于台者，故所尚亦大概相似云。台湾的民间信仰更是直接从大陆传入，妈祖、关公、玄天上帝、保生大帝、开漳圣王、清水祖师、广泽尊王、临水夫人以及其他闽南人信仰的保护神遍及台湾的边边角角，这些神明信仰几乎来自福建，尤其是闽南地区。

从历史的角度去审视台湾文化的来源，我们可以清楚看到，台湾作为一个中国大陆居民移居并与当地民众不断融合的地区，又在对外交流的过程中，汲取了欧美、日本等的文化成分，呈现出文化多元融合的特征。然而从文化受用主体看，在台湾占主体地位、发挥主流影响的，无疑是源自于中国大陆的闽南文化。这是因为台湾作为一个移民社会，历史上的移民主要是从福建闽南地区过去的，尽管也包括广东的一部分，但人口主要组成是福建闽南地区的移民后裔，约占十分之七八，由于人数的优势，闽南文化成了台湾文化中的主体文化和强势文化。再进而考证闽南文化的源流，却是来自于中原故土的中原文化在福建南部地区的传承和演化。是故，台湾高绪观先生在《台湾人的根——八闽全鉴》一书中说"台湾人文礼俗，源于中土，相袭入闽，举凡信神拜佛，敬天祭祀。婚丧喜庆，衣冠礼乐，四时年节，以及习俗人情，皆是祖宗流传下来的文化遗产。"台湾文化溯源求本，和闽南文化又都同属中华文化大体系，是中华文化的一个组成部分。

从文化认同的角度观察台湾民众的认同，可以发现华夏民族的文化在台湾保存的依然完好，哪怕在日据台湾时期，在日本大力推行殖民文化的背景下，台湾民众依然顽强地保存和使用着从大陆播迁过去的中华文化，在台湾大多数地区，老百姓使用闽南话进行交流、喜爱闽南戏剧、信仰大陆的神灵，从根本上维护和传播着中华文化尤其是闽南文化的因子，也由此使得台湾人的民族意识得以保存和发扬。据本尼迪克特·安德森的研究，在民族国家的形成中，民族主义者往往借助民族语言、宣传册子、文学作品、教育政策、大众媒介等文化手段来加强民族意识。英国著名民族理论学者安东尼·D·史密斯也提出了类似观点："各文化群体在自己祖国的领土范围；起源神话的共同性和共同体的历史追忆；统一的共同大众文化的共同联结；生产活动的共同地域分工及在共同地域上全体成员具有可流动性和对资源的拥有权。"[1]

二、历史上台湾文化"去中国化"的危害

文化理论家雷蒙·威廉斯所宣称的，人们的社会地位和认同是由其所处的文化环境所决定的，也就是说，文化具有传递认同信息的功能。[2]法国学者马尔丹进一步提出了"叙事认同"（identity as a narrative）的理论，强调认同是一种特殊的叙事形式，其情节可以被重组，进行新的诠释。[3]马尔丹所分析的文化特质对认同的重构，表明认同与文化有着密不可分的联系。

台湾文化是台湾社会生活的大环境，在台湾的统治阶层无不了解社会文化对于台湾社会秩序的重要意义，是故都竭力营造有利于他们统治的社会文化大氛围。为了隔断与祖国大陆的心理联系，在"去中国化"方面大动脑筋。

（一）日本据台时期文化"去中国化"的图谋

"欲灭其国，先灭其史"。日据时期，日本入侵者在台湾全面压制中国传统文化，推行"皇民化运动"，几乎导致中华文化在台湾的中断。所谓的"皇民化"文化政策，就是强行规定台湾民众必须改姓日本姓氏、学习日语、看日本电影、听日本歌曲，实行日化生活方式，倡导推行日本式礼仪和思维模式，在小学、中学教育及专科教育中强行加入日本的文化内容，使台湾社会融入日本大和文化的一些元素、特质，企图从根本上铲除中华文化在台湾的

① Athony D. Smith, "National Identity and the Idea of European Unity".International Affairs,68,No.1（1992）：62.

② M. Shelly et al. eds.,*Aspects of European Cultural Diversity*. London：Routledge,1995：194.

③ Denis-Constant Martin, "The Choice of Identity" Social Identity, Vol.1,No.1（1995）.

根基，以形成在心理上、价值上对日本殖民统治的社会文化大环境。从总体上看，日本的图谋并未得逞，这种强力殖民统治并未完全改变台湾人民原有的生活形式与内容，未能形成较明确的日本文化特征。台湾老百姓仍然以不同的方式，在家庭、生活、非公开场所应用、保存、发扬祖先留传下来的中华传统文化，尤其是闽南文化，闽南文化尽管转为一种隐性的生活文化方式，然而仍根植于民间大众之中。不过，"皇民化"文化政策的确给台湾社会带来了一定的负面作用，在台湾塑造、培养了一批对日本有好感、投靠日本殖民政府为生的台奸。有专家称，若不是台湾在二战后及时回归祖国，台湾或许真有可能成为日本的第五岛屿。

（二）李登辉时期文化"去中国化"的操弄

李登辉领政时期，与"政治台独"相对应的是操弄"文化台独"游戏，企图通过在台湾完成"去中国化"而达到"本土化"之意图，以"文化台独"来配合其分离中国目的。为了达到分裂台湾的图谋，近年来台湾当局一直实施所谓的"去中国化"文化政策，企图通过文化的异化和思想上的控制来割裂台湾与大陆的关系。1998 年台湾"教育部"所属编译馆推出初中一年级教科书《认识台湾》。割裂台湾与祖国大陆自古以来的联系，否定台湾自古以来就是中国一部分的史实。

"社会篇"从 16 世纪葡萄牙人"发现台湾"开始谈台湾历史，称"从 17 世纪开始"，中国大陆的汉人陆续移来"。割裂台湾文化与中华文化的整体性，淡化中华民族意识。把岛内民众划分为以"台湾人"为认同的四大族群，宣扬所谓"台湾意识"；声称只有"四大族群"的语言文化等才是"值得保存、互相学习的共同文化资产"。把在台湾传播的中华文化与侵入台湾的西方殖民文化相提并论，统称为"外来文化"。

（三）陈水扁时期文化"去中国化"的延续

2000 年民进党上台后，亦行延续李登辉时期的文化"去中国化"政策活动，在历史、教育、文学、艺术等领域全面推行"文化台独"。陈水扁当局用吸纳了台湾方言的"通用拼音"取代汉语拼音；

全面弱化普通话在台湾的影响，把闽南话、客家话、11 种台湾少数民族语言与普通话一起定为所谓"国家语言"；利用各种考试推行"去中国化"政策，公务人员考试科目取消"中国"字样；修改历史教科书，将"台湾史"从"中国史"中独立出来。台湾当局推进"文化台独"的目的就是要全面、系统地割断台湾与祖国大陆的联系，抹去台湾人民心中的祖国记忆，从历史观、文化观、民族观来全面塑造台湾民众的"台独"观念，其最终指向就是"台独建国"。"文化台独"通过欺瞒手段骗取台湾民众的支持，误导台湾民众在不知不觉中接受"台独"理念，在岛内形成有利于"台独"势力生存和发展的土壤。相较于"政治台独"，其具有更大的欺骗性和隐蔽性，就像慢性毒药一样，不断腐蚀台湾民众对中国的认同和对中华民族的认同。

　　著名文化研究学者斯图亚特·霍尔认为：认同是通过差异构建的……只有借助与他者的关系，表明某个术语不是什么，明确缺少什么，是什么组成了它的外部这样一些积极'的层面——只有这样，认同才能被建立起来。"①而英国学者安东尼·吉登斯认为，认同是社会连续发展的历史性产物，它不仅指涉一个社会在时间上的某种连续性，同时也是该社会在反思活动中惯例性地创造和维系的某种东西，即持续地吸纳发生在外部世界中的事件，把它们纳入关涉自我的、正在进行着的"叙事"之中。②也就是说，这些"台独"操弄者借用的就是文化差异来扩展认同的差异。从李登辉主政到陈水扁上台，台湾当局除继续进行"反共教育"外，还加紧用"台独史观"、"去中国化运动"对民众进行"洗脑"。使得台湾民众在不知不觉中产生了对"中国"文化元素和中华民族元素的差异性认同，这为他们推行"台独"策略做了铺垫，也可以看出"文化台独"的危害性不亚于"政治台独"。

　　从上述情况看，日本殖民者为了与其政治统治相对应，推行"皇民化"运动。台湾光复后，在相当长一段时间内开展"去日本化"运动，奠定了中华文化在台湾的基础。而李登辉、陈水扁执政时为了配合"政治台独"，相应地在文化教育领域进行"文化台独"的一系列动作。文化的作用在台湾的确具有独特的意义和作用，对推进两岸关系发展、促进祖国统一的完成将起到重要的作用。

---

　　① StuartHall, "Who Needs Identity ？ ", in Stuart Hall ed.,Questions of Cultural Identity[M]. London：Sage,1996：4.
　　② ［英］安东尼·吉登斯：《现代性与自我认同》，赵旭东、方文译，三联书店 ,1998 年，第57—60 页。

三、闽台文化交流的重要意义

文化认同（cultural identity）是一个群体对自身文化属性的皈依和认知，是该群体辨别本群体与其他群体的总体心理感觉，对凝聚、塑造本群体的向心力产生重要作用。美国学者缪尔·亨廷顿曾指出"文化认同"就是不同民族的人们常以对他们来说最有意义的事物来回答"我们是谁"，即用"祖先、宗教、语言、历史、价值、习俗和体制来界定自己"，从这个意义上讲，文化认同实质是一种"自我认同"。他还认为，美国应该发扬盎格鲁—新教的文化、传统和价值观，这是美国的根本"特性"，否则美国就有分化和衰落的危险。这说明，这种文化构成了美国最根本的内在因素，成为"文化自我"，对这种文化自我的认同，成长出独特的美国；如果失去这种"文化认同"，美国也就不再是美国。其实，何止美国如此，其他民族、其他国家也不例外，对文化自我的认同，促使产生其独特的民族文化，维系着民族的存在和发展，产生着民族自身的凝聚力。

从台湾岛内"去中国化"状况来看，"台独"分子不希望看到祖国统一大业的实现，企图谋求台湾从中国领土版图中分裂出来，另起炉灶，为了掩盖他们的真实意图、实现他们建国的主张，必然会营造一种社会文化氛围，会通过大肆宣扬"文化台独"，来搞所谓的"文化去中国化"，有意切断台湾文化与大陆文化的渊源关系，由此否定大陆文化包括闽南文化在台湾的地位，虚构一种独立的"台湾文化"，割断台湾同胞的民族认同和国家认同，妄图从历史和文化上把台湾同中国分离开来，从而为其实现"政治台独"作准备。

从两岸交流情况看，因历史原因两岸长久隔离、对峙，造成了双方在生活方式、思维方式、价值观念、政治制度、社会现象等方面的差异，导致台湾民众特别是中生代和新生代，对大陆觉得陌生，存在着情感隔阂。这种情况，随着台湾民众到大陆探亲经商、旅游交往等活动的增多有所改变，但尚未完全转变。再加上国外势力的干涉，特别是美国主张台海维持现状的模糊政策，给了"台独"势力以活动的空间。在此背景下，台湾民众在统一问题的认识上显得摇摆不定，一部分人倾向于维持"不统不独"的现状。而在文化关系上，美国也不希望两岸进展太快。[①]

　　台湾文化就主流而言，与闽南文化为同一区域文化。概而言之，台湾文化缘自闽南，闽南文化植在台湾。"[②] 民族的认同、民族的凝聚，离不开文化的力量。中国有着几千年的文明史，历史上几经改朝换代，国家统一的维持，靠的就是文化上的认同，通过文化的力量来维系。正是由于有着几千年绵延不断的中华文化，最广泛地维系了全国各民族人民的认同和团结。

　　目前，大陆和台湾虽然被台湾海峡隔断，但海峡两岸的文化是隔不断的，因为台湾海峡两岸的文化，都是中华文化。作为区域文化的闽南文化，无疑是中华文化的一部分。台湾文化就源流和主体而言，与闽南文化为同一区域文化，闽南文化是台湾文化主要组成部分，闽台文化是同根、同源、同文、同种，都是中华民族文化的重要组成部分。因此，争取台湾民众对中华文化的认同，首先应从对闽南文化的认同这一基石开始，闽南文化应当发挥出其独有的魅力和作用。

四、闽南文化与台湾文化的交流对推动两岸文化认同的作用分析

　　如何争取台湾同胞的民心，促进祖国统一大业，是当前对台工作的一个难点。这对于与台湾仅有一水之隔的闽南地区来说，更是值得思考的现实问题。台湾知名文化学者杨渡在接受香港一家杂志专访时表示，深厚的中华文化底蕴是台湾最大的文化优势，加强文化交流有助于两岸增进对彼此的了解。[③] 作为中华文化的重要组成部分，闽南文化在争取台湾民心，促进祖国和平统一的伟大进程中，无疑具有独特的价值，理应发挥出独有的作用。

（一）闽南文化和台湾文化的紧密关联性是对台湾文化"主体性"论调的最好驳斥

　　台湾一些别有用心的政客看到文化的特殊作用，利用文化隔绝和对立的

---

　　① 倪永杰：《语中评：望马英九做正确选择，中评网，.http: // www.crntt. com / doc /1034/ 2 /7/ 9/103427930.html ? coluid =0&kindid = 0&docid = 103427930&mdate = 1017001207

　　② 黄清源：《泉南文化缘启》，《泉南文化》，（1）。

　　③ 《台湾学者：中华文化底蕴是台湾最大文化优势》，新华网，2010 年 1 月 18 日，http: // news.xinhuanet.com/tw/2010-01/18/content_12830962.htm

方式来炒作"台独"，宣扬所谓的"台湾文化主体性"，误导台湾民众在不知不觉中接受"台独"理念，在岛内形成有利于"台独"势力生存和发展的文化土壤，是"台独"势力企图从文化层面割断台湾与祖国大陆的精神、心理联系，抹去台湾人民心中的中国记忆，目的是造成两岸人民文化观念上的隔阂和敌对，其实质是"台独"主张在文化领域的延伸。李登辉领政时期，就借故操弄文化议题，于 1990 年公开声称"台湾文化不是中国文化的一部分"，加快了"文化台独"的步伐。到陈水扁上台执政，更是在历史、教育、文学、艺术等领域全面推行"文化台独"路线，例如修改历史教科书，将"台湾史"从"中国史"中独立出来，利用各种考试推行"去中国化"政策等。如果说台湾文化不是中华文化的一部分，说台湾文化具有自己的"主体性"，是自生自长的本土文化，就会让人感到莫名其妙了，针对这一论调的最好驳斥就是通过闽南文化和台湾文化的紧密关联性来说明。

（二）闽南文化是联系和增进两岸民众情感交流的最好的一项工具和桥梁

　　媒介的作用不仅在于提供便捷的信息渠道，还有着重要的文化政治功能。斯坎内尔认为："媒介能够将分散各地、完全不同的观众与国家生活这个象征中心联结起来，继而形成一种全体国民共享的文化，一种全新的共同政治生活。"[①]闽南人崇乡重祖，十分强调祖先记忆，注重文化之根。闽南文化作为特有的文化基因在促进海峡两岸关系发展方面发挥了强大的推动作用。这种推动作用是建立在人们对民族文化认同的基础上，源于海峡两岸闽南人对闽南文化与生俱来的强烈的认同感。这种认同感产生了强大的精神力量，使海峡两岸闽南人共同推动着两岸关系朝着祖国统一、民族团结的方向发展。[②]近年来，海峡两岸关系日趋缓和，两岸闽南人民间交往更加密切，闽台文化交流更加频繁。如：自从两岸恢复文化交流以来，闽台两地戏曲艺术团互访日益增多，特别是闽南地区与台湾地区的歌仔戏剧团互访最为频繁。台湾民间信仰团体也不断组团到大陆进香谒祖，与大陆民间信仰团体加深了相互了解与友谊。近两三年还出现海峡两岸青少年闽南语歌赛、福建民间艺术作品巡展、两岸摄影艺术作品交流展等活动以及中国闽南文化节、郑成功文化论坛、闽南文化论坛等，这些交流活

　　① P·Scannell. "Public Service Broadcasting and Modern Public Life.Media, Culture and Society,11（2）1989: 138.

　　② 林晓东：《闽南文化在台湾的传播及其影响》，黄少萍：《闽南文化研究》，中央文献出版社，2003 年，161 页。

动极大地拓宽了闽台区域文化交融的空间，同时也为海峡两岸关系的进一步发展创造了新条件。

（三）闽南文化和台湾文化的密切交流有助于两岸文化的交流，推动祖国统一大业的实现

　　福建是两岸交流交往的桥头堡，作为对台工作的前沿地区，在促进祖国统一大业方面拥有无可推卸的历史责任和无可代替的优势。其最富有地方特色、最具内在价值、最独特的优势，就是闽南文化。闽南文化涉及闽南历史沿革、族群血缘、地理环境、语言文字、思想意识、风俗习惯、生活方式等方面，因此闽南文化在争取台湾民心，促进祖国统一中具有独特优势、特殊作用和重要价值。特别是闽台之间有着史缘久、地缘近、血缘亲、语缘通、文缘深、俗缘同、商缘广等难以分割的亲密关系和民族情结。在无可替代的地理区位优势和文化区位优势之下，发展闽南文化，推动福建与台湾更紧密的文化交流正逢其时，可谓占尽天时、地利、人和，为两岸交流提供了天然的纽带。2007 年 6 月，在闽南地区建立了首个国家级文化生态保护区闽南文化生态保护试验区，这对保护和促进闽南文化的发展起到积极的作用。此外，还要利用已在台湾落地的福建东南卫视台，办好栏目，搞好宣传，使之成为大陆人士了解台湾文化、台湾人士了解福建文化、中华文化的重要窗口。同时应充分利用互联网的交互性、快捷性，开办"闽台文化论坛""中华闽南文化"等网站，让闽台两地民众不受时空限制，及时地进行交流沟通。通过弘扬闽南文化，增强台湾同胞对中华文化的认同，为祖国统一奠定思想和文化基础；通过接近台湾的普通百姓，增强两岸的亲和力和认同感；通过破解"文化台独"，来增强民族的凝聚力、不断扩大和充实促进祖国统一的力量，为两岸统一和民族复兴提供强大精神动力。

五、结语

　　在实现祖国统一大业的策略和路径上，文化无疑将发挥出其独到和无可比拟的作用，因为只有这种润物细无声的文化最能深入人心，也易于深得人心。尽管闽南文化在台湾几经政治因素的摧残与转变，但台湾社会仍处处可见闽南文化屹立不摇、坚韧的生命力，它是闽台同胞共通无碍的桥梁，要让台湾政客操弄的"去中国化"图谋无法得逞，寄希望于台湾同胞。让台湾民众向往祖国，让两岸民众的心永远相联，应充分发挥与台湾文化紧密相连的中华文化的次层级文化——闽南文化在促统中的作用，使闽南文化在祖国统一大业中成为一股强大的促统力量，为祖国统一大业发挥出应有的作用和贡献。

闽台民俗文化交流的现状及对策

吴燕霞[*]

近年来，闽台两地经贸交往日益密切，人员往来日益频繁，文化交流日益热络。而民俗文化作为文化的重要组成部分，成为闽台民间交流的重要支柱性内容之一。民俗文化交流彰显了闽台同根同缘同风同俗的血脉亲情，增进了民众的相互了解，融洽了同胞亲情。在新形势下，我们要充分利用闽台民俗文化的优势，提高民俗文化交流的成效，进一步促进两岸社会融合。

一、闽台民俗文化交流的重要意义

（一）闽台民俗文化同根同源，是维系两岸民众的精神纽带

纵观闽台民俗发展的历史渊源，可以看到闽台民俗的一脉相承。相关研究表明，福建和台湾的远古居民都是同属于百越民族的一支，有着基本相同的习俗，却与同时期中原华夏族的风俗习惯大不相同。汉武帝征讨闽越，将大量越人迁往江、淮地区，由于北方大量移民进入福建以及中央王朝加强对福建的统治和管辖，汉族民俗在福建得以产生并吸收了一部分越族民俗，经过漫长时间的发展，到宋朝，形成了福建民俗的特有风貌。而同一时期，台湾古越遗民与南洋群岛马来人以及其他一些人种融合，逐渐形成了高山族，并产生了高山族民俗，这一民俗部分地传承了古越族的一些习俗。明清时期，大量福建人移居台湾，人口数量占 80% 的福建人，其政治力量、经济文化水平大大超过了当时的高山族，因此，在很短的一段时间内，福建的民俗在台湾占据了主体地

---

* 吴燕霞，中共福建省委党校、福建行政学院马克思主义研究院、闽台关系研究中心副教授。该文原发表在《中共福建省委党校学报》2014 年第 1 期。

位。[①]丁绍仪在《东瀛识略》中提到："台民皆徙自闽之漳州、泉州，粤之潮州、嘉应州。其起居、服食、祀祭、婚丧，悉本土风，与内地无甚殊异。"[②]由于闽台地缘相近，自然条件极为相似，福建移民几乎原封不动地保持着原有风俗习惯，从方言俚语、衣食住行，到岁时节庆、人生礼仪，再到宗教信仰、戏曲歌舞，等等。因此，闽台已经成为同一民俗区。

虽然日本长达 50 年的殖民统治对台湾民间文化产生了一定的影响，但民俗文化却凭借其坚韧的传承性和基于日常生活的排他性，顽强地生存下来。时至今日，我们仍可以处处感受到闽台同根同源的民俗文化氛围，为两岸文化交流提供了丰富的载体。因此，闽台民俗文化是一股潜在的、巨大的力量，是维系两岸民众的无形而强有力的精神纽带。

（二）闽台民俗文化异彩纷呈，为两岸民众喜闻乐见

民俗文化是一个民族或一个社会群体在长期的共同生产实践和社会生活中逐渐形成并世代传承的一种较为稳定的生活文化现象。[③]闽台民俗文化作为中华文化的重要组成部分，既传承了中华民俗文化的特征，又具有其独特的地域性。这种独特的地域性更彰显了闽台民俗文化的异彩纷呈。以民间信仰为例，闽台民众信仰的神明中，既有如来佛祖、观音、玉皇大帝、关帝、城隍、土地等中国传统民间信仰神祇，更有数量众多的地方性神明，如闽王、妈祖、临水夫人、保生大帝、开漳圣王、三山国王、清水祖师、定光古佛、三平祖师等，这些地方神明崇拜只能在闽台两地找到，体现了浓郁的地方特色。再以民间戏曲为例，福建是"戏剧大省"，剧种多达 32 种。2006 年公布的首批国家级非物质文化遗产名录中，福建省有 11 项戏剧项目入选，其中包括了福建省 5 大剧种的闽剧、莆仙戏、梨园戏、高甲戏、歌仔戏，以及四平戏、闽西汉剧、木偶戏等。南音被称为是唐宋音乐的遗响，梨园戏、傀儡戏则是宋元戏曲的活化石，这些独具特色的剧种流传在闽台两地，体现出闽台民俗文化的绚丽夺目。此外，木偶头雕刻、花灯制作等民间艺术也是独具闽台特色的民俗文化。

民俗作为一种文化现象，在个人社会化的过程中占有决定性的地位。闽台民俗对民众起到教化和规范作用，维系社会生活的相对稳定，同时人们还能通

---

① 焦红辉主编：《源与缘：闽台民间风俗比照》，海风出版社，2008 年，第 18 页。

② 丁绍仪：《东瀛识略》，《台湾文献史料丛刊》（第七辑），台湾大通书局，1987 年，第 32 页。

③ 苏蔓、李美娟：《中国民俗文化的特征与社会功能》，《成都航空职业技术学院学报》2010（2）。

过民俗活动中的娱乐、宣泄、补偿等方式，使社会生活和心理本能得到调剂。民俗文化的范围几乎涵盖了人们日常生产、生活的方方面面，民俗活动与民众的生活相互依存，深刻而广泛地影响着闽台社会生活的各个方面，为两岸民众所喜闻乐见。因此，有效利用闽台民俗文化的凝聚力、感染力和整合力，为推动两岸交流发挥积极作用，意义重大。

（三）闽台民俗文化是两岸民间交流的桥梁，促进台湾民众的文化认同

虽然两岸隔绝百年，但闽台两地人民以各种方式突破种种障碍而进行的物质和文化交流往来的历程从来没有断绝过。闽台两地民俗文化有相当的同质性，这是由于闽台两地移民迁播的历史和两地频密的人文交流所形成和决定的。[①]改革开放以来，两岸关系首先大面积解冻的是闽台民俗文化的交流，尤其是两岸民间信仰不可抑止的互动，有效地沟通着闽台民众之间的感情与认同。[②]

近年来，随着台胞回祖籍地寻根谒祖、接续族谱，台湾信众到福建祖庙进香朝拜，台湾游客到大陆观光旅游，闽台民俗文化成为两岸民间交流的一座桥梁。在参与民俗活动的过程中，台胞深切感受到闽台两地同根同源的民俗文化，进而对中华文化产生进一步的认同。

二、闽台民俗文化交流现状

（一）闽台民俗文化交流成为常态

由于闽台两地具有丰富的同质性民俗文化基础，在政府的大力推动下，闽台两地已开展了一系列民俗文化交流活动，如"湄洲妈祖文化节""保生慈济文化节""开漳圣王文化节""东山关帝文化节"等，其中多个项目列入国台办重点交流项目，显示出闽台共同的民俗文化的强大吸引力，辐射人群达到几十万人乃至上百万人，产生了广泛的社会影响，收到良好效果。由政府层面主导的妈祖祖庙的妈祖金身巡游台湾、翡翠妈祖赠送和分灵台湾等活动，出现了轰动全岛、迎驾人数不下千万的盛大场面，而陈靖姑神像、王审知金身游台湾也产

---

① 陈明辉：《提升民俗文化对台交流合作成效研究》。
② 钟建华：《关于当下闽台民俗文化研究的思》，漳州师范学院学报》（哲学社会科学版），2010（2）。

生了相当影响。此外，由政府参与的两马同春闹元宵、闽台对渡文化节等活动，也是盛况空前，引得万人空巷。连续举办的"海峡论坛"更是通过内容丰富而具体的系列民俗活动，如特色庙会、闽台宗亲族谱对接、民间民俗信仰交流等，加深了台湾民众对闽台两地同根同源、两岸一家的民族认同。

（二）闽台民俗文化交流与地域文化相融合

闽台民俗文化交流体现了浓厚的地域文化特色。闽南地区充分挖掘民俗资源，不断推进与台湾的民俗交流。从 2007 年起，泉州连续举办"闽台对渡文化节"，通过追溯昔日蚶江与彰化鹿港的对渡繁荣景象，共同传承海上对渡民俗文化。晋江东石数宫灯民俗 2008 年入选国家级"非物质文化遗产"名录，经过多年的传袭发展，闽台东石数宫灯已成为元宵节晋江和泉州的亮点，并于 2012 年成立了"晋江市东石灯俗文化研究会"。此外，澎湖县旅游发展协会每年来泉联合举办泉（州）澎（湖）元宵"乞龟"民俗活动。

龙岩市为呼应海峡论坛活动，成功举办了多届"海峡客家风情节"，充分展示客家文化风采。长汀县充分依托国家级历史文化名城品牌的优势，连续组织世界客属公祭客家母亲河大典活动，邀请台湾客属社团共同参与承办活动，加深了台湾乡亲对客家祖地"根"的认同。上杭县把国际客属龙舟赛办成促进两岸客家文化交流的重要活动品牌。连城利用每年的元宵节活动，连续多年举办姑田游大龙、罗坊走古事等丰富多彩的客家民俗文化节活动，成为两岸客家文化交流的重要活动。

福州地区在挖掘闽都文化深刻内涵的基础上，也积极开展与台湾的民俗交流。马尾和台湾的马祖已连续举办多届"两马同春闹元宵"活动。马祖方面组织民俗队伍及众多乡亲到福州马尾观灯、踩街、游园。马祖南竿、北竿等地还展示福州乡亲赠送的花灯并举行百瞑嘉年华等民俗活动。在福州举办的"陈靖姑民俗文化节"，即有浓厚的民俗风味，又有台湾同胞和福州乡亲深厚的感情凝结。

（三）民俗文化交流与海峡旅游活动相融合

民俗文化交流过程中，许多地方运用海峡旅游这一途径，做好民俗文化的宣传，在旅游过程中注入民俗文化。如泉州先后举办了"海峡西岸惠女情"旅游文化推介会、泉州旅游文化美食节、晋江民俗端午节、石狮蚶江泼水节等带有浓郁民俗特色的旅游活动。龙岩市借力节庆文化，举办海峡客家旅游文化欢乐节、客家公祭母亲河、世界客属龙舟邀请赛等活动的契机，吸引台湾客属宗亲及其后裔回乡旅游。在旅游过程中，台湾游客感受到闽台各具特色而又同质异相的民俗文化，也在一定程度上加深了对中华文化的认同。

三、闽台民俗文化交流存在的问题

（一）思想认识不到位

福建省肩负的两岸和平统一的文化作用是无可替代的。但各地目前仍是"文化搭台，经济唱戏"为主。有些地方在交流过程中，表面上看起来对文化交流很重视，但实际上却常常侧重于提升地方知名度、经济效益和旅游效益，文化交流常常成为配角。以经济为主，文化为配角的交流往往不能真正有效运用五缘文化资源，实现文化认同。

（二）交流不平衡

不平衡首先表现在地域上，闽南地区（厦、漳、泉）与台湾的交流相对频繁，客家地区次之，其他地区，包括福州地区与台湾的交流都比较少。其次，不平衡还表现在来多去少。当前，台胞来大陆比较容易，台湾来大陆参加民俗文化交流活动的人数众多，而福建民众及一些宗亲组织、宫庙和文化团体赴台交流近年来有所增多，但相对还不够平衡。第三，不平衡还表现在交流项目上，一些传统节庆活动及民间活动，由于平台匮乏、政府推广意愿不高等原因，处于放任自流和乏人问津的状态，制约了相关民俗活动的交流和发展。

（三）交流机制不健全

虽然各地市都有对台交流的机构，但存在着各自为政的情况，往往相互之间争夺资源，不能形成合力。如客家祖地资源分散在闽西各县市，各地之间争夺各种祖地、始祖资源。同样，闽南文化也散布在厦、漳、泉各市县，闽南地区也未能完全实现大区域规划，往往为某些资源的归属发生争执。

（四）基层交流人员素质有待提高

目前从事闽台民间民俗文化交流的基层队伍力量比较薄弱，宗亲会、宫庙以及民间剧团等组织的负责人和成员年龄普遍老化，其对台工作能力不能适应新时期的更高要求。同时，福建赴台交流的多是老年人，他们担心没有年轻人的参与，在台湾建立的联系和人际网络无法延续。一些民俗交流组织的功利性意识比较突出，在接待台湾信众、宗亲或组团赴台交流时，着眼于要对方出钱，久而久之，在部分台胞心中损害了祖地的形象。[①]

四、加强闽台民俗文化交流的对策建议

（一）加强闽台民俗文化的基础性研究

要加强对闽台民俗文化的研究。在传统音乐、民间舞蹈、传统工艺美术、口传文化等方面加强交流和研究，充实闽台民俗文化内涵，增加品种数量，提升交流质量；加大影视、书画、工艺美术方面的宣传与交流力度；组织艺术家深入民间社会，进行艺术创作，着力解决作品数量少、精品更少的问题；增加资金投入，统筹安排科研课题，加强区域族群文化、民间信仰、文化旅游、文化产业、口传文化的学术研究。同时，要对众多的民俗事项进行保护性的发掘研究及整理，以占领民俗文化研究和民俗文化活动的高点。

（二）加强闽台民俗文化的基地建设

1. 成立传统文化博物馆。2007 年，文化部公布了闽南文化生态保护实验区，在泉州、漳州、厦门三地开展闽南文化生态保护实验工作。我们应该充分利用这一难得的机会，重点建设好闽南文化生态保护区。与此同时，在闽西北建设好客家文化交流合作基地。一方面充实闽台缘博物馆，另一方面要建设客家博物馆。博物馆要通过现代化手段，以生动的情节充分展示闽南人或客家人的生产生活、宗族习俗、婚丧节庆习俗和团结奋进、开拓进取的精神风貌，融进民间信仰、口传文化、民间艺术、游戏娱乐等内容。

2. 设立传统艺术保护中心在建设博物馆的基础上，要分别成立"闽南传统艺术保护中心"和"客家传统艺术保护中心"。将南音、梨园戏、芗剧、傀儡

---

① 福建省台办、中共福建省委党校课题组：《发挥五缘优势拓展闽台民间交流研究》，《调研文稿》，2013（24）。

戏、锦歌、拍胸舞、大鼓凉伞舞、剪纸、水仙花雕列为闽南传统艺术保护项目；将客家山歌、闽西汉剧、船灯、小戏灯、香灯、竹马灯、舞狮、竹板歌、木偶戏、走古事、游大龙等列为客家传统艺术保护项目，集传承、保护、开发、交流、休闲观光为一体。搜集整理闽南、客家口传文化，如漳州水仙花的传说、华安畲族民歌、闽南山歌、客家山歌、谚语、童谣、歇后语、谜语、传说故事、笑话等，进一步丰富民俗文化资源。

（三）解决民间民俗交流机构主体的身份，加强对民间社团人员的培训

目前不少民间民俗社团组织，如庙宇的管委会、宗族的宗亲会等找不到挂靠单位，得不到法人资格，实际上是以非法的形式存在，地位尴尬，在赴台开展交流活动方面也有许多不便之处。

可以考虑让地方姓氏研究会、艺术研究院（所）等作为主管挂靠单位，积极向民政部门报批，取得法人资格。同时，要对民间社团人员进行培训，以期通过他们更好地入台做好民俗文化交流工作。可以通过台办等单位组织涉台政策法规学习，加强民间社团人员对党的方针政策的领会；通过文化部门对他们进行辅导，提高他们交流接待的能力，充分发挥民间社团人员的交流作用；还可以邀请有经验的专家，传授对台交流的工作方法和做台湾人民工作的技巧。

（四）促进民俗文化交流的均衡发展

针对闽台两民俗文化交流来多去少的态势，建议福建省向中央争取一定的审批权，以拓宽审批范围，缩短审批周期。同时福建省涉台主管部门也要充分发挥福建对台交流先行先试作用，促进闽台两地民俗文化的双向交流交往。针对闽台民俗文化交流呈现出的地域不平衡状况。我们应当构建起以闽南地区为主体、闽西客家地区和闽东沿海及少数民族地区为重要内容、福州和马祖等福州方言区的有效互动，结合闽北朱子文化在台湾传承历史的对台全方位文化交流体系，促进闽台文化交流的均衡健康发展。①

（五）放大民俗文化与旅游的耦合效应

文化是旅游的灵魂，旅游是文化的载体。旅游是海峡两岸具有优势和潜力的支柱产业。发展海峡文化旅游不仅在拉动经济发展、促进社会繁荣方面发挥

---

① 陈明辉：《提升民俗文化对台交流合作成效研究》。

着重要的作用，而且在两岸民俗文化交流方面也起着积极的作用。福建省旅游资源丰富，既是台湾游客进出大陆的重要通道，也是台胞赴大陆观光旅游的重要目的地。台胞到福建旅游主要有三大类型，即祖庙朝圣型、寻根谒祖型、文化旅游型。根据这些特点，在实现海峡旅游双向对接方面，应特别注意旅游资源开发的地域特色。旅游活动是民俗文化交流的重要媒介，发展旅游业不仅对促进地方经济发展、社会繁荣具有重要的意义，而且在促进社会交往、社会融合方面也具有无可替代的作用。发展"海峡旅游"的目的与任务之一也应该是通过旅游促进两岸民众交流与沟通，增进了解，累积共识，促进两岸文化的认同，共同拓展两岸人民社会融合的新天地。

（六）促进闽台文化产业合作，深化闽台民俗文化发展

福建是文化资源的大省，文化资源的富矿区，但在文化产业上却未能取得长足的发展。台湾在文化产业化方面已积累了十分丰富的经验。福建文化产业如果能与台湾发达的文化产业相结合，进行区域文化产业的整合，不仅可以大大提高闽台两地的文化产业知名度，增强两岸的文化产业竞争力，而且可以借此进行产业优势互补。同时，福建丰富的民俗文化中的精湛工艺和技能也能得到传承和开发，并进而展示其瑰丽色彩。

发挥五缘优势 拓展闽台民间交流

中共福建省委党校闽台关系研究中心课题组[*]

2008 年，两岸关系实现了历史性转折。经过四年发展，两岸关系和平发展进入了巩固深化的新阶段。2010 年至今，国务院相继批复《关于支持福建省加快建设海峡西岸经济区的若干意见》《海峡西岸经济区发展规划》《平潭综合实验区总体发展规划》，为进一步推进闽台交流合作注入了强劲动力，福建对台交流合作的地位更加凸显。新形势下，进一步发挥五缘优势拓展闽台民间交流，做好台湾人民工作是历史赋予福建的光荣而又神圣的使命。我们要认真总结我省各地各部门开展闽台民间交流的好经验好做法，提出进一步深化闽台民间交流的新思路、新举措，为进一步拓展闽台交流探索新思路，提升新成效。

一、五缘优势是做好台湾人民工作的重要基础

闽台地缘相近、血缘相亲、文缘相承、商缘相连、法缘相循。这独特的五缘优势是推进闽台文化交流合作、做好台湾人民工作的天然纽带和原动力。充分发挥好五缘优势，是我们争取台湾民心的重要基础，也是我们全面推进闽台交流合作的最直接、最有效的途径。

（一）常年不断的宗亲文化交流维系了闽台同胞血脉亲情

福建民众具有慎终追远的家族意识，移民到台湾后，又形成血缘与地缘相结合的家族观。在闽台社会，祖先崇拜意识渗透到每个家庭成员的思想之中，影响着他们的言行。祖先崇拜和祭祖活动寄托了后人对先人的追思之情、怀念

＊ 中共福建省委党校闽台关系研究中心课题组。课题组负责人：范鑫、刘大可；课题组组长：翁林楠；课题组成员：林星、黄阳辉、祖群英、严志兰、蓝剑平、吴燕霞。该文原发表在《闽台关系研究》2013 年第 3 期。

之情，不但促进了家族的团结，而且增强了民族向心力，成为联结海峡两岸的重要纽带，至今台湾同胞仍络绎不绝回福建寻根谒祖就是明证。

每年都有大量台胞回到祖籍地寻根，接续族谱，宗亲交流往来日益频繁。各地加强对民间祭祀活动的引导，吸引台湾以及海内外乡亲前来寻根祭祖。利用赴台参访旅游、宗亲往来等时机，通过组织姓氏宗亲团组赴台、安排宗亲参加经贸文化团组赴台、赴台团组增加拜会台湾宗亲行程等，加强与台湾宗亲的对接交流，密切闽台联系。邀请了台湾政要和知名人士回乡谒祖，开展宗亲联谊，增强他们对祖地的认同感。连战、吴伯雄、江丙坤、林丰正、谢长廷等一批台湾政要回乡祭祖，在岛内引起强烈反响，极大调动了台胞的寻根热情。台湾姓氏宗亲多采取组团形式到祖地祭祖，一些祭祀活动采取"两岸共祭"的方式，在真切自然的氛围中拉近了两岸宗亲心灵的距离。

台湾不少政要和工商界的知名人士祖籍都在福建。近年来，各地对涉台文物，尤其是台湾知名人士的祠堂、祖屋、祖坟等进行了修缮和保护。目前相继完成连战、吴伯雄、江丙坤、王金平、林丰正等人祖籍地的宗祠修缮、道路建设和环境整治，增强这些涉台点的吸引力。

闽台族谱的收集整理和展示对接是两地宗亲文化交流的重要载体。闽台缘博物馆、漳台族谱对接馆、上杭客家族谱馆等机构收藏了族谱等闽台地方文献，其中有大量的台湾族谱和祖图、民俗文物、迁台记录等珍贵资料。族谱馆等专题博物馆发挥收藏展示、研究交流与对接查询等综合功能，开展族谱文献的搜集、整理和开发利用工作，已成为两岸同胞联宗对谱、寻找血脉源流的重要窗口。福州、漳州、泉州等地近年先后举办"海峡百姓论坛暨闽台族谱展""漳台族谱对接成果展""泉台百家姓族谱联展""闽台姓氏族谱和涉台文物展暨宗亲恳亲会""闽台族谱对接暨中华百家姓联墨展览"等活动，同时举行两岸姓氏文化研讨会。漳州市在全市范围内组织开展了大规模的漳台宗亲文物、文史资料征集活动。族谱展和族谱对接还进入台湾，在台北、台南等地举行了"追根究底——台闽族谱暨家传文物特展""两岸宗亲交流暨姓氏族谱展"等活动。"客家族谱展"于第三届海峡两岸客家高峰论坛期间在台北市客家艺文中心开展，还在台中县、高雄市和苗栗县等地巡回展出，在台湾引起较大反响。

（二）各具特色的民间信仰交流增进了闽台民众的文化认同

福建是台湾民间信仰众多神灵的重要祖地。台湾寺庙奉祀的主神几乎全部来自大陆，尤其是漳州、泉州。目前台湾主祀妈祖的宫庙 509 座，分别从莆田妈祖庙和泉州天后宫分灵过去；主祀保生大帝的宫庙 260 多座，祖庙在厦门青礁慈济宫和龙海白礁慈济宫；主祀开漳圣王的宫庙逾 300 座，祖庙在云霄威惠庙；主祀关帝的宫庙 170 多座，祖庙在东山关帝庙；主祀广泽尊王的祖庙在南安诗山凤山寺，清水祖师的祖庙在安溪的清水岩，三平祖师的祖庙在平和，定光古佛的祖庙在武平等。闽台两地民间信仰同根同源，民间信仰祭祀的神灵多是先贤和英烈，代表着爱国爱民、忠勇孝义等中华民族传统美德。闽台民间信仰的传承与交流增进了两岸同胞眷恋故土和对中华文化的认同，有利于中华文化的传承。

目前，闽台民间信仰交流呈现出几个主要变化：一是交流次数从少数到频繁并呈常态化，二是交流规模从零散自发到大型组团，三是交流人员从普通信众到高僧大德，四是交流内容从进香朝拜到大型宗教活动和学术研讨。交流呈现出世俗性与学术性相结合、广泛性与高层次性相结合、草根性与政府行为相结合的多元综合特征，形成了一系列以民间信仰为主题的交流平台，如"湄州妈祖文化节""保生慈济文化节""开漳圣王文化节""东山关帝文化节"等，多个项目连年列入国台办重点交流项目，辐射人群达几十万人乃至上百万人，产生了广泛的影响。

（三）方兴未艾的民俗文化交流拉近了闽台乡亲心灵距离

闽台民俗艺术同源，不论方言、戏曲艺术、衣食住行亦是岁时节庆、风俗习惯和生活方式，两地都有许多相似性。台湾的传统戏曲和民间艺术起源于福建，许多民间工艺产品的制作方法也由福建传播到台湾，如歌仔戏源于漳州，形成于台湾，再传回漳州称为芗剧，成为两岸艺术的"姐妹戏"；源于漳州的大鼓凉伞舞和泉州的拍胸舞，在台湾十分盛行。

当前，闽台两地民俗艺术交流活动十分活跃，呈现以下特点：一是民俗交流凸显地域特色。福建各地根据自身特色，举办了丰富多彩的民俗交流活动，如闽南有泉州的"闽台对渡文化节"、晋江东石数宫灯；龙岩举办了"海峡客家风情节"、长汀的"世界客属公祭客家母亲河大典"活动、连城元宵节姑田游大龙、罗坊走古事；福州的"两马同春闹元宵"，等等。二是民俗艺术交流与海峡旅游相结合。各地运用海峡旅游这一契机，推广民俗文化，如泉州的"海峡西岸惠女情"旅游文化推介会、"石狮蚶江泼水节"，龙岩的"海峡客家旅游文化欢乐节""世界客属龙舟邀请赛"等活动，使台湾游客在潜移默化中感受到闽台同质异相的民俗与民间艺术的魅力，增进了两岸民众的情感沟通。三是民俗民间艺术交流不断扩展新的领域。以往多以戏曲艺术的交流为主，如两地的木偶艺术团、歌仔剧团、南音乐队经常互访，并且在戏曲演出、研究和传承方面建立起了联系和合作的渠道。目前又在不断探索电视、歌曲大赛等新的交流形式。龙岩的大型原生态客家歌舞剧《土楼神韵》多次在台湾演出，还举办了海峡客家歌曲创作演唱大赛；泉州人民广播电台开办"刺桐之声"、泉州电视台开播闽南语频道等，并与台湾媒体联合制作、交流节目，引起两岸社会各界广泛关注。通过民俗活动交流、民间艺术的作品展示、传统戏曲的演出，民间艺人特别是非物质文化遗产传承人之间的交流、互动以及合作协议的签订，为两岸的文化交流常态化奠定了基础。

（四）日益频繁的闽台通婚串起了割不断的情感纽带

闽台同宗同源，姻亲隔不断。闽台通婚自 20 世纪 80 年代得以恢复和发展以来，已经成为连接两地人民感情的纽带，构成两岸关系的一项重要内容。随着大陆经济和社会发展、两岸关系的改善、两岸交流的深入、人员往来的频繁等，两岸通婚出现了新的变化，由原来的功利性、盲目性转向理性选择。据统计，目前两岸配偶已达 32 万多对，并以每年 1-2 万对的速度在增长，两岸通婚人群已成为台湾社会一个新的社会群体。闽台通婚超过 10.2 万对，约占全国总量的 1/3，居全国首位。这种通过联姻形成的"婚姻—亲戚—血缘"的链条，在新的历史时期将两岸人民血浓于水的关系再一次推向社会融合的历史新高点，对于促进台湾社会的族群融合、家庭的幸福和社会的祥和以及两岸人民消除隔阂、增进了解，都具有现实与长远的影响。

（五）朝气蓬勃的青少年交流拓展了闽台关系通向未来的康庄大道

闽台青少年的交流活动通过项目化运作、持续积累，形成了一些交流活动品牌。福建已经成功举办 10 届"海峡青年论坛"，先后有 50 多个青年社团、5000 多名两岸四地的青年精英代表参加，成为全国对台青少年交流的重要项目。福建连续承办 3 届两岸青年联欢节、11 届"闽南风·海峡情"少儿文艺汇演、8届"两岸大学生校园歌手赛"和 3 届"舞动两岸"少儿舞蹈大赛。各设区市也有自己的长期项目和活动品牌，如福州、厦门、漳州、泉州、宁德等地相继开展了"海峡两岸大学生闽南文化研习夏令营"、"同心同根"闽台青少年夏令营、榕台 IT 行业青年精英论坛、两岸青年排球邀请赛、武夷论坛、漳台青年经贸论坛、海峡两岸大学生辩论赛等活动。福建派出杰出青年访问团、青少年文艺访问团、青年企业家农业访问团、青年美术家访问团等团体赴台交流，把交流领域延伸到经贸、科技、文化、教育、农业等领域，主动对接高新产业。青少年交流活动范围从上至下，全面开花，从省向地市、县区逐级展开，形成了全方位、多层次的两岸青少年交流格局。

二、闽台民间交流存在的不足

福建省在两岸交流中尽管有着无可比拟的五缘文化优势，且近年来也取得交流合作的良好成效，但由于开展两岸交流从经济上看是投入大于产出，且两岸交流尚存在许多不可知的外界因素，拓展闽台民间交流在深挖资源、丰富内涵、突出实效等方面还存在许多不足或是有待提升的空间。

（一）民间交流的总体统筹和资源整合还不够

对台文化交流统筹协调不够，存在着各地各自为战的现状，零散性和独立性明显，随意性和被动性突出。一些地区对各类文化本源各执一词，一定程度上分散了相关研究力量的投入，混淆了台胞的文化认同感。从多个承担对台文化交流任务的省直部门看，尚未形成强大合力，导致资源的浪费与重复。有的部门只求见效快，不在意长期效果，也不够深入。如青少年交流，多个部门都在做；闽台族谱，各级部门、图书馆、各姓氏宗亲组织、民间族谱研究专家、谱牒编修机构都在收集，但各自收藏，资源无法共享整合，因而无法统计福建已收集到多少族谱，这些族谱中又有多少是与台湾相关。

（二）对台交流基地等基础设施仍然不能满足新形势的需要

目前，除了国台办批准设立的中国闽台缘博物馆、湄洲妈祖祖庙等七大两岸交流基地和一些在当地有影响的宫庙之外，其他的两岸交流场所大都规模偏小，利用率不高，影响力不大，管理不够规范，无法适应两岸民间交流大发展的需要。还有两岸青少年交流没有固定的场所，很多对台交流活动的历史资料没有及时收集保存和存档，也没有记录。一些对台交流重要场所的道路、停车场、接待室、厕所等配套设施不齐全，环境卫生比较差，直接影响形象，不利于对台交流活动的持续深入开展和扩大影响。

（三）闽台交流呈现不平衡的状态

虽然两岸交流已从单向走向双向，但单向交流现象仍然比较突出，来多去少。目前台胞来大陆比较容易，而福建的宗亲组织、宫庙、文化团体由于经济所限和赴台审批手续较繁琐，有能力组团赴台交流的仍是少数。一些历史悠久的宫庙由于缺少主动对接、推介宣传，资源没有得到充分发挥，致使交流一边倒的现象仍较突出。如2010年漳州市宫庙接待台胞进香团199个批次、13093人次，而组团赴台交流仅16个批次、325人次。泉州通淮关岳庙、泉郡富美宫、花桥慈济宫、天后宫一年接待台湾进香团300团次和4万人次，但这4个场所每年组织赴台交流不到5次，仅100多人。闽台交流的主阵地在福建，但这个"主"与台湾的"辅"相差很大。在地域上，闽南地区与台湾的交流较为频繁，闽西地区次之，其他地区相对较少。各地的经济条件、地方政府重视程度不同，有的祠堂、宫庙修路扩门，门庭若市；有的缺乏平台和能力参与对台交流，长期停留在比较低的层次上，与台胞心目中的祖宫、祖庙形象不符。

（四）闽台交流基层工作队伍较薄弱，素质有待提高

目前从事闽台民间交流人员的队伍力量比较薄弱，宗亲会、宫庙等民间组织的负责人和成员年龄普遍老化，文化水平偏低，在交往交流中停留在迎来送往的层次上。他们对于党的方针政策如对台政策、民族宗教政策的理解还较粗浅，对宗亲文化、民间宗教信仰如何主动与社会主义社会相适应的认识不够，实际工作能力和业务水平不能适应新时期的更高要求。福建赴台交流以老年人居多，他们也担心没有年轻人参与，在台湾建立的联系和人际网络无法延续，难以继续做工作。一些宫庙、宗亲组织的功利性意识比较突出，在接待台湾信众、宗亲或组团赴台交流中，着眼于要对方出钱，久而久之，在部分台胞心中损害了祖地的形象。

（五）资金配套较为欠缺

全省各地，尤其是县乡一级做对台交流工作的积极性很高，但由于资金短缺，许多交流活动无法开展。有些地方在我省办活动经费还能勉强维持，但入

岛交流办活动就显得捉襟见肘，因此许多大陆文艺团体因经费缺乏而无法赴台，更无法深入台湾中南部和基层作深度交流。

三、进一步加强闽台文化交流，做好台湾人民工作的思考与建议

（一）建立一套创新多元机制

1. 打破行政区划，加强地区合作在全省范围内整合文化资源，在突出各地区不同特色的同时，提炼共同的"海峡文化"。如针对闽南族群，可将闽南（包括龙岩及广东省潮汕地区的一部分）与台湾同列闽南文化圈；针对客家族群，可以将闽西、赣南、粤东与台湾同属"海峡客家"范畴，打破行政区划限制，制定统一规划、统一政策，进一步推动闽南地区与台湾的文化交流合作。同时，文化、广电、旅游等涉台部门也要相互协调合作，共同用好、用足、用活对台文化资源。

2. 促进闽台文化交流形成全方位、宽领域的发展格局。一是政府主导的大型交流活动要形成常态化、制度化模式，积极探索更为多元化和创新型的交流形式和内容，使交流领域更宽、程度更深，真正扩大受众影响，真正深入到台湾的基层民众，特别是青年群体中。二是积极扶持和指导民间团体开展民间式、自主式的交流活动，建立长期的联谊和人员互访机制。民间交流也要根据不同对象的特性作功能区分，不同交流品牌针对不同受众群体。在面上交流的基础上，针对在两岸关系发展中影响更大的台湾社会的精英层面如社团负责人、企业家，投注更大的力量，培植更多的共同利益，把朋友"交深""交透"。三是建立常态化、制度化的沟通机制。推动互设民间文化办事机构，加强直接联络与沟通，双方共同寻找协调的途径，共同研究、制定配套的政策措施来解决交流中存在的种种问题，保护两岸文化团体和文化企业的权益，办理、推动并维系两岸文化交流与合作事务。四是提升闽台交流的层次和效益。在推动两岸文化融合中，要不断提升对台民间交流的层次、水平和规模，以润物细无声的方式将中华文明、中华文化的价值观引入文化交流的各个领域。如青少年交流的主题定位和形式，可以把目前一般性的观光旅游活动延伸为传承中华文化的实践互动和提升共同发展竞争力的活动，或者是沟通不同观念的一种经验分享类型的活动，从而更好地提升青少年交流的品质。

3.加强对台文化交流工作业务人员的指导和培训工作。加强干部涉台教育工作，将涉台教育纳入相关干部培训教育课程，特别是党校、行政学院的教学专题，在条件成熟时增设涉台教育培训班。深入开展"民间交流能手"培训，提高宫庙管理人员、重要涉台宗亲会等民间组织负责人的思想认识和工作能力，建立一支思想觉悟较高，工作能力较强的基层交流工作队伍。要提高培训的针对性和实用性，在面上，要普及有关闽台历史渊源的知识、对台政策以及台湾现在的社会政治状况，了解台湾民众的诉求与心理；在点上，可邀请长期做台湾工作、有实践经验的专家，讲授与台湾民众交流的方法和技巧，提高交流沟通能力和技巧。

4.设立交流基金和对台专项经费经费保障是开展文化交流的重要基础，要在经费上给予倾斜支持。建议整合福建省对台交流工作的各类资源，设立由各级政府支持，社会、组织、个人多方参与的"两岸交流基金"。要建立健全资金使用制度，以项目为依托，专款专用，提高资金使用效率。可分门别类地设置各种专项交流基金，如设立民间信仰对台交流基金，用于开展宫庙对台交流工作、完善宫庙资料信息库、编印宣传图册和接待台胞重要人士等。要加强探索多种经费来源保障机制，采取"一节多点"、零散化的做法，确保基金的可持续化运作。

（二）加强两项基础性工作

1.加强民间交流的基础研究工作。我省对台研究机构虽较为健全，但对闽台交流领域的研究还较为薄弱，基础研究工作无法满足实际工作进展。要加强整理对台工作资料，建立全省对台工作数据信息库。加强对台工作数据的动态收集，及时跟踪台海形势变化，研究两岸交流合作的动向和台湾各种社会群体的发展态势。强化实际部门和研究机构的合作，发挥高校、社科院、党校等研究机构学术力量强的长处，结合涉台单位的丰富实际工作经验，通过联合开展专题调研等形式，研究制定工作对策、设计规划活动项目，为做好交流工作提供决策依据。

2.加强涉台资源的保护工作。由于各地的重视程度和力量不同，调查深入程度不一，目前尚未建立起全省性的涉台资源数据库，对未来深入推进闽台民间交流合作造成了制约性影响。建议组织高等院校、研究机构和地方部门力量，在全省开展全面普查工作，摸清辖区内涉台宫庙、祠堂、文物等资源，并建档立册，建立电子数据库，提高信息化管理水平。特别是目前很多涉台地方文献和文物面临散失的危机，生存艰难，必须加大收集、整理和抢救工作力度。可通过实地深入调查，提出台湾主要人物祖籍地的祖祠、祖墓、祖庙和村落的保护方案，做好民间姓氏宗族工作的指导，整治周边环境，并与当地自然景观名胜古迹结合起来，构筑以人文资源为重点的旅游专线，让台湾民众从家族的"根""祖""脉"演变史中，深刻体验闽台乃至两岸关系发展的进程，增强对祖籍地的认同感。

（三）形成三个战略抓手

1. 以品牌带动为抓手，提升交流活动的影响力。福建省已形成海峡论坛、闽南文化节、妈祖文化节等一批交流品牌。这些品牌在两岸民众交流中发挥着重要的载体平台作用。特别是海峡论坛秉承"扩大民间交流、加强两岸合作、促进共同发展"的主题，已成为两岸民间规模最庞大、内容最丰富、人数最众多、交流最广泛的名牌。要在突出和保持民间活动、基层活动和广泛性活动的同时，积极创新、求真务实，提升活动内涵，增加这些品牌论坛和文化节的实效，拓宽领域，吸引台湾同胞参与到交流中来，更深入地做争取台湾民心的工作。

2. 以基地建设为抓手，增强窗口平台的辐射效应。充分利用中国闽台缘博物馆、莆田湄洲妈祖祖庙、福州马尾、青礁和白礁慈济宫、永定客家文化园获批国家级海峡两岸交流基地的契机，加强规划、精心打造，做大做强两岸交流基础设施。加快推进闽南文化、客家文化、妈祖文化、闽都文化、朱子文化等民系文化的基础设施建设，使之具备承担住宿、演出、展览等功能。加快建设两岸青少年交流中心，按青少年营地模式，使之具备接待两岸青少年交流的要求。加强抗战文化遗址建设，扩建相关纪念馆作为研究基地，邀请两地政党人士、专家学者前往交流访问，吸引台湾民众前来游览参观，让它们成为闽台文化交流的新热点。

3. 以文化产业发展为抓手，拓展闽台交流领域。整合闽台两地的文化资源，推动两岸文化产业的交流和对接，不仅可以推动我省文化资源的优势转化为文化产业优势，而且可以在合作中增进双方的文化认同。一要实施项目带动。寻找两岸具有特色的具体项目进行合作开发，以带动文化产业发展。二要加强和重视人才培养。要提高老艺人的地位和待遇，鼓励年轻人投入传统工艺产业。加强产学研合作，促进人才与企业和科研机构的合作。积极引进台湾优秀的文化产业人才与民间艺术人才，通过闽台两地的机构联合、项目合作、资源共享等方式，实现两地人才的培养和合理流动。三要加强市场化运作。引进现代化的投资理念和管理模式推进文化产业发展。拓宽融资渠道，通过整合、重组、租赁、银行贷款、股份合作和招商引资等多种方式吸引台商投资文化产业。构建以地域族群文化为中心的闽南文化旅游圈、客家文化千里旅游走廊、闽都文化旅游区；充实以宗教与民间信仰为中心的朝圣文化旅游活动；整合"祖地"祖庙""始祖"等分散在不同县市的文化资源，形成祖地旅游热线，强化台湾乡亲的归属感、认同感。

（四）推进四大重点群体的交流交往

1. 扩大闽台青少年群体交流的范围。进一步拓宽闽台青少年交流所覆盖的区域、层次和人群，促进闽台青少年交流均衡化，全方位、多层次地发展。一要推动两岸青少年社团的对接合作，在巩固已有联系的青少年社团的基础上，重点加强联络尚未接触的台湾青少年社团，进一步覆盖到一些重要的领域。对一些重点的台湾青少年社团加强对接合作。积极推动对口交流，推动两岸青少年社团建立长期友好的关系，推动青科协、青企协与台湾青少年社团密切合作，推动两岸教育界交流，鼓励两岸大中小学生开展校际对口交流、高校互访、互对对岸招生等，通过广泛对接合作，推动所在领域行业之间的交流，扩大交流规模，丰富交流内容。二要继续做好台湾青年精英、在闽台商台生青年、台湾大中学生三类重点对象的工作。持续加强与台湾中华青年交流协会、台湾中华青年创业总会、台湾青商总会等有关团体的定期联系，做好青年社团重点人物的工作。探索在青联组织和其他青少年社团中吸收台籍青年、台生、台商的新办法。三要积极争取有关部门的支持，出台优惠政策，扩大吸引更多台湾青少年在大陆工作、学习和生活，赢得更多台湾青少年的融入、信任和认同。

2. 拓展宗亲和信众群体的交流深度。宗亲和民间信仰的信众是两岸交流的主要群体。以血缘宗亲和共同的民间信仰为纽带，激发台湾民众对祖地的认同和民族的认同，是做台湾民众工作的重要途径。一要先行探索各地宗亲会、宫庙联谊会等民间组织的制度建设和管理，对宗亲会等民间组织予以登记和管理，制定一些灵活措施和特殊政策，允许部分条件较为成熟的地区试点成立海峡两岸宗亲联谊会（或称姓氏源流研究会）等民间社团组织，作为沟通闽台交流的主要载体，促进宗亲活动健康有序地进行。二要加强涉台民间信仰团体管理，以成立民间信仰协会或联谊会形式，搭建对台交流平台。三要推动建立宗亲组织、民间信仰文化团体。建立对台交流工作联席会议制度，及时沟通、反馈与交流。通过总结经验、开展交流，加强引导，促进对台交流健康向上发展，提升对台交流工作成效。

3. 提升两岸通婚的管理与服务水平。一要加快福建省两岸婚姻家庭服务中心的建设工作，尽快设置机构、划拨经费、配备专业人员等，切实加强这些机构的社会管理与服务功能，为两岸通婚当事人提供有关业务政策和法律咨询、心理咨询以及矛盾纠纷的协调处理。二要加快开通海峡两岸婚姻家庭服务网，通过互联网平台，发布有关两岸婚姻的信息，多渠道、多形式做好两岸婚姻的宣传教育工作。三要完善两岸婚姻中介机构的有关法规政策规定，设立政府主导、民政部门监督的两岸中介机构。四要加大两岸司法协助。充分发挥海协会与海基会的司法协助功能，疏通司法渠道，畅通送达程序，携手严厉打击非法中介、人蛇骗婚的犯罪行为，解决两岸离婚事务中的子女抚养权问题、财产纠纷问题等。五要推动建立涉台民间社团，促进与台湾相关社团组织建立长期联系合作机制，建立两岸亲情网络，为两岸通婚当事人提供社会支持，推动两岸婚姻家庭和谐发展。

4. 促进台商群体的社会融合进程。将促进台商社会适应与社会融合纳入政策制定视野，探索出一条两岸社会对接与融合的可行路径，把台商政策的重点放在解决台商投资、生活的基本需求和突出问题上先行先试。一是从"招商引资"向"招商引智"转移，为台湾同胞尤其是重点专业人才提供各种便利条件，吸引更多台湾专才在福建创业就业。二是系统规划、制定与台商有关的民生政策，包括住房、医疗、教育、媒体消费和文化娱乐等。在医疗方面，加快开放台湾医疗行业在大陆的经营权；在台商子女教育方面，出台更加优惠政策，鼓励台商子女尽量在大陆学校就读；在台商休闲娱乐生活方面，加强组织台商与当地社会组织和群体的联谊活动。三是重视基层涉台教育。除了对涉台工作的政府工作人员进行全面的涉台教育，还要将涉台教育纳入社区建设和学校教育之中。鼓励台商与当地居民的交往，让台商参与社区管理。同时通过媒体，以身边的台湾人为切入点，倡导群际沟通和群际融合，促进台商群体对大陆当地社会的了解。

闽台社会发展研究

社会治理体系视角下
台湾生态环境保护的经验与启示

林　红*

自改革开放以来，中国大陆以年均近 10% 的高速增长跨越了发达国家上百年工业化所创造的奇迹，而伴随着其工业化、信息化、城市化、市场化、全球化的全面推进，在取得前所未有成就的同时，也面临着城乡分割、贫富悬殊、地区差距不断扩大的挑战。特别是粗放型的经济增长方式付出了沉重的环境、资源、社会代价，具体表现为三大矛盾日益加剧：经济总量扩张与资源有限供给、资源利用效率低下之间的矛盾；经济高速增长与环境污染日益加剧、环境容量不足之间的矛盾；人民群众日益增长的生态环境质量需求与政府不尽理想的生态环境质量供给之间的矛盾。

中国共产党的十八大报告站在中国特色社会主义全面发展和中华民族永续发展的高度，提出要清醒认识保护生态环境、治理环境污染的紧迫性和艰巨性，充分认识加强生态文明建设的重要性和必要性，努力为子孙后代留下天蓝、地绿、水净的生产生活环境。中共十八大以来，中共中央、国务院把生态文明建设放在更加突出的位置，出台了一系列新的重大决策部署，推动生态文明建设从认识到实践的探索与进展，其中，以国家发改委牵头在全国范围内选择有代表性的 100 个地区开展国家生态文明先行示范区建设，探索符合中国国情的生态文明建设模式。

福建省是全国较早开始探索建设生态文明的省份，从 2002 年开始生态省建设，经过 10 多年来的实践，取得了一定的成效。2014 年 3 月 10 日，国务院《关于支持福建省深入实施生态省战略加快生态文明先行示范区建设的若干意见》出台，这既是对福建实施生态省战略的充分肯定，同时也赋予了福建在全

---

*　林红，中共福建省委党校副校长、福建行政学院副院长，教授。该文原发表在《闽台关系研究》2014 年第 3 期。

国生态文明建设中发挥引领示范作用的重任。台湾的自然条件与福建相似，借鉴台湾地区生态环境保护的经验教训，对福建推进生态文明先行示范区建设具有重要的理论意义及现实价值。

一、台湾地区生态环境保护的进程

台湾地区工业化起步较早，20 世纪 50—70 年代经历了高速发展阶段，创造了世界瞩目的"台湾奇迹"。然而在经济增长的同时，由于忽视生态环境保护，付出了环境污染和生态破坏的沉重代价。20 世纪 80—90 年代，台湾地区河流严重污染河段的比例一直维持在 10%—13%，北港溪、急水溪等河流的严重污染河段比例甚至超过 90%。地下水和空气污染也非常严重，山地植被大面积破坏，地表支离破碎，环境恶化程度难以忍受，曾被台湾著名学者和作家龙应台形容为"生了梅毒的母亲"。从地理环境看，台湾地区属于海岛型生态环境，地狭人稠，山地占总面积的三分之二，雨量的区域性与季节分布不均，容易造成山坡地水土流失、地层下陷、海岸侵蚀。有限的自然资源、频繁的天灾，加上高度的经济开发，带来了台湾沉重的环境负荷。目前，台湾 2300 万人口中，有 79% 人口居住在占全台土地面积约 12.4% 的都市区内，人口高度集中的都市环境面临基础设施负荷量重、旧市区环境恶化及发展高风险等的挑战。因此，对可持续发展的追求，台湾比其他地区更具有迫切性，也就更加注重政策的引领与推动。

台湾可持续发展的政策演进，大体可以分为以下几个阶段：

2001 年，行政院"成立永续发展委员会，制定台湾永续发展行动计划；2002 年制定环境基本法规和台湾永续发展指标系统；2003 年是台湾永续发展行动元年，制定完成地方永续发展策略规划；2004 年是关键的年份，这一年，台湾完成《台湾 21 世纪议程——永续发展愿景与策略纲领》，从环境污染、生态资源、社会压力、经济压力、制度回应、都市发展等 6 个方面构建台湾永续发展指标体系，突出环境和生态保护指标，为可持续发展奠定基础。同时，利用永续发展委员会工作机制，将永续发展理念融入民众日常生活及学校教育；2005 年评价地方政府永续发展推动机制，对台湾永续发展指标资料分析，进一步完善；2006 年召开永续经济会议，确立台湾不再鼓励高耗能、高污染、高耗水产业的发展原则；2009 年制定永续发展政策纲领，认为"安全无惧、生活无虞、福利无缺、健康无忧、文化无际"应是福祉社会的写照，提出永续发展的愿景应是让当代及未来世代均能享有：宁适多样的生态环境、活力开放的繁荣经济、安全和谐的福祉社会；2010 年，行政院推动"低碳经济、低碳社会"的发展蓝图；2011—2012 年，制定节能减碳行动方案、能源政策发展纲领、气候变迁调适政策纲领，等等。

下表为台湾永续发展委员会为永续发展而制定的评估指标：

表 1 2004 年台湾永续发展评估指标

环境污染	生态资源	社会压力	经济压力	制度回应	都市发展
1.二氧化碳排放量 PSI 平均值	1.非自然资源生产地面积比	1.平均每人每日垃圾量	1.每户家庭拥有电脑的比率	1.环保生态预算支出	1.都市平均每人所得
2.受轻度以下污染河川比率	2.天然海岸比例	2.槟榔种植面积	2.每人国产水泥生产量	2.政府鼓励防治污染及资源回收财税措施	2.都会区小客车持有率
3.水库品质	3.未受损失森林面积比	3.公害陈情案件受理统计	3.农药消费量占农业产值比率	3.国际公约于国内落实的程度	3.大众运输乘客人次
4.废弃物资资源回收率	4.耕地总面积比	4.癌症死亡率	4.工业用水量占工业生产值比率	4.环境影响评估审查案件比例	4.都市化面积扩张率
5.低放射性固化	5.单位努力渔获量	5.传染病感染率	5.资源耗费型产业生产值占制造业生产净值比	5.污水处理率	5.都会区每年空气严重污染比率
6.废弃物成长率	6.生态敏感地	6.失业率	6.制造业劳动生产力指数	6.制定禁用或严格限用的化学品数量	6.每人享有公园绿地面积
	7.有效水资源	7.能源使用密集度	7.环保标章适用量	7.都会区主要河段中度以上污染长度比	
			8.政府与民间环保团体合作程度		8.都市主要河段亲水性

资料来源：台湾"行政院"永续发展委员会

从上述政策演进过程可以看出，台湾基本上每一年都对原有政策执行成效进行评估，进而在完善基础上推出新的政策。这样，一方面避免了政策之间的重叠、交叉和冲突；另一方面，在评估过程中建立和健全相关法律体系，提升"行政院"永续发展委员会的功能，优化整合组织架构，进一步加强了政策的执行力。目前，台湾已形成永续发展的有机政策体系，内容涵盖了永续的环境、永续的社会、永续的经济、执行的机制等 4 个层面，如下表所示：

表 2 台湾永续发展政策内容

永续的环境	永续的社会	永续的经济	执行机制
大气	人口与健康	经济发展	教育
水	居住环境	产业发展	科技发展
土地	社会福利	交通发展	资讯化社会
海洋	文化多样性	永续能源	公众参与
生物多样性	灾害防救	资源再利用	政府再造
环境	国际合作		

资料来源：台湾"行政院"永续发展委员会

在台湾的可持续政策制定与推进过程中，注重把握以下十大原则：一是世代公平原则，二是平衡考量原则，三是环境承载原则，四是优先预防原则，五是社会公义原则，六是健康维护原则，七是公开参与原则，八是科技创新原则，九是政策整合原则，十是国际参与原则。概而言之，这十大原则贯彻了社会共治的理念，充分发挥了各个社会主体的不同作用，兼顾经济成长、环境保护与社会公平，从而形成有利于生态环境保护的合力。

二、台湾地区生态环境保护的主要经验

（一）注重环境保护的"立法"和宣传教育

台湾先后颁布了"环境损害责任法""清净家园全民运动计划"以及"全民二氧化碳减量运动项目"等多项法规政策，目前已形成了覆盖环境保护各个领域、门类齐全、功能完备、措施有力的环境政策法规体系。规范的"立法"约束了公众和企业的行为，促使他们把履行生态环境保护作为社会责任和日常生活的组成部分。如在 20 世纪 70 年代初，台湾即开始对农地土壤重金属含量进行调查测算，历时 20 余年，经历了 5 个阶段，众多第一手数据为后来的土壤污染综合防治立法提供了实践依据。在此基础上，2000 年颁布"土壤及地下水污染整治法"，还陆续出台一系列配套性法规命令、行政规则和相关公告，使得污染整治程序更具体明确、有操作性，责任分担更务实可行。这些规定重点规范了基金筹措与使用、污染场址控制与整治两个领域，形成了以污染预防制度、污染整治制度、财务制度和污染责任制度为枝干的"树形"土壤污染防治制度体系，具有体系完整、核心制度完善，采用专门"立法"、复合"立法"模式，以事后整治为功能定位，以环境利益为利益导向等特征。与此同时，台湾从上世纪 80 年代中期开始推行生态农业体系，到 90 年代中期各地区农业改良所开始全面介入，并推动生态产业市场化。目前，生态农业理念、安全消费规制和意识已渗透到台湾社会生活和农业全产业链的各个领域，环境保育、有机生产规范、休闲农业和在地化精品消费构成了台湾有机农业发展的独特风景线，并实现了制度化和常态化。

台湾是世界上少数将环境教育以"立法"推动的地区，全民（从小学至老年人）都有接受永续发展教育训练的机会及管道。2011 年 6 月 5 日，台湾实行环境教育法规，提升公民环境素养，培养环境公民与环境学习社群，增进全民环境伦理与责任，了解个人及社会与环境的相互依存关系。同时明确了环保部门在环保教育方面的相关权限：环保局可以对不履行环保宣教义务的部门（甚至市长）进行罚款。这就在很大程度上保证了"环境教育法"的操作性和执行力，有力推动了环保宣教的全面开展。在宣传教育方面，台湾采取了多元化的手段：一是整合政府、民间、企业及学校资源推动永续发展，建立参与机制，营造学习空间——永续教育推动中心；二是通过举办环保主题比赛、竞赛等方式，充分调动社区力量，对优胜者予以资金和荣誉奖励，使得环保理念深入人心；三是建立"生态、生活、生产"并重的社区发展体系，推动旧社区进行再发展计划，建立社区居民参与公共政策研拟、规划与环境、空间及社区改造机制；四是加大民众意识教育力度，强化对日常不良行为的监管与处罚，使社会治理日常化和常态化。从学校教育、家庭教育及社区教育等领域都注重对民众行为的习惯养成等教育，针对乱丢垃圾、违反交通信号、乱吐痰和随意抽烟等日常不文明行为制定相应的法规措施，并且做到执法必严；五是利用新闻媒体、报纸和网络等媒介宣传环保，鼓励公众的关注。台湾地区的新闻媒体、环保组织、科研机构大都具有监督生态环境保护的意识，都有充分阐述意见的管道和平台，有效地制约了破坏生态环境的行为。通过这些措施，充分调动公众反映、参与、监督环保工作的自觉性和主动性。

（二）注重从源头控制污染物的排放

1. 台湾先后颁布了"环境损害责任法"，注重长远规划。在产业发展方面，注重规划布局和调整结构。台湾地区从 1953 年实施第一期经济建设计划至今，已完成了以农业为主向工业为主，再到向服务业为主的产业结构转型升级；在产业规划布局中，提前划定土地利用功能，不随意调整土地规划，并引导上下游产业集聚发展；在产业转型中，鼓励发展"两大、两高、两低"产业，即市场潜力大、产业关联效果大、技术层次高、附加价值高、污染程度低、耗能系数低的产业，而对于传统的劳动力密集且污染较重的产业，则通过关、停、并、转等方式，引导这些产业向岛外转移。

2. 在垃圾处理方面实现了从源头到回收再利用的循环，注重减量化、资源化。首先，在制造阶段，对含汞产品制造输入贩卖进行限制，限制产品过度包装，采取其他绿色设计志愿性措施。其次，在使用阶段，限制使用购物用塑料袋及塑料类免费餐具，在政府机构、学校推动纸杯减量使用，对免洗筷、饮料杯等采取自愿性减量措施。再次，在消费阶段，实行环保标章，政府机构、学校优先采购环保产品。最后，在废弃阶段，一是建立起由社区民众（垃圾产生源）、回收商（民间回收处理体系）、地方政府（地方政府成立的地方清洁队）、回收基金（由物品或容器制造、运输、贩卖业者缴费）共同参与的资源回收"四合一"计划，形成政府推动、市场驱动、公众行动的合力；二是垃圾费随袋征收，并全面实行垃圾强制分类的垃圾资源回收分为机动车辆类、照明光源类、非平板免洗餐具或塑胶平板容器等 14 类，厨余分为养猪厨余类和堆肥厨余类，其中又可分为 8 个子类；三是垃圾收运上实施"垃圾不落地"，大街小巷基本见不到垃圾桶，居民一般将外出产生的垃圾带回家中分类回收，既减轻了社会成本，又消除了脏乱点，改善了市容环境卫生；四是推行厨余垃圾的处理，将厨余垃圾通过发酵处理生产有机肥，既变肥为宝，又减少了化肥的使用，进一步减少污染；五是规范垃圾焚烧厂的运行监管，垃圾焚烧厂必须将污染物在线监测结果报环保部门，并在厂门口显眼位置以电子屏幕的形式实时公布，通过邀请公众进厂参观监督、做巡导员等方式，有效增进了公众对垃圾焚烧厂的了解，并配套了一系列娱乐休闲设施，让垃圾焚烧厂成为一个环保宣教基地。

从以上四个阶段环环相扣的政策推进，我们可以看出，台湾对废弃物管理优先顺序是"避免产生——循环使用——最终处置"，其环保理念已经从典型的末端治理向废弃物控制发展，政策的重点方向从"怎样处理废弃物"向"怎样避免废弃物的产生和如何循环利用废弃物"转变。随着垃圾分类和资源回收政策的推行，台湾地区生活垃圾产生量逐年下降，垃圾清运量由 1997 年 1.143 公斤 / 人日，逐年降至 2010 年 0.482 公斤 / 人日；垃圾回收率 ① 从 1998 年的 5.87% 提高到 2008 年的 41.97%，2012 年进一步提高到 54.36%。

3. 在生活污水处理方面，推行接管到户、湿地处理模式。早在 1988 年，台湾就制订了《污水下水道发展方案》，城市生活废水和工业废水被分别集中处理，并随着形势的发展不断扩大规模和提高排放标准。任何一家工厂都没有排水权，所有排水户都必须由城建环保部门核定排水量，只能铺设排水管进污水厂处理，私自排放污水，要承担高额罚款和吊销营业执照的风险。以新北市为例，该市 2005 年接管用户约 6.7 万户，到 2011 年接管用户达到了 36.8 万户。与福建省普遍采取的污水处理工艺相比，台湾近年来大力推广实施人工湿地净水，从 2007 年陆续在淡水河、新店、基隆等地开发了集净水、治水、亲水于一体的重大工程，湿地治水不但成本低、效果好，更为民众增加了大面积的生态多样性宝库和休憩景点。

4. 在城市扬尘控制上，减少大拆大建，营造无尘施工。由于台湾的房屋及土地均属业主私有产权，一幢旧楼里只要有一户业主拒绝拆除重建，新项目就没法启动，因此大拆大建情况并不多见。对于经民众同意、确有必要建设的重大工程，台湾当局在施工过程中，通过推进施工工地分区核查、工地自主管理，以及实施工地专区管制等措施，对施工扬尘进行严格的管制。

5. 在机动车排废控制上，不断提升机动车准入门槛。台湾从提高新机动车的排放标准入手，实行"欧洲五号标准"，油品的含硫量大大降低。为降低尾气污染，岛内交通部门还规定，道路上或停车场内停车 3 分钟未熄火的驾驶人，将被处以数千元新台币不等的罚款。另外，针对摩托车污染突出问题，台湾已不再允许生产 50CC 以下排量的摩托车，并逐渐将之淘汰，同时大力推动新能源汽车，包括油电混合动力车以及纯电动车。

---

① 垃圾回收率 =（资源回收量 + 厨余回收量 + 垃圾回收再利用量）/ 垃圾产生量。

（三）注重发挥社会组织的作用

台湾地区环保公益组织的发展，既受国际上可持续发展思潮与环保运动的影响，又深深烙印了台湾地区本土经济发展与环境保护之间矛盾冲突、纠结的痕迹，具有鲜明的台湾特色，并在维护污染受害者的权益、推动当局制定环境政策法规、开展环保教育、提升企业社会责任和民众环保意识与素养等方面发挥了重要作用。

其主要特点表现为：一是数量较多。经台湾"环境保护署"许可已设立 39 个环境保护财团法人，并担任 154 个环境保护社团法人之目的事业主管机关。目前台湾地区实际存在的环保公益组织数量超过 200 个。二是影响力强。环保公益组织的组织运作效果提升了自身的影响力，反过来影响力又拓宽了环保 NGO 的发展空间，提升组织行动力。台湾地区环保公益组织发现的问题与环保建言，能及时通过政治互动，通过包括媒体报道、"立法院"游说、街头运动等方式达到目的。三是素质较高。台湾地区环保公益组织团体负责人和主要骨干整体素质较高，职业几乎全部分布在医生、律师、工程师、教授、中小学教师、研究人员、记者等职业领域。值得一提的是台湾社区志愿服务，从 2001 年颁布"志愿服务法"至今，台湾的社区志愿服务呈现出法律制度健全、管理职责明确、机构运作规范、奖励措施到位、民众广泛参与等特征，环保志工舒缓了公共服务的压力，也为台湾提升社会福利质量贡献了极大的人力资源。2004 年台湾的志工服务时数就达 550 多万小时，平均每人每周服务 1.68 小时，相当于提供了 2685 人的专职人力。

正是通过建立健全各项环保法律规范，提高民众环保参与和主体意识，加强社会组织共同参与，综合运用市场体系中的环保规则改善环境质量，经过近 20 年的努力，台湾的环境绩效指数不断提升，2008 年台湾环境绩效指数在 149 个国家和地区中名列第 40 位，2012 年提高到第 29 位。

三、台湾地区生态环境保护的经验启示

20 世纪 90 年代以来，治理概念在国际社会逐渐流行起来，近年来在中国大陆也产生了日益广泛而深入的影响。中共的十八届三中全会指出全面深化改革的总目标是完善和发展中国特色社会主义制度，推进国家治理体系和治理能力现代化。提高国家治理水平必须结合本国具体国情，学习借鉴国外及台湾地

区社会治理的先进经验。

（一）吸收台湾社会共治的理念，充分发挥社会治理体系中各个社会主体的不同作用

在关于治理的各种定义中，最具代表性的是联合国全球治理委员会的定义：治理是各种公共的或个人和私人机构管理其事务的诸多方式的总和。也就是说，社会治理是在一个既定的空间范围内由多元行动者运用各自权威对社会组织、社会事务和社会生活的规范、协调和服务的过程，其目的是满足社会需求，维持社会秩序。它有四个方面的显著特征：（1）治理不是一整套规则，也不是一种活动，而是一个过程；（2）治理过程的基础不是控制，而是协调；（3）治理既涉及公共部门，也包括私人部门；（4）治理不是一种正式的制度，而是持续的互动。

随着国内外环境发生了极为广泛而深刻的变化，社会治理也必须从政府唯一主体的单独管理走向政治组织、经济组织、社会组织、社区组织和公民个人等多元主体的合作管理，国家治理的方式也必将从人治转到法治，经济社会的有效运转也要从计划经济时期主要依赖对领导者和计划制订者个人意志的强力贯彻和无条件服从，转向市场经济条件下依赖私人产权的保护和契约的实施。国家的整体繁荣有赖于政治、经济、社会、文化、生态五位一体建设的推进。发挥市场对资源配置的决定性作用，离不开政府的依法监督和社会的依法自治自律。随着一元主体向多元主体的变化，这就要求决策者从传统的统治走向治理和善治，实行开放决策、透明决策、协商决策、参与式决策，从集权走向分权，从管制走向服务，从行政走向市场，从单位转向社区，从静态走向动态。因此，相对于以往大陆熟悉的社会管理的单一主体——各级党委和政府及其职能部门，社会治理的主体则是多元的，党政机关、企事业单位、社会组织、公民都是社会治理体系中重要的行动主体。它强调多元主体通过协商协作方式实现对社会事务的合作管理；倡导社会自治、参与式治理；强调尊重社会成员的社会政治权利，主张激发社会成员的权能，使社会成员在社会治理过程中拥有发言权和影响力。因此，福建学习借鉴台湾生态环境保护经验，要注重吸收台湾社会共治的理念，充分发挥社会治理体系中各个社会主体的不同作用，利用政府政策法规发挥引导作用、企业与公众的主体作用、社会组织的推动作用，兼顾经济成长、环境保护与社会公平，探索形成自律的生产方式和生活方式，追求产业与环境互动、经济与生态双赢，增强可持续发展能力，在经济社会转型发展中实现生产、生活、生态三生共赢，才能真正实现"百姓富"与"生态美"的有机统一。

（二）调动和发挥地方政府的作用

　　世界各国和台湾地区的实践表明，地方政府是可持续发展理念的重要实践者，推动持续发展的成果与地方政府的承诺与积极行动高度相关。目前世界上许多国家及地区已经制定出一系列的可持续发展指标体系作为评价地区发展趋势的一项重要工具。相比之下，大陆可持续发展指标体系研究虽然不断推进，但至今仍未形成一套具有代表性、全域性、统一可行的指标体系。国家生态文明先行示范区建设目标体系按照经济发展质量、资源能源节约利用、生态建设与环境保护、生态文化培育、体制机制建设6个方面构建了51项指标体系，这些指标的选取考虑了数据的可获取性与稳定性，方便实际测算，对完善经济社会评价体系和干部政绩考核进行了有益探索。但总体上看，这些指标体系侧重于对体制内部地方领导干部政绩的评价，不利于社会的监督。福建应结合生态省建设的实际和主体功能区定位的要求，在国家生态文明先行示范区建设目标体系基础上进一步优化完善评价体系，突出福建的生态活力等特色指标，注重与国际可持续发展指标体系接轨，同时加强指标可操作性的研究，力求所设立的指标具有层次性、开放性和动态性等特点，尽快利用该指标体系对福建的生态文明先行示范区建设进程进行测评并公布，通过年度对比反映福建生态文明建设的成效，将公民社会和民间环保组织的能量引入到政府的决策机制中，在透明规范的社会监督下，调动地方政府推进生态文明建设的积极性，引导政策转向更有利于科学发展的方向。

（三）加强环境伦理与生态文化教育，提高公众的环境素养

　　为了提高公众的环境素养，需要采用以下策略：通过环境情感、环境认知，特别是环境伦理观和生态哲学世界观的教育，培养公众树立顺应自然、尊重自然、保护自然的理念；通过掌握环境技能，改善环境行为，培养公众形成自觉自愿的有利于生态环境的生活行为习惯，形成人与自然和谐发展的文明境界和社会形态。环境伦理体现为个人在人与生态环境方面的一种道德观、世界观和发展观，表现为能善待自然，尊重其他生命，全面了解自然生态的价值，了解

人类活动的特点，了解人与自然的关系，了解中国传统文化中天人和谐的思想，认识人类如何活动才能与自然和谐相处，由此形成人类对保护自然环境具有责任和义务的环境道德观以及天、地、人之间系统、和谐、可持续发展的世界观和发展观。这是一种深层次的环境思想境界，它对指导和影响个人的环境行为和生活习惯具有重要意义。要加强对青少年的环境保护教育，尤其是加强家庭、学校、社会的联动，进一步推动环境保护意识的普及化。只有营造全社会关心、支持、参与生态环境保护的文化氛围，才能提高全民保护生态环境的自觉性和责任感。

台湾社会企业发展的政策背景与特征

张春霞[*]

从 20 世纪 80 年代末期至今，是台湾社会变动最迅速的时期，无论是经济、人口结构、社会需求都出现快速转变，各类非营利组织在此环境下快速成长。社会企业借由参与市场活动来实践社会使命，在促进就业、增进社会资源的使用效率、降低财政负担等改革中，在解决所得分配不均、弱势劳工及青年失业情势加剧、高龄化社会及超低生育率所带来人口结构高龄、少子化的冲击等经济性及社会性议题中，扮演着越来越重要的角色。尤其自 1990 年的"九二一"震灾之后，台湾资源大量投注灾区，非营利组织面临资源紧缩，企业捐款枯竭，促使越来越多非营利组织朝社会企业方向发展。而社会福利、就业、社区营造以及文化发展等系列政策，也加速了社会企业的培育，同时建构起社会大众、民间组织以及政府多元支持的生态系统，在目标、资源、治理等方面发展出特色。

一、台湾社会企业的内涵、类型及其兴起的政策背景

（一）社会企业内涵

台湾有关社会企业的研究，在理论分析的架构上，侧重于非营利组织及第三部门，较接近欧洲脉络的社会企业概念。1999 年 OECD 所出版的《社会企业》指出，社会企业为通过非政府组织且市场导向的方式去达成社会目的的企业。[①]欧洲社会企业研究网络列出理想型社会企业有九大内涵：生产财货或销售服务的持续性活动；高度的财务自主性；经营活动具有显著的经济性；要提供有限

---

　　* 张春霞，中共福建省委党校、福建行政学院闽台研究院副教授。该文原发表在《闽台关系研究》2016 年第 3 期。

　　① 官有垣:《社会企业组织在台湾地区的发展》,《中国非营利评论》,2007（1）, 第 146—181 页。

度的有薪工作机会；对于社区具有公益；由一群民众倡议发起；企业决策权不以出资比例作为划分依据；利益关系人共同参与；有限的盈利分配（Defourny，2010）。① 可界定归纳为三个特征：企业取向、社会目的、社会所有；或者是多元目标、多元利害关系人、资源多元化的企业。在 OECD（2012）分类系统上，将社会企业归纳为两种不同运作类型，即以财源为主的社会企业和以公益导向为目的的社会企业。②

2014 年台湾经济主管部门颁布的《社会企业行动方案》（2014—2016 年）中，采用广义及狭义操作型定义。其中对于一般性鼓励措施，为广纳各方需求，采用广义操作型定义，泛指"通过商业模式解决特定社会或环境问题的组织，其所得盈余主要用于本身再投资，以持续解决该社会或者环境问题，而非仅为出资人或所有者谋取最大利益"。组织特性上，社会企业同时追求社会与经济利益，但以创造社会影响力为主要使命。组织形态上，以一般营利事业或者非营利组织的形态存在，其关注类型包含弱势关怀、在地发展、生态环保、公平贸易等。狭义操作型定义指：组织章程应明定以社会关怀或解决社会问题为首要的目的；每年会计年度终了，财务报表须经会计师查核签证，并应申报及公告其社会公益报告；组织当年度可分派盈余应至少有 30% 保留用于社会公益目的，不得分配"。③ 观其定义内涵，虽然包括世界各国对于社会企业的社会性目标、组织形态等基本共识，但从广义操作型定义的"其所得盈余主要用于本身再投资"，到狭义操作型定义"组织当年度可分派盈余应至少有 30% 保留用于社会公益目的，不得分配"等，主要从规范社会企业的财务能力进行界定，包括财务自给自足、获利或盈余分配模式。

台湾社会企业在公共服务提供者的角色定位上，介于政府、企业、非营利组织等三部门之间。因此，主要功能包括三个层面：一是社会层面，解决社区社会排斥与失业的问题，提供公共财或个人服务，运用社会创新及企业家精神改善社会问题，提供社区情感凝聚及社会网络联结的公共空间，环境生态维护与保育；二是经济层面，刺激地方文化产业的发展，城市或农村振兴的功能；

① 林淑馨：《台湾社会企业的现况与困境：以公益创投型社会企业为例》，《社区发展季刊》，2013（143），第 68—77 页。

② 林淑馨：《台湾社会企业的现况与困境：以公益创投型社会企业为例》，《社区发展季刊》，2013（143），第 68—77 页。

③ 台湾"经济部"：《社会企业行动方案（2014-2016 年，2016 年 6 月 12 日，www.ey.gov.tw/Upload/RelFile/27/716149/。

三是政治层面，成为培育社区居民民主参与及民众充权的场域。

（二）社会企业的组织类型

台湾社会企业还处于政府引导扶持阶段。按经济主管部门商工登记资料，公司名称中包含"社会企业"的共计 42 家公司属于营运状态。依据辅仁大学社会企业研究中心统计，以解决社会问题为公司主要目的者，2014 年约有 200 家；若以解决社会问题为公司重要目的之一者，约有 1000 家公司。另依据台湾劳动主管部门 2013 年"多元就业开发方案"中的 597 家非营利为分析对象，可概分为社区经济、合作经济与工作整合等三大模式，此三类中以社区经济模式最多，家数为 502 家（比例为 82.7%），组织形态包括公协会、农渔会、社区发展协会等；其次为工作整合模式，其组织类型包含社福团体（机构）与身障团体，家数约为 80 家（13.4%）；最后则为合作经济模式，组织形态以合作社为主，家数约为 15 家（2.27%）。[1]

台湾在社会企业的分类上，组织类型颇为多样化。台湾学者官有垣（2007）认为台湾的社会企业包括五种类型，即积极性就业促进型、地方社区发展型、服务提供及产业销售型、公益创投独立企业型、社会合作社等。[2] 林怡君（2008）则将台湾社会企业区分为工作整合型、地方社区发展型、贩卖服务或产品型、社员协力合作社。[3] 吕朝贤（2008）根据企业提供服务的方式与商业活动的整合程度，将其分为嵌入式社会企业、整合性社会企业与外部式社会企业三种。[4]

本研究认为，台湾具有特色的社会企业主要包含三类：

一是社区产业取向型社会企业。该类社会企业已成为台湾社会企业发展过程中一项重要的特性。其以社区参与式为主，作为解决社会问题的最小单元共同体社区采取经济、教育、文化、福利等不同的推动方式，激发居民为自己与家园打拼的热情与共识，进而带动在文化、农业、环境等的系统性大变革。社区产业取向型社会企业的发展源于 1994 年开始推动的社区总体营造政策，相当

---

[1] 郑胜分、刘育欣：《社会企业支持系统之初探》，《社区发展季刊》，2013（143），第28—38页。

[2] 官有垣：《社会企业组织在台湾地区的发展》，《中国非营利评论》，2007（1），第146—181页。

[3] 林淑馨：《台湾社会企业的现况与困境：以公益创投型社会企业为例》，《社区发展季刊》，2013（143），第68—77页。

[4] 吕朝贤：《社会企业与创业精神：意义与评论》，《台湾政治大学社会学报》，2008（39），第81—117页。

多的社区成立了社区发展协会等各类社会组织，扮演起触媒、催化、促成以及资源整合的角色，借由与地方居民或外来的专业人士一起努力，协助当地居民发展地方产业，扩及社区居民共同参与，开发市场营销管道、提供居民与地方特色结合的工作训练等，依据社区共同拥有产业资源，形成一种共享共成的产业形态。如苗栗县马邦拉观光休闲产业协会，由于社区居民九成以上都是草莓农户，基于社区特色资源，开发草莓酒、草莓酿、草莓冰酒的等需要无农药的草莓才能制作出来的产品，社区居民和农户共同参与产销过程，最终形成成为社区居民共享共成的产销机制，发展成产业取向型社会企业。

二是积极就业促进型社会企业。这是台湾最主要的社会企业类型，以工作整合为特色。其关注于弱势者的就业（特别是身心障碍者），借由提供工作机会使之整合到劳动市场中，而促进身心障碍者就业又是其中最大的类型。在这类社会企业组织中，以雇用智能障碍者及肢体障碍者为主的庇护工厂的数量增长快速。据统计，台湾目前至少有两百多个协会组织在推展庇护职场事业。例如财团法人喜憨儿社会福利基金会的烘焙坊与餐厅，阳光社会福利基金会的洗车中心与加油站，荒野保护协会的贩卖保护荒地书籍、卡片以及付费的生态之旅，心路社会福利基金会的洗衣坊、加油站、洗车中心、清洁队，育成社会福利基金会的资源回收部、清洁队以及洗车中心，第一社会福利基金会的清洁队与烘焙屋；以及伊甸基金会的打字排版、数据输入站以及生产轮椅的庇护工厂等。

三是地方文化使命型社会企业。此类社会企业依社会文化使命而促成。地方主体性的崛起，是台湾文化发展史中最值得重视的现象。20 世纪 70 年代中期，台湾陆续成立县市文化中心；80 年代提出"文化建设十二项计划"，十二项计划中的"文化中心扩展计划"、"社区文化发展计划"，在硬件设施改善之余，通过政治和公共资源的运用，以文化艺术形式作为切入点，促进地方意识的建立；90 年代后，"文化产业化、产业文化化"等相关政策推出。在此过程中，一批文化人和在地知识分子在"文化地方自治化"带动下进入社区，通过设立文化工作室等非营利组织推进地方文化的传承和发展。如桃园县复兴乡观光导览协会等，基于政府对于原乡地区的特殊主义的政策理念，振兴原乡的文化。但 2008 年后，台湾文化创意产业系列政策推出，2010 年"文化创意产业发展法"出台，文创产业的补助对象不再以社区型草根性组织为主，而是以创业投资事业者、金融机构者、中小企业开发公司、投资文创产业的创业投资者为主，这促进地方文化型非营利组织转型为社会企业，而新创机构也将社会企业形态作为重要选项之一。

（三）社会企业兴起的政策背景

社会企业的兴起，可以作为一种创新、有效率的公共服务提供途径，以响应市场失灵的现象及达成政府所设定的政策目标。台湾社会企业的发展，深受公共政策介入的影响，主要与以下两类政策脉络有较强关联性。

一是社会福利政策。1980 年以前，台湾的社会福利提供，基本是由上而下的、恩庇式的福利主义。1980 年以后，台湾社会福利面临转型痛苦，开始推动社会福利民营化政策。20 世纪 90 年代，社会福利发展进入"黄金十年"，陆续发布"社会福利纲领"（1994）、"福利社区化实施要点"（1996—1997）、"社区发展工作纲要"（1991）、"就业服务法"（1993）、"身心障碍者防护法"（1997）等。[①] 政府向民间福利机构签约购买服务以及兴建硬件房舍，是福利民营化政策执行的核心途径。购买式服务不但使受委托执行的非营利组织有政府经费的持续投入，也开拓了福利使用者付费的服务方案，例如长期照护的居家服务、寄养家庭、老人日间照顾等方案，因而形成福利产业的运营模式。但从 2003 年开始，台湾借鉴欧陆第三系统就业方案经验，并转化为"多元就业开发方案"，将经费补助转为促进人力运用与发展，将就业人力引进非营利组织。[②] 此政策转化推动，改变以往以金钱补助的救助模式，非营利组织亦开始尝试发展创新的服务模式，与政府公共政策结合，将单纯的社会问题解决模式，纳入经济产能与组织发展的创新经营模式，转型为社会企业。

二是社区营造政策。社区总体营造政策的推动，促进了台湾社会民间力量蓬勃发展。林万亿（2006）认为，台湾的社区发展历程主要区分为几个阶段：一是前社区发展时期（1945—1969 年），推出邻保制度、农村四健会，从基层民生建设运动到社区发展的萌芽；二是社区蓬勃发展阶段（1968—1982 年），自 1990 年到 2005 年间，分别历经三种重要政策历程，包括社区发展组织社团化（1983—2005 年）、社会福利社区化（1995—2005 年）、社区总体营造（1993—2005 年）。[③] 尤其是 1994 年提出的"社区营造总体计划"，以及于 2002 年推出的"新故乡社区营造计划"2007 年提出的"新故乡社区营造第二期计划"

---

① 林万亿：《社会福利：台湾经验的历史制度分析》，台北：五南出版，2006 年。
② 林三贵：《2010 多元就业开发方案故事集》，台北"行政院"劳工委员会职业训练局，2010 年。
③ 林万亿：《社会福利：台湾经验的历史制度分析，台北：五南出版，2006 年。

（2008 —2013 年），通过推动社区产业转型升级、促进有机农业及绿色消费、发展产业策略联盟以及促进在地就业，期望通过社区与企业的结盟，发展社区特色产业。在此政策历程中，社区居民开始参与治理，形成"由下而上"的抗衡或伙伴、协力关系，并形成了自主发展的社会企业形态。另外，与社区产业取向型社会企业发展有关的政策为以现有农村社区为中心的"农村再生条例"，其主要目的是"为促进农村永续发展及农村活化再生，改善基础生产条件，维护农村生态及文化，提升生活质量，建设富丽新农村"。它强化由下而上的共同参与制度，保存及维护农村文化之余，进而展现其新生命力，故也是社会企业发展的重要基础。

二、台湾社会企业的发展特征

（一）发展途径：政府主导和民间自主发展

台湾社会企业的发展主要是以第三部门（非营利组织）为主，如果按发展方式区分，有政府政策引导和民间自主发展两种途径。

无论是哪一种途径发展起来的社会企业，在开创初期都相当程度依赖政府的直接或间接支持，接受政府补助的比例较高。邱连枝（2013）在《台湾社区发展的新图像——以桃竹苗地区社区型社会企业为例》研究中，对桃竹苗地区执行"多元就业方案"的组织进行调研，发现其主要收入来源，主要以"政府补助及委托款"所占的分例最高，达87%；其次是"一般捐款"48.3%）及"会费收入"（41.9%），产销营业收入"则占37%。[①]

但近年来，呈现政府资源逐渐成为社会企业备位资源的趋势，由政府机制作为福利资源分配角色为立基点逐步发展成市场机制为资源分配来源。社会企业不再过于依赖政府资源，而积极朝向自主发展，原因包括：一是社区自主意识的发展与提升。尤其是社区产业取向型社会企业，拥有观光、文化、农业等特色资源，组织动能强且自主性高，可以以自给自足的方式持续通过市场机制，可持续稳定发展，并建立起一定的回馈机制。如台湾新故乡文教基金会，在桃米青蛙生态村营造成功的基础上，成立经营电动车旅游的社会企业，打造蝴蝶埔里镇的低碳旅游线路。二是政策引导出现"重营利、轻非营利"的现象。如

---

① 邱连枝：《台湾社区发展的新图像——以桃竹苗地区社区型社会企业为例》，嘉义：台湾中正大学,2013 年。

台湾目前相关文创产业政策的发展，不再以第三部门及非营利组织为主要实施对象，而是民间的私人企业与创投公司。2008 年推出的地方产业发展基金辅导计划，以县市政府等为提案单位，以"微型园区"的概念，推动地方产业发展。2010 年起开始推动的"社区营造亮点计划"，重点为"社造文化小镇"和为社区跨域合作，文化小镇的执行单位，越过社区组织，改以乡镇公所为执行主体。三是受政治和文化限制。台湾对于政府计划方案的争取，背后有其文化的使命和争取政治资源的因素存在，尤其是文化类项目申请手续烦琐，导致社会企业不愿意申请补助。

（二）企业目标：从单一社会目标转向阶段性、多元性目标

台湾社会企业在目标设定方面呈现多元特色，除与社会企业呈现社会与经济的混合组织特质有关之外，更系源于政策目标的多元性，以及市场及公众社会两种力量的牵引。社区发展工作纲领、社区总体营造、社区福利化及地方产业发展等政策多元性形成宗旨使命的多元性，从而导致其社会企业目标的多样性，这种多元面向不同于欧洲社会企业欲通过多元面向的发展获取多样资源的理念，和欧洲有不同的源起机制与发展样貌。欧洲社会企业所探讨社会经济及政治等多样的目标的实现，多半源于欧洲福利多元主义的架构，以社会目标为主，而台湾的多样目标受到市场、公部门及社区等福利递送三角关系的影响，也受选举政治影响。

从目标类型分析，响应地方需求及促进地方利益、照顾特殊群体、文化传承、凝聚居民地方认同，是台湾社会企业最主要的社会目标。经济目标则着重促进地方文化产业、旅游观光产业和特色农业等产业发展。尤其是社区型社会企业，对于社区经济发展或促成社区共享共成的产业，扮演着社区经济发动机的角色。如不少农村社区发展协会，针对人口老化及年轻人力外流，联结社区特色资源，形成产业的核心价值，帮农村转型，促进青年返乡。文化目标方面，在地族群文化结构的差异，对于社会企业的形塑也有一定的影响力。如文化协会等类型的组织，使命宗旨比较着重于族群文化的承续、文化艺术概念或生活态度的传扬。但近几年发展迅速的社会企业，采取社会、经济和文化等相融合的多元目标。如台湾第一家以社会企业为名进行登记的光原社会企业股份有限公司，其成立的目的是希望建立部落小农计划生产价值网络，通过有机部落、公平交易的概念，支持部落农业的具体实践，从肥料制作到生产完全有机操作，

不但创造少数民族部落在地就业机会，协助其脱离贫穷，并且从中拨出部分盈余继续投入少数民族部落教育及产业发展。

从社会企业发展阶段性分析，开办之初，在公共政策镶嵌之下，政府影响社会企业目标的设定与发展方向；进入发展阶段，为求社会企业经济目标与社会目标双重实践理想，在市场部分，在地的社区经济资源以及社会文化脉络影响社会企业赚取收入及商业经济策略的拟定。[①] 社会企业是以商业模式来达到社会使命的实践，因此达到社会使命是目的，商业模式或行为只是一个过程手段，最终还是以社会目标为核心。据笔者从台湾 10 家社会企业的访谈发现，社会企业组织内部领导人理念、社区结构以及公共政策的影响力，是影响社会企业在目标设定和治理模式选择的主要因素。

（三）政策目的：从"就业促进"转向"营造创新创业环境"

台湾社会企业发展的起始点，主要是劳动主管部门从就业促进的角度出发。在社会企业发展中起到作用的多元就业开发方案、培力就业计划等政策，都以就业促进目的、政府直接补助用人费用为主。但很多政策执行多年来逐渐陷入泥沼。如多元就业开发方案，规定上工人员必须由公立就服站推荐，且仅补助法定基本工资，解决社会企业资金与能力方面障碍。探究主因，在于政策补助做法，无法具体建构社会企业营运能力和人才。因此，"劳委会"于 2010 年成立"社会经济推动办公室"，政策方向从原本以安置为主的社会型多元就业开发方案，转向聚焦于支持经济型多元就业开发方案发展社会企业。[②]

台湾行政主管部门 2014 年发布的《社会企业行动方案》，将提供友善社会企业发展环境、强化社会企业经营体质、建构社会企业网络与平台作为三大目标，以期达到"营造有利于社会企业创新、创业、成长与发展的生态环境"的方案愿景，提出从调法规、建平台、筹资金、倡育成等方面的推动措施。[③] 有关法规调适部分，包括核准财团法人担任社企型公司发起人、开放社企型公司参与长照产业、厘清公司法有关公司成立宗旨，以营利为唯一目的，社企型公

---

① 邱连枝：《台湾社区发展的新图像冥以桃竹苗地区社区型社会企业为例》，嘉义：台湾中正大学,2013 年。

② 王秉钧等：《台湾非营利组织社会企业化之研究》，"社团法人中华组织发展协会研究报告",2013 年。

③ 台湾"经济部"：《社会企业行动方案》（2014—2016 年），2016-06-12，www.ey.gov.tw/Upload/RelFile/27/716149/.

司未分配盈余可免加征 10% 营所税，政府优先采购社会企业产品或劳务，以及订定社会企业专法或专章。在建平台方面，则推动"社会企业月"及办理社会企业交流活动。

为营造社会企业发展的生态环境，同时对主管部门进行了调整。主管单位提高行政层级为"行政院"主政部会的幕僚单位由"劳动部"改为"经济部"，并由"经济部"整合"劳动部""金融监督管理委员会""内政部""卫生福利部"等。其中，"经济部"主责社企育成、社企辅导、CSR 颁奖、法规调适、鼓励财团法人投资设置社企型公司；"金融监督管理委员会"协助社会企业进入资本市场；"内政部"检修合作社法规，朝法规松绑政策方向修正，以协助合作社形态的社会企业发展；"卫生福利部"许可社会福利财团法人担任社企型公司发起人，使公司在运作时拥有稳定的营运资金等。这突显了台湾社会企业的公共政策问题从以就业促进转为营造创新创业的政策环境。

（四）扶持措施：从直接补助转向育成和专业辅导

政府鼓励社会企业的政策工具可分为五种方式：一是鼓励社会创新，设立种子基金，提供社会企业创立阶段的资金协助；二是创造发展环境，运用移除法规障碍、提供信用保证、建立支持伙伴关系等多元化政策，打造适合社会企业发展的环境；三是奖励创新成就，即建立制度化的奖励机制，例如提供奖励金、政府采购其商品或服务等方式，针对具有实际社会创新成就的社会企业或社会企业家，给予奖励；四是实施扩大成功经验，通过补助巡回讲座、宣传推广、协助扩大服务网络等方式，协助社会创新有所成就者，将其解决社会问题的社会创新模式予以推广，或协助将其社会创新模式移植复制至其他城市或地方，以此方式激励社会企业家进行社会创新；五是创新知识生产，提供系统性的社会创新知识管理，包括提供研究基础数据、建立社会创新成功的具体指标、补助或协助社会创新模式实施成效的评估作业、协助社会企业家了解社会问题所在，成为社会企业家在知识生产上的伙伴和来源。[1]

台湾鼓励社会企业发展的政策工具偏重直接补助的方式，较少全面使用上述五种政策工具。但 2014 年后，政策扶持突出三大方向：一是资金筹集方面，以投资取代补助。包括引入大专院校天使基金、公益创投公司等公益创投基金

---

[1] 杨君琦、郭欣怡：《社会企业组织型态与经营类型之初探》，《辅仁管理评论》，2011（1），第 53—78 页。

及天使投资人等资源以协助社会企业取得资金，引导财团法人及公益信托资金进入社会企业。通过"金融监督管理委员会"创柜板制度，扩大推荐社会企业管道，以吸引更多投资方进场支持社会企业营运。研议于中小企业信用保证基金增设社会企业信用保证项目。二是整合各方资源成立完整社会企业辅导体系。有效引入民间资源，推进创业育成资金、社群媒合、人才培育、业师陪伴等辅助措施，提高社会企业经营能力。通过交通大学、辅仁大学等育成中心培育新创社会企业，并协助其参与 APEC 加速器等活动，运用产学合作强化社会企业核心竞争力。三是吸引青年投入社会企业行列。如在青年创业平台增设社会企业相关业务，提供社会企业咨询辅导、专业课程、广宣活动等服务。核定"青年创业项目"，鼓励青年参与或创设社会企业，提出借由青年投入社会企业，可以创造兼具经济发展与公义社会的时代，同时建构青年得以自我实现的环境，由相关目的事业主管部会依所属职掌特色辅导，协助青年新创具有社会企业潜力的组织，活络社会企业的发展。

三、结语

台湾社会企业在社会需求转变和社会福利、社区营造等政策镶嵌的背景下，培育出基于具地方特色的社会企业，发展路径可以总结为：先通过政策促进成熟的非营利组织社会企业化，后形成由下而上、公私协力的治理体系；先以就业促进为政策目标出发，后从创新创业角度出发；以第三部门为主轴，后续加入创新创业及鼓励一般企业参与。无论是政策推动措施还是治理模式，都具有一定的参考价值。但是因政策受到不同时期执政党意识形态转型、更替以及经济结构变化的影响，台湾社会企业的发展也充满不确定性。

台湾地区长期照顾服务政策的发展脉络

沈君彬[*]

就发展与研究长期照顾服务的重要性及其复杂性，台北护理健康大学长期照护研究所所长李世代（2010）指出，"'长期照护'具全面性（comprehensiveness）、普及性（universality）、可近性（accessibility）、可转移性（portability）及公共事务性（public administration）等特性，可贯穿保健、医疗、福利、家庭、社会及国家"。简言之，长期照顾服务政策既与民生密切相关，同时又是一个牵一发而动全身的综合性话题。大陆学者如果能系统分析台湾地区长期照顾服务体系的发展实践，无疑对于大陆地区长期照顾服务体系的发展规划具有宝贵的经验价值。特别是台湾地区正处于"长期照顾服务法"与"长期照顾保险法"（合称"长照双法"）"立法"进程的关键节点，亦是台湾行政主管部门及其下属的"卫生福利部"酝酿推动该地区长期照顾服务体系进一步转型发展的关键历史时期，如果能系统回溯台湾地区长期照顾服务体系发展的历史脉络，并进而准确研判其可能走向，则有助于大陆地区人力资源和社会保障部门、民政部门、老龄办等社会保护相关部门系统掌握台湾地区长期照顾制度与服务体系的发展状况，进而为大陆地区长期照顾制度与服务体系的培育、规划与发展提供可资借鉴的宝贵经验。

一、台湾地区长期照顾服务政策发展的萌芽期（1980—1990）

1980 年台湾地区"老人福利法"与"残障福利法"的快速通过并颁行是台湾地区长期照顾服务政策发展的历史性开端。在这一时期（20 世纪 80 年代）

---

* 沈君彬，中共福建省委党校、福建行政学院社会与文化学教研部副教授。该文原发表在《闽台关系研究》2015 年第 4 期。

台湾地区主要通过实验性计划推动长期照顾服务体系的发展，主要实验性计划有：1980年明定抚养机构、疗养机构、修养机构、服务机构等四类机构提供老人服务，成为机构式照顾的开端；1986年"卫生署"委托台北市立阳明医院，试办"以医院为基础的"的居家护理服务；1987—1989年"卫生署"委托护理师护士工会开始试办，接着在1988年高雄市和台中市等护理师护士工会也参与试办，并推动居家护理师培训。就总体而言，在此台湾地区长期照顾服务相关政策发展的萌芽期，台湾地区只设立极少数的救助收容机构，或投入安养机构、文康服务机构等服务功能有关老人的资源建制，直到90年代才因快速成长的"长期照护"需求而促使相关政策的推动。

二、台湾地区长期照顾服务政策的残补式附加型发展期（1991—1997）

在度过萌芽期之后，台湾地区长期照顾服务体系的发展开启了比较密集的制度建构与"法令"完善过程。以"卫生医疗行政体系"为例，在该体系下，台湾地区残障者医疗复健重健养护及教育费用补助办法"于1991年6月7日正式颁布，当年台湾地区还通过"护理人员法"，此外台湾地区"卫生署"亦在同年将医疗网第二期计划修改为六年计划，在特殊医疗服务项目下，增列"加强复健医疗及长期照护服务"。1992年，为规范护理行业的有序发展，台湾地区"护理人员法施行细则"正式颁布实施。为将长期照顾计划列为重点计划，同时促进台湾地区中老年病防治，1993年台湾地区大力推动"'国民'保健计划"，同时完善相关规定对于提供长期照顾服务及机构设置给予明确奖励。当年8月27日，台湾地区还正式颁行了"护理机构设置标准"，使得台湾地区"居家护理、护理之家及日间照护"的发展真正"有法可循"。1994年8月9日是台湾地区公共卫生与社会福利服务发展史上的重要一天，当天台湾地区"全民健康保险法"正式颁行。此外，针对呼吸器长期依赖病患对于机构式照顾服务与居家式照顾服务的特性要求，为提升这一极度弱势群体的福祉，当年台湾胸腔暨重症加护医学会受原台湾地区"卫生署"的委托，负责办理"长期依赖病患照护计划"。1995年则是台湾地区各类长期照顾服务相关政策发布比较密集的一年，当年三月台湾地区通过实施全民健保制度，因应民众需求将居家护理纳入了全民健康保险制度的给付范围之内。同年台湾地区原"卫生署"还通过了"医疗发展基金申请作业要点"的修订方案，对台湾各县市医院附设的护理之家给予奖励。此外，当年《全民健康保险居家照护作业要点》还由台湾地区"健康保险局"正式公布实施。为了提升精神病、慢性病以及具有其他特殊照顾服务需求的病患对于持续性社区照顾服务的可及性，1996 年台湾地区正式颁布实施"健全医疗网第三期计划"，从而有力地促进了包括长期照顾在内的台湾地区特殊医疗体系的发展。1997 年，复健、医疗及"长期照护"等长期照顾相关服务被列为"全台医疗网第三期计划"的重点工作内容。当年出台、修订的与长期照顾相关的"法令"与政策令人目不暇接：首先，修订了原台湾地区"残障福利法"，并将其更名为台湾地区"身心障碍者保护法"；其次，修正公布了台湾地区"老人福利法"，并将老年人的门槛由原来的 70 岁降到 65 岁，此外，还将长期照护机构、养护机构、赡养机构、文康机构及服务机构等五类照顾服务机构界定为老人福利机构；同年，还发表了台湾地区"卫生白皮书"，其意图在于推动台湾地区跨世纪卫生建设，该"白皮书"将长期照顾服务的发展列为重点发展政策，同时确定"社区式照顾与居家式照顾为主，机构式照顾为辅"的原则，其服务量的具体比例设置为 70%∶30%。

在"社会福利行政体系"之下，1990 年 6 月 24 日台湾地区公布"残障福利机构设立及奖励办法"；1993 年台湾地区开办低收入户老人生活津贴制度，为低收入老年人的生活提供了兜底性保障。自 1996 年起，因应社会福利社区化的发展趋势，台湾地区积极运用社区资源，并与该地区的既有社会福利资源进行全盘整合。同年，台湾地区将身心障碍者获取生活补助的标准进一步放宽，同时在全台各县市普设身心障碍福利服务中心，其目的在于依托遍及全台的社区照顾服务体系因应身心障碍者积极参与经济与社会领域活动的权利与需求。此外，在"退除役官兵辅导委员会体系"下，面对"荣民"群体的后续医疗照护需求以及该群体作为就业市场上的相对弱势群体在就业服务方面的刚性需求，从 1990 年开始台湾地区积极推进"荣民就业安置发展五年计划"的实施。应当着重指出的是，1997 年台湾地区"老人福利法"的修订是这一时期长期照顾服务体系转型发展的焦点性事件，修改后"该法"的"立法"宗旨变更为"为宏扬敬老美德，维护老人健康，安定老人生活，保障老人权益，增进老人福利，特制定'本法'"。较之于本次修订前 1980 年版本的"老人福利法"相比，台湾主管部门指出本次修订的重点体现在十二个方面。就总体而言，修改后的"老人福利法"其"立法"精神仍停留在德政的施恩心态上，但其可取之处在于："将'标的对象群'从孤苦无依老人的消极性救助，扩展为'全体老人社会权的保障'上，认识到老人的需求有经济安全、医疗保障、居住安养和家庭支持、社会参与、人身安全的保障，因此在'法条'的内容就增加福利措施和保护措施。"回顾如上长期照顾服务政策的制订过程及其政策内涵，笔者认为，就总体而言，这一时期台湾地区长期照顾服务政策的发展特征之一是没有成长为单一的政策，而更多地以残补式模式附加在既有的医疗卫生服务政策或者社会福利服务政策之中，同时这一残补式模式的影响体现在了台湾地区长期照顾服务体系发展的各个方面。有如，正是在这种残补式发展模式的主导下，二十世纪八九十年代台湾地区失能者的家庭照顾负荷沉重，在民众需求长期照顾的压力下，当时"'政府'并无意积极介入长期照顾制度的规划，而以开放'外籍'看护工作为回应。于是，1992 年'就业服务法'通过允许'外籍'劳工来台担任产业外劳与家庭照顾外劳，是为今日台湾长期照顾依赖'外劳'的源头。"可见，残补式附加型"发展模式对于台湾地区长期照顾服务体系的后续发展造成了比较负面的影响，而要顺利推动台湾地区长期照顾服务体系进一步转型发展，则无疑要在某些领域突破这一模式所造成的"后遗症"。

三、台湾地区长期照顾服务政策的整合式在地型发展期 （1998—2010）

在残补式附加型发展期，台湾地区原"卫生署""内政部""退辅会""劳委会""农委会""原住民委员会"教育部""交通部""经济部"等台湾地区"部会"均提出了可谓"政出多门"为数众多的长期照顾服务"行政"方案计划。虽然各类长期照顾服务方案计划的出发点都是为了满足分属不同"行政"体系的长期照顾服务对象差异性的长期照顾服务需求，但也正是在此背景下，由于缺乏整体层面的完整规划，台湾地区长期照顾服务模式形成了高度碎片化、异质性的格局。其弊端不仅在于服务方案分属不同体系，考察这些服务方案的具体明细，可以发现它们在分配基础、分配内容、服务输送、资金筹付的各个维度上，都出现了重叠散乱的状况，也陷入服务效率不彰及补助标准不一的窘境。以服务输送的视角为例，在"社政""卫政""退辅会"等三大"行政体系"之下，当时台湾地区已经有几种照顾管理模式，但这些模式都存在一些共同的不足之处：（1）比较偏重单一领域的个案或资源管理，如"社政"或"卫政"的资源；（2）个案局限于某些诊断或某些社会条件的少量人口群，很少有将某一特定社区的所有个案和资源纳入考量予以整合；（3）个案管理员常隶属服务提供者，有球员兼裁判之嫌；（4）个案管理员手上所握资源非常稀少，只提供资讯或担任转介但欠缺资源控管的守门员角色。此外，这一时期台湾地区长期照顾服务体系框架中机构式照顾服务资源相对过剩而社区式与居家式照顾资源相对不足的现象比较突出。由此可见，经过萌芽期与残补式附加型发展期，台湾地区长期照顾服务相关政策的发展亟待进入整合式在地型发展期。

由政策范式转移理论可以得知，某项公共政策其政策范式的转移往往与一些突发性事件爆发作为标志的"政策失败"（policy failure）紧密联系在一起。换言之，公共政策的范式转移往往是一个由某一特别事件引发的过程。"所谓特别事件是指在现有范式中被证明是反常（anomalous）事件的增加，为了纠正问题，决策者需要改变工具设定，并尝试新的工具。"即为了消除这些特别事件的负面影响，决策者会尝试推动政策的第一序列变化过程与第二序列变化过程，如果"这些努力不能奏效，就会出现政策失败，进而否定旧的范式，促使人们去寻找新的范式，进行修正政策的实验过程。"即决策者会被迫推动政策的第三序列变化过程。在台湾地区长期照顾服务政策从残补式附加型发展期转型到整合式在地型发展期的过程中，基于服务输送的维度，一些具有深远影响的焦点事件的发生，不仅深刻推动了而且也表现出台湾地区长期照顾服务相关政策的范式转移。这些焦点事件之所以爆发与处于残补式附加型发展期的较为混乱、无序的台湾地区长期照顾服务输送环境有着密不可分的关系。首当其冲的是"中和市慈民赡养中心大火事件"。1998 年 1 月 15 日，原台北县于中和市慈民赡养中心（该中心为未立案机构）突发大火，夺走了 11 位老人的宝贵生命。这一不幸事件凸显出当时台湾地区所有未立案老人赡养、养护机构在设施与管理上的严重问题。为此，台湾行政主管部门于 1998 年 5 月 7 日通过《加强老人服务赡养方案》。同年 6 月 17 日台湾地区及时修正"老人福利机构设立标准"，降低 49 床以下的小型赡养护机构的设置标准，希望通过如上举措提升台湾地区未立案老人赡养、养护机构的立案率，彻底解决未立案老人赡养、养护机构管理混乱的问题。

而台湾地区残补式附加型长期照顾政策所引发的第二例"政策失败"的典型事件为"刘侠悲剧事件"的爆发。2003年2月7日凌晨，负责照顾台湾知名作家、伊甸基金会创办人刘侠的印尼籍看护工维娜由于长期忙于照护工作，无法获得足够休息，精神异常之下，严重伤害刘侠。虽被紧急送至医院抢救，但刘侠仍不幸于2月8日凌晨去世。在建构"长期照护体系先导计划"的关键时刻爆发的"刘侠悲剧事件"在台湾地区社会各界引起了强烈反响，为此，刘侠的朋友与社会福利团体与学者联合发表《可以宽恕，不容敷衍——建构完整的长期照顾体系刻不容缓》的声明，要求台湾行政主管部门尽快推动完整的长期照顾计划建构。由此可见，中和市慈民赡养中心大火事件"与"刘侠悲剧事件"的爆发表明结束长期照顾行政体系林立、各个"部会"如无头苍蝇似地发展各自长期照顾服务的时代已刻不容缓，换言之，台湾地区长期照顾服务相关政策亟待进入跨"部会"的整合式发展期。

除了协调与整合各"部会"长期照顾服务相关政策的发展之外，基于"在地老化"（aging in place）、"福利社区化"的指导理念，发展以"全人照顾、在地老化、多元连续服务"为宗旨的长期照顾服务相关政策，积极扩大台湾地区社区式照顾服务的供给亦成为这一时期的政策重点。2004年，针对台湾地区机构式照顾服务资源相对过剩而社区式与居家式照顾资源相对不足的现象，吴淑琼、戴玉慈、庄坤洋、张媚、吕宝静、曹爱兰、王正、陈正芬等台湾地区学者曾联袂指出，在"建构台湾长期照护体系先导计划"之前，台湾地区无视社区资源严重欠缺，还大量发展机构资源，和理想背道而驰，此一发展态势如不扭转，极难实现社区多元化服务的理念。那么，这一困境究竟应如何消弭？发展"整合式在地型"照顾成为应然选择。换言之，鉴于"在地老化"的理念，发展社区化照顾服务已经成为当时台湾地区长期照顾制度与服务体系转型发展的重点。正是在此背景之下，2004年2月13日，台湾行政主管部门修正核定台湾地区"社会福利政策纲领"，明确推动台湾地区社会福利政策的制定原则包含"落实在地服务"理念，并且强调"儿童、少年、身心障碍者、老人均以在家庭中受到照顾与保护为优先原则，机构式的照顾乃是在考虑上述人口群的最佳利益之下的补救措施；各项服务之提供应以在地化、社区化、人性化、切合被服务者之个别需求为原则。"由此可知，在地服务及社区照顾的观念已经成型，并且已纳入台湾地区"社会福利政策纲领"之中，并作为台湾地区后续社会福利政策发展的具有指导性作用的纲领性文件。正是基于这一历史背景，台湾地区原"卫生署"与"内政部"等主管部门延续前期发展成果、总结既有经验，并在台湾行政主管部门的协调下，积极推进如下四项跨"部会"整合型计划——"建构长期照护先导计划""照顾服务福利及产业发展方案""六星计划——社福医疗"及"大温暖计划——建置长期照护十年计划"，扩大各类长期照顾服务体系的合作空间，使政策内容更朝多元化发展。

而"整合式在地型"政策范式转移的最终标志性事件是 2007 年台湾地区"老人福利法"的修订。就指导理念与分配基础的维度，"近 10 年未修正的'老人福利法'，社会早有全面检讨、修订的呼声，一方面是因为 1980 年公布实行的'老人福利法'，虽然在 1997 年有过全面性的大幅修正，但'立法'精神仍停留在德政的施恩心态，导致'法案'架构凌乱不全、主要诉求模糊不清，连带的，在实际执行时，各项措施规范不足或缺漏的问题就一一浮现。"2007 年台湾地区"老人福利法"修订后，其"立法"宗旨变更为"为维护老人尊严与健康，安定老人生活，保障老人权益，增进老人福利，特制定'本法'"。可见，"达到促进长者尊严、独立自主老年生活"已成为"老人福利法"此次修订的主要目标。换言之，该"法"的"立法"精神已从"德政"与施恩转为以尊严、独立自主老年生活为主要目标。此外，基于服务输送的维度，鉴于老人照顾服务的需求多元且复杂，且具有不可分割性，在 2007 年的修订中，台湾地区老人照顾服务的规划原则有所变更，"全人照顾、在地老化、多元连续服务"这一更加人性化的原则成为新的规划原则。具体来说，为了响应台湾地区社会结构与家庭架构转变对于老人福利需求可能带来的消极影响，本次"老人福利法"修订的主要原则包含七个方面。审视其具体修订内容，可以发现 2007 年台湾地区"老人福利法"的修订在更加明晰老人福利服务提供的"政府"责任的同时，积极促进社会式照顾服务向"全人照顾、在地老化、多元连续服务"的取向上转型发展已纳入"法制化"轨道。

四、长期照顾服务政策的普惠式 "法制化" 发展期（2011— ）

　　根据台湾行政主管部门的规划，如图 1 所示，从 2007 年开始，台湾地区长期照顾服务体系的构建与完善（预计）可分为三个阶段。其中，第一个阶段为长期照顾十年计划时期，该阶段自 2007 年开始，预计实施到 2016 年，这一阶段的主要任务是为长期照顾服务模式与服务资源的构建与完善奠定基础；第二个阶段为长照服务网计划推进与 "长期照顾服务法" 的 "立法" 时期，该阶段自 2013 年开始，预计实施到 2016 年，这一阶段的主要任务是通过建构、完善长期照顾服务体系，同时推进长期照顾服务的 "法制化" 进程，进一步充实台湾地区的长期照顾服务 "量能"，促进长照服务的普及化与 "法制化"。此外长照服务网计划的比较特殊之处在于，这一计划的顺利实施亦是台湾地区长期照顾保险制度实施的基础，通过该计划的实施加快推动台湾地区长照服务网的建构，努力扩大及加强各类长期照顾人力资源的培训，并不断强化长期照顾专业人员照护服务的供给能力，才能确保台湾地区长期照顾保险制度顺利 "上路"，避免陷入有保险没服务的尴尬境地。第三个阶段则是长期照顾保险制度推进时期，在三阶段任务的整体规划设计中，当第一阶段的长期照顾十年计划与第二阶段的长照服务网计划顺利实施以后，台湾地区将适时启动 "长期照顾保险法" 的 "立法" 议程，从而以社会保险的方式推动台湾地区长期照顾制度与服务体系的转型发展。实践中，自 2009 年起，经过台湾地区 "长期照护保险筹备小组" 五年多的前期筹备工作，台湾地区 "长期照顾保险法"（草案）已由台湾地区 "卫生福利部" 于 2014 年 9 月提交台湾行政主管部门审议，最乐观估计可望于 2016 年正式 "上路"。

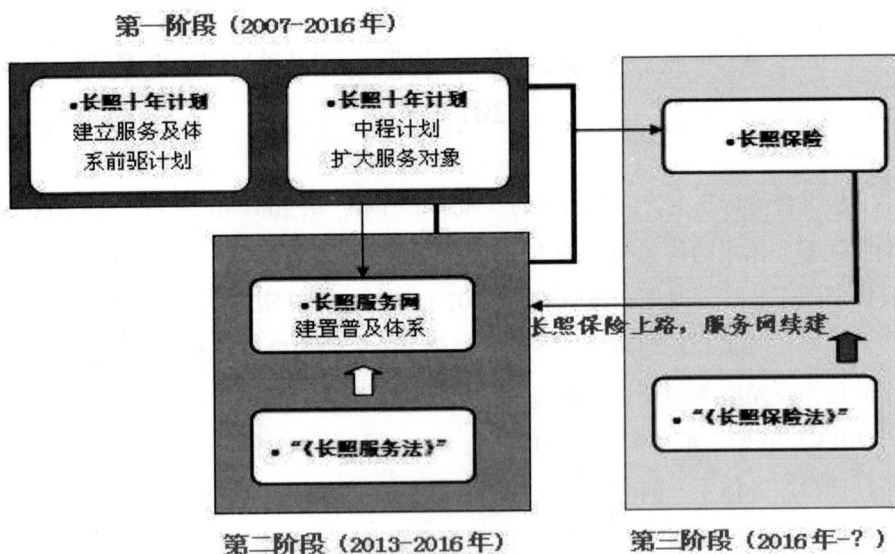

第一阶段（2007-2016 年）

- 长照十年计划 建立服务及体系前驱计划
- 长照十年计划 中程计划 扩大服务对象
- 长照保险
- 长照服务网 建置普及体系
- 《长照服务法》
- "《长照保险法》"

长照保险上路，服务网续建

第二阶段（2013-2016 年）　　第三阶段（2016 年-？）

资料来源：李玉春《台湾地区长期照顾保险之规划与展望》，台北：台湾地区银领协会，2014-07-17。

图 1　2007 年以后台湾地区长期照顾服务体系发展的三个历史阶段示意图

前文概述了从 2007 年开始台湾地区长期照顾服务体系转型发展的三阶段划分，那么台湾地区长期照顾服务政策实现"普惠式'法制化'"转型的标志性事件是什么？换言之，长期照顾政策范式何时从"整合式在地型发展期"变迁进入"普惠式'法制化'发展期"？通过回溯台湾地区长期照顾十年计划，可以发现其主要分两个细分计划阶段推进实施，其中第一细分计划为"建立服务及体系前驱计划"，具体实施日期为 2007 年至 2011 年，目前该计划已经实施完成；第二细分计划为"2012 年至 2015 年中程计划"，主要目的是扩大长期照顾服务对象。基于台湾地区长期照顾服务政策在"整合式在地型发展期"与"普惠式法制化发展期"主诉求间的差异性，根据台湾地区长期照顾服务政策发展历程的划分标准，笔者认为，长期照顾十年计划的第一细分计划"建立服务及体系前驱计划"的侧重点仍在于整合各"部会"长期照顾服务体系并积极推动社区式、在地化照顾服务的发展，因此 2007 年至 2011 年的"建立服务及体系前驱计划"时期仍应划归于"整合式在地型发展期"；而长期照顾十年计划的第二细分计划"2012 年至 2015 年中程计划"的侧重点已经转移到通过扩大长期照顾服务对象，增加长期照顾服务的普惠性，并通过推动"长期照顾服务法"的

"立法"努力推进长期照顾服务的"法制化"进程中，因此 2012 年至 2015 年实施的长照十年"中程计划"时期应归属于"普惠式'法制化'发展期"。加之考虑到台湾行政主管部门通过"长期照护服务法（草案）"并送交台湾主管部门审议均发生在 2011 年，因此笔者认为，宜以该事件作为台湾地区长期照顾政策总体性目标转换（即第三序列变化）的标志，意即自 2011 年以后台湾地区长期照顾服务政策正式启动"整合式在地型发展期"向"普惠式'法制化'发展期"的转型历程。

台湾农会组织的发展及其启示

一、台湾农会组织的基本概况及特点

（一）台湾农会组织发展的基本概况

台湾农会的前身是日本殖民统治时期的农业会。1900 年，台湾农民为互助合作和争取权益自发组成了民间组织——"三角涌农会署办事处"。此后，各地相继成立具有专业性质的产业组合会。为配合日本殖民经济统制，台湾殖民当局于 1944 年颁布"台湾农业会令"，将台湾农会与各地产业组合会合并为"农业会"。至此，台湾农会由早期自发性的非正式农民自治组织，发展为行政当局支持下具有综合功能的正式农民职业社团。

1945 年台湾光复后，台湾当局借鉴美国经验，对台湾农会进行了多次重大改组，使之逐渐演变成为一个集信用、供销、推广等业务于一体的综合性农民组织，最终确立了台湾农会三级制的组织框架。特别是 1974 年颁布和施行的"农会法"，对农会组织的宗旨和任务、经费的使用与监管、会员的构成及权责义务等作出明确规定，从而为台湾农会的发展和运行提供了制度保障。

台湾农会组织经过一个多世纪的发展，逐步成为台湾地区规模最大、分布最广、运营最好、功能最全的农民组织。截至 2014 年底，台湾农会拥有团体会员 301 个，其中全台性的农会办事处 22 个，直辖市及县市级农会 279 个；个人会员 1910538 人，其中全台性的农会会员 7385 人，直辖市及县市级农会会员 57201 人，基层农会会员 1845952 人（见表 1）。台湾农会的存在不仅有力推动了台湾农业的转型，为台湾地区的农民增收和维权、农业经济的发展和农村社会的稳定发挥了重要作用，同时也形成了独具台湾特色的组

---

* 郭艳云，中共福建省委党校、福建行政学院闽台研究院副教授。该文原发表在《闽台关系研究》2015 年第 4 期。

织形态和运行模式。

表1 2014年台湾农会各层级会员个数和人数

会员构成 各层级农会	团体会员（个）	个人会员（人）							
		正式会员①						赞助会员	合计
		自耕农	佃农	雇农	农校毕业	农林牧场员工	小计		
全台性的农会办事处	22	5395	92	240	2		5729	1656	7385
直辖市及县市级合计	279	19523	711	473	42	14	20763	36438	57201
基层合计		882224	47505	43578	813	1704	975824	870128	1845952
2014年合计	301	907142	48308	44291	857	1718	1002316	908222	1910538

数据来源：根据台湾农会2014年年报整理。

（二）台湾农会组织的基本特点

1. "农民共有"的组织属性。所谓"农民共有"，是指台湾农会是农民自己拥有和主导的职业团体。台湾农会作为行政当局与农民的重要沟通媒介，其性质比较特殊，既不是公司法人或行政法人，也不是"政府"机构，而是公益性质的社团法人，因此台湾当局为这一社会组织设立了专属特别法——"农会法"。根据"农会法"规定，台湾农会以行政区域为其活动范围，并以行政区域的名称命名，故有全台性的农会、县（市）及直辖市农会、乡（镇、市、区）农会（简称基层农会）三级制农会组织体系。尽管农会组织层阶分明，但各级农会均为独立法人团体，没有人事、财务上的隶属关系，下级农会是上级农会的会员，其会费的20%上交给上级农会作为入会的会费②，上级农会对下级农会并无法定约束力，仅有辅导职责；基层农会由于扎根于农村，直接服务于农民，掌握了农村大量的社会经济资源，同时基层农会还可以设置农事小组，作为农会事业的基层推行单位。

在台湾，一般以户为单位加入农会成为会员，每户只允许一人参加，一人

---

① 会员人数也代表了加入农会的家庭户数。
② 谈光华:《台湾农会研究》，华中师范大学，2010年。

最多只能拥有一个基层农会会员身份①，但并没有强制农民入会。"农会法"规定，农会会员分正式会员和赞助会员；只有年满20岁并符合条件之一者，方可申请加入当地农会成为正式会员，不符合条件者也可申请加入当地农会成为个人赞助会员。赞助会员无选举权和被选举权，除此之外，与正式会员应享有的其他权利相同。在台湾，各个基层农会都拥有一定的固定资产，这些资产均归全体农会会员所有，涉及重大财产处分等事宜，需要全体会员的2/3以上同意才可执行，而且重大事务投票表决时，实行一户一票制，而不以会员财产和土地多寡为依据，保障了普通农户的权益。由此可见，"农会法"对会员资格的规定，确保了农会组成成员的"纯洁性"，而且农会组织的低门槛又带来广泛的人脉资源，使之成为深受欢迎的农民职业团体。

2. "农民共治"的管理体制。所谓"农民共治"，是指台湾农会是由农民自己进行民主和科学管理的职业团体。台湾农会组织实行"议行分立制"，即每个农会都设有议事机构和执行机构。议事机构主要包括会员代表大会、理事会、监事会。按照"农会法"规定，各级会员代表大会是农会的最高权力机关，理事会是会员代表大会的常设机构，在会员代表大会闭会期间代行会员代表大会赋予的决策权，监事会负责农会内部有关业务及财务的监督与检查；同时，在会员代表、理事、监事的组成成员中，自耕农、佃农及雇农须占2/3以上的比例，目前自耕农在会员代表、理事、监事中的占比分别为91.8%、96.4%和39.4%（见表2）。执行机构包括农会的业务部门和行政管理部门。农会总干事为农会的执行主管，他向本级农会理事会负责并受其监督；总干事由本级农会理事会在主管机关遴选的人员中进行聘任，具体负责管理农会业务和监管其他农会职员。

表2 2014年台湾农会的会员代表大会、理事会和监事会人员构成

议事机构	正式会员					赞助会员	合计
	自耕农	佃农	雇农	农校毕业	农林牧场员工		
会员代表大会	11544	551	315	5	11		12426
理事会	2762	70	25	1			2858
监事会	902	30	8			17	957

数据来源：根据台湾农会2014年年报整理。

---

① 农会会员一旦迁离其户籍地基层农会的组织区域，即为出会而丧失会员身份。如欲再取得农会会员身份，应重新向新户籍地的基层农会申请，资格须重新审查认定，会员年资重新起算。参见：台湾农会 [EB/OL].[2015-03-22].http://www.360doc.com/content/15/0322/21/22513787_457232 815.shtml.

在人事选拔任用上，台湾农会职员分为选举和聘用两类：理事、监事由农民直接选举产生，均无俸禄，必须每四年选举一次；农会其他职员由总干事从农会统一考试合格人员中聘任并指挥、监督。"农会法"规定，总干事及聘雇职员均为专任，不得兼营工商业、或兼任公私团体有俸禄职务、或各级民意代表、或公职，选任与聘任职员不得互兼，上下级农会职员也不得互兼。通过以上规制，农民完全掌握了农会的决策权、管理权与监督权，从而真正实现了农民"自治"，保障了农民权益。

3."农民共享"的办会宗旨。所谓"农民共享"，是指农会为农民提供全面服务，收益由农民共享。台湾农会以"保障农民权益，提高农民知识技能，促进农业现代化，增加生产收益，改善农民生活，发展农村经济"为宗旨。① 为此，"农会法"规定了农会的21项任务。为了胜任这些任务，各级农会设置了信用部、供销部、保险部、推广部等业务部门，为会员提供多种服务。从农会的服务功能看，涉及政治、经济、教育、社会等多个方面，不仅保障农民权益、传播农事法令及调解农事纠纷，还协助农业技术推广、农产品营销，甚至代理公库、接受政府或公私团体之委托事项等。

从农会服务对象看，不仅仅限于会员，还包括非会员的农民。虽然农会会员每户以一人为限，但《施行细则》规定，农会对会员的服务得包括其同户家属。农会造福的不仅是农民，而是整个农村。此外，"农会法"规定，农会每年财务决算后的盈余除弥补亏损外，用于农业推广、训练及文化、福利事业的经费不得少于62%，由此可见，台湾农会的收益归全体会员所有，真正实现了农会利益"农民共享"。

二、台湾农会组织的基本功能

经过一个多世纪的演变，台湾农会已从最初的农民维权组织发展成为功能最为齐全的综合性事业体。

（一）台湾农会组织的农业推广功能

农会是台湾农业推广的主干和执行组织，其主要任务在于推行农业政策，帮助农民增进知识和技能、更新观念，提高农业生产效率，改善农民生活品质。

① 台湾"农会法"，2001-01-20.http：//china.findlaw.cn/fagui/p_1/165695.html。

农业推广服务的内容繁杂、项目很多，主要分为农村社会服务和推广教育两类。农村社会服务包括农村文化福利、代耕事业、康乐活动、育苗中心、专案服务[①]；而推广教育则包括农事推广、四健推广[②]、家政推广。农事推广注重培训成年农民，通过举办各种农业产销班[③]的形式，推广先进生产技术，指导经营管理和市场营销，开展专家咨询服务；四健推广以农村青少年为对象，主要通过竞赛活动、观摩研习、开办讲习训练班等多样化形式，传授生产技能、指导青年创业以及开展青春期教育活动；家政推广以农村社会弱势群体（妇女和老年人）为对象，主要通过组织各种形式的家政培训，推行健康、科学的生活方式，普及食品健康和疾病防治知识，提高妇女的就业能力和家政服务能力，在物质上和精神上改善老人的生活品质。2014 年台湾农会共举办产销班 21207个，班员人数 249245 人；四健会作业组 2901 个，四健会员 116304 人；家政班7536 个，班员人数 243277 人。

（二）台湾农会组织的供销经营功能

台湾基层农会均设有供销部，主要提供代办委托业务、会员共同利用业务、供销业务、运销业务、市场业务、服务业务。[④] 除接受"政府"委托的代管物质、代购物质、委托加工之外，供销部创立了完善的运销体系，包括门市部、超市、调配处理中心、农民购物中心，以及果菜市场、花卉市场、家畜市场，为农会会员提供免税、免费的生产资料和农产品购销平台。农民不仅可以销售自产的花卉、蔬果、肉品、鱼货等鲜活农产品，购买所需的农用物资和生活用品，还能获取有关市场、价格、技术、教育等信息。在这里购买，虽然价格并不低于市场价格，但质量有保证，而且还能提供各种售后服务，特别是供销部能利用自身地利之便，帮助会员在农会信用部办理取款或借款（当会员存款不足时，允许先借款购买，待有收入时再偿还）。

---

① 目前台湾农会推广部的专案服务包括农民第二专长训练和农村青年创业训练。

② 四健代表健全头脑（Head）、健全心胸（Heart）、健全双手（Hands）、健全身体（Health）。四健会（4-H Club）是美国农业合作推广体系中一个非营利性青年组织，创立于 1902 年。台湾四健会创办于 1952 年。参见：四健会，2015-7-21，http://www.baike.com/wiki/%E5%9B%9B%E5%81%A5%E4%BC%9A。

③ 农业产销班是台湾农民基层合作经济形式，农民自愿参加，共同生产、加工、销售一种或几种农作物，统一管理、统一包装、统一注册商标、统一销售农产品，以增加农民的收入。参见：谈光华《台湾农会研究》，华中师范大学，2010 年。

④ 目前台湾农会供销部的服务业务包括医疗、休闲农场、加油站、农业旅游等。

尤其值得一提的是，供销部门充分利用基层农会推广网络主体——产销班的作用，以产销班的少数骨干农户牵头，组织小农户共同生产一种或几种农产品，并负责农产品的统一收购、分级、包装和运销。2014 年台湾农会共同运销的品种有：毛猪 1616781 头、果菜 2681297 吨、花卉 6898105 支、营养午餐（军队副食供应）5.47 亿元新台币。通过组织农产品的共同运销服务，不仅可以扭转小农户在大市场中的弱势地位，还有利于实现农业的产业化经营。

（三）台湾农会组织的金融信贷功能

台湾基层农会一般设有信用部，为会员、赞助会员提供金融服务，其营业网点遍布各乡、镇、街、村，截至 2014 年底，台湾地区拥有农渔会信用部 303 家及其分支机构 863 家。农会信用部除了收受存款、办理放款之外，还接受政府委托代理一些附属业务，如指定农会代理乡（镇、市）公库业务，负责收付乡镇以下的各项公私款项；办理"全国农业金库"委托的业务；接受台湾合作金库及台湾土地银行委托办理的长短期政策性专项贷款等业务。

金融服务不仅为台湾农会的生存和发展提供坚实基础，也为农民生产和农村治理提供了资金需求。首先，金融服务满足了农民对小额信贷资金的需求。农会本着地缘与人缘的关系，以其较高的威望和信用，从会员、赞助会员和其他机关团体吸收大量存款。由于农业贷款具有周期长、项目多、风险高、单笔金额小的特点，多数商业银行不愿涉足，只有农会愿意提供小额农贷业务。特别是没有商业银行网点的偏远地区乡镇，农会金融服务更是农民的主要资金来源，农民可以利用农地、房产和山林作为抵押物向农会申请贷款。农会信用部也因此成为台湾地区最普及、最重要的基层金融机构，深受农民的欢迎。2014 年台湾农会存款总额为 1.66 万亿元新台币，其中会员与赞助会员的存款分别为 6987.32 亿元新台币和 3254.73 亿元新台币，占比达 61.7%；贷款总额为 9281.95 亿元新台币，其中为会员贷款 2611.49 亿元新台币，为赞助会员贷款 2805.56 亿元新台币，占比达 58.36%，基本实现了"取之于农用之于农"的目标。其次，金融服务是农会的经济支柱。以台湾农会各部门 2014 年的损益为例：信用部 53.68 亿元新台币、供销部 5.60143 亿元新台币、保险部 2350.1 万元新台币、推广部 7108.1 万元新台币，其中信用部实现损益占比达 89.13%。台湾农会的经费来源中，会员缴纳的入会费及常年会费均很低，募集资金必须专款专用，农会的公益性质决定其推广服务、保险服务均不以盈利为目标，因此，金融服务收益是农会的重要资金来源。"农会法"规定，各级农会信用部应就每年度所获纯收益中拨充辅导及推广事业费不得少于 10%。年度决算后，除了按"农业金融法"规定提取盈余的 50% 以上作为信用部的事业公积之外，剩余的信用部盈余一般全部补充为农会总盈余，用于补贴农会的管理部门、推广教育服务、农产品运销与加工服务等支出。再次，金融服务为政府补贴农民提供了渠道。农会信用部的放款资金除农会吸收的存款外，还有政府提供的政策性无息资金及农业行库的低息资金。农会是享受台湾当局利率补贴的贷款机构，农会为会员提供的贷款利率仅 1.5%。贷款利率与市场利率的利差由政府给予补贴。2010 年台湾当局仅对农业政策性专项贷款的利息补贴就超过 43 亿元新台币，农业发展基金支持的贷款累计达 3186 亿元新台币。[①] 当然，利率补贴政策是"有限牌照、有限地区经营"[②]，即农会贷款一旦超出农业领域或其所在地区，台湾当局将立即取消补贴。

（四）台湾农会组织的保险服务功能

农会的保险服务主要包括家畜保险和农民健康保险。家畜保险源于 1954 年屏东县九如乡等五个乡镇农会试办的会员互助保健养猪试点，1963 年正式创办。目前家畜保险投保的家畜包括乳牛、羊、猪仔，投保的险种有一般保险、运输伤亡保险、死亡赔偿和运输伤亡赔偿。家畜保险一般以乡镇农会为承保单位，从而分散了畜养风险，解除了农民的后顾之忧。为贯彻维护农民健康、增进农民福利、促进农村安定的政策目标，台湾农会 1985 年 10 月试办农民健康保险，被保险人仅限会员，不包括赞助会员。经历近两年试点后，1989 年 7 月开始普及农民健康保险，投保对象除会员外，也包括非会员[③]，保险费用个人只承担 30%，政府承担 70%。1995 年 3 月开展全民健康保险，2007 年 7 月开始为年满 65 周岁且符合条件的老年农民发放福利津贴，保险对象不仅包括农民，还包括其眷属。农会对会员的服务，依《施行细则》规定不仅限于会员本身，还包括其同户家属，而且能终身享受，体现了台湾农会服务的永久性。

---

① 杨正位：《台湾农会的成功经验与启示》，《中国延安干部学院学报》，2012（5），第 92—107 页。

② 《央行拟借鉴台湾农村金融模式》，2014-07-31，http://www.unbank.info/page/sid/1/pid/1438/fid/38/item/813262.shtml.

③ 凡年满 15 岁以上从事农业工作之农民或农会会员只需到其户籍所在地的农会申请，核准后即成为被保险人。参见："农民健康保险条例"，2014-10-30，http://www.farmer.org.tw/basic_report.aspx.

三、台湾农会对大陆地区的借鉴与启示

党的十八大再次强调解决好农业、农村、农民问题是全党工作的重中之重。大陆在农业生产规模、生产条件等方面与台湾具有较大的相似性，因此，借鉴台湾农会的成功运营经验，根据大陆地区农村组织的具体状况，整合现有资源，对改善大陆地区农村社会环境、推动新农村建设、加大对"三农"的支持力度，具有一定的借鉴意义。

（一）完善农民专业合作经济组织体系

随着《农民专业合作社法》的实施，大陆地区农民专业合作经济组织进入一个崭新的发展阶段，截至 2014 年 12 月，农民专业合作社达到 128.88 万户，实有入社成员数 9227 万户，占总农户数的 35.5%[①]，为推进我国农业产业化步伐、促进农村产业结构调整、缓解农产品销售难、增加农民收入、保护农民合法利益等方面发挥了积极作用。但是，农民专业合作经济组织在体制机制上还存在内控制度不完善、组织运作不规范、法律地位不明确等诸多问题。因此，可以在借鉴台湾农会成功经验的基础上，根据大陆地区的具体现实，完善农民专业合作经济组织体系，从而调动农民的生产经营积极性，发挥市场经济规律作用，避免因综合性农民组织缺失和政府部门介入过深而产生的问题。

1. 加快制定和完善政策法规。台湾当局自 1974 年颁布"农会法"至今已累计修订了 14 次，最新一次修订为 2014 年。台湾农会之所以能够取得较好成绩，正是由于"农会法"的及时制定与不断完善，给台湾农会提供了充实的制度空间。大陆现有的《农民专业合作社法》已不能满足当前的需要，应及时修改相关内容，扩大其调整范围，并配备具体的法规政策，使其具有系统性和可操作性。各参与主体应增强法律意识和法制观念，真正做到既依法行事，又依法维权。

2. 规范运行机制和内部管理。大陆地区农民专业合作经济组织正处于初步发展阶段，要使其得到可持续发展，必须加强自身的内部管理，规范自身的运行机制，而台湾农会的发展历程给我们提供了很好的经验启示。首先，做好农

---

① 孔祥智：《〈农民专业合作社法〉修订应关注 5 个问题》，《农村经营管理》，2015（4），第 21—23 页。

民专业合作经济组织的建章立制工作，明确组织的宗旨及其组织机构的职责、权利和义务；建立科学的管理机制和有效的约束机制，促进农民专业合作经济组织的有序健康发展。其次，增加农民收入及利益分配公平、透明，是增强农民专业合作经济组织凝聚力的重要手段，因此应通过各种途径增加合作组织内部发展资金的积累；在利益分配过程中，各个利益相关者都应本着透明、公平、合理、合法的原则进行，保障所有会员增收获益。

3.建立完善的内外监管制度。充分发挥政府相关职能部门和社会舆论的监督作用；努力提高农民专业合作经济组织内部社员大会和监事会的监督能力，完善其监督功能；加强组织内部的财务管理，健全会计账目制度。

（二）推进农村基层涉农服务机构改革

农村基层涉农服务机构是指 20 世纪 80 年代国家为适应农村发展的需要而在大陆地区构建的一整套提供农村基本公共服务的机构和管理体制，主要涉及农业、水利、林业、计生、村镇规划建设、安全生产以及垂直管理的国土、卫生、财政、司法等 22 个站股所，俗称"七站八所"，它们基本上属于县、市、区及上级部门在乡镇的派出机构，纳入事业单位编制。自 20 世纪 90 年代末以来，这些涉农服务机构已经不适应农村社会经济发展，改革成为必然之趋势。

1.整合涉农机构职能，构建新的农村服务体系。一方面，根据现有农村涉农机构的职能差异，进行分类整合，除了极少数承担行政管理功能划归乡镇机构外，对于农村公益性涉农机构需要强化服务功能，政府在经费上提供相应的财政支持，而对于农村经营性涉农机构则通过政府的政策支持，增强自我发展能力，逐步走向市场化。另一方面，在打破行政区域范围的基础上，根据农业区划特点，将原有农村涉农机构按片区进行划分，构建新的农村服务体系，从而更好地发挥农村公共资源的功能，减轻农民负担和社会成本，提高服务的能力和水平。

2.通过政府购买形式，创新涉农机构的服务方式。将农村一些社会公益性项目采用政府购买公共服务的方式，通过公开招标，定向委托给改制后的经营实体或中介服务组织具体实施，然后政府按照双方合同的有关规定，经过评估符合要求后支付服务费用。通过涉农机构服务方式的创新，既可以保证农村公共服务的质量，又可以提高公共财政的使用效率，还可以调动改制后涉农服务机构的积极性。

（三）发挥政府在服务"三农"中的作用

台湾农会的发展进程验证了政府的支持和引导是其健康发展的重要保证。因此，在服务"三农"的工作中，应充分发挥政府作为监管者、支持者等多重角色的作用。

1. 出台优惠政策，通过业务委托、免税、特许、经费补助等手段扶持农民专业合作经济组织发展壮大。一方面，政府帮助农民专业合作经济组织拓展业务。比如，各项农业政策通过农民专业合作经济组织予以实施，增强其与会员的联系；对农民专业合作经济组织及会员的农业贷款利息实施补贴；减免农民专业合作经济组织的产销所得税；各种农业补贴的发放、粮食的收购保藏加工、政府公共物品的采购、军事单位的食品供应等业务优先委托农民专业合作经济组织承办，以增加其手续费收入。另一方面，政府在经费上提供保障。农民专业合作经济组织的活动经费除了由会员筹资外，允许接受其他各个阶层的捐助；政府的财政投入应法制化，各级政府每年扶持农民专业合作经济组织发展的专项资金应编列入政府预算，专款专用；农政部门为农民专业合作经济组织注入低息贷款，增强自身实力。

2. 加强对农民专业合作经济组织的人才输入和培训。针对农民专业合作经济组织职员整体文化水平较低和管理人才缺失的问题，一方面可以通过选聘优秀大学生村官到农民专业合作经济组织任职，以此提高整体素质和管理水平；另一方面鼓励高等院校、科研机构以专业培训和项目合作的形式，加大对农民专业户的科技培训，既推动产学研的紧密结合，又提升农民的科技素养和水平；另外，政府还可以利用短期进修、远程教育等的形式，对农民专业合作经济组织的所有职员进行教育和培训，提高他们的文化水平和专业知识。

3. 推进农村金融体制改革。综合运用财税、信贷等政策措施，推动金融资源继续向"三农"倾斜，如鼓励各类商业银行创新对"三农"的金融服务；大力发展村镇银行，支持农民合作社发展内部资金互助；适应规模经营发展趋势，不断创新农业融资方式；完善农业保险和担保体系，构建适合规模经营主体的金融服务机制。

四、结语

台湾农会经过 100 多年的发展，不断完善，一方面，它作为农民自己的组织，是台湾行政当局与农民之间的桥梁与纽带，贯彻农业政策，反映农民的意愿；另一方面，它发挥农会团体组织的作用，为农民提供一系列有效的服务。

当前，大陆地区正处于由传统农业走向现代农业的发展阶段，除了继续依靠国家大力扶持和政策保障之外，完善农民专业合作经济组织体系，推进农村基层涉农服务机构改革也是充分利用现有资源、调动各方面积极性、实现服务"三农"体系的多元化重要举措。两岸同宗同源，拥有同样的民族文化传统，特别是相同的小农环境，台湾农会的发展的一些成功的做法和经验值得借鉴。

台湾高校图书馆的运作经验与借鉴意义
——以台湾四所高校为例

郑媛榕[*]

引言

2011 年 8 月 15 日，上海交通大学世界一流大学研究中心正式发布了 2011 年 "世界大学学术排名"，台湾地区共有 7 所大学名列全球领先的 500 强。[①] 此外，经台湾教育主管部门统计，台湾地区共有大专院校（含公立和私立大学、学院和专科学校）163 所，专任教师 50684 人，学生 1343603 人，研究生（含硕士和博士）219178 人。[②] 由此可见台湾雄厚的高等教育实力。鉴于图书馆对于高校教学水平的重要性，本文以台湾高校图书馆为切入点，选取具有代表性的台湾高校作为研究案例，探索台湾高校图书馆值得借鉴之处。

在台湾 "高教评鉴中心" 公布的 "2011 世界大学科研论文排名" 中，台湾大学、成功大学、台湾清华大学、台湾交通大学四所高校进入前 500 名。这四所高校均为综合性、研究型公立大学，且具有一段相似的历史。1949 年国民党退回台湾时，大批大陆教师随之在台湾落脚，亦有图书、仪器和设备迁运至台。这四所高校都经历了国民政府迁台初期的大陆在台复校式的扎根阶段及之后的成长和转型阶段。[③]20 世纪 80 年代之前，其校长均是有大陆执教经历的专家学者，包括北京大学、南京大学、中山大学等内地知名高校，[④] 在 30 年成长期中，

---

[*] 郑媛榕，中共福建省委党校、福建行政学院图书馆助理馆员。该文原发表在《闽台关系研究》2011 年第 3 期。

[①] 上海交通大学世界一流大学研究中心:《世界大学学术排名 2011》，http://www.shanghairanking.cn/ARWU2011.html.

[②] 台湾教育主管部门:《99 年度各级学校概况》，http://www.edu.tw/files/site_content/b0013/b.xls.。

[③] 肖华茵、李跃林:《区域高等教育发展比较研究》，江西科学技术出版社,2008 年，第 141 页。

[④] 曲士培:《援台湾高等教育》，湖南教育出版社,1990 年，第 10—28 页。

将大陆的办学模式引入台湾，并在一定程度上决定了台湾高校的发展轨迹。综上，这四所大学在办学性质和理念上与大陆地区的多数高校类似，因此选择台湾大学、成功大学、台湾交通大学和台湾清华大学的图书馆进行研究。

一、台湾四所高校图书馆的共同经验

1.馆藏资源

馆藏是图书馆赖以生存的关键资源，更是高校的核心竞争力之一。传统图书馆馆藏包括图书、视听资料、微缩资料、报纸及期刊。在信息化的今天，电子馆藏资源也成为一个重要组成部分，包括电子书、电子期刊以及电子资料库等。台大、成大、交大和台湾清华大学图书馆馆藏形式多样、内容多元、贯通中西。（具体见表1）除此之外，其外文馆藏量尤为丰富，不仅引入英、美、法等西方发达国家的学术教育资源，考虑到亚洲地区的日本与韩国在科研领域的成就，图书馆也收录了不少日韩文的图书、期刊、会议论文、研究报告和电子数据资源。由于成功大学与交通大学的统计口径较一致，这里仅呈现这两所大学的外文馆藏情况。（具体见表2）

表1　台湾四所高校图书馆馆藏情况统计表

大学名称	图书/册	电子书/册	视听资料/件	微缩资料/片	电子期刊/种	现订期刊/种	现刊报纸/种	期刊合订本/本	电子资料库/种
台湾大学	3795705	1689041	153195	213079	37150	/	/	/	
成功大学	1309490	561871	46669	419038	50466	3807	17	401412	531
交通大学	767030	548094	62286	1000000	50167	2937	22	159850	268
台湾清华大学	827821	1341022	80265	744269	72837	3558	43	293125	/

表 2　成功大学与交通大学图书馆中外文馆藏情况统计表

	成功大学				交通大学		
	中文	西文	日韩文	外文比例	中文	英文	外文比例
图书/册	750334	495197	63959	42.70%	393847	373183	48.65%
电子书/册	10480	551391	0	98.13%	75519	472575	86.22%
视听资料/件	123557	392296	1790	76.13%	52408	9878	15.86%
微缩资料/片	419038	0	0	0	500000	500000	50.00%
电子期刊/种	9997	35524	4945	80.19%	6831	43336	86.38%
现订期刊/种	2525	1165	117	33.67%	1048	1889	64.32%
现刊报纸/种	12	4	1	29.41%	17	5	22.73%
期刊合订本/本	105636	269909	25867	73.68%	44536	115314	72.14%
电子资料库/种	181	280	27	62.91%	76	192	71.64%

注：1. 台湾大学统计截至 2010 年底，成功大学与交通大学截至 2011 年 9 月底，台湾清华大学统计截至 2011 年 6 月 30 日。

2. 数据来源于四所大学图书馆主页。

2. 服务

（1）馆际合作

不同性质、不同高校的图书馆都收藏着大量他馆所不具备的图书或者电子资料。馆际合作成为将分散的信息资源整合起来的主要途径之一。

①联合目录与文献传递

联合目录是指一种包含两个或以上图书馆馆藏目录的资料库，并且是一种跨越单一图书馆馆藏的资料库。四所高校的读者可以通过 NBINet 图书书目资讯网、MetaCat 馆藏目录整合查询系统（台湾大学）、期刊联合目录（科技政策研究与资讯中心）、CONCERT 电子期刊联合目录等查询到台湾地区内各合作馆的馆藏信息，甚至还可以通过大英图书馆馆藏查询系统寻找所需的资料。在完成查询后，利用文献传递服务系统（NDDS）向图书馆申请代借代还服务，本地取本地还，从而免去了时间的浪费与旅途的奔波。对于台湾图书馆无法获取的书籍，读者也无需决定借书单位，只需向台湾大学图书馆提出申请，馆员即可协助查询。对于需要购买的资料，则可通过期刊文献快递服务系统（JADE）

和国际期刊文献传递服务（RAPIDILL@NTHU）取得。

②跨馆互借

读者可于所在馆办理互借证后，自行到合作馆借书，并在期限内前往各馆归还。台湾高校间的馆际合作范围甚广，并不局限于所在的区域和高校性质的机构，而是将合作遍布整个台湾，还涵盖了中研院体系的部分院所图书馆。经统计，与台湾大学实现跨馆互借合作的图书馆就多达 126 所，[①] 成功大学 74 所，[②] 交通大学 60 所，[③] 台湾清华大学 55 所。[④]

③资源整合查询

为提高馆内资源的利用率，实现馆藏互补，四所高校都引入了电子资源整合查询系统。馆际间互通有无，使读者在一个图书馆内就能够便捷地享受到多所图书馆的信息查阅服务。其中，成功大学参与了云嘉南联盟图书资源共享平台，可利用系统完成参与联盟的 23 所高校图书馆馆藏目录、机构典藏、硕博士论文等整合检索与下载。[⑤]

（2）参考咨询服务

图书馆设置了专门的读者服务台，并由专人负责，解答读者口头、MSN、Blog、电话、电子邮件、信函等形式的提问，为读者提供参考资料和工具的利用指导以及馆藏资料查询指引等。台湾大学在其参考服务部落格上，按类别和日期归纳总结了读者常见的问题与回复，不仅解答文字详尽，还采用系统操作截图的方式对读者进行指导。在参考咨询版块里，图书馆的答复多以指引性为原则，即对于读者的提问只指导读者使用何种类型参考工具或以何种途径归集研究主题相关资料，不提供最终答案。这种"授之以渔"的引导方式有助于增强读者的实际操作能力。

（3）馆藏资源教育利用

为熟练掌握学术研究资源的使用方法，图书馆提供了多渠道、多角度的馆藏资源利用教育服务：①报名参加院系或图书馆开设的资源利用教育课程，如"JCR 期刊引用文献资料库和 WOS 引用文献索引资料库"专题讲习、图书馆自动化系统教育训练课程等；②线上教学，图书馆事先录制多部针对利用馆藏资

① 台湾大学图书馆，http：//www.lib.ntu.edu.tw/.

② 台湾成功大学图书馆，http：//www.lib.ncku.edu.tw/www2008/.

③ 台湾交通大学图书馆，ttp：//www.lib.nctu.edu.tw/.

④ 台湾清华大学图书馆，http：//www.lib.nthu.edu.tw/.

⑤ 曲士培：《台湾高等教育》，湖南教育出版社,1990 年。

源问题的视频或动画，读者可以登录图书馆主页利用这些影音材料进行自学；③教学材料下载，主要以文字方式传授；④申请或预约图书馆利用讲习课程，由馆员授课。

（4）行动版网页

相当比例的读者正逐渐以手机作为新的媒介，随时随地获取网络资讯。因此，出于方便读者的考虑，图书馆制作了行动版网页，采用简易的界面提供馆藏查询、行动版资料库以及图书馆基本资讯。读者还可以登录个人账号，查看借阅情况，甚至可以观赏 MOD 影片，享受无处不在的电子资源。

（5）学院参考馆员

学院参考馆员，类似于大陆地区的"学科馆员"，但是职责略有不同。为了协助读者查询资料，使图书馆利用推广工作更周详，图书馆为各个学院提供了1 至 2 名参考馆员，提供专属服务：①馆藏利用指导与解说，资料库搜索技巧教授；②师生意见征询与反馈；③研究资料协寻与研究主题探索；④学院推荐书刊清单的整理与传达等。如果说前文所述的四种业务是"面"的服务，那么设立学院专属馆员提供的则是"点"的服务。

3. 对外交流与合作

（1）书刊资料推荐系统

为了集思广益，也为了更有针对性地采购图书以满足校内师生教研之需，图书馆推出书刊资料推荐服务。读者以个人账号登录推荐系统，在规定的限额与时间内录入馆藏目录上没有的书刊、视听资料的信息。图书馆将对推荐的资料进行归集整理，形成采购清单和任务，并且用 e-mail 通知推荐者处理结果与采购进度。之后，对于上架的推荐书刊，推荐者享有优先预约借阅的权利。各院所也可以拟定一份委托采购图书清单，经由图书馆评估认为适合馆藏主题后，由图书馆购买入藏。

（2）教师指定参考资料

图书馆的教辅作用不只局限于借书、还书、购书等服务，还包括了教师指定参考资料的提供。读者登陆主页，以任课教师姓名、课程名称或代码作为检索项查询。一般而言，因为教师指定资料需求量大，所以图书馆对该馆藏的借阅进行一定的限制。交通大学图书馆要求教师指定参考书仅限馆内阅览，不得借出馆外，且每人每次限借两本，借阅时间为 3 个小时，加快参考书的流通速度，从侧面督促学生专心研读专业用书，协助院所的教学工作。

4.集资渠道

为了更多地采购优质书刊及资料库，图书馆不只需要上级部门的拨款、社会的募捐，更需要利用自身固有的设施条件获取收益。例如，图书馆可以在提供代借代还、代印、文献快递的服务时，收取规定数额的手续费用以增加收入来源。另外，图书馆作为高校的标志性建筑，往往拥有较多场地和现代设施，如艺术走廊、多媒体视听室、讨论室、会议室等。院所、学生社团可登陆图书馆主页查询场地使用情况，完成预约和申请后，到图书馆的服务中心缴纳规定的金额，办理借用或租用手续。

二、台湾四所高校图书馆的特色

1.特色馆藏

经过长期的积累，图书馆馆藏也将具有方向性的优势。"人无我有"，是一所图书馆保持长久生命力的动力源泉。台湾四所高校都有自己的特色专题收藏计划。与大陆地区稍显区别的是，台湾高校图书馆的典藏计划一般由专人发起和负责，并定有严格的执行时间，收藏方向专一、形式多样。而且，部分数位化典藏完全公开，即使是没有进行注册的访客，也可以免费获取专题资源。

纵观这四所高校，特色馆藏主要分为两大类：一是特色专题馆藏，主要包括特藏专题书籍资料和数位化专题典藏；二是机构典藏，主要是校友文库、专藏文库等自建库。（具体情况见表3）

表3 台湾四所高校特色馆藏资源一览表

大学名称	特色专题馆藏	机构典藏
台湾大学	东亚经典与文明研究资料，淡新档案学习知识网，日本、东南亚与亚洲地区资料，1900旧籍，UDC旧籍，日文善本与线装书等；深化台湾研究核心，牟宗三讲学影音数位计划，佛学数位图书馆暨博物馆等	台大人文库（归藏台大人的著作），专藏文库（收藏台湾地区内外重要名家名人的赠书）
成功大学	西洋史资料中心，越南语图书收藏计划，百年书库，美国研究馆藏等	成大机构典藏（收集成大人的学术研究成果）

续表

大学名称	特色专题馆藏	机构典藏
交通大学	国科会人文社会专题书目：含东亚、东南亚社会研究，音乐学——欧洲音乐史，文化、创意与传播；浩然艺文数位典藏博物馆：含杨英风数位美术馆，李秦祥数位博物馆，兰阳舞蹈团舞作资产数位典藏计划等	交通大学学术集成（按学院分类，汇集交大人的学术研究成果）
台湾清华大学	叶荣钟数位资料馆，日据时期日人与台人书画数位典藏计划，一九七〇年代保钓运动文献之编印与解读，纪纲先生手稿暨满洲国主题文献展，唐文标先生捐赠文物展暨座谈会，李亦园院士捐赠专著暨手稿展，苏树辉书法展——澳门文化双面神等	台湾清华大学机构典藏（永久保存、取用和传播本校学术研究产出）

2. 特色业务

除了鲜明的馆藏特色之外，这四所大学在业务方面也各有考量。

（1）台湾大学

为了帮助读者深入了解图书馆的利用方法，培养读者自主学习和独立研究的能力，以充分善用图书馆馆藏与资源，迎合主流年轻读者和参观旅游者的需求，台大图书馆开展了多种推广业务：①销售出版品，包括图书馆利用资源指引资料和图书馆简介等，如《图书馆使用手册——My Love Affair with Library》《发现英语文学资源》《日语研究资源指引》《图书馆中英文简介》《台湾大学图书馆馆讯》等；②针对图书馆馆藏及形象制作纪念品以供读者购买纪念，如名琉—笔筒名片组、样式雷再生纸笔记本、卑南玉器书签组、台大图书馆田中三郎教授纪念书签等；③以图书馆形象、珍藏品及素材制作计算机桌面，供读者下载；④以十二生肖为主题的电子贺卡和互赠系统，供读者交流。

（2）成功大学

2006年开始，成大图书馆开始举办"每月一书及名人书香"讲座，以期创造成大师生广泛阅读及研讨的机会，增进自我了解，明确生命的目标。这项活动充分利用了图书馆、社交网站、学生社团、教授群体以及学务处的资源，采用公开票选的方式，选出代表各月的优秀图书，放置在图书馆的显著位置进行展示。每月一书不外借，仅供馆内参阅，使校内外读者都能够研读到名作，并可经由社群网站讨论与分享阅读心得。同时，图书馆还定期邀请票选书籍的作者、见解深入的名人或书评家到校举办讲座，拓宽读者的视野。

（3）交通大学

2010 年 8 月 1 日起，"交大数位爱盲有声书网"正式投入使用。领有残障手册的视障人士可以注册账号和密码登陆网站，像健全的读者一样徜徉于书海。虽然各高校图书馆都存有影音资料，但是对于视障人士来说，要"听"到这些馆藏需要经过一环又一环的点击选择，行动上存在困难。因此交大图书馆将服务人群扩大到弱势群体，依照视障人士的特殊要求，专门开辟了有声书网的系统，让这些读者也能享受到同等的阅读权利，体现了博大的人文关怀及强烈的社会责任感。

（4）台湾清华大学

网络的发展实现了世界范围内的研究资源共享，但与此同时学术期刊的价格也随着需求的增加而持续上涨，于是 Open Access（简称 OA，开放存取）的理念应运而生。截止目前主要是一些 Open Access Journals（开放存取期刊）。其是指任何经过同行讨论，以免费的方式提供读者或者机构取用、下载、复印、列印、分享或检索的电子期刊。[①] 台湾清华大学将国际上开放取用的 OA 资源进行了汇总和整理，以供读者链接到需要的电子期刊网站，检索、下载信息，透过方便的查询系统，学术作者可以在短时间内以最低的成本掌握研究课题的动态与趋势，使文章更具效力。另一方面，OA 资源查询系统也减少了图书馆订购电子资料库的费用开支。

三、台湾四所高校图书馆的借鉴意义

经过前文的分析不难看出，台湾大学、成功大学、交通大学和台湾清华大学学术和教育领域的成就与图书馆馆藏和业务的显著优势是分不开的。对大陆地区高校而言，要在短期内迎头赶上并不容易，因为这不仅取决于图书馆自身的建设与完善，也需要外界物质上的扶持以及观念的转变。但是，四所高校图书馆运作特征仍值得借鉴。

一是开放性。高校图书馆虽然建于校园内，但是并不意味只为校内师生服务。图书馆馆藏是一笔巨大的财富，不只来源于学校本身，更来源于社会。因此，图书馆有必要走出象牙塔，回到社会中去，让校外热爱阅读、热爱研习的群众也能够分享到文化成果。虽然当前完全开放的可行性不大，但可以效仿四

---

① 台湾清华大学图书馆，http://www.lib.nthu.edu.tw/.

所高校图书馆的做法，对于校外人士采用限额入馆的方式进行有效的控制。而数位化典藏也可以部分开放，让图书馆的读者，甚至是普通访客都可以在外线免费获取馆藏资料，享受到图书馆的服务。

二是多元化。图书馆馆藏的内容丰富，形式多元，不但有传统的书籍和期刊，还有信息产业带来的电子书刊及不少视听资料。如何有效地利用起来，对于内地高校图书馆仍是亟待关注的问题。台湾四所高校图书馆主页上都开设了数位影音系统，读者可借此听音乐、观赏电影、学习语言，地点也不只限于馆内，在任何有网络的地方，甚至只有一部移动电话，都可以享受到有声图书馆的服务。最重要的是，影音馆藏使图书馆摆脱了严肃、刻板的既有印象，与时下青年群体以及先进技术有效地结合起来，融入读者的生活与学习。

三是数位化。数位化典藏是馆藏的重要组成部分。四所高校图书馆不单实现了文献与文库的数位化，更具有借鉴意义的是，将多位名人大家的手稿、画作、舞作等高雅艺术作品都进行了数位化，上传至网页，使校内外人士都能够欣赏到一代名家的文艺成就，同时也培养了读者的艺术鉴赏能力，引导读者的审美取向。

四是协作性。对整个台湾地区的高校和研究院所的图书馆而言，馆际合作协议实现了跨馆互借与资源共享，将各馆特色与优势有机地汇总，为读者创造一个方便快捷的、知识量庞大的学术环境。对单个高校图书馆而言，这四所图书馆都与读者进行了全面的意见交流。书刊推荐系统、委托采购图书计划、教师指定参考用书以及读者满意度网络调查与反馈等都使图书馆在管理与运作上始终与教研工作和读者需求保持一致，并在正确的轨道上不断壮大规模。

五是效益性。图书馆的效益主要含社会效益和经济效益。社会效益的获得对于图书馆事业来说并不困难。但是，将社会效益延伸至弱势群体，则需要周全的考量。交大爱盲有声书网为残障人士打开了书籍宝库的大门，让视障人群也能够"阅读"人类文明成果。尊重残障群体的权利并付诸努力，为和谐社会的构建注入了一股暖流。在追求经济效益的方式上，图书馆也有效地采取了多方位的举措：场地租用、有偿代印和文献传递、自制出售纪念品和出版品、院所购书专项经费的提拨、社会募捐等。这说明图书馆的公益性质不应成为其寻求经济收入的阻碍，关键是如何在保证甚至提升服务水准的前提下，更加充分地使用图书馆资源，并将经济收益反哺于馆藏资源的建设。

民进党早期"台独"演化研究

林 震*

1986 年 9 月，台湾"党外人士"突破国民党的"党禁"宣告成立"民主进步党"，是战后台湾政治发展的重大事件，它标志着台湾开始进入政党政治时代。成立初期，民进党的主要政治诉求是反对国民党独裁专制统治、追求政治民主。但是，随着岛内外政治局势的演变，民进党的"台独"倾向日渐膨胀发展，到 1991 年 10 月，将"台独条款"纳入党纲，正式从一个反威权的民主政党变质为彻底的"台独党"，事实上已成为岛内'台独'势力的大本营"。①[1]（P203）

有学者将这段历史进程（1986—1991）称作民进党的"第一次转型"。[2] 笔者认为，民进党的这段历史，是一个逐渐偏离民主轨道的过程，因此，与其说是"转型"，不如说是"变质"来得更为准确。民进党的变质，对台湾政治民主和两岸关系的发展投下了巨大的阴影。本文运用笔者在台湾调研时搜集到的一手资料研究民进党成立初期的活动，追溯民进党"台独"化进程，剖析民进党变质的原因，以期有助于大陆学界正确、客观地认识民进党的历史、现状和未来发展趋势。

一、成立初期对台湾政治的贡献

1986 年 9 月 28 日，为因应年底的选举，党外人士"在台北圆山饭店召开"党外后援会"，出席人数一百多人，会中首先变更议程把组党的议案列入第一项提案，并征求组党发起人。下午 5 时左右，朱高正突然提出干脆今天就宣布新党成立，使党外推荐的候选人成为新党的候选人，国民党胆敢镇压，就

---

* 林震，莆田学院教授，中共福建省委党校、福建行政学院闽台关系研究中心特约研究员。该文原发表在《闽台关系研究》2011 年第 3 期。

① 如 1910—1914 年的"理蕃五年"，少数民族遭杀戮者难以计数；1915 年噍吧年事件，居然有 866 台人被判死刑。见戚嘉林:《台湾新史观——二十一世纪的新史观》，自印，台北，1999 年，第 60 页。

全体拒绝参加选举，让国民党承受空前的国际压力。① 他的提议得到了尤清等人的赞同。对新党的党名，有两种主张：一种认为，为了破除国民党法统的癌症"，应该用"台湾民主党"；另一种坚持，为了表示和早期党外活动的渊源关系，应该用当年雷震等人组党时用过的"中国民主党"。会议接受了谢长廷的折中意见："为了避免中国（结）与台湾（结）的纠结，社会主义、自由主义与资本主义的辩论，党名使用'民主进步党'，如果要改以后还可以变更"。最后，与会人士全体起立鼓掌通过"民主进步党"（简称"民进党"，英文译名是：Democratic Progressive Party,简称 DPP）成立。下午 7 时举行记者会，由谢长廷担任发言人，正式对外宣布民进党成立。② 这样，台湾第一个真正意义上的反对党以"抢先偷跑"的方式产生了。

党外组党，给国民党出了一个大难题，虽然国民党中常会正在研究的政治革新议题中包括"开放党禁"，但是，在"戒严法"没有正式废除的情况下，组党是"违法"的。民进的提前成立，具有重大意义：首先，它突破了国民党的政治禁令，实际上宣布了国民党在台湾实行了四十多年的"党禁"的结束；其次，它促使蒋经国下了启动台湾民主化进程的最后决心。1986 年 10 月 16 日，在蒋经国的推动下，国民党中常委接受 12 人工作小组的研究结果，决定由行政部门制定"国家安全法"以取代"戒严法"，"国家安全法"生效之日，就是台湾戒严废除之时。

民进党成立之后，马上投入 1986 年底的"增额中央民代"选举，赢得了 12 席"立法委员"和 10 席"国大代表"。民进党在"立法院"中虽然只有 13 个席位（其中费希平是不需要改选的"资深立委"，但是，相对于进入人生暮年的"老立委"，这些人都比较年轻（大多数人 40 多岁，最年长 54 岁，最年轻的只有 28 岁），基本都受过高等教育，个别人还有洋学位，也基本上都有党外经历，③ 精力充沛，问政风格犀利。他们的当选，使原本只是国民党"橡皮图章"的"立法院"有了新面貌。

民进党"立委"上任以后，围绕"国家安全法草案"问题，和国民党展开了激烈的斗争。双方的争论焦点集中在该草案的第二条和第九条。

"草案"第二条规定："人民集会结社不得违背宪法或反共国策或主张分离

① 林震：《中国台湾和韩国民主化进程（1987—1992）——一项批判性研》，香港：香港社会科学出版社有限公司,2007 年，第 53 页。
② 风云论坛编委会：《透视党外组党》台北：风云论坛社,1986 年，第 97—104 页。
③ 风云论坛编委会：《透视党外组党》台北：风云论坛社,1986 年，第 191—194 页。

意识"。民进党认为，台湾只反对中共，要与东中欧等其他的"共产国家"发展经贸关系，因此"反共国策"的提法不恰当；"分离意识"是一个抽象名词，无法用法律规定，何况国民党当局自己在施政报告和相关条例（如"惩治走私条例"中已经把台湾和大陆当作两个国家，因此这个规定不合理。① 最后通过的第二条修改成：人民集会、结社，不得主张共产主义，或主张分裂国土"在审议第九条第二款时，争议最激烈。该款规定：刑事审判已确定者，不得向该管法院上诉或抗告。但有再审或非常上诉之原因者，得依法申请再审或非常上诉"。国民党籍"立委"从方便、合理和不影响和谐的角度极力维护，民进党"立委"则认为，这个规定剥夺了人民的上诉权，有违司法正义，② 主张将第九条第二款改为"刑事裁判已确定者，依戒严法第十条规定（非现役军人而受军法审判于解严后可以提起上诉），得于解严之翌日起，向该管法院依法上诉"，③ 给政治犯以恢复名誉和公权的机会；国民党"立委"辩称，第二条款的后半部分就是对前半部分的"但书"，这是一种救济规定，政治犯们只要有确凿的证据，就可以要求再审或上诉，④ 朱高正反驳说，戒严时期的政治案件都是冤狱，都是通缉机关伪造事实，逼供出来的，应该给以无条件的平反；⑤ 国民党"立委"还说，如果允许所有人上诉，则将给法院造成无法承担的重负，民进党反讽说：既已夸下海口说要反攻大陆，却连这区区五千案件都无法处理，那反攻大陆是真的？还是假的？"。⑥

　　民进党还提出：干脆删除第二条和第九条，将草案改名为"国境法"。⑦ 对此，国民党表示反对，认为为了安抚那些反对"解严"的势力，这两条规定是"必要的妥协"。

　　民进党清楚，"国安法草案"最后还是会付诸表决的，而只要进行表决，民进党凭区区十三人，即使举双手双脚也是少数。为了壮大声势，民进党发动了街头示威运动。从 6 月 12 日起，"立法院"连续三天被示威群众包围。国民党不愿意妥协，认为已经尽了多数党应有的对少数党的尊重。后来由黄主文、赵

---

① "立法院"：《"立法院"公报》，76 卷 88 期，1987 年。
② "立法院"：《"立法院"公报》，77 卷 1 期，1987 年。
③ "立法院"：《"立法院"公报》，75 卷 85 期，1987 年。
④ "立法院"：《"立法院"公报》，75 卷 85 期，1987 年。
⑤ "立法院"：《"立法院"公报》，75 卷 85 期，1987 年。
⑥ "立法院"：《"立法院"公报》，75 卷 85 期，1987 年。
⑦ "立法院"：《"立法院"公报》，75 卷 85 期，1987 年。

少康等国民党籍"增选立委"居中调和，双方同意：于解除戒严同时，由行政院呈请总统大赦、特赦、减刑及复权"。① 这样，经过长达 5 个多月的激烈斗争，1987 年 6 月 23 日，修订版的"国家安全法"在"立法院"三读通过。

"国安法"通过后，国民党履行"解严"的承诺，1987 年 7 月 14 日，蒋经国宣布台湾地区于 7 月 15 日零时起解严；同时，"行政院长"俞国华发布命令，宣布"动员戡乱时期国家安全法"从 15 日起开始施行。

"国安法之争"是民进党成立以后在"立法院"首次和国民党正式交锋。民进党议员团结一致，充分发挥自己的法律专长，说理诉情，有驳有立，虽然未能阻挡"国安法"的通过，但是，成功地修改了国民党版"国安法草案"的第二条，同时，也为台湾数千蒙冤的政治犯争取到了"大赦、特赦、减刑及复权"的机会。可见，民进党成立初期，展现了民主反对党的斗志，对台湾社会从威权时代向民主时代转变是有贡献的。

二、变质：民进党的"台独"演化进程

民进党的"台独"演化进程，从江鹏坚等"新潮流系"人马掌控民进党中央机构开始就启动了。

民进党成立后，在组织上，继承了党外时期的山头主义，内部派系林立（见表 1）。1986 年 11 月 10 日，民进党召开第一届党员代表大会，以"新潮流"为核心的原"编联会"系统，掌握了约 1/4 的代表名额（150 人中的 40 人），凭着精密的运作，一举拿下 8 名中央执行委员（中执会共 31 人，为民进党最高决策机关）和 2 名中常委（中常会共 11 人，由中执会选出，在党代会休会期间代表中执会行使最高决策权），并使大会选出了亲新潮流系的江鹏坚为第一任党主席。此外，出任民进党秘书长的黄尔璇也属于亲新潮流系。

---

① "立法院"：《"立法院"公报》，75 卷 85 期，1987 年。

表1 民进党第一届中央执行委员会派系结构 ①

派系	成员
康系（分嫡系和亲康系）	康宁祥、苏贞昌、游锡堃、傅正、周沧渊、张德铭（以上为嫡系），费希平、尤清、张俊雄、蔡介雄（以上为亲康系）
派系	成员
前进系（靠康系）	杨祖珺、张富忠、蔡仁坚
新潮流系（分嫡系和亲新系）	洪奇昌、吴乃仁、黄昭凯、陈武进、戴振耀、杨雅云（以上为嫡系），江鹏坚、黄尔璇、谢长廷、颜锦福（以上为亲新系）
美丽岛系	许荣淑、陈水扁、周伯伦、施性平、余玲雅
游离派	朱高正、姚嘉文、周清玉

这使代表党工势力的"新潮流"系统一战成名，标志着党工从过去在党外时期的监督地位上升到和党内公职人员分享党内决策权的地位。"新潮流系"主张民进党应该积极推动"台独"，为此，他们在党内加紧活动，目标是促使民进党"台独"化。

1987年底，第二届党代会召开之前，民进党党员江盖世提出了"将'人民有主张台湾独立的自由'列入本党行动纲领"的党纲增列案，新潮流系出动人马全力支持，争取到了超过1/3共83位党代表的支持，这个提案在民进党内部造成极大的震动，部分党内大佬表示该案如通过他们将退党以示抗议。为了避免分裂，党中央在会前协商决定，采取"淡化"方式，不将此案列入行动纲领而以"决议案"的方式通过。二大的第二个任务是选举第二任党主席。由于新潮流系和康系联手配票给姚嘉文，使得姚以17票对13票打败了竞争对手美丽岛系的许荣淑，成为新一任党主席，新潮流系继续保持对民进党中央的操控。在这次大会期间，有民进党"最老的新兵"之称的余登发向大会提案，要求在党纲前言加上"民主进步党之精神以天下为公、大公无私、牺牲奉献为宗旨，为大众服务，始能成功执政，建设世界上最民主、最自由、最富强的中国"，②但是，由于党内已经形成了"只要是民进党员，自不可能公开反对台独主张"③的拒统风气，提案无法通过。

民进党的"台独"化有比较清晰的发展过程（见表2）。1986年制定的民进

---

① 林静英：《谁是江鹏坚的接班人》，《民进周刊》,1987（38）。
② 佚名：《余登发生气始末》，《民进周刊》1987（39）。
③ 《"台独提案"让民进党牵肠挂肚,》《民进周刊》1987（36）。

党党纲中，只提"自决"原则，即台湾人有权"自行决定台湾的前途"，但是，所谓的"自决"涵义颇为暧昧，而且可作不同的诠释"，[①]民进党用这个包含了独立的概念来表达"台独"主张，主要是为了避免引起台湾社会的恐惧；四一七决议文为民进党做了"台独"的定位，让民进党从此步入了'台独党'的历史旅程"，民进党的"台独"化趋势从此不可扭转；[②]"一零零七决议文"杜撰了所谓的"事实主权"，以和强调"台湾是中国的一部分"的"传统主权"相区别；"台独条款"的通过，使民进党的"台独"主张从"事实主权论"演变为"法律主权论"，这标志着民进党正式成为"台独"党。从民进党"台独"化的过程看，民进党很重视借用现代政党政治的形式，以渐进的方式凝聚"党意"，逐渐改变了民进党的基本立场。换句话说，民进党利用民主化环境，将反民主的"台独"主张步步深化。这种复杂情况加大了反"台独"的困难，不利于国家的统一。

表2 民进党"台独"主张演变史[③]

时间	"台独"主张
1986.9.28	民进党于圆山饭店宣布成立，党纲草案明示："台湾前途由人民自决定"。
1986.11.6	公布党纲、党章草案，主张"台湾的前途应由台湾全体住民，以自由、民主、普遍、公正而合乎平等方式共同决定"。
1988.4.17	二中临时大会通过"四一七决议文"，主张"台湾国际主权独立，不属于中华人民共和国，而台湾国际地位变更，必须经台湾全体住民自决同意"。
1990.10.7	四届二中会议，通过"一零零七决议文"，主张"我国事实主权不及于中华人民共和国及蒙古人民共和国"。
1991.8.14	公布"台湾宪法草案"，决议"以台湾为未来国号"，不用"中华民国国号"，并以"事实主权原则规范台湾领土范围"。
1991.8.25	主持召开"人民制宪会议"，通过"台湾宪法草案"，主张"台湾为民有、民治、民享之民主共和国"，"国名为台湾共和国"。
1991.9.26	新潮流系提出删除党纲中"台湾前途应由台湾全体住民自决原则"文字，纳入"建立主权独立自主的台湾共和国"的"台独条款"。
1991.10.13	五大通过新潮流系"台独条款"修正案："基于国民主权原理，建立主权自主的台湾共和国及制定新宪法的主张，应交由台湾全体住民以公民投票方式选择决定"。

---

① 张京育：《中华民国民主化——过程、制度与影响》台北：政治大学国际关系研究中心，1992年，第213页。

② 陈淞山：《民进党派系政治的过去与未来》，《首都广场》1996（创刊号）。

③ 马起华：《台独志》，台北："中华民国公共秩序研究会，1992年，第326—327页。

有一种观点认为，民进党是"由一批台独分子于1986年组成"的。① 但是，事实并非如此。民进党成立之时，容纳了不少主张国家统一、反对"台独"的民主派人士，只是随着民进党的持续"台独"化，这些人才陆续离开民进党。这些反"台独"的民进党员有：上文提及的余登发；民进党建党党员朱高正；长期以来站在党外立场和国民党斗争的民进党中常委费希平；号称"党外长子"的林正杰。

当年"临门一脚"促成民进党成立的朱高正，对民进党提出了严厉的批评，抨击"党内越来越浓厚的台独气焰令人窒息"。1990年8月5日，民进党宣布将朱高正开除出党。当天晚上，在高雄问政说明会上，一批民进党党员向朱高正抛掷鸡蛋，骂他是"叛徒"。

民进党中常委费希平是大陆籍的"资深民意代表"，这成为民进党公开倡议"资深民代"应该全面改选的障碍。为了消除这个障碍，1988年12月初，民进党新任主席黄信介和费希平进行协商。费希平提出，只要民进党答应接受三个条件，他就立即从"立法院"中自愿退职，三个条件中最重要的是赞成改组后的"立法院"设置"大陆代表"的保留名额。黄信介基本上接受这三个条件，但是，在民进党中央执行委员会议中，他未能说服其他委员。费希平不得不发表声明，指出"（党内）有些人不但台独思想异常浓厚，且有法西斯之霸道作风，此与本人一贯主张推行民主政治之目标背道而驰"，② 因此他决定退出民进党。

1988年9月，支持黄信介的林正杰在其《前进周刊》上发表一封给民进党主席姚嘉文的公开信，严厉批评"民进党中有人对大陆省籍人士的歧视与反华情绪对台湾颇为不利，党领袖应该限制这种情绪与态度"，民进党中统独之争，是以过分情绪化、口号化的方式在进行，这不但使统独两种路线的利弊得失、如何达到这些目标等问题得不到理性剖析，还损害了党员间的友谊关系"。③ 林正杰为首的"前进系"在民进党中属于小派，支持黄信介为首的"美丽岛系"，但影响不了民进党的决策。1991年6月1日，林正杰发表"明志——再度宁为党外"的声明，宣布退出民进党。他解释退党的原因是"民进党内没有不主张

① 不列颠百科全书编审委员会：《不列颠百科全书》（国际中文版，第5卷），北京：中国大百科全书出版社,1999年，第228—229页。

② 钟馗：《论统一派立场与一个"台独"的造谣无知》,《中华杂志》,1989（311）。

③ 张京育："中华民国民主化——过程、制度与影响"，台北：政治大学国际关系研究中心,1992年，第218—219页。

台独的自由，面对党内日趋明显的'台独'化主张，经过多年的努力，他认输了"。①

对于民进党的逐渐"台独化"，许多关心台湾民主运动的学者深表忧虑，他们主张国家应该统一，离开统一台湾的民主就没有前途，因此"台独"思想和活动对台湾民主发展是不利的。②

三、变质的原因

民进党的变质，有诸多原因，笔者认为，主要原因有四个：

（一）国民党长期偏安台岛并推行"反共亲美"政策，为民进党变质提供了必要的政治前提和社会基础

1949 年退到台湾的国民党残余力量，是一个超过两百万人的相当完整的移居者集团：他们拥有号称 60 万的大军，拥有海、空、装甲兵的所谓现代装备的三军；以"中央政权"的行政机关为中心，把包括"国会"在内的现代国家框架全数迁到台湾。③ 这样，出现了一个奇怪的现象："台湾作为中国的一个省，以方圆 3.6 万平方公里的弹丸之地，背负全中国的法统大包袱"，④ 真是不堪重负。蒋介石把这么一个叠床架屋的"国家机构"搬到台湾来，原指望早日重返大陆，不料造化弄人，台湾的政治地位发生了变化，从中国的一个省变成"似国非国，是省不省"的"政治特区"。台湾政治地位的变异为民进党的变质提供了必要的政治前提；国民党治台几十年，长期奉行亲美方针和反共"国策"，使得台湾成为"战后世界绝无仅有的、朝野一致极端反共、一致极端亲美的社会"，⑤ "反共亲美"的社会和民主化的大环境相结合，助长了"台独"分裂思想的蔓延，从而为民进党的变质奠定了社会基础。

---

① 佚名：《林正杰宣布退出民进党》，《自由时报》,1991-06-03（1）。

② 余佑：《中国民主前途离开统一无法讨论》,《中华杂志》1989（314）。

③ 戴国辉：《台湾总体相——住民·历史·心性》，台北：远流出版事业股份有限公司,1992年，第32页。

④ 林山田：《亟待打开的宪法结》，杨国枢《民主的重创与重创》，台北：允晨文化实业股份有限公司,1991年，第164页。

⑤ 陈映真：《陈映真文集》（杂文卷），北京：中国友谊出版公司,1998年，第561页。

（二）台美"断交"事件对国民党威权统治的侵蚀，为民进党变质提供了政治契机

1978 年底，美国宣布和台湾"断交"，与中华人民共和国建交，蒋经国提出"庄重自强，处变不惊"的口号，要求台湾人民和国民党政府"共渡难关"。"断交"事件严重侵蚀了国民党对台湾社会的控制力，国民党"法统"的虚幻再也无法掩饰，许多党外人士因此认定，国民党最终只能"老死台湾"已经没有什么可怕的了，可以对国民党最为敏感的议题——"法统"进行攻击了。有党外人士趁机建议国民党实行"土断籍贯法"，从户籍上消除本省、外省的对立，并要求在教育上舍弃以大陆为主台湾为客的"颠倒做法"。① 在"断交"事件之前，没有人敢提这种"大逆不道"的建议。这表明，国民党几十年享有的不容许质疑的独断权力遭到了挑战。

"断交"事件所产生的巨大冲击波，一直延续到民进党成立以后，并为日后民进党的变质提供了政治契机。"在民主化进程中，民进党主要通过选举来和国民党争夺政治权力，部分民进党人士发现，以'台湾独立'作为口号是一项廉价的政治资源，而回收却较预期的为佳"，换句话说，用"台独"诉求来强化国民党的"外交危机"，既可以突出反国民党的特点，又能在各种选举中吸引大量选票。于是，从拉选票的选举策略考量，他们有意识地强化"台独"政见。随着靠标举"台独"政见赢取选举的民进党人的增加，"台独"主张逐渐从策略和政策层面向党的路线层面过渡。

（三）李登辉对"台独"的放任纵容政策，为民进党变质营造了宽松环境

李登辉执政后，为了巩固权力基础的需要，对"台独"势力采取"不支持、不鼓励、不取缔"的政策，实际上是放任和纵容"台独分子"。在李登辉执政初期，长期在境外活动的"台独"组织及其成员陆续返台"访问""开会"，公开谈论、推动"台湾独立"活动。"台独"势力在岛内活动的解禁，加快了民进党的"台独"化进程。

1991 年 10 月，民进党通过"台独党纲"以后，国民党一方面威胁要"解散民进党"，另一方面派人和民进党沟通协商，最后国民党让步，将作出"解散民进党"决议的"行政院政党审议委员会"降级隶属于"内政部"，所谓的"解散"决议以"自行消解"了事。

---

① 姚嘉文、陈菊：《党外文选》，台北：长桥出版社,1979 年，第 40 页。

（四）"台独"理论的"成熟"，为民进党的变质提供了必要的理论基础

"台独"理论继承了台湾社会特有的"岛民"心态和分类械斗的历史恶习。由于四面环海的地理特征，几百年来台湾形成了一种封闭性的"岛民"心态，体现为短、浅、急的偏狭势利躁进的性格以及满足于偏安自保的狭窄意识。形形色色的"台独"势力共同的政治主张就反映了这种心态。他们认为："大陆的事，我们不愿涉及更不愿意管，我们也不能管，我们只愿意在台湾这个舞台扮演我们的角色就够了。中共你们别来，也不该来；国民党你们该下来了，由我们来代替治台，来搞新的国家"。① 分类械斗是清代迁入台湾的不同祖籍居民之间的械斗（如史籍中经常出现的"漳泉斗""闽粤斗""泉粤与漳斗"）主要是为解决开发台湾过程中发生的矛盾和冲突。根据大陆学者陈孔立的统计，清代台湾发生了 73 次民间械斗，占清代台湾社会动乱的 20%。1860 年前，主要是按祖籍械斗；1860 年后，台湾从移民社会过渡到定居社会，演变为宗族、房派的械斗。② 这种"用拳头讲话"的互斗恶习，一旦遇到合适的时机就会爆发出来，给整个台湾社会造成灾难。"台独"分子制造"族群矛盾"，正是继承了这种分类械斗的负面传统。

所谓的"原罪论"是台湾进入民主化阶段后"台独"势力逐渐扩大的思想基础，标志着"台独"理论的"成熟"。在"台独"分子看来，外省人对台湾人（本省人）欠下的"原罪"是：（1）接收台湾发生"二二八屠杀"，欠了台湾人一笔血债；（2）1949 年逃难来台引起中共追讨，给台湾人惹来侵略外患；（3）控制台湾党政军 40 年，压榨台湾人，享受特权。③ 根据"原罪说"，外省人成了异民族、异文化、异意识形态的不共戴天的仇人。有的"台独"分子还进一步向台湾社会宣传，"（经过二二八）惨痛的流血代价之后，台湾人在这次事件中，换来对于这块土地必须有'自主性'与'独立性'的深刻认识"。④ 从这个基本立场出发，民进党在 1991 年底的"国代"选举中，把国民党说成是随时会出卖台湾人利益的"外来党"，而把自己说成是为台湾人子孙开创"建国"大业的"在地党"，大肆煽动省籍仇恨。民进党的这招毒棋，挑起了人性最恶劣的互

---

① 戴国辉：《台湾结与中国结——睾丸理论与自立.共生的构图》，台北：远流出版事业股份有限公司,1994 年，第 87 页。

② 陈孔立：《台湾历史与两岸关》，北京：台海出版社,1999 年，第 123—128 页。

③ 阿修伯：《新二二八何时爆发？》，台北：独家出版社,1994 年，第 157 页。

④ 陈阳德：《台湾当前三大政治问题》，台北：自立晚报,1992 年，第 116 页。

斗的本能"，[①] 有头脑的人对此是有辨别能力的，但是当某些社会精英包括大学教授、政客不断向人民灌输省籍仇恨的观念时，普通老百姓如何能够抵挡这种"台独话语霸权"？更何况，"台独"分子对"二二八事件"大力宣扬纪念刻骨不忘的同时，对日本人残酷杀戮台湾人的一系列血腥事件淤保持缄默的媚日本质，也迎合了台湾社会中一部分"哈日族"的爱好。

　　总之，民进党成立初期，聚集了一批台湾的政治菁英，拥有一定的民意基础，对开启台湾民主化时代做出了贡献。民进党的"台独"化进程，是"新潮流系"等"台独分子"控制民进党中央的过程，同时也是他们排挤党内主张国家统一的民主派的过程。因此，那种认为民进党一开始就是由"台独分子"组成的观点是错误的。导致民进党变质的主要原因有四个，即国民党长期偏安台岛并推行"反共亲美"政策；台美"断交"事件对国民党威权统治的侵蚀；李登辉对"台独"的放任纵容政策；"台独"理论的"成熟"。台湾目前已经出现了两党轮流执政的政治格局，在这种政治生态之下，民进党未来是否能够实现"去台独化"，取决于导致其变质的诸原因的消解，而关键则在于两岸和平发展新局的持续和深化。

---

　　① 李文朗：《台湾民主化的极限》台北：正中书局,1999 年，第44—45 页。

闽台融合的社会建构
——以社区为中心的考察

叶世明 *

一、闽台融合的内涵及其社会建构意义

社会建构主义是正在兴起的一个新的理论范式，它关注到社会交往行为的作用，也更重视社会的微观和宏观背景与自我的内部建构，并视它们为不可分离的、循环发生的、彼此促进的、统一的社会过程。社会秩序的建构需要依赖共同体的存在，并从共同体那里获得知识、体验和思想渊源，在社会行动者的实践之中巧妙地进行建构。从社会建构主义的角度来看，闽台融合是一种建构性关系，涉及闽台社会利益、社会组织、社会制度、社会价值、社会结构体系等。它具有互为主体与相互借鉴、优势互补、共同参与、理性的同一等特征，是一个培育闽台民众情感互认，生活交融，价值共享的过程，也是充分发挥闽台民间社会力量，自下而上地推动闽台社会共同体建设的过程。闽台融合的过程孕育着丰富的社会资本，需要加大力度改变两地民间社会环境，强化自下而上的力量支撑，且要在社会互动中完成。这是一股潜力巨大的和平力量。2016年台湾"大选"后，两岸关系发展面临新的变数和道路选择，夯实两岸关系和平发展的社会基础成为深化两岸关系和平发展的迫切任务。闽台融合是两地民众共同生活经验、集体记忆的再造过程，也是巩固和深化两岸关系和平发展的必然选择与理性选择。

闽台融合是指社会不同层面、部分结合为一个统一、协调整体的过程及结果，其实质是区域整合共同治理。具体来讲，它是以和平、稳定、社会经济均衡发展为目标，在多元一体、共享原则下，遵循共同法规和共同机制，实行区

---

* 叶世明，福建社科院台湾研究所副研究员，中共福建省委党校、福建行政学院闽台关系研究中心特约研究员。该文原发表在《闽台关系研究》2016年第1期。

域层面相互协调、双向互动的区域有限共治，并将两地社会主体按照角色分工，结成有机的社会联系，使社会结构协调有序。其特征主要表现为冲突性、融合性、长期性。因此，闽台融合过程本身就是一个不断冲突与融合的过程。当然，这种冲突始终贯穿着两岸和平发展这一主线，是一种良性冲突与不断修复与融合的过程。随着闽台社会交往越来越密集，闽台经济、政治、文化的交流发展嵌入于闽台社会交流合作中，越来越多的社会性因素融入并推动闽台融合发展的进程。闽台融合的社会建构旨在扫除影响闽台民众、组织、制度交往的各种空间、制度等障碍，使闽台民众能够走出各自的社会系统，流动到对方的生活世界中，进而相互体验各自的生活方式，在交流互动中感受差异、理解差异，最大程度消除闽台社会隔阂。我们应为闽台融合的社会建构创设一个平台，从而使社会因素、社会大众能够在更好的空间发挥作用，这是推动闽台融合进程的重要环节，并在实质上形成对闽台朝向融合的真正、永续的推动力量。

二、闽台融合的社会制约因素分析

闽台之间存在历史传统同一性与现代性发展差异的结构性矛盾，无论是管理制度还是社会心理都存在比较大的差异，而且这种差异更多体现在日常生活层面的生活方式、行为方式等领域。这就表现出它既有着血浓于水的精神纽带链接，又有阻碍闽台深入融合的社会屏障。当前，在闽台交流与合作中，"闽台关系物质化"的现象比较严重，对推进交往双方的社会性互动与消除社会差异而去建构扎实的社会基础着力不够。在这一过程中，我们应尤其重视闽台相互的差异性、结构性矛盾及制约其深入融合的社会性因素。

（一）社会记忆差异的制约

由于社会记忆的形成和发展，脱离不了客观给定的社会历史框架，尽管闽台的历史发展有着众多的共同性与相似性，但也存在着深刻的差异性。尤其是在日本殖民和"国民政府"统治时期，台湾走上一条与大陆明显不同的发展道路，在复杂因素的作用下，台湾民众形成一种与大陆同胞存在明显差异的社会记忆。同时，闽台也因发展轨迹不同，发展阶段不同以及制度选择不同而塑造出相异的社会价值取向。台湾民众对于中国共产党和大陆政治制度缺乏足够与正确的认知，形成了共享历史传统却有着较大的现代性差异。由于这种差异的社会记忆与价值取向，一方面台湾民众乐意与大陆保持广泛领域的合作交流，对大陆有一定的依赖关系；另一方面也与大陆保留一定距离与隔阂，给闽台融合带来相当大的波折与负面影响。

（二）理念竞争和制度差异制约

六十余年来，闽台形成了各自的发展理念和制度模式。闽台融合的碰撞表现在价值观念及制度政策上。无论从理念思维还是在具体制度上，都缺失具有广泛性、持续性和深层次性的交集。比如，闽台（两岸）在法律制度规范方面存在很大的差异性，无论是民事法规还是刑事法规，无论是社会管理的具体制度（包括闽台交往交流的规定）还是普通民众的法律素养，两地都存在一定的现实差异。再如，一方面，台方对陆生"三限六不"的限制等；对大陆配偶的歧视性规定与限制：台湾当局禁止拥有大陆配偶的台湾公务员出任诸如科技、财经、大陆事务等六项敏感职务；也禁止台湾民众在大陆担任党务、军事、行政或政治性机构的职务，违者将处新台币十万到五十万罚款等；另一方面，台湾同胞未全面享有同等居民待遇，目前有些是"超国民待遇"，有些还是比照"外国人"。[①] 此外，两岸政治定位在短时间内难以解决；两岸政治互信和社会互信不足；两岸政治制度、价值观念悬殊，两岸民众认同差异较大；尤其是"台独"势力的刻意阻挠与破坏等，台湾岛内囿于蓝绿斗争、族群与"统独"矛盾等问题；台湾当局对两岸交流合作的限制较多，闽台融合也因"泛政治化"受到阻隔。同时，福建方面对台湾岛内情况尚缺乏全面了解，对台湾社会的印象和认知也不全面，使得两地在社会管理、民生保障等方面仍难以协调同步。在制度上，闽台融合缺失健全有序的机制保障和平台，造成闽台各层面缺乏直接、无障碍、机制化的沟通，影响闽台的互动与整合，进而制约了闽台的融合进程。[②]

（三）社会发展阶段不同的制约

闽台社会的发展阶段、阶层结构、人口结构等存在着许多差异。在社会建设方面，两地社会治理、社会福利，以及社区建设等也存在着较大不同，两地

① 王建民：《海峡两岸社会发展差异及因应策略之异同》，《台海研究》，2014（1），第29—36页。

② "拥有大陆配偶的台湾公务员将被禁止出任六类职务"，2002-09-24，http://news.sina.com.cn/o/2002-09-24/1322740345.html.

民众的生活习惯、生活方式存在较大差异。台湾与大陆社会发展处于不同发展阶段。台湾已步入"后工业化社会"时期，社会开放程度高，公民参与社会化程度高，城乡社会一体化程度高，城乡差别小，社会结构较为稳定，特别是较为顺利地渡过了"中等收入陷阱"发展阶段。福建正处于"工业化社会"迅速发展时期，处于社会大转型时期，城市化程度低，城乡差距大，呈现典型的城乡二元社会结构，同时刚迈入"中等收入发展阶段"，社会阶层结构正处在中产阶级迅速上升时期。闽台社会发展阶段的不同与差异，决定了两地社会结构、社会发展水平与社会矛盾等诸多方面的差异与制约。[①]

三、闽台融合的社会建构思路

闽台融合的持续深入，源于闽台基于不断强化的全球化、区域化与两岸和平发展深化趋势，需要寻求一种有效的、和平的、双赢的区域双边模式，来化解单方难以解决的互动关系，以及社会共同事务治理问题，以实现自身利益的最大化。在广阔的时代背景下，闽台融合不再囿于单一的地理位置上，而是悄然在这个多维网络中不规则、不均衡地运动着，在空间上流动着，在时间上被继承、创造和发展着，需要通过加强闽台的社会交往、日常生活融入与社会治理，化解由于政治对立泛化而形成的社会对立。如此一来，社会建构因素必将在闽台中发挥越来越重要的作用。如上所述，闽台融合的障碍关键在于现代性差异，由于现代性差异造成了闽台意识形态的不同，制度、道路的不同等。换言之，这些差异承载了不同的规范性，也就是一整套不同的行动准则，致使原本同源的历史性传统呈现出相对的割裂，因此，要实现闽台融合，需要战略性的社会建构来弥合。今后，闽台融合应遵循其客观的发展规律，充分发挥闽台社会的主观能动性，透过闽台社会的自然接触、密切互动来增强双方的互信基础，包容差异、弥补差距、凝聚信心；透过日常生活的密切交往，相互利益的逐渐形成，生活价值观念日趋接近；即通过潜移默化的方式由社会建构来推进闽台融合进程。

---

① 王建民：《海峡两岸社会发展差异及因应策略之异同》，《台海研究》，2014（1），第29—36页。

（一）促进闽台交往，建立社会学习机制

社会建构主义的阐释聚焦于社会过程而非结构与功能，认为正是经由互动过程和社会实践，人们在其共同生活和日常互动之中创建知识，并在相互交往与学习中，不断地创造、维持、解构与重构认知，累积共识。[①] 具体的文化形态，如规范、规则、制度、习俗、意识形态、法律、习惯等，都是由共有知识建构形成的。一定意义上，闽台融合是在承认差异、尊重包容、摒弃偏见的定势下，尊重彼此的价值，营造共同参与的氛围，实践行为体间的相互学习。因而，闽台融合需要建构社会学习的机制，促进相互的社会化学习，而且这种社会学习需要进入一个涉及行为体身份和认同的复杂学习的阶段。唯有如此，双方才能不断确立更具体的规范规则，促使双方加深对共同规范原则的认知和内化，既有利于彼此吸取异质性的优秀成果，并保留自己的独特性，从而具有较强的适应性和调和性，能够在和谐共处、相互尊重的状态下发展；同时，彼此相互尊重与谅解，不断完善制度并建立良好的闽台互动秩序，最终形成具有普遍意义、正式且共同遵守的社会规范，它不仅包涵善良、正直、勤奋、诚信、进取等一些传统的核心价值，也突出文明、理性、相互尊重、互相欣赏、互释善意等内涵，从而完善社会治理机制，共享相同的生活场域，交融生活经验、建构共同记忆及历史，弥合现代性差异，寻求更好的社会发展模式，形成共同的价值、利益诉求的社会共同体，并重新塑造其认同，以此深化闽台融合。[②]

（二）以同构型整合为主，互补性整合为辅

同构型整合建立在整合对象的性质、内容和结构等趋同基础上；互补性整合是一种异质性整合，是社会主体间因相互需要或比较优势而产生的互惠互赖关系，进而凝聚为整体。目前，闽台之间更多专注于两地社会的同构型整合。闽台融合并不是只能建立在同一的体制下，也不能忽视诸多领域互补所带来的稳定性与多元化。从现阶段看，大陆的户籍制度、教育、医疗、就业政策衍生出的城乡差异扩大、三农问题等，以及台湾族群分化、派系纷争等产生的社会问题，都与各自制度不完善相联系的。目前，闽台两地已经在逐步相互学习、借鉴各自政治文明的合理成分，在社会领域的交往中取长补短，建立社会链接

① 许放明：《社会建构主义：渊源、理论与意义》，《上海交通大学学报》（哲学社会科学版），2006（3），第35—39页。
② 沈惠平：《两岸关系制度化：从理性选择到社会建构》，《台湾研究》，2014（6），第12—18页。

沟通纽带，融合两地人民共同接受的政治文化与社会治理规范与机制。这也是闽台（两岸）关系进一步发展的体现与需要。比如，台湾的社会治理主体多元化程度高，发达的民间社会组织在满足和服务台湾民众需求方面发挥着重要作用。台湾社会领域的建设和发展经验、模式、制度等可以成为大陆的重要学习内容。另一方面，福建也为台湾社会民间组织拓展活动和实现组织目标提供广阔的空间。更为重要的是，台湾社会发展过程中所存在的诸多不足之处，可以从福建的社会发展模式中得到一些启示。在互动中取长补短，求同化异，创造各种平台和机制，完善社会治理结构与治理机制，提高社会治理能力，保持社会健康、有序运作，培育闽台社会更多的"共同性"。

（三）以共同利益联结的理性选择巩固闽台融合基础

求和平、促发展日益成为岛内的共识，经济、民生议题是闽台社会关注的重要焦点。根据多伊奇的交往主义理论，不同形式的交往与社会沟通是人们相互联系程度的表现。他特别强调，一体化（融合）发展的要件包括主要价值观相互包容，独特的生活方式，期待获得共同收益，而且这一预期要在承担合并责任之前形成，双方有着牢不可破的社会沟通纽带。就融合对象或内容而言，包括利益、功能、规范、组织等。利益是最基本的整合对象，闽台间存在共同的经贸、文化、安全等利益纽带，有利于融合的持续推进。随着闽台经济社会的加速融合，夯实闽台融合的利益基础，为两地社会交流持续深化提供便利条件和强劲动力。新功能主义不仅将一体化视为一个能动的过程，而且是对外溢产生的各种压力的一种反应。也就是说，如果一个部门实现一体化，就会导致其他部门的一体化。从这一意义上看，随着闽台经济一体化推进，包括贸易、资本流动以及人员往来将迅速增多以及带来的更多共同利益的联结，由此两地民众生活、工作、休闲、创业、就业在一起，将有力推进闽台融合进程。

（四）建构促进闽台融合的社会共同体

闽台融合在一定意义上，是区域整合共同治理的一种社会发展模式，在两岸社会政治法律制度差异的现实背景下，依托闽台五缘优势，以闽台特定空间区域为载体，相互借鉴闽台两地社会建设与发展的最新成果和先进经验，由闽台人民共同参与、共同建设，建立符合两地人民社会生活习惯、文化情感认知、为两地人民所认可的共同社会文化生活秩序。闽台社会共同体以贯彻"两岸一家亲"，建设闽台同胞共同家园为目标，强调通过社会建构推动闽台融合进程。如，平潭综合实验区"共同家园"建设就是要在平潭建构两岸民众的共同生活体，这在客观上有助于两岸民众在经济融合、生活融合以及思想意识上的趋同性。因此，在当前闽台融合进程中，我们要积极推动建立闽台社会共同体。

闽台社会共同体建构，首先需要两地民众的广泛参与，应自下而上培植社会资本，发掘社会力量的能动性与价值，累积社会融合资本，在共同参与中，共筑闽台融合的广泛基础，增进闽台社会彼此的理解和认同，认同新的更美好的共同的闽台社会共同体。[①] 其次，应通过创设组织机构，讨论共同体建构进程中所面临的主要问题并确定基本方针、协调社会政策以及处理日常事务等，着力构建各种制度性和非制度性规范，以利于规范闽台融合当中的具体行为与准则，弥合闽台现代性差异带来的割裂，增强闽台社会的整体性，为促进闽台融合创设良性的制度基础和环境条件。最后，在优势互补的基础上，建立更为有效的社会管理与服务创新机制，例如制度创新、组织创新、服务供给方式创新、管理创新等，建构共同家园，由闽台共同治理和相互服务。[②]

四、闽台融合的社区路径分析

闽台融合的显现、维系和发展，离不开两地公共生活与日常生活的参与、相互依赖关系的牵引。闽台融合的核心内容是再造闽台社会共同体。这需要探索切实可行的途径，加快载体建设，为闽台融合构造实验平台，使其更加具体化深入到日常生活中并能够为普通民众所理解、认同并接纳。社区作为社会细胞、缩影与社会整合的主要载体，是人们生活的基本空间，也是闽台同胞生活的共有家园。随着经济和社会结构的深刻变革，社区日益成为各种社会组织的落脚点、各种利益关系的交汇点。它不仅是民众参与社会生活治理最基本的共同体，也是基层民主政治建设的重要平台，日益成为闽台居民扩大社会交往，深入社会生活，维护社会权利重要渠道，社区在增强认同感、归属感和作为治理平台将发挥重要作用。[③] 当前，福建正积极构建多元主体共同参与的新型社区治理结构，台湾社区发展经验对于福建社区发展具有高度借鉴价值。闽台社区

---

① 陈先才：《两岸特色民间社会融合问题研究》，《台湾研究集刊》，2014（4），第35—42页。
② 李鹏：《制度自信、制度互信与两岸社会制度"桥接平台"之建构》，《台湾研究集刊》2014（6），第1—6页。
③ 苏进强：《以社区路径建构两岸文化交流》，2014-09-10，http://www.CRNTT.com.

建设共同的利益追求目标，都追求改善民生、缩小贫富差距、环保生态等，这些共同问题使得闽台在民生领域、生态环保、社会均衡发展具有诸多潜在的共同利益。为此以社区营造为路径有助于相互借鉴，有助于闽台共同寻求更好的社会治理模式，完善治理机制，满足两地民众民生与发展需求。

就现状看，闽台双方各项交流均过于着重政治或经济的功能性与目的性，而未能深入广大的民间社会。闽台社区双方交流缺乏常态性网络，每次单线、一次性或重形式而缺实质与延续性的交流，以社区为路径的闽台融合社会建构的动力还没有发挥出其应有的功能。换言之，闽台基层与民众的交流与融入远远不足，难以产生深刻、连续的累积效果及结构性联结，这便无法产生良性互动与长远的交流融和，这也是闽台融合需要突破的关键瓶颈。因此，通过创建闽台社区——生活共同体，以建成社会共同体的闽台融合路径，值得进一步探索。

（一）社区是闽台深度融合的重要实践场域

由于两岸关系错综复杂，两岸（闽台）社会理念与制度存在巨大差异，尤其是2016年台湾"大选"后的新挑战，两岸民间交流发展与闽台融合的风险增加，需要有一个渗透性强的，可以涵化两岸民众的价值理念，促进闽台融合的重要载体，唯有社区能够发挥这种独特作用。一是社区是"集体的家"，真正的共同家园。台湾同胞80%的祖籍地在福建，福建是他们寄托与记住乡愁的重要空间载体，也是最能引起他们共鸣、让其梦牵、勾想思乡情愁的地方。二是社区与每个人生活联系最紧密，是富有人情味的生活场域，便于两地（两岸）民众的情感沟通、疏通误解，能够在潜移默化中化解差异、增进包容、强化认同；三是社区是基层社会治理的主要载体。社区涵盖了经济、社会、文化、政治等多个维度与面向，基层社会治理具有自治性、民间性、草根性与包容性特质，有利于处理民间纠纷，化解利益矛盾。当前积极应对岛内选民结构变化，拓展两岸交流对象，松动"台独"的社会基础，扩大岛内支持两岸关系和平发展的群众基础。应以"社区"为载体，这是接触基层百姓最频繁，是传统人际关系的枢纽点。闽台交流要真正做到向下沉，举办以小规模到南部走基层的活动，做到真正入心、入脑，逐步淡化绿营支持者的"台独"对抗性思维。

总之，社区民众交流是闽台（两岸）根与根"的交流，以社区民众交流为依托，有助于闽台（两岸）同胞增进经济、社会、文化、日常生活等各层面的全面接触；有利于增进两地基层活力，发挥凝聚社区共识力量；有利于夯实闽台社区治理与交流的情感基础、实践基础，建构利益共享、风险同担的融合社会机制。在新的历史时期，社区将成为闽台融合的重要平台和不可或缺的实践场域。

（二）依托社区建构民众"共同体感"，提升台胞对"两岸一家亲"的价值认同感

闽台融合需要有一种共同认同取向和情感支持，包括对共同命运的体认，并由此相互借鉴各自相对独立发展所形成的先进的社会制度、社会组织方式、生活方式，实现价值理念的尊重与互认，使之成为一个相互认同的有机整体。闽台（两岸）民众"共同体感"意味着"两岸一家亲"，这种"共同家园"意识，能够让闽台（两岸）同胞的心理认知真正成为一个整体，进而形成共同的行为规范、价值观念，实现对闽台社会共同体的认同。近年来，习近平总书记多次阐述了"两岸一家亲"理念，强调两岸统一不仅是形式上的统一，更重要的是两岸同胞的心灵契合。因此，以社区和谐、凝聚、友善的场域为载体，通过日常生活的传播与强化，从身份认同、归属感等方面建构共同体，潜移默化培育闽台（两岸）民众的"共同体感"，增进互信与心灵契合，这是推动闽台融合的重要的基础工程与重要力量。①

一是运用社区传播，塑造闽台共同象征性记忆符号，培育"共同体感"，增强身份认同。闽台深度整合是充分发挥闽台民间社会力量，再造两地人民共同生活经验、集体记忆的过程，可通过一些象征物，确立一些共同的节日、共同的标识以及纪念日，如以"闽南文化节""妈祖节"等为主题的一系列文化节日，或以中国传统节日为载体，开展形式多样、个性鲜明的活动，尽可能地贴近民众，帮助常住台胞了解本地文化、人文习俗和法律法规，强化闽台民众对共同生活和命运的意识，通过培养"共同体感"化解由于政治对立泛化而形成的社会对立与隔阂，唤起两地人民的共同历史记忆，激发他们共同的想象，增强身份认同。

二是扎根社区，让闽台"共同体感"演化成一种情感、交往、体验和日常生活融入。各市、县（区）统战部门、街道党工委、社区居民委员会等相关

---

① 肖日葵：《两岸社会整合的理论意涵与两岸桥接平台的架构———兼论"闽台社会共同体"建设之可能》，《台湾研究集刊》，2015（6），第87—93页。

部门，应搭建多种参与社区公共事务的平台，调动常住台胞居民的参与热情，增强他们的参与意识和积极性，以志愿服务精神，共同建设自己居住的家园，尤其要注重培养闽台年轻人参与社区交流与建设，做到共谋、共建、共享，共筑闽台深度融合的广泛社会基础，并建立有效沟通反馈机制。如邀请闽台青年参加街道工作情况通报会，对社区机关、事业单位、服务窗口单位进行监督和评议，对社区工作多提合理化意见，以主人翁身份参与到社区的建设和管理中。

（三）创建闽台社区融合的先行示范区

当前，福建应积极借鉴台湾社区治理、社区服务等方面经验，着力创建闽台社区融合先行示范区，提升社区治理体系建构和社会治理能力现代化建设，有助于两地共同寻求更好的社会治理模式，完善治理机制，满足两地民生与发展需求。通过由下而上的路径化解闽台差异，促进闽台融合。

一是在闽台社会基层治理结构上，形成闽台基层治理共同体。激励台胞积极参与社区治理，聘请台胞担任社区居委会主任助理等职，吸纳台胞参与社区发展协会、乡贤理事会、社区事务听评会等。二是搭建互动融合平台。在台胞集中居住社区设立台胞服务工作站，将台胞服务管理纳入社区网格化工作机制，专门配备网格员提供服务；通过政府购买服务，为社区台胞提供针对性强的社工服务，做到"关心台胞、服务台胞、凝聚台胞"。对已在闽长期居住的台湾同胞，除了维护好他们的合法权益外，还要制定相关政策，不断完善医疗、社保、就业、教育、户籍、台湾同胞权益保护等相关制度，提供与福建同胞无差异公共服务，满足台湾同胞的生活需求，使他们能够逐步融入社区的各种生活，在闽安居乐业，培育并增强他们的共同家园意识。如吸纳台胞参加城镇居民基本医疗保险；在闽创业、合法就业的台胞可以按照规定申请公共租赁房；在闽拥有房屋所有权的台胞享有业主权益，参与社区公益活动，依法享有社区公共事务的知情权和参与权等。通过满足台胞的多元化需求，吸引更多台胞来闽就业创业生活，提高台胞在福建的归属感。三是以平潭综合实验区建设为契机，探索推动闽台社区共同发展的新路径。在创建闽台社区融合示范区中，闽台双方需要进一步深化社会交往与学习，共享相同的生活场域，交融生活经验，建构共同记忆及历史，促使双方共同制定治理规则与深化认知，在实践中内化为两地民众的思维习惯和行动指南，引导两地更多社区在实务的交汇、融通、互鉴中，搭建更多的平台，形塑共同的价值观，形成参与式认同，增进互信，进一步深化闽台深度融合。①

五、结语

闽台融合是一个涵化过程，即闽台在渐进的交流过程及其相互融合的结果，是一个温和的、渐变的浸润与化育过程，是战略性社会建构驱动下的动态整合，需要我们从理论、政策和实务操作等方面深入思考、积极探索，以凝聚扩大两地同胞的共识，使闽台社会系统内的各子系统的社会功能耦合、相互补充，结成有机的社会共同体，使社会结构协调有序融合。因此，在闽台融合进程中，首先，应促进两地基层社会相互学习、了解，增进基层社会感情，使基层社会能够更多地以善意的立场和角度来理解对方，肯认对方。我们不仅要强调闽台文化社会的共同性，而且尤其应重视其差异性及其蕴含的闽台深层次的结构问题，并应着力通过社会建构来化解这种差异性，建立包容式的整合框架。其次，闽台融合要创造各种机制、平台、条件去推动闽台同胞的积极参与、主动交流合作"有参与才有认同"在协商合作过程中实现"你中有我，我中有你"的理性同一。最后，闽台融合是两地人民共同生活经验、集体记忆的再造过程，其核心内容是再造闽台社会共同体。社区作为社会共同体以其充沛的活力、丰富的创意与浓郁的人情味，具有自治性、民间性、草根性与包容性特质，有利于两地得以从经济、社会、文化、日常生活等各层面接触彼此社会，实现全面嵌入，社区将成为重塑建构性认同，建构闽台社会共同体，促进闽台融合的重要平台和不可或缺的实践场域。

---

① "两岸专家学者厦门探索交流社区建设、治理经验"，2014-09-24，http：//www.chinanews.com/tw/2014/09-24/6626877.shtml.

闽台社会群体研究

大陆女性配偶在台湾的
生活适应及其影响因素分析

祖群英[*]

婚姻在任何人类社会中，并不是单纯的两性结合或男女同居，其背后蕴含着一套社会组织和文化体系。从社会层面看，婚姻是一种法律上的契约，是关涉着当事男女之外一群人的社会事件，是一种普遍的社会制度。而从文化层面来看，婚姻并不只是生物的交配，它还是文化的交流。[①] 两岸通婚自 20 世纪 80 年代得以恢复和发展以来，由于特殊的历史环境和时空背景，呈现出不同的社会关系与文化特征。本研究试图从社会融合的视角，在田野调查的基础上，对大陆女性配偶[②] 为"移民"和"媳妇"这样的双重外来者的生活适应问题展开研究。社会融合是个体和个体之间、不同群体之间，或不同文化之间互相配合、互相适应的过程，并以构筑良性和谐的社会为目标。由于两岸特殊的政治、文化背景，大陆女性配偶的婚姻移民也夹杂着特殊性，因此在研究中，笔者所要思考的是大陆女性配偶在生活适应过程中面临着哪些困境？影响这一群体生活适应的因素有哪些？我们对此要采取哪些有效的方式和措施？

一、两岸通婚概况

根据台湾"内政部"所公布的 2009 年结婚登记统计，大陆（含港澳）配偶占外籍配偶的绝大多数，共 13294 人，较前一年增加 4.3%，占外配的比率则高达 60.6%；截至 2009 年 11 月止，大陆配偶人数为 272992 人。[③] 如果从通

---

* 祖群英，中共福建省委党校、福建行政学院社会与文化学教研部、闽台关系研究中心副教授。该文原发表在《福州大学学报（哲学社会科学版）》2011 年第 5 期。

① 罗红：《人类学语境下的族际通婚与族群认同研究》，《青海民族研究》，2008 年第 7 期。

② 本文对大陆女性配偶的界定是指在大陆出生成长，嫁给台湾人并移居台湾的这部分女性。

③ "两岸联姻热络：交流理解递增气氛更加融合"，中国台湾网，2010 年 1 月 20 日。

婚数量来看，两岸婚姻大致可分为三个阶段：1989—1996年，两岸婚姻量不大，但呈逐年上升趋势；1997—2003年，婚姻数量呈大幅度增长；2004年，呈下降平和趋势。据台湾有关方面统计，1988年两岸通婚人数为100对左右，1994年为5492对，1997年迅速增加至12408对，平均年增长率超过40%。[①] 两岸通婚趋势从1998年占全台结婚总对数之8.18%，逐年递增至2003年的最高点20.40%，唯自2003年12月起全面实施大陆配偶申请进入台湾地区的面谈制度，致使2004年两岸通婚遽降至9.16%。[②] 之后两岸通婚总数的增幅有所趋缓，每年在1万对左右。依"户政司"两岸婚姻的结婚登记统计数据，2005年为14258人，2006年为14721人，2007年为13964人，2008年为12274人。[③]

两岸通婚在不断发展过程中呈现出以下几个特点：性别的不对称性、年龄的不平衡性、文化程度的不匹配性、通婚的边缘性、动机的功利性、相识渠道的有限性等。[④] 根据历年两岸通婚统计，大陆男性与台湾女性结婚仅占4%，而大陆女性与台湾男性结婚则占96%之多。近年来，随着大陆的经济和社会发展、两岸关系的改善、两岸交流的深入、人员往来的频繁等，两岸通婚出现了新的变化。具体表现为：相识渠道的多元化，从原来的亲朋介绍和中介介绍为主，转向工作经历的相互认识、求学经历的相互认识等，使通婚双方有一定感情基础；婚姻动机的理性化，由原来的经济标准转向社会标准、文化标准，如社会政策的保障、个人职业发展的前景、双方生活方式的契合等因素；婚居方式的多元化，由原来单向的定居台湾转向在两地定居，并把工作重心移至大陆，在大陆购置房产，让子女接受大陆教育等。

二、大陆女性配偶面临的生活适应问题

生活适应是指个人在面对环境的变动时，能以本身的条件去顺应和创造，应付来自环境以及个人自身双方面的要求，并取得协调和谐的状态。[⑤] 大陆女性

① 庄渝霞：《近二十年来两岸通婚模式的演进及趋势探析》，《南方人口》2007年第2期。

② 陈怡洁：《大陆配偶在台湾的社会困境与人权宣导分析》，《台湾研究集刊》2010年第2期。

③ "大陆配偶在台遭遇十大歧视地位还不及外国配偶"，台海网，2010年4月14日。

④ 杨乐、郑启五：《两岸婚姻的特点及趋势》，福建省区划地名研究会：《闽台地缘关系论文集》，2008年，第357页。

⑤ 吴慎：《大陆女性配偶在台湾生活适应之探讨——以台北县市为例》，台湾中山大学硕士论文，2004年。

配偶在台湾的生活适应，即是指其个人因为环境的变迁或内在需求改变时，对个人、家庭、社会各层面种种的适应，以求达到内在外在需求的平衡或满足的结果。由于两岸的社会制度、意识形态、生活方式等方面的差异及两岸婚姻基础薄弱等因素，大陆女性配偶嫁入台湾后，其生活适应存在不理想的状况，面临诸多问题。

1. 经济层面问题

大陆女性配偶嫁入台湾后，首先在工作上遇到政策限制。台湾当局规定，大陆配偶须去台两年，并且在特殊的条件下如台籍配偶为低收入户，或年满65岁，或为身心残障者，方可在台工作。而在台湾非法打工一旦被发现，就要被遣送出境。同时，台湾当局不承认大陆学历，将大陆配偶的就业范围限定在制造业、营造业、看护、家庭帮佣等4个行业。这些规定使得本就处于飘摇状态的两岸婚姻又因经济问题而引发震荡。两岸婚姻中有相当一部分是弱势群体，台湾夫家的经济状况不理想，本就需要这些嫁入台湾的大陆女性配偶通过工作收入来改善家庭状况，但这一政策限制造成两岸婚姻家庭生活上的诸多困扰与冲突。有的大陆配偶迫于生计而不得不去"打黑工"，冒着被发现、被遣送的风险。有的只好在家当全职主妇，中断了自己的事业。有的则举家迁往大陆。据李钟元教授的调查显示，大陆居民结婚来台后，没有就业者最多，占68.01%。[①] 这种经济上的不独立也影响她们的家庭地位和社会地位。

2. 社会层面问题

首先是大陆配偶合法身份获得的艰难。台湾当局规定，大陆配偶结婚2年内只能申请来台团聚，结婚满2年或已生育子女的大陆配偶方可申请在台"依亲居留"。申请在台居留的大陆配偶，停留半年就必须回大陆一次。这期间男女双方可谓是聚少离多，且必须在两地来回奔波。取得在台居留权的大陆配偶，又必须继续住满2年后方可申请在台长期居留，长期居留满2年后才可申请在台定居及取得身份证，而且每个阶段还要受到数额限制。也就是说大陆配偶要等待8年方有机会申请获得身份证。而在没有取得身份证前，相关的社会权益将没有保障。比如无法享受台湾相关的医疗与各种社会劳保福利，不能就学、进修，不能参加妇女团体、公益社团，不能租赁屋、车、书、VCD等，不能买

① 李钟元：《两岸居民通婚与家庭生活状况之剖析》，中华人民共和国民政部网，"关于两岸婚姻与家庭"研讨会论文集锦，2005年。

保险、买汽车摩托车、办证，不能办信用卡、投资、置产，不能办常号手机，不能作保、不能当监护人等。

其次是受到不公平的待遇和歧视。如前述在赴台定居和身份证获得方面，台湾地区对不同的非台籍新娘去台政策是有着明显差异的，嫁到台湾的越南、菲律宾等外籍新娘，结婚后第 2 天就可获得永久居留权，4 年后可取得身份证，大陆配偶则不行，这无疑是对大陆配偶的不公平对待。从 2003 年底开始，台当局对大陆配偶实行入境面谈，询问者一律先将这些新娘视为"假结婚者""卖淫女"，提出很多隐私的问题，让很多大陆配偶觉得无法回答，非常难堪。许多台湾人将"大陆新娘"及其婚姻等同于是"买卖婚姻""假结婚，真打工""假结婚，真卖淫"等。许多"大陆新娘"在取得台湾身份证后，仍然觉得不被台湾民众认同。台湾官方、媒体与一般民众往往将这群通过婚姻移民到台的大陆女性配偶污名化。凡此种种，都使大陆女性配偶觉得自己是被人看不起的"二等公民"，社会地位低下。

3. 家庭层面问题

一是婚姻情感发生冲突。如前述申请来台定居问题、工作权问题、身份证问题都会影响到婚姻生活，需要当事人花费较多的努力不断磨合。此外，两岸通婚中一些功利性婚姻、买卖婚姻，由于没有感情基础，婚姻条件差距大，经济能力不足，容易产生误解、猜忌、隔阂与冲突，进而造成婚姻暴力、家庭暴力等。

二是家庭关系矛盾。台湾的孝亲传统文化仍然根深蒂固。台湾的婆媳关系尤其在乡村，基本上仍处于"旧社会传统习俗"，台湾婆婆仍会以家庭权威者身份要求媳妇做家务，或认为媳妇应该负担一切家务责任等，这使得大陆配偶难以接受这样的婆媳关系。再加上语言障碍、沟通不良以及台湾人对大陆配偶的刻板印象，常造成婆媳关系紧张与冲突。基本上，台湾人是大家庭，要与公婆相处、与妯娌相处，这对初去台湾的大陆女性配偶而言是个挑战，没有磨合好就容易造成家庭矛盾。

4. 心理层面问题

一是身份认同问题。身份是一定情景中对角色所作的区别，即在角色关系网络中所处的地位，人们常常会思考自己以何种身份出现在某种场合。身份认同作为一种心理意识，揭示的是个体与群体之间的归属问题，它产生于个体与群体交往互动之后而感觉到的彼此之间的差异或利益冲突。① 由于大陆女性配偶承受着来自种种"社会排斥"的压力，这使得大陆女性配偶在身份问题上无法产生认同感，更多的是感觉被社会所抛弃和边缘化。如在政治上没有投票权，也没有参与和影响决策的能力；在文化方面个人难以融入主流文化，也无法享受主流生活方式；在生活空间上形同被社会隔离，成为"二等公民"。更为突出的是，这种身份认同问题还会在代际间"遗传"，影响到她们的下一代。她们的孩子要面对来自学校社会及其他孩子的拒绝、排斥，从而影响这些孩子成长、教育、就业。若得不到政府的特别支持，她们无法像台湾一般人那样向上流动，可能终身陷在贫穷的循环之中，这将会影响到她们对台湾社会的认同问题。

二是心理健康问题。种种的社会排斥以及现实生活的多重压力带来的心理冲突，引发了大陆女性配偶一定程度的心理问题，如期望失落的心理、焦虑心理、自卑心理和孤独心理等。② 一些大陆女性配偶本就是向往台湾优厚的物质生活，为改变自己的命运乃至娘家的命运而选择嫁到台湾，但是赴台"淘金"的高期望值与现实的低社会地位形成了强烈的反差，造成了她们强烈的期望失落心理。她们自从成为"新娘"的那一天起，心中的焦虑感就有增无减。她们要时刻关注何时才能获得在台居留权，结束牛郎织女天各一方的生活，如何在台生活和工作，何时取得身份证等这些与切身利益相关的问题。比较一般的台湾同胞，她们更为关注台湾政局和海峡两岸关系。由于就业领域受到很大限制，许多人没有独立的经济生活来源，只能依附丈夫，使得她们在夫家没有地位，受到婆婆及亲属的不信任与歧视，也使得大陆女性配偶痛感自己社会身份的卑下，自卑心理十分强烈。也正因此，有的人不愿意与台湾人更多交往，生怕遭受别人异样的目光。诸如此类社会人际交往、社会网络支持的缺乏令她们的心理感到异常孤独。

三、影响大陆女性配偶生活适应不良的因素

1. 大陆配偶管理制度的影响

台湾地区对两岸居民的往来，包括两岸居民的通婚，制定了相应的法规。

① 赵丽丽：《城市女性婚姻移民的社会适应及其影响因素研究》，《上海交通大学学报》(哲学社会科学版) 2008 年第 3 期。
② 陈桂蓉：《台湾"大陆新娘"的边缘心态及其社会救助》，福建师范大学闽台区域研究中心：《闽台区域研究丛刊》(第四辑)，海洋出版社，2004 年，第 132 页。

如"台湾地区与大陆地区人民关系条例""大陆地区人民进入台湾地区许可办法"大陆地区人民在台湾地区定居、居留许可办法""大陆地区配偶在台湾地区依亲居留期间工作的许可及管理办法》等政策法规，对两岸通婚从登记、申请团聚、面谈、工作、居留、定居、身份管理、财产保证等方面作了种种规定与限制。如上文提到的对大陆配偶入台团聚的歧视性政策，带有羞辱性的"面谈机制"，对大陆配偶赴台探亲、停留、居留、身份取得等都采取较之外籍新娘更为严格的差别性对待等政策。这些规定使得大陆女性配偶生活受到限制和牵制，并衍生许多相关权益问题，导致婚姻家庭的不稳定，也使得社会对两岸通婚的认同感差。可见大陆配偶管理制度，其政策面主要考虑"管制"而非"权益的保障"[1]。两岸通婚中如此严苛的限制措施，究其原因在于其意识形态的泛政治化。台湾官方、媒体与一般民众往往将这群透过婚姻移民来台的大陆配偶标志为"入侵者""资源抢夺者"以及"社会问题的制造者"等形象。因此，大陆配偶公民权的议题在台湾的政策辩论中，往往被高度政治化。正如台湾学者所说，各个党派的不同立场和民众的相异看法，呈现出台湾社会于公共政策的态度分歧，可以通过台湾自身的社会分歧、族群关系、政党竞争、"国家认同"等方面来理解。[2] 这些漂洋过海来寻求幸福生活的大陆配偶在岛内面临的不仅仅是婚姻问题，更是政治问题。[3]

2. 社会支持网络的断裂与缺乏

社会支持网就是指个人能借以获得各种资源支持（如金钱、情感、友谊等）的社会网络。通过社会支持网络的帮助，人们解决日常生活中的问题和危机，并维持日常生活的正常运行。[4] 而大陆女性配偶嫁入台湾后，其社会支持网络却处于断裂与缺乏的状态，导致其生活适应的不良。

首先是大陆配偶原有社会支持网络的断裂。由于婚姻移民，地理空间与社会关系均发生改变。按照一般婚姻移民的特点，来自家庭的支持并不会随着地理空间的转变而减少，相反有的来自家庭的支持更多。然而，由于两岸特殊的关系，使得大陆女性配偶在寻求家庭支持网络时存在一定的地理空间阻碍。特别在两岸"三通"全面实现以前，两岸交通与通讯极为不便，大陆女性配偶无法获得较多和较及时的家庭支持。两岸婚姻因空间隔离而使大陆配偶个人原有

---

① 陈蘋：《浅析海峡两岸通婚的政策演变与管理》，《台湾法研究》2007 年第 4 期。
② 陈志柔：《台湾民众对外来配偶移民政策的态度》，《台湾社会学》2005 年第 10 期。
③ 陈蘋、叶世明：《两岸通婚研究》，海风出版社，2008 年，第 160 页、第 202 页。
④ 贺寨平：《国外社会支持网研究综述》，《国外社会科学》2001 年第 1 期。

的家人、朋友、邻里与社会人脉等社会支持网络为之弱化或崩解。

同时两岸婚姻中有一部分是带有功利性质的婚姻。很多大陆女性配偶之所以选择嫁给台湾人，主要的一个因素就是经济原因，认为嫁给台湾人会改善自己及家庭的经济水平和生活水平，故而在她们及家人看来，嫁给台湾人将对她们的生活有很大影响。而当现实与想象有较大落差时，她们怕丢面子，不敢向原生家庭求助，甚至还在掩盖这种窘迫的困境，不让家里人知道。同时，有的台湾丈夫与家庭为了控制大陆配偶，不让她与家里人过多接触，担心这些大陆女性配偶逃跑，或者拿了这边的钱给原生家庭等，这些都使大陆女性配偶原有的家庭网络支持断裂，只能以自我支持为主。这种娘家人情感支持的缺乏使大陆女性配偶容易陷入孤独的困境。这些采取自我支持策略的女性婚姻移民，并非是她们自愿采取这样的支持策略，而是因为在处理日常生活中的困难或重要事件时，她们得不到来自原生家庭的支持，又受到现有家庭排斥而被迫转向依赖自身的资源，这些女性婚姻移民的社会支持网络是非常脆弱的。

其次，大陆女性配偶新的社会支持网络的缺乏与不足，影响了她们在台湾的生活适应。根据林南社会资源理论中的地位强度假设，人们的社会地位越高，摄取社会资源的机会越多。[①] 由于大陆配偶的丈夫多为台湾中下阶层或身心障碍者等弱势群体，有时还需在她们出外工作养家，这就使得大陆配偶缺乏较有力的社会资本，也无法获取更好的社会支持网络。同时，由于意识形态的影响，扭曲的形象塑造加上社会偏见与歧视，不仅无法提升大陆配偶的社会支持网络，甚至可能腐蚀或限制她们获取社会支持网络。大陆配偶背井离乡只身来到台湾社会，面对一个全新又陌生的世界，本需要一个支持性的社会网络作为一种鼓励性资源，帮助她们适应新社会。然而她们在人际关系方面却显孤立，大多数局限在狭小的人际圈里。由于普遍缺乏社会交往的支持，导致大陆配偶到台湾后感到孤独无助，无法从生活层面上融入到城市和社区的生活中。

3. 社会偏见与歧视的影响

台湾社会对大陆配偶的态度也是影响因素之一，由于社会偏见与歧视造成社会对她们的排斥，阻隔了她们的社会融合。在建构大陆女性配偶标签化的社会意象的环境脉络中，媒体在相当程度上是影响民众对两岸通婚认同的外在因素。台湾社会对大陆配偶的认知，多半来自于媒体所使用的语境和建构的意象。

---

① 林南：《社会网络与地位获得》，曹荣湘：《走出囚徒困境——社会资本与制度分析》，三联书店，2003 年。

在商业化与市场化的操作下，有关大陆配偶的事件报道往往占据媒体版面，其标题与内容往往强调事件主角的大陆身份，甚至塑造出一种刻板印象，造成对大陆配偶的污名化。例如"假结婚，真卖淫""破碎家庭""低学历低素质人口""苦命认命的""受害来的"，被社会大众认知为"问题根源"，故而被断定为"文化水平低落"，并会伤害下一代的教育问题等。① 不可否认确有一些大陆配偶来台是为了钱，但不能因此而否定所有的两岸通婚。整体社会环境的歧视与偏见，反映出台湾社会深层的文化影响因素的存在，不利于女性婚姻移民的社会认同。所谓移民的社会认同是指移民在与迁入地的居民交往互动中，基于迁移前后两地差异的认识而产生的对自身身份的认知、自己感情归属以及未来行动归属的主观性态度，并且这一主观性态度是可以随自身社会地位以及社会场景的变化而变化的。② 社会上弥漫的贬抑气氛，使她们随处感受到被排斥，不被认同，受到社会大众的歧视。

4. 两岸文化观念差异的影响

文化差异与大陆女性配偶婚姻家庭的适应有密切关系。两岸特殊的历史遭遇使得双方的文化出现了一些差异，如制度文化差异、社会意识形态差异、价值观差异、生活方式差异等，对大陆女性配偶的生活适应造成较大影响。台湾社会仍以传统的家庭伦理文化为主，推行三代同堂家庭制度，重视家庭亲职教育和孝道教育。③ 在家庭分工上基本还是男主外、女主内，女性在家庭权力结构中仍居于附属地位。有些台湾女性婚后没有社会角色，一切围着丈夫和家庭转。而大陆1949年以后，一直提倡男女平等，妇女解放，妇女在社会上能起到半边天的作用。大部分大陆女性配偶希望自食其力，有独立的经济地位和人格。但是进入台湾社会后，却与迁入地的文化价值观念、生活方式发生矛盾。在传统观念下她们被赋予照顾者的角色，要承担琐碎的家务劳动，还有传宗接代的工具性功能。此外还有生活的习惯、语言的沟通、孩子的教育、与家人亲朋的相处等问题。她们在矛盾中挣扎，自尊与自卑交织在一起，调适不当容易造成家庭婚姻的隐患。两岸文化观念的差异，直接导致了与迁入地社会文化环境的冲突，不信任、排斥、歧视婚姻的"外来者"是不可避免的。

---

① 叶世明：《论台湾大陆籍婚姻移民社会权之赋予》，《台湾研究》2007年第6期。

② 赵丽丽：《城市女性婚姻移民的社会适应支持研究》，《同济大学学报》（社会科学版）2008年第2期。

③ 李世家：《现代台湾与传统伦理文化》，贵州人民出版社，2001年，第150页。

5. 个人出嫁动机及婚配渠道的影响

从调查来看，两岸通婚问题与个体的因素也有一定的相关度。特别是早期的两岸通婚，功利性出嫁动机占了相当一部分，因而使得婚姻从一开始就带着利益的色彩。在 20 世纪 90 年代初，人们求生存求发展的强烈欲望推动着他们向经济较发达地区转移。而台湾当时作为"亚洲四小龙"之一，经济发展较好，因此只要是个台湾男的，无论好看难看，大陆女性都愿意嫁过去。当时人们认为台湾遍地是黄金，嫁过去就是享福了。此外，大陆配偶多是通过亲朋好友或中介人介绍，双方没有经过较长时间的相处就定了婚约。而在台湾未全面开放大陆民众前往观光前，一般大陆女性在与台湾人士结婚之前几乎没有机会经由合法的途径到台湾，因此也就没有机会了解对方真实的家庭背景与社会环境。如此带有功利性、盲目性的"速配婚姻""闪电式婚姻"，由于双方婚前缺乏沟通与了解、夫妻分居两地、年龄差异、功利色彩浓厚以及重婚、骗婚等问题，造成婚姻质量差，涉台离婚率偏高。可见通婚当事人自身的认知对其生活适应问题也有一定的影响。

四、结语

通过上述对大陆女性配偶生活适应面临的问题及其影响因素的分析，我们得出以下几点认识：

1. 制度和政策上的不公平对待是造成大陆女性配偶生活适应不良的主要因素。这种社会公权力充满对大陆配偶的偏见，也加深她们在社会、文化、家庭上受到的歧视，加剧社会群体之间文化心理上的差距和对立，阻碍社会融合，导致社会隔离。因此，对大陆配偶的管理制度与社会政策应由"移民管理"逐步调整为"权利保障"，通过修改法令、合理放宽相关规定、制定协调配套的法律政策等，从制度层面保障她们的工作权、社会权等。逐步全面的提供大陆配偶在医疗、经济、子女教养辅导、法律扶助、就业辅导、职业介绍、家庭暴力防治与庇护、社会救助、家庭危机协助等方面的社会福利服务。虽然马英九上台以后，对两岸通婚问题及大陆配偶在台生活的各项权益有了关注与推动。但是，由于历史、政治等多重原因，修法仍具有一定限制，仍然需要台湾方面更为理性更为务实的推动。

2. 婚姻迁移与其他迁移不同，大陆女性配偶移居台湾，既是"移民"又是

"媳妇"，面对的是婚姻与移民的双重适应与文化挑战，因此更需要来自政府、社区、民间团体的正式与非正式支持网络。大陆女性配偶在获得正式支持方面几乎是举步维艰，相反受到社会政策的多种限制而陷入困境。一些民间组织、自发性维权团体的非正式支持虽然正经历从无到有的过程，但总体上仍处于边缘地位。通常情况下，一个国家内居民的短距离迁移对迁移者的适应不会有大威胁，但囿于两岸社会制度、政治关系，大陆女性配偶嫁入台湾不只是居住地点的改变，更重要的是她们必须面对新的社会情境与规范。看待婚姻移民的生活适应，移民并非只是居住地的转变，更是迁移者与自身社会、文化与迁移地的社会情境与规范的相互调适历程。① 因此，一方面迁移者必须主动调整其文化价值观念与生活行为模式，以重新适应不同的社会文化系统。另一方面，台湾社会应建立合理的大陆配偶亲缘体系、社区组织和非正式网络。这些措施对于保障大陆配偶的权益，打破社会排斥的周期，实现代际平等，促进社会流动和社会整合具有很大作用。充分发挥社区对女性的社会保障、社会民主、社会参与、社会控制等多重功能，尤其要重视发挥民间组织在其中的作用，在社区形成一个社会支持网络，提升大陆配偶的社会资本，帮助其进行再社会化，更好地融入社会。与此同时，进一步加强两岸交流，重建两岸亲情网络，以保证两岸通婚健康发展。

3. 台湾社会整体环境的偏见与歧视不仅造成社会对大陆配偶的排斥，而且这种社会歧视文化所产生的认知或情绪上的对立更具有深层次和长远的影响。不平等的社会地位与社会排斥感会在代际之间"继承"下来，造成两岸通婚的下一代即所谓的"新台湾之子"对台湾社会的认同问题。因此，台湾方面应设法去除社会歧视，以合理的法规、平等的人权精神与尊重多元文化的心态对待这些大陆配偶及其家庭，教育社会大众对大陆配偶的基本尊重，并促使媒体以正确健康的态度为大陆配偶建构正面的评价。加强对两岸通婚家庭成员教育，设计家庭教育方案及辅导计划，鼓励大陆配偶的丈夫、公婆及子女共同参与，增加家庭成员的人际沟通能力，增进家庭成员间的互信、互动与关怀。同时加强两岸媒体与新闻机构的交流与合作，以多种形式介绍大陆社会发展、经济繁荣以及生活水平提升的事实，从观念意识上改变台湾民众对大陆片面和有限的认知，让双方了解两岸之间存在的社会文化差异，逐渐消除偏见。

4. 两岸通婚是两岸交流交往的必然结果和趋势。随着两岸交流交往的进一

---

① 陈蘋、叶世明：《两岸通婚研究》，海风出版社，2008年，第160页、第202页。

步扩大，婚姻平台将更加广阔和稳固，两岸通婚的数量会继续增长，两岸婚姻已经成为两岸社会与家庭的重要组成部分。因此，在两岸婚姻问题上，两岸双方需要形成共识，共同为两岸人民的婚姻与家庭幸福创造条件。加强两岸双方的沟通与合作，建立常态化、制度化的沟通机制，互相交换意见与交流信息。双方共同寻找协调的途径，共同研究、制定配套的政策措施来解决两岸通婚中存在的种种问题。如加大两岸司法协助，完善两岸司法互助机制，疏通司法渠道，畅通送达程序等。加强两岸通婚的社会管理与服务。大陆的涉台婚姻机构，应不断提升服务水平、简化手续，为涉台婚姻提供更为简便有效的服务方式、便捷的平台。成立"涉台婚姻协调服务中心"，不断为两岸通婚提供相关婚姻信息、业务政策和法律咨询的内容，对矛盾纠纷进行协调处理。台湾方面应正视两岸婚姻的事实，以前瞻性的视野来制定周全的秩序性规范和管理制度，并从政策上给予适当的引导，切实维护大陆女性配偶及其家庭的合法权益。

在闽台生社会认同现状实证研究

江晓珊 *

一、研究背景与问题的提出

在台湾地区 2014 年的"太阳花学运"及地方县市"九合一"选举中，由于岛内青年学生对政局及两岸关系产生的重大影响，台湾青年问题已经成为两岸政界、学界关注的重点问题之一。2014 年 5 月、11 月习近平总书记在会见台湾亲民党主席宋楚瑜、台湾两岸共同市场基金会荣誉董事萧万长时多次指出"两岸青少年身上寄托着两岸关系的未来，要多想些办法，多创造些条件，让他们多来往、多交流""增进相互了解，融洽彼此感情，实现心灵契合"，"担当起开拓两岸关系前景、实现民族伟大复兴的重任"。台湾地区领导人马英九也多次强调"两岸年轻人如果能在人生较早阶段交朋友，一定可以化解误会，增进了解"，"10 年后一定可以看到成果！"台湾青年群体中，一部分青年学生有赴大陆学习考察交流的经历（以下简称其为"台生），由于他们有与岛内青年不同的经历，在对大陆的认知上有所不同。台生赴大陆交流已近三十年，他们如何认识两岸关系？台生在大陆期间增进了对大陆的理解，他们的社会认同现状如何，对推动两岸和平发展有什么作用？

在政治因素等影响下，两岸青年交流颠簸起伏，总体而言，赴大陆学习的台湾学生的规模仍相对较小，交流的历史也相对较短，因此当前以大陆台生为研究对象的各类研究成果仅 50 份左右，关于大陆台生社会认同的研究更是寥寥，且多散见于国内外学界对台湾民众社会认同的研究中，本文将其概括为如下六点：一是强调台湾民众社会认同的世代差异；二是指出台生社会认同的危机，即"台湾"认同高于"中国"认同；三是剖析民族运动、民主化理论、政

* 江晓珊，中共福建省委党校、福建行政学院闽台关系研究中心讲师。该文原发表在《闽台关系研究》2015 年第 2 期。

治环境等影响台生"国家认同"的因素；四是分析语言同脉、族根同缘、民俗同根、宗教信仰同源等文化特质是两岸共同社会认同的基础；五是指出构建台生社会认同的动力，即强调感情性认同吸力大于物质利益的拉力；六是从教育合作模式、交流项目设计等方面建构台生社会认同的实现路径。通过对既有研究的梳理发现，既有研究多就事论事，理论对话较少；在方法的应用上以宏观定性分析为主，问卷、访谈等实证研究较少；个案之间同质性较强，对研究对象的比较分析和变化分析较少。

围绕这些问题，本文通过实证调研，从两岸和平发展背景下重点分析两个问题：一是大陆台生的社会认同现状；二是影响两岸同一性社会认同建构的主要因素。

二、研究方法与样本来源

相对其他群体，大陆台生群体规模仍较少，受各种因素的限制，该群体研究样本不易获取，这也是以往研究实证资料匮乏的重要原因。因此，在研究的初始阶段，课题组对相关著作、论文、调研报告及政府文件、管理制度等文献资料进行了较为系统的梳理和研究，在此基础上，厘清了大陆台生社会认同的研究脉络以及重点、难点，建立了分析研究框架；为更为详细地获取一手数据资料，把握个体心态变化，本文采用了半结构式访谈和问卷填写相结合的方式，并运用数据统计和质性分析相结合的方法对研究主题进行深度分析。

福建是大陆最早招收台湾学生的地区，有着对台的"五缘"优势，享有对台合作的先行先试政策，是台湾学生在大陆相对集中的区域，现在福建就读的台湾学生占大陆台生总数六分之一（福建省教育厅，2013 年 11 月），未来几年来闽台生数量还将大幅增长。因此，以在闽台生为研究对象研究大陆台生社会认同问题具有较明显的代表性。课题组通过熟人介绍，接触到了福州大学、福建医科大学、福建师范大学的部分在读台生，然后通过滚雪球的方式获取到了更多的样本。为避免抽取样本的同质化，抽样过程兼顾到年段、性别、专业、在闽居住时间、家庭结构等类型因素，通过分层抽取，最后确定了 34 份样本。调研工作于 2014 年 11 月开始，12 月底结束；研究过程中，结合两岸局势的变化，课题组还选择了部分群体进行了二次访谈。被访台生基本情况如表 1。

表1 被访大学生基本情况表（n=34）

指标	频数	（%）	指标	频数	（%）
性别			**出生年代**		
男	20	58.82	1970年代	2	5.88
女	14	41.18	1980年代	2	5.88
			1990年代	30	88.24
籍贯			**籍贯**		
台北	8	23.53	屏东	1	2.94
金门	1	2.94	台南	7	20.59
新竹	2	5.88	高雄	6	17.65
新北	1	2.94	桃园	2	5.88
台中	3	8.82	嘉义	2	5.88
彰化	1	2.94			
祖籍地			**父母籍贯**		
福建省	8	23.53	父母双方均为台籍	25	73.53
大陆其他地区	1	2.94	父母中一方为台籍	6	17.65
台湾省	18	52.94	父母双方均为大陆籍	3	8.82
未知	7	20.59			
专业			**年级**		
金融会计类	4	11.76	大一		
管理类	2	5.88	大二	6	17.65
教育类	3	8.82	大三	7	20.59
医学类	18	52.94	大四	11	32.35
广告传媒类	4	11.76	大五	6	17.65
心理学类	1	2.94		5	14.71
自然科学类	2	5.88			
家庭经济收入层次			**在大陆生活时间**		
上层	1	2.94	0—1年	7	20.59
中层	30	88.24	2—4年	8	23.53
中层以下	3	8.82	5—10年	9	26.47
			10年以上	10	29.41

三、在闽台生社会认同现状分析

根据亨廷顿关于社会认同类型的界定，人们有种种身份/特性，其来源可能无限之多，但主要有以下几个方面：一是归属性的，例如年龄、性别、祖先、血缘家族、血统民族属性、人种属性；二是文化性的，如民族、部落、从生活方式界定的民族属性、语言、国籍、宗教、文明；三是疆域性的，如所在街区、村庄、城镇、省份、国别、地理区域、洲、半球；四是政治性的，如集团、派别、领导地位、利益集团、运动、事业、党派、意识形态、国家；五是经济性的，如职务、职业、工作单位、雇主、产业、经济部门、工会、阶级；六是社会性的，如友人、俱乐部、同事、同仁、休闲团体、社会地位。[①]在此定义基础上，本文将从六个部分对大陆台生的社会认同现状进行描述性分析，分别是：归属性认同、文化性认同、疆域性认同、政治性认同、经济性认同和社会性认同。

（一）在闽台生的归属性认同

归属性认同主要关注祖先、血缘家族、血统民族、人种属性，结合在闽台生特点，本文主要考察其祖先认同、血缘家族认同、民族认同等。调研过程中的题目设置及统计结果见表 2。调查发现，被访者均为汉族；47.06% 的在闽台生祖籍地在大陆，但其中的 43.75% 的被访者（n=34）不能准确表述出祖籍所在地；台湾地区 80% 的人口祖籍地在福建，但 23.53% 的被访者对此信息并不了解；38.24% 的被访者不认同或是不清楚"两岸一家亲"；更有甚者不认同自己属于中华民族（或对"中华民族"这一名词感到陌生），这部分群体占总人数的 29.41%。

这些数据一定程度上传递出这样一种信息，相当部分台湾年轻群体对两岸同根同宗的认识模糊。

表 2　在闽台生归属性认同情况表（n=34）

内　容	频数	（%）	内　容	频数	（%）
您的祖籍地在哪里？			您知道台湾地区很多民众的		
福建省	8	23.53	祖籍在福建吗？		
大陆其他地区	1	2.94	知道	26	76.47
好像在大陆，具体不清楚	7	20.59	不知道	8	23.53
台湾省	18	52.94			

①　[美]塞缪尔·亨廷顿：《我们是谁：美国国家特性面临的挑战》，程克雄译，新华出版社,2005年，第24—25页，第92页。

内　容	频数	（%）	内　容	频数	（%）
您是否认同"两岸一家亲"？			您所属的民族是什么？		
是	21	61.76	汉族	34	100
否（或不清楚）	3（10）	38.24	其他	0	0
您认同自己属于中华民族？					
是	24	70.59			
否（或不清楚）	3（7）	29.41			

（二）在闽台生的文化性认同

社会学家威廉姆·奥格本在 1922 年提出文化二分模型，把文化分为物质文化和非物质文化。物质文化指日常生活的物质或技术方面，包括食物、房屋、工厂和原料等。非物质文化指使用实物的方式以及习俗、观念、词句、信仰、知识、哲学、政体和交流方式等。[①] 本文所指的文化性认同主要关注非物质文化中的语言、宗教、社会规范（即指导人们日常行为的规范，具体体现为民风和民情[②]）、价值观等内容。具体的题设及统计数据见表 3。调查发现，在语言认同上，35.29% 的被访者认为闽南话和"台湾话"之间存在较为明显的差别，由于缺乏语言环境，44.12% 的被访者平时几乎不用"台湾话"交流；在书写习惯上，76.47% 的被访者保持繁体字书写习惯。在宗教认同上，两岸的信仰结构相似，佛教和道教信仰在被访者中占据了主要比重，分别为 23.53% 和 38.24%；但 44.12% 的被访者不认为两地间的生活方式、民俗信仰非常接近。67.65% 的被访者认为他们的生活习惯、思考方式等和大陆朋友存在明显差异，教育模式、人文素质、生活习惯、价值观、意识形态等方面的差异，让他们觉得不适应大陆的生活，尤其强调的是 70.59% 的被访者都表示出了对大陆部分群体人文素质的不认同，在民风民情等社会规范以及价值观认同方面表现为对台湾地区的高度认同。

共同的乡音、民间信仰、民俗风情等是联结闽台渊源的重要纽带，但以上数据却表述了这样一个事实：虽然闽台间文化的相似性（或表述为一致性）客观存在，但经过时代变迁、世代传承，在台湾青年眼中，两地文化的差异越来

---

① 乔恩·威特：《包罗万象的社会学》，王建民译，人民邮电出版社，2014 年，第 43 页、第 49 页、第 4 页。

② 乔恩·威特：《包罗万象的社会学》，王建民译，人民邮电出版社，2014 年，第 43 页、第 49 页、第 4 页。

越大，在此基础上他们似乎对台湾地区的文化更为认同；同时似乎还衍生出这样一个推论：同质性越强，差异性越容易被放大，在新时代背景下，产生社会分类的"加重效应"。

表 3　在闽台生文化性认同情况表（n=34）

内　容	频数（%）		内　容	频数（%）	
您在大陆（福建）是否经常用台湾话交流？			您是否觉得闽南话和台湾话没什么差别？		
经常	6	17.65	是		
偶尔	13	38.24	否（不清楚）	22	64.71
几乎不讲	11	32.35		8（4）	35.29
不会讲	4	11.76			
您现在的书写习惯是简体字还是繁体字？			您的宗教信仰类型？		
主要使用繁体字	6	17.63	佛教	8	23.53
繁体字和简体字都会用	20	58.82	道教（含妈祖、关公、保生大帝等民间信仰）	13	38.24
使用简体字	8	23.53	基督教	1	2.94
			无	12	35.29
您是否觉得福建和台湾生活方式、民俗信仰非常接近？			您是否觉得您的生活习惯、思考方式等和大陆朋友没什么差异？		
是	19	55.88	是	11	32.35
否（含不清楚）	9（6）	44.12	否（含不清楚）	15（8）	67.65
您在大陆（福建）觉得不适应的内容有哪些？					
A 气候	A 8	23.53	G 生活习惯	G 9	26.47
B 饮食	B 10	29.41	H 价值观	H 10	29.41
C 交通	C 4	11.76	I 人际交往障碍	I 2	5.88
D 医疗	D 16	47.06	J 意识形态	J 3	8.82
E 教育模式	E 15	44.12	K 语言	K 1	2.94
F 人文素质	F 24	70.59	L 其他	L 2	5.88

（三）在闽台生的疆域性认同

疆域认同即对地方的依附感，关注群体与固定地区之间的关系，在地理学中经常表述为对某个地方的感觉和归属。疆域性认同不仅是指地理位置的客观性存在，同时包含了浓厚的感情寄托。本文主要结合居住地的地理位置这一客观指标以及定居意愿、城市认同感等主观指标对疆域认同进行描述分析，具体见表 4。被访的在闽台生父母双方中一方为大陆籍的家庭在大陆地区均有固定房产，在问到"你的家在哪个位置"，被访者首先的表述为大陆地区房产所在地理位置，表明了其对疆域性归属的认同；关于定居意愿，67.65% 的被访者表示会考虑在大陆购买房产，但 61.54% 的被访者不会考虑将台湾的亲人迁居到大陆；55.88% 的被访者表示，在他们的情感中，最理想的长期生活的地方还是台湾。

在地方依附关系上，从上述数据可以看出，虽然在闽台生大都有在大陆居住的意愿，但相当部分群体在情感上的认同地不是大陆，他们的选择存在现实与理想间的冲突，这一矛盾体正是理性动机和感性动机冲突的产物。

表 4　在闽台生疆域性认同情况表 （N=34）

内容	频数（%）		内容	频数（%）	
您家人目前在大陆是否有房产？ 　是 　否	6 28	17.65 82.35	您是否考虑在大陆购买房产？ 　是 　否 　看情况再说	23 8 3	67.65 23.53 8.82
您是否考虑将台湾的亲人迁居到大陆？（N=26） 　是 　否 　尊重家人的意愿	5 16 5	23.08 61.54 23.08	您心目中最理想的长期生活的地方是哪里？ 　福建 　大陆其他城市 　台湾 　国外	9 2 19 5	26.47 5.88 55.88 23.08

（四）在闽台生的政治性认同

包心鉴 2014 年在《包心鉴解读：当代中国的政治认同》一文中提到，政治认同，即社会成员在一定的政治生活和政治发展中所产生的情感和意识上的归属感，具体体现为政党认同、国家认同、制度认同、体制认同、理想认同、政策认同、宗教认同等等。[1] 在闽台生在接触到有关政治性议题时，均表现得敏感和拘谨，因此，研究中我们主要从政党认同、国家认同两个方面通过正面提问和侧面评价等方式对受众群体的政治性认同进行分析，具体体现于表 5 的各项数据中。在政党认同方面，85.29% 的被访者表示自己无政治党派倾向，同时

---

[1]　包心鉴：《包心鉴解读：当代中国的政治认同》，《光明日报》2014 年 4 月 9 日。

76.47%、79.41% 被访者认为其父亲、母亲也无政治党派倾向；对于 2014 年的"318"学生运动，大多数被访者表示不清楚情况，但 58.82% 的被访者认同《海峡两岸服务贸易协议》的签订对台湾经济发展有积极推动作用。在国家认同方面，仅 8.82% 被访者认同自己是中国人，47.06% 被访者认同自己是台湾人，具有"台湾人"和"中国人"双重身份认同的比例为 44.12%。

从以上数据可以看出：在闽台生无明显的政党派系倾向，或者由于政治互信未建立，不愿意表露内心的真实倾向。

表5　在闽台生的政治性认同（N=34）

内　容	频 数（%）		内　容	频数　（%）	
您父亲的政治党派倾向是什么？ 　国民党 　民进党 　其他党派 　无党派	6 2 0 26	17.64 5.88 0 76.47	您母亲的政治党派倾向是什么？ 　国民党 　民进党 　其他党派 　无党派	7 0 0 27	20.59 0 0 79.71
您的政治党派倾向是什么？ 　国民党 　民进党 　其他党派 　无党派	4 1 0 29	11.76 2.94 0 85.29	您是否觉得《海峡两岸服务贸易协议》的签订有利于推动台湾经济发展？ 　是 　否 　不清楚	20 0 14	58.82 0 41.18
您觉得自己是哪里人？ 　台湾人 　中国人 　既是"台湾人"也是"中国人"	16 3 15	47.06 8.82 44.12			

（五）在闽台生的经济性认同

经济性认同主要是指经济领域各项指标的认同情况，是对"我的社会经济地位归属于哪一个阶层"的回答，是一种主观意识、评价和感受。由于在闽台生大都无经济收入来源，在经济性认同上，本文主要从台生对自己家庭收入所属的经济地位阶层的认同、职业意愿、职业认同、对经济发展的评价等方面对该问题进行描述分析，具体情况见表6。访谈过程中我们发现，在阶层认同上，

91.18% 的被访者依据家庭收入水平认同家庭经济地位为中等以上阶层。在职业认同上，在闽台生的家庭职业结构主要为商人、医生、公职人员这三大类型，在台湾地区拥有较高的职业地位和职业声望；18 位福建医科大学的在读学生中有 16 位学生（占比为 88.89%）表示理想的职业为医生；87.5% 的被访者（n=16）对就业后年收入的期盼为 20 万元以上。在经济发展形势评价上，94.12% 的被访者认同大陆近年来迅速发展的经济态势，50% 的被访者认同大陆是最理想的长期工作的地方。

从上述数据可以看出，大多数的在闽台生认同大陆地区的经济环境，同时对职业收入等物质需求有较高的期盼。

表 6　在闽台生经济性认同情况（N=34）

内容	频数（%）		内容	频数（%）	
您家庭人均月收入在台湾地区属于哪个阶层？ 上层 中层 中层以下	1 30 3	2.94 88.24 8.82	您的父亲职业类型？ 经商（或金融管理行业） 医生 公职人员 （公务员、军人、教师等） 其他	22 6 4 2	64.71 17.65 11.76 5.88
您理想的职业是什么？ 医生 商人 金融服务业 还没想法	16 3 1 4	47.06 8.82 2.94 11.76	您心目中最理想的长期工作的地方是哪里？ 福建 大陆其他城市 台湾地区 国外	13 4 13 4	38.24 11.76 38.24 11.76
您对就业后年收入的期盼？ 5 万元左右 5 万—10 万元 10 万元—20 万元 20 万元以上 没想过	3 3 7 14 7	8.82 8.82 20.59 41.18 20.59	您是否觉得大陆近年来发展的非常迅速？ 是 否 不清楚	32 0 2	94.12 0 5.88

（六）在闽台生的社会性认同

社会性认同主要是指个体作为社会人在社会活动中，对各类社会群体如友人、俱乐部、同事、同仁、休闲团体的认同情况。本文主要从在闽台生参与的社会活动类型、社会交往情况、群体认同等方面进行社会性认同的判定，具体见表 7。调查发现，有 41.18% 的被访者在大陆学习生活的过程中没有结交到大陆籍好友；52.94% 被访者认为很难和大陆的同学建立很深的感情，如果加上选择"不清楚"这一选项的，比重将达到 64.71%；50% 的被访者不喜欢台湾地区朋友经常谈及其在大陆学习生活的经历，55.88% 的被访者自我介绍时会刻意强调自己来自台湾。在社会活动参与上，在闽台生参与社团组织活动的积极性不高，58.82% 的被访者在闽期间没有参加任何社团组织，相当部分在闽台生的社会活动交往规模小，交往对象主要为周边宿舍的舍友。

表 7　在闽台生社会性认同情况表（N=34）

内容	频数（%）	内容	频数（%）
您最好的朋友的地域分布情况？		您是否觉得很难和大陆的同学建立很深的感情？	
大陆地区	20　58.82		
台湾地区	25　73.53	是	18　52.94
港澳地区	14　41.18	否	12　35.29
其他国家	2　5.88	不清楚	4　11.76
您不喜欢台湾地区朋友经常谈及您在大陆学习生活的经历？		您自我介绍时会刻意强调自己来自台湾？	
是	17　50	是	19　55.88
否	11　32.35	否	11　32.35
不清楚	5　14.71	不清楚	4　11.76
您在大陆（福建）加入（或参加）的社团组织类型？		您在大陆（福建）期间主要的休闲活动类型？	
		健身类	18　52.94
		图书馆阅读	7　20.59
校院社团	12　35.29	购物	15　44.12
台湾籍群体社团	5　14.71	旅游	13　38.24
其他类型社团	0　0	上网聊天	15　44.12
没有参加任何社团或组织	20　58.82	看电影	17　50
		玩游戏	18　52.94

上述数据表明，相当部分在闽台生在社会交往中很难与大陆籍同学结成内群体关系，群体类别区分较为明显，两类群体虽彼此交往却相对分隔。

四、结论与讨论

（一）在闽台生社会认同的整体特点

在表 8 中，我们用"+"及数量表示社会认同的程度，+号越多表示认同程度越高，进而分析在闽台生社会认同的整体特点。

表 8　在闽台生社会认同整体情况表

社会认同类型	大陆地区	台湾地区
（1）归属性认同	++	+
（2）文化性认同	+	++
（3）疆域性认同	+	++
（4）经济性认同	++	+
（5）政治性认同	+	++
（6）社会性认同	+	++

1. 不同类型的社会认同，台生的认同程度不尽相同。

六种类型的社会认同中，在闽台生的文化性、疆域性、政治性、社会性等四类认同都倾向于更认同台湾地区，只有归属性和经济性两类社会认同倾向于更认同大陆社会。

2. 归属性认同和经济性认同是不以台生主观意识为改变的客观性认同。

归属性认同中的祖籍、祖先、民族等是社会认同中比较固定的因素，除了人为的否认和改变外，是客观事实存在。经济性认同依据的是社会经济增长速度、国民生产总值、就业率、失业率、收入水平、物价高低等客观指标，指标的客观性决定了在闽台生社会认同的客观性。

3. 文化性认同、疆域性认同和社会性认同中的主观认同差异被强化。共同的语言工具、生活方式、历史记忆、起源传说、文化象征及居住家园等，有益于推动共属一体感觉的产生，是构成同一性社会认同的基础。但现阶段台生对其同一性认同较为模糊，相当部分认同因素被人为改变，差异性被刻意强化，从而直接导致在闽台生对两地认同的同一性产生偏差。

整体而言，在闽台生在情感上更认同于台湾地区。

（二）在闽台生同一性社会认同建构的认识

社会交往过程中，"求同"和"求异"同时发生。人们同处于某一社会中，共同生活，相互联系，说同一种语言，遵循共同生活习惯，有共同的社会、情感和宗教经历，心中自然会萌发跨地域的意识、观念和主题①，感情认同油然而生。调研过程中，我们对被访者来大陆前对大陆的评价程度进行了测量，分为"好""一般""不太好""陌生"种程度。调查发现这四个选项所占的比重分别为14.71%、44.12%、20.59%、20.59%。表 4 中 55.88% 的被访者表示最理想的长期生活的地方是台湾，在大陆有购买房产意愿的被访者中有 61.54% 的被访者不会考虑将台湾的亲人迁居到大陆；同时 55.88% 的被访者表示会让下一代在台湾接受教育。上述数据似乎可以得出这样一个推论：在闽台生在大陆期间虽增进了对大陆的了解，但对大陆社会的认同并没有发生较大的改变。

结合调研访谈感受，本文强调要重点从三组关系来认识在闽台生的同一性社会认同的建构。

1. 文化堕距和文化认同

"文化堕距"决定了文化性认同必然滞后于经济性认同。美国社会学家W·F·奥格本在 1923 年出版的《社会变迁》一书中首先提出"文化堕距"概念，他认为，在社会变迁的过程中，物质文化与科学技术的变迁速度往往是很快的，而制度与观念等部分的变化则较慢，这就产生了一种迟延现象。这种迟延产生的差距即文化堕距。一般而言，物质技术的变化发生在非物质的适应性文化之前。马克思主义认为，物质文化决定非物质文化，而非物质文化一旦形成必然具有相对的独立性和稳定性。因此，文化堕距是社会变迁中不可避免的一种现象。②

文化认同是身份认同的基础，是社会融合的中介。调研过程中我们发现在对"您认为人与人之间的距离的影响因素"的选择时，82.36% 的被访者认为两地在价值观上的差异最为重要的因素，其次是生活方式的差异（70.89%）、行为方式的差异（52.92%）、志趣爱好的差异（47.06%）、相处时间的长短（47.06%）、社会制度差异（20.59%）、语言沟通障碍（14.71%），最后是地理位置的远近（5.89%）。文化界定身份，身份决定利益。文化认同将推动两岸政治、经济和文

① ［美］塞缪尔·亨廷顿：《我们是谁：美国国家特性面临的挑战》，程克雄译，新华出版社,2005 年，第 24—25 页、第 92 页。

② ［美］乔恩·威特：《包罗万象的社会学》，王建民译，人民邮电出版社,2014 年，第 43、49、44 页。

化等领域逐步趋向一体化。

文化认同的重要性也决定了对原有文化认同的坚持，放弃原有文化认同在某种程度上，就等于对自我的一种否定，这将直接威胁到个体的自尊感和存在的价值感，所以，原有文化认同对于满足人们的归属需要有着不可替代的重要性。[①] 因此，在闽台生的同一性社会认同必须分阶段稳步推进，要增进了解、消除歧视、消除偏见、消除价值观上的冲突，从而实现双重依附关系到同一性理念的转变及同一性的实现。

2. 自尊需求和群体分类

相较于大陆地区，在闽台生的社会认同更趋同于台湾地区，很大程度上均源于满足自身的自尊需求和本体性安全。泰弗尔在社会身份论中提出：人们建立社会身份，是为了透过所认同的社群，提高自尊，人们会评价和比较各社群的优劣、社会地位和声誉，争取把自己编入较优越的社群，并觉得自己拥有该社群一般成员具有的良好特征。[②]

提问：为什么会刻意强调自己来自台湾？

答：不是我们一定要强调自己是台湾人，我自己亲身经历到的，一次在国外一家自助餐厅用餐时，服务员过来轻声告诉我："你们赶紧去取食物，一会会有一批大陆食客过来。"其实自助餐我们更多是享受精致的美食，追求的是品质，但是大陆的食客不一样，他们讲究要回本，要吃回本钱，所以就会拿很多，吃很多，也会吃不完浪费，影响很不好，所以我们在国际上都会特别强调自己来自台湾，不是大陆人。（WXJ，2014 年 11 月 29 日）

提问：为什么不想让台湾地区朋友知道你长期在大陆学习生活？

答：他们会觉得你在大陆呆久了，就是大陆人了。回台湾时有些同学会开玩笑，说我是"陆客"，其实我心里很不舒服。因为"陆客"其实是不好的称呼，在台湾街头，你听到哪里讲话声音最大声，或者随地吐痰或是乱丢垃圾的，就一定是大陆人。我们台湾过去也会有这样的现象，但现在基本上不会。（LJQ，2014 年 11 月 22 日）

从上述访谈内容我们可以了解，在闽台生与大陆民众之间建立我群和他群

---

① 包心鉴：《包心鉴解读当代中国的政治认同》，《光明日报》，2014 年 4 月 9 日。
② 雷开春：《城市新移民的社会认同研究》，上海大学，2008 年，第 60 页。

的明显分隔,是为了保持自身群体的优越性,满足自尊的需求。但"陆客"的污名化现象,一方面提醒我们自省的同时,另一方面也强调了双方进一步增进了解的紧迫性和重要性。

3. 交往限制和社会记忆

就调研现状,本文认为,在闽台生现陷入"彼此交往却相对隔离"新常态困境。具体为:第一,受历史、政治、家庭影响,生命早期与大陆的交往限制或剥夺;第二,在陆期间由于生活、学习习惯以及意识形态等差异导致的自主式隔离;第三,共同体平台的缺失、学校隔离式管理模式下的被动式隔离。70.59% 的被访者与大陆籍同学居住空间分割,同时在闽台生管理方式区分、评价标准上与大陆同学实行两套标准。这种强制隔离的方式强化了台湾学生的类群体意识,强化对本群体习惯、信条的维持,对推动两岸融合人为地设置了制度屏障。

提问:为什么很少和大陆同学来往?

答:我们小组有时候会聚会吧,我不一定参加,我不知道要不要过去,因为不是很熟,过去不知道要聊什么,会比较尴尬,而且又住的很远,爬楼很麻烦,就不想过去。(CJW,2014 年 11 月 30 日)

提问:你主要和哪些同学一起打球?

答:主要是我们海外学院的吧,上下楼比较方便,而且大家也比较聊得来,就经常打球玩一起去吃饭,偶尔也会一起出去逛街什么的。和大陆同学也会一起吃个饭,但大家的管理方式不一样,他们那边比较严格,我们这边管理会宽松些,就没有办法。(LDJ,2014 年 12 月 6 日)

家庭、学校、同辈群体和大众传媒等是社会化的重要媒介,影响着社会认同的形塑。在闽台生对大陆认识的主要来源渠道中,台湾地区媒体以 41.18% 排在第一位,其次分别是学校教育 38.24%、大陆地区媒体 35.29%、亲属 23.53%、大陆朋友 20.59% 豫、台湾地区朋友 14.71%,"政治人物演说"这一选项没有人选择。94.12% 被访者表示目前仍关注台湾媒体资讯,其中经常关注的占 8.82%,有重要事件时会关注的占 35.29%,偶尔会关注的占 50%。

提问:会经常看电视或是上网吗?

答：我宿舍没有电脑，都用手机，流量又超贵，就很土，哈。周末我会回家，我蛮爱看电视，但我们家安装了卫星接收器，远程观看台湾地区的电视节目。小的时候有一次无聊，有转到大陆地区频道看过节目，但是很无聊。我不懂政治，所以不爱看新闻，找娱乐节目，都是台湾前几年的模式，很过时，就再也不看了。（ZYZ，2014 年 11 月 26 日）

答：其实，我觉得学业蛮紧张的，都没时间娱乐。我们有从台湾带电脑过来，但不爱看新闻或是节目，很无聊，就偶尔翻墙过去看看台湾的资讯，主要还是看电影，偶尔和朋友网上聊聊天。（WXJ，2014 年 11 月 29 日）

答：大学城离市中心很远，周边也没什么商业中心，我们都很宅，一般就躲在宿舍里；黄金周人太多，也不想出去；寒暑假就急着回台湾，一想到要回去，我就会很兴奋。所以来福州几年来，也都没有到处走。（HYW，2014 年 11 月 30 日）

据表 7 中数据显示，58.82% 的被访者在闽期间没有参加任何社团组织，同时 67.65% 的被访者表示在学校期间和老师几乎没有任何形式的交流。根据教育部规定在闽台生在大陆期间免修思想政治理论和军训课程。从访谈内容及相应调查所得数据、资料可以看出，在闽台生在大陆期间通过学校教育、同辈群体、大众媒体等媒介接收到有关大陆的信息资讯的量不大，相当部分同学仍热衷于关注台湾地区的信息咨询。整体而言，这种交往限制无助于历史传统记忆的唤起和共同经历的社会记忆的建构。

闽台青少年交流与合作研究

蓝剑平 *

青年是民族的未来和希望。开展两岸青少年交流是一项着眼长远的基础性工作，直接关系到两岸关系的未来发展。闽台青少年交流作为两岸青少年交流的重要一环，在两岸青少年交流中有着独特的优势，不断深化闽台青少年的交流与合作，累积共识，增进互信，对推动两岸交流有着积极意义。

一、闽台青少年交流在两岸青少年交流中的独特优势

福建地处海峡西岸，面对台澎金马，毗邻港澳，在两岸青少年交流中有着独特的优势。

1. 福建在两岸青少年交流的历程中始终走在前列，承担着先试先行的重要角色 "早在 1979 年，福建省青联第五届委员会全体委员向台湾同胞发出《寄台湾青年同胞书》，表达了希望祖国统一的心声；1984 年，两岸青年在福建东山岛种下 5000 株湿地松，并于现场竖立一座 '闽台青年友谊林' 纪念碑"；1987 年，两岸青年第一次相聚在平潭岛，坚冰从此打破，青少年的交流逐渐活跃。近年来，特别是海峡西岸经济区战略实施并全面推广以来，福建在对台青少年交流的层次和规模上有新的发展，在内涵和效果上有新的提升，取得了巨大的成果。

2. 闽台两地共有的闽南文化、客家文化、妈祖文化等是维系两岸同胞民族感情的重要纽带海峡青年论坛、两岸青年联欢节、两岸大学校园歌手邀请赛等全国对台青少年交流重点项目，能够在福建落地生根，在海峡两岸产生广泛影

蓝剑平，中共福建省常委党校、福建行政学院马克思主义研究院、闽台关系研究中心副教授。该文原发表在《中共福建省委党校学报》2014 年第 1 期。

① 钱志军：《两岸青少年交流期待机制化跨越》，http://www.vos.com.cn/new/2013-07/12/cms758532article.shtml.

响，就是缘于共有的闽南文化、客家文化、妈祖文化和民俗文化，就是缘于两岸同胞在内心里对中华文化的认同。正如国台办在给第十届海峡青年论坛的贺信中说，海峡青年论坛把同根的历史文化、同祖的亲情文化、同龄的时尚文化连结在一起，吸引两岸青年才俊，构建了创新两岸青年交流模式的平台。共同的文化血脉，让两岸青年走在了一起。

二、近几年闽台青少年交流与合作的特点

1. 交流活动由小到大，活动的规格、规模在提升，呈现出品牌化的特征近年来，闽台青少年的交流活动以弘扬中华文化、培植民族感情、增进对祖国大陆的认同感为主题，通过项目化运作、持续积累形成了一些两岸青少年交流活动品牌。截至 2013 年，闽台已经成功举办 11 届海峡青年论坛，先后有 50 多个青年社团、5000 多名两岸四地的青年精英代表参加。从第三届开始，论坛升格为全国青联主办，成为全国对台青少年交流的重要项目；在福建连续承办三届的两岸青年联欢节中，有 3000 多名台湾大中学生来闽参加活动，到 2013 年，两岸青年联欢节已经举办了 8 届；第十二届"闽南风·海峡情"两岸青少年文化交流活动于 2013 年在台北圆满落幕，至此，该项活动连续举办了十二届。同时两岸大学生校园歌手赛和"舞动两岸"少儿舞蹈大赛也分别已经举办了 9 届和 3 届。除品牌活动外，还开展了"海峡两岸大学生闽南文化研习夏令营"、同心同根闽台青少年夏令营"、第三代台胞'红色之旅'"等活动。各设区市也有自己的长期项目和活动品牌，如榕台青少年夏（冬）令营；两岸大学生校园歌手赛；漳台青年经贸论坛、两岸青年排球邀请赛；武夷论坛等活动，形成了全方位、多层次的两岸青少年交流格局。

2. 闽台青少年交流活动由点到面，逐渐由文化向经济、科技拓展闽台青少年在 9.8 贸洽会、5.18 海峡科技成果交易会和 6.18 项目成果交易会等平台上，都得到深入地交流。而在海峡两岸花卉博览会、平和蜜柚节、云霄枇杷节、东山关帝文化节、中秋博饼联欢会上，文化、金融、科技、投资等交流活动也在进行。在福建派出的杰出青年访问团、青少年文艺访问团、青年企业家农业访问团、青年美术家访问团等团体赴台交流中，先后有 2000 多人次参访，把交流领域延伸到经贸、科技、文化、教育、农业等领域，主动对接高新产业。而中国青年科技创新馆走进了 6.18 项目成果交易会，2008 年馆内展出台湾青年高科

技创新项目 14 项；以"创意·创业——区域经济发展中的青年力量"为主题的第六届海峡青年论坛，网龙公司和台湾动漫协会合作、台湾奥美集团与福建澳华文化传媒公司合作，推动两岸创意产业发展。而在 2012 年，中国青年科技创新馆展出台湾青年高科技创新项目达到了 31 项。

3. 交流活动由浅至深，活动的广度、深度也在扩大，呈现出一定的组织化、专业化特征活动主题不断丰富，从谈经济发展、青年创业到青年政治参与和区域互动，内容越见丰富、层次愈显提高。2006 年 3 月 16 日，福建省青少年台湾事务办公室挂牌成立，这是全国首家成立的省级青少年对台机构，代表着闽台青少年交流工作已走向专业化、组织化的范畴，纳入福建省对台工作的整体布局。2007 年 6 月 18 日，由团中央主办、共青团福建省委承办的中国青年科技创新馆在"中国·福建项目成果交易会"上首次亮相，馆内展出项目 200 多个，其中来自两岸 40 多名青年科学家的项目有 100 多个，台湾青年科学家首次出现在海峡西岸的项目成果交易会上。2007 年 11 月 5 日，福建省教育厅、财政厅、台办、共青团福建省委四个部门联合出台了《关于进一步加强台商子女在闽就读服务工作的若干意见》，为台商子女在福建就读提供了重要的保证，无疑对闽台青少年学生的交流融合将起到重要作用。①

另外，交流活动范围从上至下，全面开花，从省向地市、县区逐级展开，每一级都有自己的品牌活动。福州、厦门、漳州、泉州、宁德等地相继开展了榕台 IT 行业青年精英论坛、海峡两岸大学生闽南文化研习夏令营、同心同根"闽台青少年夏令营、第三代台胞"红色之旅"、宁台经贸合作与文化交流论坛等系列活动。

4. 针对不同青少年群体，建立了纵向分层、横向分类的交流项目体系青少年是个多元化的群体，不同的年龄、学历、地域背景形成了迥然不同、特点鲜明的目标群体，闽台两地的青少年交流针对不同的青少年群体，建立了纵向分层、横向分类的交流项目体系。"闽南风·海峡情"是个跨地区性的少儿文艺交流系列活动；而针对中学生的交流活动有闽台中学生夏令营、海峡两岸中学生演讲大赛等系列活动；针对大学生的活动有两岸大学生校园歌手邀请赛、海峡两岸大学生辩论赛、海峡两岸大学生闽南文化研习夏令营等活动；而闽台青年论坛、两岸青年联欢节、第三代台胞"红色之旅"、IT 行业青年精英论坛、"同

---

① 陈强、陈训明：《浅浅的海湾见证血脉情深》，http://news.163.com/08/0128/14/ 43A5II 55000120GU.html.

心同根"闽台青少年夏令营等活动则体现了不同层次的交流。这种多元化、多层次的交流项目体系，有利于针对不同的青少年群体开展相应的交流活动，而不是一刀切，针对性也更强。

5. 闽台青少年的交流形式和内容坚持与时俱进、不断创新青少年的特点是追求时尚、善于接受新鲜事物，针对这些特点，闽台青少年的交流形式和内容也在不断地创新。比如海峡青年论坛，从一开始固定在一个地点举办，到可以在两岸分阶段交替举办；从单纯地举办论坛，到论坛和两岸青年社团负责人圆桌会议联动；特别是 2012 年，论坛首次走进高校，与青年学生进行现场交流，并采取网络直播和微博直播的方式，与广大草根青年进行互动。多年来，论坛主题不断深化、提高，从"新福建、新海峡、新青年"，到"海西建设与青年科技创新"，到"和谐社会与青年发展"等，迎合两岸经贸文化的深度交流与发展，海峡青年论坛视野越来越开阔；论坛形式不断拓展、创新，从福州到厦门，到台北，再从台北到厦门……以两岸青年喜闻乐见的形式展现出无穷的魅力和活力，以经贸为重点，努力构建两岸青少年交流先行先试区，推动两岸青少年交流迈上新台阶。再比如，两岸青年联欢节，从统一开幕闭幕，同一批人员赴各地开展交流的模式，发展为以"一节多点"的方式，在福建省的多个地市全面开展。正是这一系列持续不断的改革创新，使对台青少年交流品牌项目始终充满青春活力。特别是两岸青年社团负责人圆桌会议的举办，建立起常态化的对接合作机制。2009 年以来，两岸青年社团在圆桌会议上共签署了 25 项交流合作协议，极大地推动了两岸青少年交流。

三、加强闽台青少年交流与合作存在的主要问题

1. 一头热一头冷，交流呈现出不均衡性。近年来的闽台青少年交流非常频繁，规模也在不断扩大，但这"频繁"和"扩大"背后却表现出明显的不均衡性。例如双方互动交流次数、规模方面，台湾青年来福建的次数和规模相对于福建青年到台湾的次数和规模要多得多，大得多。闽台青年交流的主阵地在福建，但这个"主"与台湾的"辅"相差很大。而来福建交流的台湾青少年中，来自台湾北部的青少年，要比来自中南部的青少年也多得多，这也是不均衡的一个表现。虽然这两年这一状况有改善，但总体还处于比例失

调阶段。

2.目前闽台青少年交流缺乏整体思路和长远规划。对于闽台青少年交流的工作，各地、各部门往往各自为战，没有形成合力，导致资源的浪费。类似的活动台办在做，科协在做，团省委也在做，资源整合存在问题。虽然近年来闽台青少年交流有所增多，但因为缺乏连续性和计划性，导致了许多的短期行为，出现急功近利、为交流而交流的现象，交流渠道相对单向，交流内容较为单一，大部分都是以文化交流为主。

3.闽台青少年交流不够深入的问题。闽台青少年交流的不少活动还仅停留在表面，是一种浅层的观光旅游活动。那么，未来需要考虑将其转化为一种沿袭中华文化的座谈会，或者是把它改造成提升共同发展竞争力，或者是沟通不同观念的一种经验分享类型的活动，这样可能更有利于提升两岸青少年交流的品质。

四、进一步加强闽台青少年交流与合作的思路和对策

1.要进一步制定闽台青少年交流的规划，加强福建省闽台青少年交流工作的统筹协调。近年来，相关部门根据自身职能特点和地区实际，开展各类内容丰富的闽台青少年交流活动，也取得一定的成果。但是，存在各自为政、形式单一的现象，有活力但缺乏合力，有动力但缺乏影响力，集聚效益和规模效应不够凸显。这其中一个重要原因就是缺乏长期和全局的总体安排。因此，最好能整合福建省对台青少年交流工作的各类资源，结合福建省实际，从战略角度和全局高度制定《福建省对台青少年交流工作中长期规划》，从宏观上提出福建对台青少年工作的总体任务、工作原则和主要目标，从微观上明确福建对台青少年工作的具体任务，初步确定一个量化指标，有目的、有步骤地推进闽台两地青少年的交流工作。并着力从组织领导、交流领域、工作方式、精品项目、内涵实效、调研宣传、政策制定明确思路与要求，设计开展构思巧妙、主题鲜明、富有特色的载体与平台，推动闽台两地乃至两岸青少年的交流。

2.做好青少年交流项目的优选培育扶持工作，进一步打造闽台青少年交流新品牌。要有重点地做好青少年交流项目的优选、培育和扶持工作，加大资金投入与支持，加大组织规模与媒体宣传力度，在多方面形成一批影响大、可持续、高规格的闽台青少年交流品牌。目前能称之为品牌的包括"海峡青年论坛"、"闽南风·海峡情"闽台大学生辩论赛、"两岸大学生校园歌手赛"等活动。但仅

仅有这些还是不够，必须进一步发掘新的品牌项目。特别是目前还有些活动往往办过之后就销声匿迹，无法产生长久的影响，更难以形成品牌效应，甚至还造成行政资源的浪费和重复建设，因此必须结合地方特色和两岸具体情况，除了将已有的、形成规模和具有影响力的交流活动继续做大做强外，还必须进一步树立新的交流品牌。

同时，结合当前形势和有利契机，推动入岛举办品牌活动，尝试将两岸青年联欢节等活动推到台湾岛内举办，更大范围地扩大影响和覆盖，吸引更多的台湾青少年参与交流；品牌活动的设计应适应青少年的特点，充分体现创意和时尚，并结合台湾青少年的特点和需求来设计活动，努力把传承中华文化和展示时尚文化等主题贯穿于交流活动中，不断巩固、凝聚两岸各界青少年的文化纽带。

3. 要进一步扩大闽台青少年交流覆盖范围。要扩大所覆盖的区域、层次和人群，使闽台青少年交流结构布局更加均衡优化，进一步拓宽闽台之间的青少年交流范围，全方位、多层次的展开与台湾青少年的交流与合作。

一是要继续保持与台湾青年社团（重点党派青年精英）、在闽台商台生、台湾大中学生多交流的态势。持续加强与台湾中华青年交流协会、台湾中华青年创业总会、台湾青商总会和国民党青年部等有关团体的定期联系。探索在少先队、青联组织和其他青少年社团中吸收台籍青年、台生、台商的新办法。积极争取有关部门的支持，出台优惠政策，服务台籍青年学生的入学、就业，服务在闽青年台商的工作，吸引更多台湾青少年在大陆工作、学习和生活，赢得更多台湾青少年的融入、信任和认同。台湾的大中学生数量庞大，通过开展两岸青少年交流活动，加深台湾青少年对中华文化、对中华民族的认同感；切实加强对他们的引导，将在台湾岛内形成更大范围的影响，将对两岸关系产生深远的意义。

二是推动两岸青少年社团的对接合作。台湾青少年社团有几千个，分布广，多元化，推动两岸青少年社团的对接合作是对台青少年交流的主要渠道。推动对接就是巩固已有联系的青少年社团的基础上，重点加强尚未接触的台湾青少年社团，进一步覆盖到一些重要的领域。对一些重点的台湾青少年社团加强对接合作。积极推动对口交流，推动两岸青少年社会团体建立长期友好的关系，推动青科协、青企协与台湾青少年社团密切合作，通过广泛对接合作，推动所在领域行业之间的交流，既扩大了交流规模，又丰富了交流内容。

4.要进一步完善闽台青少年交流的保障机制。首先要有资金保障。要整合福建省对台交流工作的各类资源，设立由地方政府乃至中央支持，社会、组织、个人参与的"两岸青少年交流基金"，为两岸青少年交流提供资金保障。其次要有交流基地。一方面利用现有的对台资源命名一些"两岸青少年交流基地"，如闽台缘博物馆、厦大的人类学博物馆、妈祖庙、关帝庙等；另一方面，要发挥各社区市、县青少年宫、少年军校、青少年活动中心的作用，特别是对台工作资源丰富的沿海地区，要设立闽台青少年交流陈列室（展览室）、利用假期开展青少年主题交流活动。第三要设立专门机构。充分发挥福建省青少年台湾事务办公室的作用，要积极争取政府支持，配备人员、设立专人管理运营的长效工作机构，协调整合各方力量和资源，真正承担起对台青少年交流工作。最后要建立对台青少年专门研究机构。当前要重点做好以下工作：一是建立福建省对台工作数据信息库。整理修缮对台工作资料，加强动态对台工作数据收集。二是加强对台湾青少年组织、群体调查研究。及时跟踪台湾形势变化，把握好台海和平稳定时期两岸交流合作的政策。①

5.要进一步加强闽台青少年在教育领域的交流。除了在文化、艺术、体育层面，两岸青少年交流的重要内容之一，是在教育领域。尽快推动闽台两岸学历学位互认，鼓励两地学生互至对岸学习研修，促进建立闽台两地高等院校相互招生的联系与协调机制，扩大福建高校对台招生范围，同时允许台湾在读的学生来福建高等学校插班、旁听。考虑到两岸教育的差异，为满足台湾学生来祖国大陆高校就读的愿望，可以在高校设立台湾学生预科班，在中学设立台湾学生高考补习班。加强闽台的校际交流、高校互访、建立两地大中小学之间的常态化联系机制，进行联合办学、互对对岸招生、联合举办夏令营、定时进行学生交流等活动，来促进青少年之间的互动与了解，推动两岸教育界交流。要在法规上明确为在闽学习的台籍学生提供学习、生活与就业上的保障，针对在闽台生学习和生活中遇到的困难，建立固定的联系渠道，帮助他们就业、创业。通过我们具体、实在、有效的服务，赢得更多台湾青少年的认同和信任，为海峡西岸经济区建设，为祖国统一大业做出更大的贡献。

---

① 吴岑：《青春情谊跨越海峡》，《福建日报》2007 年 5 月 30 日。

比较视野下清代闽台节妇群体研究

徐文彬 *

　　节妇系指丈夫死后矢志不嫁、坚守贞节的妇女，明清时期，常被视为地方礼教发达的标志。作为文化重镇，福建守节之风蔚然。1683 年，台湾收复后，守节观念日渐传播，仅文献中记载的节妇就达数百人，未被记载的节妇更是不计其数。对此，学者或考证旌表制度，或考察其时空分布与地域差异，或利用族谱资料分析节妇群体规模大小，成果层出不穷。但较少探究两地节妇群体的异同，分析其内在根源。从某种程度而言，妇女守节是传统儒家伦理实践，通过比较不同区域的节妇群体，不仅能凸显地域社会的差异，更能够彰显文化的变迁。因此本文将利用方志、文集、档案、官方笔记等文献，通过比较清代闽台节妇群体，从新的视角分析两地文化的传承与变迁。

一、清代闽台节妇群体的概况

　　早在秦朝，始皇帝就曾表彰节妇，以鼓励其忠义行为，但影响有限。隋唐时期，社会风气开放，民间妇女改嫁，习以为常，甚至皇室女性成员时常易夫，极少有守节行为。迄至宋代，守节观念有所强化，得到理学家的肯定。明清时期，理学思想被奉为立国之纲，守节理念亦受到统治者推崇。官员制定政策，建祠设牌，表彰节妇，将其与忠臣、孝子、义士并列，视为美德的典范，在上层精英的推动下，节妇数量不断增多，成为重要的社会群体。据《古今图书集成》统计，终明一代节妇烈女多达 35829 人，年平均约 130 人，在宋代年平均 1 人。而且宋之前的节妇数量仅占 0.26%，而宋以后的节妇占 99.74%。[①]

　　* 徐文彬，中共福建省委党校、福建行政学院闽台关系研究中心副教授。该文原发表在《中共福建省委党校学报》2014 年第 11 期。
　　① 明清方志中，通常将节妇分为节孝妇、节烈妇，前者指为亡夫守节，后者指为亡夫殉节，本文特指节孝妇。

明清时期，随着区域开发的深入、文教事业的兴盛，福建节妇数量剧增。据《同治福建通志》不完全统计，福建共有节妇 35957 人，其中唐代 8 人、宋代 45 人、元代 23 人、明代 2319 人、清代 33562 人，明清节妇数量远超前代。从空间分布来看，清代福建行政区划为十府二直隶州，其中福州府有节妇 11067 人，占全省 30.7%；泉州府 5566 人，占全省 15.5%；汀州府 4201 人，占全省 11.7%。

以上三府节妇共占全省总数 57.9%，而其余七府二州，仅占全省数量 42.1%，尤其是永春直隶州只有节妇 239 人，在全省仅占极少比例。（参见表 1）其中晋江 2769 人、侯官县 2455 人、闽县 2340 人、连江县 1380 人、龙溪县 1506 人，其节妇数量居全省前列。宁洋县仅有 6 人，与上述 5 县相差极大，说明节妇群体分布呈现地域集聚的特点。值得注意的是，在闽中节妇在全省所占比例呈下降趋势，如莆田县，明代有节妇 332 人，占全省 14.31%，至清代，有节妇 989 人，仅占全省 2.95%。福清县，明代有节妇 243 人，占全省 10.47%，至清代，全县有节妇 600 人，仅占全省 1.79%。而在闽西，节妇在全省所占比例呈上升趋势，明代，汀州府共有节妇 172 人，约占全省 7.42%，至清代，该比例上升至 11.7%。尤其是上杭县，明代仅有节妇 10 人，占全省 0.4%，至清代，有节妇有 1166 人，占全省 3.47%，增幅远高于其余各县。

表 1　清代福建各州节妇统计表

府（州）	明	清	府（州）	明	清
福州府	659	11067	延平府	168	1257
兴化府	398	2256	邵武府	136	1915
泉州府	240	5566	建宁府	174	1274
漳州府	140	2821	汀州府	172	4201
福宁府	171	2167	台湾府		239
永春直隶州	37	239	龙岩直隶州	21	1135
总计	2319	35957			

注：本表据《同治福建通志》统计，未包括光绪朝、宣统朝节妇，由于个别处记载不详，统计略有偏差。

元明时期，中央政府在澎湖设巡检司，隶属福建泉州同安县，主要负责澎台区域巡逻、查缉等治安性事务，兼办盐课，影响力有限。台湾居民以土著为主、文教未兴，未有任何守节的记载。明末，郑成功率军渡台，击败荷兰殖民者，建立政权。众多明朝王室人员与官吏、士人等随之东渡，贞节观念亦传入台湾。据史料记载，明鲁王的女儿"渡台，依宁靖王"宁靖王自尽后"氏涕泣奉姑携儿别居，勤女红，忍饥养姑抚儿，十余年，姑亡，女嫁，子继殁。孀居五十余载。年八十余终"①。康熙二十二年（1683 年），清廷收复台湾，采取防范与抑制并举，镇压与安抚相结合的治台政策。②但文教事业仍有所发展，节妇群体所涉阶层扩大，甚至有番族妇女守节，番妇大南蛮，诸罗目加留湾社番大治妻"其父殁后"力耕以抚其子，守节三十七年如一日"③。总体而言，此阶段台湾节妇数量有限，据《同治福建通志》不完全记载，全台四县共有节妇 239人，仅占全省总数 0.71%。19 世纪 70 年代，随着淡水等四口的开埠，海疆危机的加重，台湾的战略地位凸显，文化教育渐趋发达，节妇数量呈急剧增长趋势。仅《凤山县采访册》所载节妇即达数百人。从地域分布开看，台湾节妇亦呈现地域集聚的特点。连横《台湾通史》所收录的"列女"36 位，列明籍贯 31 人，分别为台湾府 3 人、凤山 2 人、嘉义 2 人、彰化 10 人、淡水 6 人、新竹 1 人、澎湖 7 人，均集中于海东一线，以彰化最多。妇女守节，与儒家思想传播有着密切关系，如汀州，地处闽浙赣交界地，山多田少，土瘠民贫。明代中叶之后，随着里甲制的崩溃、自然灾害频发，社会秩序趋于动荡，草寇窃发之事时有发生，为此，朝廷特设立归化、永定二县，以强化统治。正德十二年（1497 年），王阳明出任南赣巡抚、下辖南安、赣州、汀州、漳州诸府，除派兵剿乱外，王氏还积极推行教化，颁布乡约，其学说对当地影响颇深。至清代，汀州逐渐成为福建文化重镇，四堡取代建阳，与北京、汉口、浒湾并称为全国坊刻中心，

---

① 相关的研究成果有：周宗贤：《清代台湾节孝烈妇的旌表研究》，载《台北文献》1967（35）；李嘉瑜：《殉国殉夫泪有痕——台湾古典诗对殉节五妃的诠释》，载《成大中文学报》2006年第 6 期；李贞德：《超越父系家族的藩篱——台湾地区 < 中国妇女史研究（1945—1995）》，《新史学》1996 年第 7 期；许蓓苓：《台湾谚语反映的婚姻文化》，东吴大学 1999 年硕士论文；汪毅夫：《闽台冥婚旧俗之研究》，《台湾研究集刊》2007 年 3 期；曾玉惠、邱淑珍：《试论贞节意识之形塑——以清代台湾贞孝节烈诗歌为例》，《人文与社会学报》2010 年第 6 期；陈建标：《贞节坊、节孝坊和贞寿坊与古代妇女的社会地位——以明清福建同安为例》，《福建论坛》(人文社会科学版) 2010 年第 9 期；刘佳：《角色扮演与榜样塑造——从地方志看清代台湾封旌女性现象的时代差异》，载《中国史研究》第 73 辑；谢国兴：《失贞事小饿死事大：闽台族谱所见妇女守节问题》，《闽台文化研究》2013 年第 1 期；徐文彬：《清代台湾节妇述论》，载《地方文化研究》，2013 年第 2 期。

② 本处引用连横《台湾通史》，在于连横作为"台湾太史公"，其记载具有代表性。若以方志、采访册等作为统计材料，存在体裁不一、记载详略不同的问题，难以进行比较。

③ 据卢德嘉《凤山县采访册·辛部·列女》统计。

所印书籍"行销江南，远播海外"。在如此文化氛围下，汀州节妇群体故能骤然兴起，位居全省前三。因此节妇群体是衡量地方文教兴盛的重要标志，其时空分布变化，反映地方文化格局的嬗变，通过比较闽台节妇群体的异同，能更好把握两地社会形态的联系。

二、闽台节妇群体的相似之处

清代台湾居民多由福建迁徙而来，闽南人约占全岛汉族人口的83%，所以"汉文化在台湾的传播历史，在某种意义上说是福建文化移植到台湾并在台湾进一步发展的历史"。移民社会的特点加之行政隶属关系，决定闽台两地节妇群体有较多相似性，表现如下方面：

1. 节妇类型多样。清代闽台妇女守节，多是对儒家义理精神的追求，极少基于感情、金钱等世俗因素的考虑，因此出现几种特殊类型的节妇。如满门守节。在福建，婆媳、姑嫂守节屡见不鲜，文献常有一门五节、一门七节的记载。台湾亦有相关记载，仅竹堑李氏一门就有六节妇。可见其守节有强烈的家庭氛围。如未婚守节。许多闽台节妇与亡夫仅有媒妁之约，而无婚姻之实，却甘愿为其守节。淡水林春娘"为余荣长养媳。荣长年十七，赴鹿港经商，溺死。时舅没姑在，无他子，哭之恸。春娘年十二，未成婚，愿终身奉事，不他适"。[①]可见其守节无关男女感情。又如为赘夫守节。所谓入赘，即是以女家作为主体关系的婚姻形式，赘夫须到女方家生活，并从妻姓，家庭地位较低，常受人歧视。但在清代闽台地区，却不乏妇女为赘夫守节。晋江陈氏，其夫入赘后，不久即客死异乡，陈氏守节长达44年。[②]凤山张品娘，为赘夫"守节四十七年"。可见其守节无关夫婿地位。上述几种类型的节妇，表明清代守节观念在闽台区域有较大影响力，节妇为此不惜付出巨大代价，摒弃世俗诱惑，恪守妇德。

2. 官绅合力支持。清代闽台节妇群体的形成，得益于官绅的支持，这在贞节设施兴建上表现尤为明显。道光年间，为救济节妇，福州兴建敬节堂，除总督捐款1000两外，其余12000余两均是由"刑部尚书陈若霖，布政使林则徐、梁章钜，巡道叶申万、廖鸿藻，刑部员外郎郭仁图"等地方名绅捐助。林则徐亲自为敬节堂拟定章程，选拔士绅出任堂董，管理善堂事务。台湾情况类似，

---

① 连横：《台湾通史》，华东师范大学出版社，2006年，第536页。
② 此处仅对凤山节妇加以统计，主要是由于该时期台湾其他方志对节妇记载甚为简略。

节妇林春娘逝世后，绅士刘献廷等呈报其事迹，请求旌表，获准建坊入祠。而林家穷困，无力建坊，她的侄子多次"赴司亲领坊价"，结果"十仍阙九"。为此，在地方官员张纲、黄开基和士绅林占梅等倡导下，社会各界踊跃捐款，碑坊最终落成。官员之所以支持，在于他们将旌表节妇视为重要教化策略，试图通过此举，将官方的主流意识下渗民间，建构核心价值观，以实现对基层社会的控制。恰如姚莹在《饬澎湖厅续举节孝札》所言：魏经历此举，大得维持风教之道，不仅足光潜德已也。"而士绅作为儒家文化的代表，为实践其理念，故以支持守节为要。

3. 节妇遍布各阶层。由于方志中对节妇的家庭背景并无专门记载，难以作精确统计，但以士绅之家较多，这在省会福州（闽县、侯官县）尤为明显，清代 2455 名节妇中，其夫具有"诸生""贡生"等功名者共 183 人，占总数 7.45%；具有"知县""知州"的等官衔的共有 16 人，占总数 0.65%，两者合计占总数 8.1%。其他县情况类似，道光《晋江县志》共记载节妇 2572 人，明确记载来自士绅之家有 742 人，占总数 28.84%。来自社会中下层的节妇亦不乏其人，如《同治福建通志》有"征台阵亡士兵郑存礼妻张氏"的记载，清代重文轻武，军人被排斥于四民社会之外，即便是绿营中下级军官亦受到歧视，更勿论普通士兵，故郑存礼应属于社会底层。在晋江，有 8 例节妇的亡夫为商人，如颜氏，其夫赴外经商，在暹罗病殁"。在闽西北等县，不少节妇出自农家。总之，清代福建节妇来自社会各个阶层，并不局限于士绅，台湾情况亦是如此，一门守节多出自士绅之家，如竹堑李氏即为当地旺族，"子弟多习礼"，但不乏坚守贞节的底层妇女。《凤山县采访册》所载的 118 名节妇，来自官绅之家 49 人、农家 16 人、商民 12 人，另外 41 人虽叙述不详，其居住地多为某某庄，务农的可能性较大。农、商占相当比重，表明守节已成为普遍现象，为社会各阶层所接受，甚至连盗贼也不例外。同治元年（1862 年），窃贼闯入节妇石锦娘家中，见锦娘美，欲犯之。同行叱之："是贞妇也，胡可侮？"[1]寥寥数语，可见其对节妇的尊重。

4. 节妇空间分布相似。清代闽台节妇均呈现地域集聚的特点，而且与科举人才区域分布高度相关。如明正德以后，晋江进士数量位居全省首位，闽县仅有其五分之三，屈居第二。[2]清代，晋江节妇数量亦位居全省首位，侯官县与

① 连横：《台湾通史》，华东师范大学出版社，2006 年，第 536 页。
② 林拓：《文化的地理过程分析：福建文化的地域性考察》，上海书店出版社，2004 年，第 144 页。

闽县分居全省第二、第三，与进士地理分布相同。台湾情况亦是如此，清代共有进士 33 名，主要分布于彰化县、台湾县、淡水等台东地区，而上述地区正是节妇集聚之处。节妇地理分布与科举人才地理分布相似，一方面是此类地区的文教兴盛，理学氛围浓厚，守节成为社会主流价值观念。另一方面，则与旌表制度有关。明清时期，官府表彰节妇程序复杂，当事人须"托人将册呈上北京，或地方官特请，始准"。虽然统治者多次要求官员"遍加采访，务使寒苦守节之家，同沾恩泽"①。但无论是主动申报还是官府采访，均需要士绅扮演中介角色，《道光晋江县志》所记载的节妇，其举报人均具有"举人"、"廪生"等功名。此外，方志作为节妇事迹的重要载体，其编纂常受到士绅的影响。如明万历年间，江南嘉善县重修县志，乡绅支大纶通过其人际关系网络，向修志人员施压，让死友之妻徐节妇载入县志。②因此，节妇数量与地方科举人才数量变化趋势基本一致。明代中前期，莆田文教兴盛，尤其在正德、嘉靖年间，每科及第人数达九人。③在全国享有盛誉，所以节妇数量位居全省首位。然而嘉靖四十一年（1562 年），莆田惨遭倭寇屠城，此后又逢迁界之难，元气大伤，科举衰落，以致节妇在全省所占比重骤降。

5. 逼嫁逼醮现象凸显。妇女守节，除要忍受生理与心理的痛苦外，还要承担起侍奉公婆、抚养孤幼等家庭重任，经济负担沉重，文献多以"苦况难堪""家无升斗储"等词形容。然而，亲族却常逼其改嫁。根据《道光晋江县志》记载，共有 20 名节妇被逼改嫁。逼迫者主要为亡夫方亲属，如"舅姑""夫弟""族人"等。台湾方面，节妇亦遭遇同样不幸。《凤山县采访册》所载的节孝妇，共有 8 人遭到逼嫁，逼迫者分别为：亡夫方亲族 4 名、女方父母 2 起，其余 2 起则为地方人士，可见妇女守节，必须面对来自夫家亲属的压力。这主要与清代闽台的财产继承制有关，家庭男性成员死亡之后，其妻优先继承遗产，若其改嫁，夫系亲属不仅能够侵占遗产，而且可获得婚嫁费用。在利益驱使下，某些族人极尽所能逼迫节妇改嫁。道光年间，凤山杨迎娘，其夫早卒，族中妯娌"窃揶揄之，或讽以琵琶别抱，日噪聒不休"。杨氏父母"见其为娣姒欺凌，

　① 刘良璧：《重修福建台湾府志·卷首·圣谟》，《台湾文献丛刊第》74 种，1961 年，第 13 页。

　② 林宏：《援乡绅支大纶"志徐节妇"事及所见晚明嘉善地域社会》，《史学月刊》，2011 年 11 期。

　③ 林拓：《文化的地理过程分析：福建文化的地域性考察》，上海书店出版社，2004 年，第 129 页。

知为族人之利其嫁也"①。值得注意的是,清代江南地区逼醮问题亦较为严重,但还存在抢醮恶俗,②而从文献资料来看,闽台地区节妇极少有抢醮之事发生,反映闽台作为同一文化区,社会运作机制相似。

总之,清代闽台节妇群体均类型多样、遍布社会各个阶层,且主要分布于科举兴盛的地区,得到官绅的合力支持,但她们常被逼迫改嫁。闽台节妇群体相似,与福建文化在台湾传播有密切的关系,反映两地文化的同根同源,表明闽台社会有共同的价值认同与相似的社会运作机制。

三、闽台节妇群体的差异之处

共同的文化渊源,使清代闽台节妇群体相似之处颇多,然而文化在传播过程中,常因地域环境的不同而变迁,进而导致区域文化的差异。闽台文化同中有异的特点,亦在节妇群体中有所反映,体现如下方面。

1. 官绅支持的重心不同。清代闽台士绅支持妇女守节,但侧重点不同。福建方面,官绅虽提倡守节,侧重支持士族节妇。如清代福州敬节堂,采取堂外救济方式,向名册上的节妇"每月每名给钱五百文",但规定"先尽城内士族人家核实散给"③,《闽侯县志》亦记载救济对象为"省城内清族寡妇之穷者",所谓"士族"与"清族",指具有功名的家庭,普通家庭的节妇未在其列。台湾方面,官绅对节妇救济似无侧重,较能一视同仁。如恤嫠局向登记在册的节妇"每名月给二圆"。其章程规定救济对象为"凡年三十以内,家贫守节者,邻右保结"④,对节妇的家庭背景并无要求。此外台湾官绅积极帮助底层节妇建立牌坊,宣扬其事迹,如淡水林春娘,闽台士绅在救济对象的差异,一方面是由于资源禀赋不同。福州敬节堂共筹募捐款 1 万 3 千两,而台湾恤嫠局筹募捐款 1 万余两,规模大致相当。但两城节妇数量相差悬殊,光绪之前,福州仅府城即有节妇 4795 人,而全台四县只有节妇 239 人,因此在资源有限的情况下,福州士绅必然对士族妇女优先考虑,将此作为维护士族身份的重要途径。而在台湾,

---

① 卢德嘉:《凤山县采访册·辛部·列女》,台湾银行经济研究室,《台湾文献丛刊第》73 种,1960 年,第 320 页。

② 王卫平:《清代江南地区社会问题研究——以逼醮、抢醮为例》,《史林》,2003（3）。

③ 《敬节堂章程并叙》,《林则徐全集》（第五册）,文录卷·其它,海峡文艺出版社,2002 年,第 506 页。

④ 连横:《台湾通史》,华东师范大学出版社,2006 年,第 302 页。

救济资源充沛，节妇数量较少，因此官绅为教化民众，建立良好的社会秩序，对符合自身价值观念的节妇予以全力支持。

2. 商人扮演的角色不同。传统中国社会的结构由士、农、工、商构成。商人屈居"四民"之末，受到压抑。直至清代，福建商人地位仍未能提升，在旌表节妇等公共事务方面影响甚微。如福州敬节堂的捐建者均是官绅，商人未能参与。而且商人家庭背景的节妇较少，如《道光晋江县志》所载节妇，仅有 8 名节妇来自商家，占总数的 0.31%。多数节妇以"女红""纺织"维持生计，尚未发现有经商者。在台湾，商人积极参与旌表节妇等事务。为筹建林春娘牌坊的捐款者中，有商人、商社，如"总理张妈喜""茂源号"春荣堂"等。不少节妇有商人背景，如淡水节妇有 12 人来自商民，占总数 10.16%，比例远高于晋江。而且还有节妇以经商为生。如凤山县吴酥娘，妇精于记忆，租谷出入，钱粮多寡，无敢欺者，用是，家益赢余"。闽台商人扮演角色不同，与两地社会形态不同有关。福建作为理学的重要发源地，农耕经济较为发达，传统理念影响更深，地方事务基本由士绅把持，商人难有作为，直至近代，商人地位方逐渐凸显。而清代台湾商品经济发达，崇商之风盛行，板桥林家、高雄陈家、鹿港辜家等五大家族均以经商发迹，商人在地方事务颇有影响。台湾妇女擅长经营，她们不仅"谙刺绣，其工致不亚于苏、杭"，而且"性尤慧黠，能会计持家，远出男子右，故贸易之事多归之"。[1] 因此，在丈夫死后，她们以经商维持生计，坚守节操。

3. 节妇的社会地位不同。布迪厄指出，任何一个社会场域都有着隶属于自己的正统文化。文化资本包含了可以赋予权力和地位的累积文化知识的一种社会关系。[2] 在儒家理想思想占主流的闽台社会，妇女守节，本质是文化资本建构过程，并通过官府旌表的方式被转换为制度化形态。清代福建家族势力兴盛，彼此间竞争激烈，除诉之械斗外，争夺文化资本亦是家族博弈的重要策略，尤其在科举兴盛的地方，是故时人赵翼在《檐曝杂记》记载："闽中漳泉之人多好名尚气，凡科第官阀及旌表节孝之类，必建石坊于通衢。"为扩大地域支配力，提升文化资本，某些家族强令孀妇自尽，出现"登台死节"的怪相。福建曾流行一首民歌："闽风生女半不举，长大期之作烈女。婿死无端女亦亡，酖酒在

---

① 佐仓孙三：《台风杂记》，《台湾文献史料丛刊》第九辑，台湾大通书局，1984 年，第 17 页。

② ［美］戴维·斯沃茨：《文化与权力——布尔迪厄的社会学》陶东风译，上海译文出版社，2006 年。

尊绳在梁。女儿贪生奈逼死，断肠幽怨填胸臆。族人欢笑女儿死，请旌籍以传姓氏。三尺华表朝树门，夜闻新鬼求还魂。"① 在如此舆论下，节妇成为家族提升荣誉，争夺文化资本的工具，社会地位较低。台湾受原乡观念影响，文化资本亦是扩大个人影响力的重要途径。丁绍仪认为"台民性慕浮荣，得一职衔例贡，必颜其楣。如访有孝子、弟弟、顺孙、节妇及乡里共推善人者，分别请旌给匾；准其制为钦旌，特褒某项衔牌，婚丧等事，列于头踏之前，其人见官长，免行长跪礼，用彰殊宠。小民见此，无有不争相夸羡者"。但没有出现"登台死节"现象，妇女守节更多表现为个人对理念的追求，并非外力强迫所致。而且节妇民间威望崇高，参与祭神、调解等社会事务。如南投节妇傅氏，持家教子，地方上每有纠纷，常赴其家对质，而"母能剖情晰理、解纷排难，息其讼狱者，不可胜计"，使"坪顶人心悦服焉"②，死后，举人林凤池等士绅为其题词立碑。有的节妇甚至成为受人供奉的神灵。如林春娘，死后被尊为"贞节妈"，与妈祖、郑成功共同祭祀，号称"大甲三神"，流传至今。可见，台湾节妇在地域社会有相当影响力，较为独立，其地位高于福建节妇。之所以如此，在于清代台湾是移民社会，流动性较大，基层组织多以地缘为纽带，对个体束缚力较弱，因此妇女守节，更多地表现为个人行为，而非集体意志。

4. 逼孀改嫁现象轻重不同。妇女守节，除受到文化影响外，还受制于经济、社会等因素。清代福建节妇数量较多，虽然有逼孀改嫁之事发生，多是个案，不具有普遍性。据《道光晋江县志》记载，共有 20 名节妇被逼改嫁，占全县节妇总数的 0.77%。逼迫者多采用劝说、恫吓方式，较少运用暴力手段。台湾方面，节妇数量较少，据《道光福建通志》记载，台湾全府仅有节妇 239 人，仅与福建中小规模的县级政区相当。却有较多节妇被逼嫁，仅《凤山采访册》既有 8 例相关记载，约占全县节妇总数的 6.77%，比例远高于晋江，甚至有节妇为此殒命，如台湾县衙某门客欲娶节妇陈守娘，婆姑"利客多金"，多次威逼利诱，而守娘矢志益坚，一夕，母女共缚守娘于凳，以锥刺其阴，大号而毙"。手段残忍至极。台湾节妇数量较少，有两方面原因：其一，宗族组织不发达。由于是移民社会，清代"台湾之民不以族分，而以府为气类"③。此类地缘集团，多是基于垦殖贸易、共御外敌的需要，极少为节妇提供帮助。而在福建，宗族

---

① 俞正燮：《癸巳类稿》卷 13，"贞女说"，辽宁教育出版社，2001 年，第 3 页。
② 丁绍仪：《东瀛识略》，《台湾文献丛刊》第 002 种，1957 年，第 193—194 页。
③ 姚莹：《答李信斋论台湾治事书》，《东溟文集》，同治六年中复堂全集刻本，第 44 页。

势力较为发达，常向族内节妇提供救济，在一定程度保障其生活。其二，男女性别比例严重失调。康熙二十二年（1683 年）清廷收复台湾，严格限制大陆民众移民，许多男子只好以偷渡形式孤身赴台，致使男女比例严重失调。蓝鼎元曾记载"自北路诸罗、彰化以上，淡水、鸡笼、山后千有余者，通共妇女不及数百人；南路凤山、新园、琅峤以下四、五百里，妇女亦不及数百人。"[①] 男多女少，妇女奇货可居，故在暴利驱使下，较多寡妇改嫁。而福建虽盛行溺女婴，但男女比例失调不及台湾严重，故改嫁、逼嫁现象相对较少。

5. 节妇群体兴起时间不同。节妇群体是社会发展到一定阶段的产物，在某种程度反映社会变迁。近代中国处于"数千年未有之大变局"中，在西方文明的冲击下，社会转型剧烈且复杂，但不同地区所受的影响各有不同。近代之后，福建节妇的数量大幅增加，如据《同治福建通志》记载，邵武县、光泽县、泰宁县分别有节妇 407 人、382 人、177 人，而据《光绪邵武府志》记载，三县节妇分别为 1005 人、920 人、352 人，增长率为 246%、240%、198%，其幅度大体相近，应具有一定代表性。在 20 余年时间内，节妇增加数量超过前二百年，主要与制度变革有关。清初，旌表节妇女沿用明代的标准，凡民间寡妇三十年前夫亡守寡，五十以后不改节者，属旌表之列"[②]。雍正元年（1723 年），旌表标准降低为"年逾四十而身故，计其守节已历十五载以上者，亦应酌量旌奖"。同治十年（1871 年），旌表标准再次降低为"不论妻妾，但年三十以前夫死而守节至五十岁者，或年未五十身故、其守节已及六年者，均曰节妇"[③]。旌表节妇标准不断降低，反映社会转轨过程中，风俗浇漓，统治者企图通过彰显道德人物，维持礼教秩序。而近代台湾，节妇数量呈激增趋势，据《凤山县采访册》记载，同光之前，该县仅有节妇 8 人，同光之后，该县已请旌表及已受旌表达到 41 人，其中光绪朝 38 人，增幅远高于福建。而《云林采访册》《恒春县志》所载节妇，均为光绪朝人物。尤其值得注意的是，同治十三年（1873 年），沈葆桢于台北设立恤嫠局，表明节妇已达到相当数量，其救济成为社会问题，有设立专门机构之必要。近代台湾节妇增速快于福建，主要与下列因素有关。

其一，台湾文教事业渐趋成熟。随着移民开发的深入，儒化教育的普及，至同光时期，儒学教育体系已基本建立，全台设立十三座学宫，五十六所书院，

---

① 蓝鼎元：《经理台湾疏·平台纪略》，卷 4，《台湾文献丛刊》第 14 种，1951 年，第 67 页。

② （万历）《明会典》，卷 79，礼部三十七·旌表，中华书局，1989 年，第 2 页。

③ 刘良璧：《重修福建台湾府志》，《台湾文献丛刊》第 74 种，1961 年，第 132 页。

及数量众多的社学、义学，儒家价值观成为主流思想，科举考试斩获颇多。如清代台湾共有进士 33 人，其中光绪朝 19 人。进士与节妇数量的激增，表明台湾内地化已达到相当程度。其二，台湾战略地位的提升。近代中国面临严重海疆危机，台湾作为东南九省之门户，先后遭受日军、法军侵略，战略地位凸显，清廷对其日益重视，除强化海防外，还加强教化，以凝聚人心，抗御外侮。旌表节妇即是重要举措之一。岑毓英主政期间，鉴于"台湾孤悬海外，凡士民之尽忠尽孝，舆节女之守节守贞者，往往因举报维艰，致多湮没"，于是"责成地方官选派公正绅耆采访呈报去後"，并为林媚氏等十六人向朝廷请旌。因此在《凤山采访册》等地方文献对此有大量记载。其三，台湾经济的发展。第二次鸦片战争结束后，淡水、基隆等四口开埠，台湾被纳入世界经济体系，樟脑、蔗糖、茶叶等商品大量出口，区域经济发展迅速，民众生活水平相对较高，为妇女守节奠定坚实的基础。因此台湾节妇数量剧增与其区域近代化有密切关系。

总之，清代台湾节烈之风的形成，是闽文化传播所致，两地节妇群体较为相似，又存在若干不同之处。在台湾，节妇地位较高，得到地方官绅的全力支持，但因性别比例严重失调，亦面临更大的逼嫁压力。开埠之后，随着台湾经济的发展，节妇数量呈激增之势。而在福建，地方官绅侧重扶持士族节妇，节妇缺乏独立性。商人被排斥于旌表等事务之外，难有作为。近代之后，得益于旌表标准的降低，福建节妇数量有所增加，但增速不及台湾。闽台节妇群体的差异性，凸显地区环境及社会发展路径的不同，是儒家文化在不同地域空间的多元展示。

四、结语

"在区域研究的过程不能把研究的眼光局限在区域本身的范围内。区域经济文化的特征与变迁规律，只有在区域比较中才能突显出来。"[1]地域历史人群作为重要的载体，能更为鲜活地体现文化传承，对此加以比较，能够以小见大，把握区域的整体特征。但所选历史人群需有代表性，否则研究将陷入碎片化，难以实现宏观与微观的统一。节妇作为儒家伦理实践的重要主体，反映儒学在地域社会的影响力，是一种独特的文化现象，尤其在闽台地区，更具有特殊的研

[1] 唐力行：《从区域史研究走向区域比较研究》，《上海师范大学学报》（哲学社会版），2008（1）。

究意义。

清代台湾收复后，随着福建移民的迁入、官府教化的推行，地方士绅的支持，守节逐渐成为社会的主流价值观，许多底层妇女守节意志坚强。但因台湾孤悬海外，加之性别比例严重失调，节妇面临诸多压力，守节不易，近代之后，随着行政地位的提升，埠际贸易的兴盛，台湾节妇数量呈激增趋势，为此官府建立专门救济机构——恤嫠局。节妇群体的形成，文化理念是主因，但还受到经济等诸多因素的影响，并呈现相应的区域特征。值得注意的是，光绪年间，台湾节妇与进士数量均大幅增加，表明其已实现由"边陲社会"向"礼治社会"的转变，是其内地化的显著标志。

在传统的文化视野中，人们常把"守节行为"与"封建遗毒"相联系，予以全盘否定。通过对清代闽台节妇群体的分析，可见妇女守节有其深刻的社会根源，难以对其作简单的价值判断。清代闽台节妇群体的同中有异的特点，既凸显两地一脉相承的文化共性，又反映彼此的区域特性。中华文化正是由千姿百态的地域文化构成，共同的文化渊源是族群认同的基础。

闽台经贸合作研究

跨界流动、认同与社会关系网络：
大陆台商社会适应中的策略性
——基于福建台商的田野调查

严志兰[*]

　　大陆台商群体是伴随两岸经贸往来成长起来的新兴的、特殊的移民群体，既不同于国际移民，又不同于国内移民。首先，同国际移民相同的是，台商在两岸间的往返也是在两个不同政治体制与社会制度间的穿梭。但是两岸间不是国与国的关系，因此台商移民又有与一般的跨国移民不同的制度定位和政策待遇，而且由于两岸同文同种，游走于两岸间的台商移民群体不会经历巨大的文化殊异所带来的文化震撼与心理冲击。其次，与国内移民不同的是，台商群体来自一个经济更为发达的地区，经济地位整体上高于当地社会普通民众。但是由于两岸特殊的历史渊源与政治关系，台商目前并不享有与当地百姓相同的政治与社会权利。此外，虽然台商移民群体不似国际迁移群体那样要经历巨大的社会文化环境的落差，相比国内移民群体，台商群体与当地社会在价值观念、行为方式等方面仍存在较大的差异。

　　基于上述认识，本文通过对在闽台商的田野调查和问卷统计分析，对大陆台商的社会适应问题进行剖析，并运用国际移民研究中的跨国主义理论[①]、社会心理学中的社会认同理论、社会学研究中的网络理论和社会资本理论来理解和解释大陆台商的社会适应心理和行为。

---

　　* 严志兰，福建省委党校、福建行政学院闽台研究院教授。该文原发表在《东南学术》2011年第5期。

　　① 台湾学界认为台商具有跨界移民群体的典型特征，笔者在此仅限于使用跨国主义理论来分析台商作为移民群体的若干行为和心理特征，对台商的跨界流动现象进行学术上的探讨，并非认为台湾具有一个国家的特征，台商是在两个国家间往返流动。

一、建构跨界的生活：跨界生活方式与跨界社会空间

（一）在闽台商两岸间跨界流动的常态化与前提条件

"工作和生活重心在大陆，定期或不定期回台湾"已经成为在闽台商普遍的生活方式，这种生活方式的鲜明特征是跨界流动成为一种常态化的行为方式。

每年回台湾几次，每次待多长时间，视个人具体需要而定。在闽台商群体中的台干群体有固定的休假，每年4—6次不等，因此大体上台干有300天左右的时间在大陆工作、生活，而每次回台湾的时间在一周至半月左右即返回。可以预见在台商的生命历程中，这种跨界流动的生活方式将分为两个阶段：第一阶段，大陆为生活重心，往返两岸间，大陆是台商长期的居留地，但长期居留并不等于定居。绝大多数台商并未放弃台湾地区居民身份。第二阶段，台湾为生活重心，往返两岸间。未来当台商可能会结束在大陆的工作，返回台湾定居也未可知。由于在大陆工作、生活期间与大陆人民建立的事业和人际关系网络仍在，因此台商仍会不定期地返回大陆访友或从事其他活动。

台商能够在两岸间频繁跨界流动的前提条件有两个：一方面是特殊关系下的两岸边界能够相互开放；二是跨界流动的时空距离越来越近，跨界流动的时间和金钱成本越来越小。在两岸相互隔绝的状态下，台商别说频繁跨界流动，就是正常往来两岸都要冒被抓的风险。1987年台湾当局开放民众赴大陆探亲，两岸交流人为的藩篱才逐步开始清除，为台商跨界的生活方式创造了基本条件。

福建省是大陆距离台湾最近的省份，近年来更得建设海峡西岸经济区"先行先试"政策之便利条件，两岸人员往来便捷化政策不断出台，为台商跨界生活方式的建立创造客观条件。为方便台胞往来两岸，先后开放台湾同胞"落地签注""多次签注"，以及签发五年期台湾居民来往大陆通行证。

在两岸交通条件的改善方面，福建省更是走在大陆的前列。早在2001年闽台之间就开通了"福建与金马澎地区的直接往来"客运航线，这条航线一直是大陆台商往来两岸最为经济、便捷的一条黄金水道。现在福建省已有35个台轮停泊点，沿海6个区市都实现了与台湾金马澎地区的直航。2008年11月，两岸两岸"三通"水到渠成，两岸的客机、轮船和信件跨越台湾海峡，不再绕经第三地而直接通往彼岸。两岸"三通"以后，福建省会福州到台北的距离从"三通"前的810公里的交通距离缩减为230公里，仅为原先的四分之一，是大陆不同省区中到台湾交通距离改善程度最大的地区之一。相对于两岸"三通"，

"福建与金马澎地区的直接往来"的优势是费用低，走"马尾—马祖—台北"，需要4个小时，往返费用1800元人民币。不便之处是需要多次换乘，如果碰上天气不好，还有可能被困马尾、马祖。而两岸"三通"的优势在于交通时间大大缩减，比如两岸"三通"后，福州飞往台北还用不了50分钟。但是两岸"三通"的往返费用一般大约是"福建与金马澎地区的直接往来"的一倍。来自福州机场边检站的统计数字显示，从2008年12月18日福州至台北首航开始，这条航线的客座率一直保持在八九成，成为两岸最热的航线之一。2010年3月15日开始，台湾长荣航空开通福州至台北的直航航班，福州长乐国际机场每周共有20个航班往返福州至台北两地。笔者的问卷调查结果也表明，两岸包机直航后有36%的受调查者返台次数增加。

两岸"三通"以后，闽台"福建与金马澎地区的直接往来"航线并未因此受冷落，闽台海上直航迅猛发展[①]。2010年2月19日（正月初六）是大陆春节假期的最后一天，闽台海上客运直航运送旅客人数井喷并再创新高，春运以来首次单日突破5000人次[②]。这说明，便捷、省钱的"福建与金马澎地区的直接往来"航线对不同层次消费群体有着强大的吸引力，用于交通的时间和金钱费用不断降低是台商能够在两岸间频繁往来的客观因素，同时也意味着不仅大老板，就是普通的打工一族——一般台干，也有经济条件维持这种跨界的生活方式，两岸间跨界流动的草根化趋势因此可以预见。

为了顺应上述两岸交流趋势，福建省也不断采取措施，使台商能更便捷、省钱、省时往返两岸。福建省台办主任在2010年两会期间提出，福建省将继续推进两岸"三通"、做大"福建与金马澎地区的直接往来"，增加航班航点，两会结束后，马上要开通福州到台东、高雄的航路，这类工作今年继续推动，并改善软硬环境的建设，特别要拓展台胞签注自助服务和办证网络服务，为台胞往来两地提供便利条件[③]。

总的来说，福建尽得地利之便，拥有"福建与金马澎地区的直接往来"和两岸"三通"的双重优势，台商往返两岸的交通方式选择越来越宽松、便捷，

---

① 罗钦文：《福建加快发展对台"三通"重点推动滚装运输发展》，http：//www.chinanews.com.cn/tw/news/2010/01-21/2083338.shtml，2010-01-21。

② 罗钦文：《闽台海上直航客运"井喷"：春运首破单日5000人次，http：//www.chinanews.com.cn/tw/news/2010/02-19/2126171.shtml，2010-02-19。

③ 梁卓钧、陈庆祥：《福建台办主任：将加快与台湾多层次对接》，http：//forum.home.news.cn/detail/74290619/1.html，2010-03-07。

不管是时间成本还是金钱成本，能负担得起的人越来越多，这是在闽台商形成在两岸间跨界流动常态化的客观条件。

（二）跨界社会空间的建构：跨界流动的动力之源

为什么台商要在两岸间持续性的往返流动？笔者的田野调查发现：在频繁的流动中，台商建构起五种类型的跨界社会空间：

第一，跨界市场空间。有些台商企业主在两岸都有事业；台湾福建"两头跑"更是一些台商个体户的"必修课"，为了保持在大陆的竞争力，他们要定期返台了解台湾的行情、市场信息，把台湾最新的经营与服务理念带到大陆来，做成"大陆人不能做的生意"。特别是经营餐饮业的台商，更需要回台湾采购生产原料，在台湾、福建来回跑也就成为常态了。台干有固定的休假，虽然返台是个人的事情，但也有不少高级主管要在休假返台时先向台湾母公司汇报大陆公司经营管理情况。

我是95年到这边来的，那个时候父亲不在，现在母亲已经九十多岁了。我到大陆以后，有10年的时间是大陆台湾两边跑，大陆呆15天，台湾呆15天，因为台湾那边也有公司。现在待在这边的时间要长一些了，台湾那边的工厂打算慢慢缩小规模。我现在在大陆有三个公司。（田野调查日记，WCF，2009年4月28日）

第二，跨界情感空间。台商选择到大陆长期生活，原有的社会关系不能都带到大陆来，特别是父母、子女或配偶不得不留在台湾生活的台商，经常返台探亲对家庭关系的维系、私人感情的满足尤为重要。尤其是对于那些把到大陆工作的流动留给自己，把不流动留给家庭的台干而言，定期往返于两岸之间就成为解决由此引起的两地分居问题的妥协性解决方案。

还有些台商虽然习惯了大陆的穿衣和饮食方式，但还是喜欢回台湾购物、逛街，重温台湾的生活细节。笔者认为这些都不能单纯的理解为消费行为，更多的是一种心灵和情感上的需要，从而使台商完成他乡—故乡在空间距离上的超越。

我一年大概回去两三趟，每次待一个礼拜到十天，回去就是为了吃吃小吃，买买衣服啊，逛逛街啊，那种感觉很好（笑），买衣服很高兴，因为我这边买不到什么衣服，然后今天吃一点这个，明天吃一点那个，感觉好开心，因为很久没有吃到。但是待久了，太多了，很无聊，要回家了。（田野调查日记，CXR，2009年2月27日）

第三，跨界信仰空间。台湾是一个宗教和民间信仰比较普遍的社会，来到大陆以后台商把在台湾形成的宗教价值观念、宗教生活方式也带到大陆。据台湾"内务部"1987年1月统计，全台民间信仰的神灵共有300多种，其中80%是由祖国大陆（主要是福建）分灵过去的[①]。这更加强了台商对大陆尤其是福建的宗教文化认同，比较容易产生心理上的亲切感。笔者的问卷调查也表明，在闽台商中信仰佛教的比例高达54.9%，表示完全没有任何宗教信仰倾向的受调查者（即其他）仅占6.6%。

在台湾众多宗教团体中，佛教克难慈济功德会（简称"慈济会"）当属全台湾社会影响力最大的宗教团体之一。慈济会倡导"人间佛教"，大力倡导和推动社会公益事业，是台湾中产阶级参与最多的民间宗教团体[②]。台商是台湾中产阶级的主体，笔者在田野调查过程中，就碰到不少慈济会的会员。"慈济人"成为台商在大陆的另一种身份，"慈济"成为他们在大陆生活的重要内容。台商"慈济人"在福建积极推展会务，把慈济的社会公益理念和生活方式带入当地社会。而通过网络连线或定期回台湾听上人"开示"及参加各种培训使台商"慈济人"与台湾保持常态而密切的联系。HJQ是福州的慈诚委员（慈济会会员类型的一种），在福州生活了20多年，她把推广"慈济文化"当成了一种使命，工作以外的时间几乎全部投入到福州慈济的活动中去。过年不一定回台湾，"如果回台湾过年，就会带着女儿去跟（证严）上人拜年"（田野调查日记，2009年11月28日再访HJQ），为慈济会务回台湾也比较多。

台商普遍还保留有中华民族慎终追远、饮水思源的传统。对很多台商来说，清明节、春节和中秋节是一年中最重要的三个节日，尤其是清明节扫墓表示对祖宗的孝道，春节则表示整年在外忙碌的人回家团圆，在这两个日子回台湾有很重要的意义。见表1，问卷调查中就有12.3%的受调查者将"祖先祭祀"当成一种信仰。事实上，从2001年开始在闽台商就联名呼吁允许台商在清明节通

① 吕良弼主编：《五缘文化力研究》，海峡文艺出版社，2002年，第165页。
② 严泉、陆红梅：《台湾的中产阶级》，九州出版社，2009年，第72页。

过直航金门、马祖返台扫墓，这一请求得到福建方面的积极支持，却被台湾当局拒绝。

但是从 2002 年起，福建台商就获得台湾当局专案许可，经金门返台扫墓。此后，在清明节期间，福建与金马澎地区的直接往来航线或常态包机返台的台商稳定增长，客流量比平时普遍增长 20% 以上 [①]。台商在春节期间返台就更普遍了，问卷调查显示，高达 85.5% 的受调查者大多数春节是在台湾过的，春运期间，福建与金马澎地区的直接往来航线的客流量一度出现"井喷"。

表 1　在闽台商的宗教信仰（可多选）

		合计	占回答数量百分比	占个案数量百分比（n = 123）
宗教信仰	佛教	67	45.3%	54.9%
	道教	23	15.5%	18.9%
	基督教	9	6.1%	7.4%
	妈祖、关公、保生大帝等民间信仰	26	17.6%	21.3%
	祖先祭祀	15	10.1%	12.3%
	其他	8	5.4%	6.6%
总计		148	100.0%	121.3%

第四，跨界日常生活空间。很多台商虽然在大陆生活，可是父母、家人和亲戚朋友还在台湾，多多少少会碰到一些日常琐事需要临时回去处理。台湾的医疗健保制度要比大陆完善，台商对台湾医生的信任度也比较高，碰到生病的时候，如果条件允许，也倾向于回台湾治疗。此外，还有一些台商认为，大陆近年来物价上涨过快，特别是着装方面，台湾服装鞋帽的价格、品质和款式都要优于大陆，因此定期回台消费购物也成为一个不错的选择。

我因为心脏不好，每年至少要回去两次，我妈妈 70 多岁的人了，身体也是超棒，但是也要每个季度回去做定期检查。（田野调查日记，2009 年 11 月 28 日再访 HJQ）

第五，跨界的两岸交流空间。台商在大陆经营、工作过程中，会逐渐接触到一批大陆的客户、各种社会组织、民间团体，在两岸制度化、常态化沟通机

---

① 台胞清明节返乡祭祖人数大增，http://www.hsdcw.com/html/2009 - 4 - 4/181673.htm，2009 - 04 - 03。

制不健全的情况下，这些台商自然而然就担负起两岸沟通的中介作用。ZLQ 在福州做美容美发有十多年了，有一批稳定的福州客户群。随着赴台旅游热的升温，ZLQ 就主动组织这批客户去台湾旅游，为他们当导游。既同自己的客户沟通了感情，又让大陆客户对台湾有更深入的认识和了解。CBJ 也有担负两岸沟通使者的经历：

我是 2007 年来这边加入（台协会）的。我主管机关是保监会。台办也有一些来往，不一定是什么具体事情，因为我们跟台办的交流还蛮密切。那刚才我就接到市台办的一个电话，他们要去台湾参观我们在台湾的母公司，希望我们代为安排一下。那有的时候，台湾那边的银行或者证券业者要来拜访这边的政府机关，那我们可能起到一个中介协调的功能。我跟省台办也挺熟的，也是这类事情。（田野调查日记，CBJ，2009 年 3 月 13 日）

最后还需要指出的是，台商每次"返台"往往是公私兼顾。

我是两个月回去休假一个礼拜，回去以后固定要跟董事长见面会面，也回老家台南，彰化，我弟弟妈妈都在那里，肯定要抽两天时间跟家里人聚一聚。还有一点时间跟好朋友见个面聊聊天，一般的行程大概就是这个样子。跟台湾的家庭和朋友也会用电脑、手机保持联系。我老婆也一两个月来一次。（田野调查日记，LXX，2009 年 4 月 28 日）

就是在这种频繁的跨界流动过程中，大陆与台湾被台商常态化的流动紧密联系起来，跨界流动成为台商特有的生活方式，并在这种生活方式中建构起以台商为主体的独特的跨界社会空间。

（三）跨界流动的意义

跨国主义理论认为，移民与其家乡在非正式或正式（制度）层面保持着高密集性的跨距离联系，构成这种联系的网络和机构建构起移民跨国的社会空间，此外跨国社会空间还包括移民输出国的家乡人口。创造和维系跨国社会空间的动力在于：跨边界的实践允许移民"避开"他们在居住国所处于的次要地位，在心理上相对满足。同时，跨边界的实践也加强了家乡网络的力度，有利于资讯资源的获取，相互支持和工作推荐①。那么，在闽台商在两岸间持续性的往返流动的意义是什么？

首先，在两岸间持续性的往返流动使在闽台商生活方式跨界化。生活方式跨界化的涵义是指：台商在台湾和大陆之间迁移，持续性地在两岸间转换生活地点成为一种常态。因为这种常态性的跨界流动，台商既没有完全整合或融入到大陆当地社会，同时因为主要生活地点转移到大陆而不同程度地与台湾原有的联系疏离，也就是说与大陆和台湾社会都保持一定的距离。台商虽然以大陆为主要生活空间，但并没有觉得离台湾太远，也不见得会觉得自己在台湾以外的地域生活。因为现代交通通讯技术的进步拉近了空间的距离，交通通讯条件的改善和费用的降低使得跨界流动更加频繁，进而使得台商与家人之间的团聚和情感的交流显著增加，这一切都使得台商作为现代社会的移民群体，其心理、心态都与传统移民有很大不同，故乡依然存在，但"乡愁"却在成为常态的跨界流动中消减了。

其次，在跨界的生活方式中建构起跨界的社会空间。常态化的跨界生活方式使地理空间对台商的重要性不那么显著，通过联结两岸的关系建构起的社会空间才对台商具有实际的意义。因为地理空间的割裂，这个群体既生活在此处（大陆），又生活在彼处（台湾）。但是通过各种关系的联结，这个群体得以维持两个生活停留点，拥有双向的连结、双重的认同，从而建构起一个完整的社会空间。这样一个完整的社会空间对台商价值体现在两个层面：一方面解决因为迁移而引起的自我身份认知的模糊、混乱，使内在心理秩序有序化；另一方面，通过与两地社会同时保持联系，获得社会承认，形成和积累社会资本，进而彰显他们在两地的社会位置，实现自我价值与社会地位的相对提升。从厦门台商庄许家菱的一句话里最能体现两种认同的和谐共处："我来自台湾，不管离开多少年，始终深爱故乡且从不因其内部的族群动乱而引以为耻。我也是'新厦门人'，也从未停止过努力的打拼奉献，并希望这片土地的未来将会越来越美好！"②

台企陆干（大陆籍管理人员）SXP 从他的角度揭示了这种社会空间的存在对台商的价值：

---

① 吴前进：《跨国主义的移民研究———欧美学者的观点和贡献》，《华侨华人历史研究》，2007 年第 4 期。

② 庄许家菱：《提升闽南文化是发展海西的首要策略》，《厦门社科学会通讯》，2009 年第 4 期。

　　总感觉他们台派的干部跟我们有一道无形的墙存在。他们的经济发展水平比我们这边高，就有点看不起这边的大陆员工，跟我们讲话的时候流露出一种优越感。其实这些台派干部在台湾的时候地位就相当于我们这边的组长、课长，派到这边来薪水拿双份，是我们的四倍，地位也比在台湾高。因为他们是台湾人，公司的关键岗位根本不会留给大陆人的，即使岗位空缺，公司也会让一个能力并不能胜任的台湾人来担任，只是因为他是台湾人。（田野调查日记，2009年6月26日，台企陆干 WXZ 与 SXP）

　　已经在福清工作20多年的 QDL 也有同样的感受：

　　台湾有些企业在台湾做得很烂，在大陆反而做得很棒。像我这个企业在台湾是小企业，在这边就成了大企业。（田野调查日记，QDL，2009年4月28日）

　　随着大陆经济社会发展及国际地位的变化，台湾人看待大陆的眼光也发生了微妙的变化，岛内对祖国大陆，在原有的"通商热""投资热"以及"寻根热"等多种"大陆热"的基础上，又新增"金融热""文化热""求学热""求职热""购房热"以及"高科技热"等新的"大陆热"。这些都对在大陆长期耕耘的台商在台湾的社会形象带来积极的影响，使他们在台湾故乡的社会地位也水涨船高。WHS 告诉笔者一个有趣的现象，反映了两岸民间社会对对方地位的评价："大陆的女孩子，厦门的女孩子，最近10年没有一个肯下嫁给台湾的。因为台湾的条件没有厦门好啊，现在下嫁给台湾人的都是荒郊野外的农村妹啊。"（田野调查日记，2009年5月6日，WHS 的厦门生活）
　　LXW 同样也体会到了这种变化：

　　以前在台湾的时候，听到台湾人说，"嗯，隔壁的那个福州佬"，现在就听到我妈说，"我女儿去大陆讨生活"。像我女儿这样的，在台湾非常吃香。①（田野调查日记，LXW，2009年4月8日）

---

　　①　LXW 的女儿在大陆读完小学、中学，访谈时在福建当地一所中医学院念大二。LXW 说台湾公司非常需要像她女儿这样在大陆求学长大，对大陆和台湾都很熟悉的台湾年轻一代人。

二、重建心理秩序：双向认同与情境性认同

（一）移民认同研究理论回顾

认同是移民研究的重要主题。认同是移民群体所要面对的一个重要心理问题，是社会心理学研究的范畴；认同同时还具有关系属性的特征，也是社会学研究的内容之一。由于不同的社会认同，带来不同的关系紧张和建构，才有社会的多样性和丰富性。社会心理学侧重探讨认同改变、建构的心理过程和心理机制，社会学对认同的研究更偏重于社会现象的一致性（比如身份、地位、利益和归属）上的一致性、人们对此的共识及其对社会关系的影响的研究。

跨国主义理论提出当代迁移者具有游离性与双重性特征，强调由于通讯与交通的边界，当代迁移者越来越能够同时处于两个国家（移出国与移居国）的社会关系，并且越来越可能同时拥有两地的认同[1]。为了区分这样的迁移者与一般移民的不同，也有人用跨国流动者（transmiGrants）来称呼他们[2]。Robert Alvarez 也提出移民的"双重归属"（Dual AlleGiance）意识是现代移民建立认同的核心特征，这种"双重归属"意识与其说意味着一种政治上对祖国的忠诚，倒不如说体现了一种他们对自己出生地的历史文化的忠诚态度。移民永久维系着对祖国的国家认同，这成为一种他们用以维系其文化认同的社会机制[3]。移民多重认同趋势与全球化的扩散有关，国家和政府是无法阻止的。Schiller 指出，跨国流动者能够维持双重的社会关联/认同与各国的国家打造过程中对移民的这种认同状态的逐渐纳入有关[4]。同时，跨界文化交流和跨界婚姻进一步推动了认同的混杂意识。

跨国流动者在跨界流动过程中通常要经历这样一个过程：在一个不同于自

---

① Ports, Alejandro, et al. The Study of Transnationlism: Pitfalls and Promise of an Emergent Research Field.Ethnic and Racial Studies. 1999, 22（3）: 219 - 227; Meyers, Eytan. Theories of International Immigration Policy – A Comparative Analysis. International Migration Review. 2000, 34（4）: 1245 - 1282.

② Linda G. Basch, Nina Glick Schillier and Christina Blanc – Szanton. Nation Unbound: Transnational Projects, Post – colonial Predicaments, and De – territorialized Nation – States. Langhorne, PA: Cordon and Breach, 1994.

③ Alvarez, R. R. A Profile of the Citizenship Process among Hispanics in the United States, I. M. R., 1987（21）.

④ Schiller, Nina Glick, Linda Basch, and Cristina Szanton. From Immigrant to Transmigrant: Theorizing Transnational Migration. Anthropological Quarterly, 1995, 68（1）.

己文化的社会中认识到了自己所具有的异质性，经历认同上的动摇，努力在一个新的状况下获得一种新的认同。这种行为超越了对所在社会的单纯适应过程，并最终使跨界移动者获得作为现代城市社会中日常实践的行为主体的角色和价值①。从这个角度看，这种行为也是跨国流动者在移居地继续社会化的过程，跨国流动者自身对异质性文化的体验是移出地与移居地社会文化碰撞与交流的体现。

在社会建构理论看来，认同的形成和变迁是一个建构的过程。有学者在其研究中发现，移民不但会使用他们从移出国携带的社会文化和经济资源，还会不断地利用移居国的资源（包括社会、文化、经济和制度等）进行一定的建构，形成他们独特的社会、经济、文化和社会心理特性。换句话说，移民既不是被动地接受移居国的社会、制度和文化安排，也不是绝对地排斥移居国的各种制度安排，他们是根据在移居国所面临的生存和发展环境以及他们自身的生存能力，重新建构适宜他们生存和发展的社会经济空间以及相应的价值理念与社会认同②。

解释认同形成和变迁的理论，除了建构论，还有原生论和境况论③。这两个理论分别着重社会记忆和社会时空因素对认同的影响。因此，移民的社会归属与认同并不是凝固不变的，而是不断地在迁移和融入过程中得到建构、解构和重构的。

认同点的变化是理解当代移民错综复杂认同现象的关键。每一个人与其他任何一个人，都有潜在的认同之处，此即"认同点"。这种潜在的认同点处于不可知的隐性状态时称为"隐性认同点"。只有当外部条件具备，即由于血缘关系（包括姻亲关系）、地缘关系、业缘关系甚至心理性相通关系等，把两者结合在一起的时候，就变成"显性认同点"。隐性认同点转向显性认同点的前提是人与人之间的交往和沟通，也即"相互作用"④。根据亨廷顿的观点，认同点有六种类

---

　①　［日］广田康生：《移民和城市》，马铭译（据日本有信堂1997年版本译），商务印书馆，2005年，第5页。

　②　王春光：《巴黎的温州人：一个移民群体的跨社会建构行动》，江西人民出版社，2000年，第254页。

　③　陈朝政：《台商在两岸的流动与认同：经验研究与政策分析》，台湾东吴大学，2005年（博士论文），第37页。

　④　陶庆：《福街的现代"商人部落"：走出转型期的社会重建合法性危机》，社会科学文献出版社，2007年，第430页。

型：归属性的、文化性的、疆域性的、政治性的、经济性的、社会性的[①]。对传统移民而言，地域性认同是最主要的认同点。当代移民比以往任何时候可流动的程度都高，移民会根据生活的需要、条件的变化和工作与事业的要求随时改变自己的生活居住地。也就是说，他们日常生活的重心（即生活归属）在发生跨边界的移动，在此过程中，跨界流动的移民群体不断建构、解构和重构新的社会认同，这种新的社会认同趋向于不受地域、民族、国家和领土的限定。有学者将这种新的社会认同称之为"外地域性认同"[②]，提出移民社会关系而不是地域或国家才是当代移民认同的基础。

（二）双向认同与情境性认同：在闽台商的认同特征

对自我的认同和对当地社会的认同是对在闽台商认同情况进行研究的两个主要方面。笔者通过问卷调查从在闽台商"对自身所具有的异质性的认知""地域身份认同""群体身份认同"和"文化身份认同"四个方面考察了台商的自我认同情况。问卷统计结果表明：有 53.8% 的受调查者感觉自己作为台湾人的行为特征比较突出，很容易被认出是台湾人；三分之一左右的受调查者感觉自己常常被提醒是台湾人。85.5% 的受调查者在台湾过春节，65.6% 的受调查者认为台湾那边比较像家，还有 54.4% 的受调查者认为理想的长期生活的地点是"台湾"，33.6% 的受调查者以"台湾"为理想工作地点，在所有被选性项中被选比重最高。近一半的受调查者认为"台湾过来的人""大多数可以信赖"，但是认为"大陆本地人""大多数可以信赖"的受调查者不到 10%。55.8% 的受调查者倾向于跟台湾人讲台湾话，75.2% 的受调查者认为自己与大陆人的观念和想法存在部分差距，其中 14.9% 的受调查者认为这个差距非常大。由此可见，在闽台商对每一个认同点（具体表现为上述自我认同的四个方面）的认同程度并不一致。其中地域性认同程度是最高的，对作为台湾人的文化价值观念的认同也是比较一致的，相比较而言在当地社会所感受到的"异质性"不那么强烈，从信任感中所体现出的群体身份认同程度也较低。这个结果表明半数以上的台商自我认同总体上倾向于"台湾"，但不同的认同点，认同的程度出现分化，尤其是"异质性认知"和"群体身份"方面的"台湾"认同都不强烈。

---

① ［美］塞缪尔·亨廷顿：《我们是谁？ 美国国家特性面临的挑战》，新华出版社，2005 年，第 25 页。

② 王苍柏：《也谈华人》，《读书》，2004 年第 10 期。

"台湾"认同减弱意味着"两岸"或"大陆"认同的增强，其主要原因在于两岸同文同种的根缘关系，再加上台商与当地社会接触面的拓宽、拓深。问卷调查发现，62.8%的受调查者感觉大陆当地老百姓"一般都可以接受"台湾人。60%的受调查者认同两岸相同的文化根缘是发展事业的有利因素。66.1%的受调查者已经或在考虑将家人接来同住，81.8%的受调查者已经或在考虑在大陆购置房产，84%的受调查者已经或在考虑在大陆长期发展，32%的受调查者感觉台湾和福建两边都像家，65.3%的受调查者台湾和福建两边的生活都比较习惯。这一结果表明，在闽台商在中华文化认同、日常生活安排、事业发展规划及日常生活感受方面"大陆"和"两岸"兼顾的双向认同趋势明显。

在闽台商对大陆社会又有着怎样的认知呢？葛剑雄认为[①]，市场认同是当前新的认同形式，数百万台商在大陆安家落户，离不开大陆的市场，市场的认同也影响到台商的政治认同，市场的力量将大陆和台湾紧紧联系在一起，起着比血统认同和文化认同更强大的作用。但是市场认同也有局限性，应该发展到利益认同。要让最大多数人得到它的利益。在这基础上更难的是观念的认同。现阶段两岸已经有了观念认同的基础。台湾很多人跟大陆有很多观念上的差异，不认同大陆的社会制度、政治制度，也不认同大陆的观念。但是不认同不等于不接近。以前两岸的观念是你死我活的，现在是互相尊重对方的现状，随着改革开放带来的社会进步，在观念上的差异越来越接近。上述判断可以用来分析在闽台商对当地社会的认同。在闽台商普遍形成对大陆的市场认同，也正是基于这种市场认同，越来越多的台湾人主动选择到大陆发展，在个人和企业规划上主动走在地化之路，以永续化发展作为事业的目标。在这个过程中，必然发生各种利益和观念的碰撞。在闽台商普遍体会到两岸社会的差异和差距，但是他们即使不认同大陆的政治制度、社会制度和各种社会观念，也开始尝试去理解这种差异，而不是一味的否定、排斥。

对这次北京奥运我印象最深，我觉得大陆给我的感觉他是不断地在进步，而且进步速度非常快。刚开始我来的时候，对很多东西，比较不习惯，或者看不惯，像卫生习惯，不过经过一段时间的沉淀之后，我能理解了，我越能理解的时候，我越能说看得到这个地方发展的速度更快。然后还有一点，这个地方

① 参考葛剑雄 2009 年 12 月 4 日在华中科技大学作题为《统一与分裂：从历史看未来》的演讲。http://www.univs.cn/newweb/univs/hust/2009－12－05/935161.html。

跟台湾不一样的地方就是，这个地方的政府做事比较有效率，可是台湾的政府在做事的时候很没有效率。（田野调查日记，CBJ，2009 年 3 月 13 日）

我是台湾屏东人士，祖籍应为福建漳州。因家族多为"深绿"人士，加之自幼在学校接受"反共"教育，故对大陆政府成见颇深。我在商业圈打拼了十几年，一直从事水果生意。眼见周边好友皆往大陆拓展市场，且业绩不俗，又适逢大陆优惠政策出台，遂心有所动。与其坐以待毙，不如试试水深。谁曾想牛刀小试便大有斩获，大陆市场之大，出乎我的意料。厦门、台湾一水之隔，交通便捷，况且大陆政府对我们台商又极为照顾，更坚定了我的信心。回想当初，之所以能坚持下来，是因为对台湾水果有信心，对大陆市场有信心，对政府官员有信心，对国家政策有信心[①]。

有的台商甚至开始反思台湾社会一贯标榜的民主制度，反思大陆现行政治、社会制度的合理性。

我小时候在台湾，大人就跟我们讲大陆的共产党如何如何可怕。等我 97 年到了大陆接触了很多共产党，觉得他们很了不起。为什么？这么大一个国家，这么多人口，几十年不乱，经济发展还这么快，非常了不起。大陆如果照台湾搞，早就分裂成不知多少个国家了。（田野调查日记，2009 年 10 月 29 日，率性女人 ZNA）

因此只要两岸双方有了或间接或直接、或浅或深的接触、交流、沟通，对对方的印象、看法，甚至对对方社会、文化、价值、观念的认同都会或多或少发生变化。尽管有很多台商"是为了经济考量才到中国，心态上根本不愿意接受中国主流文化的价值观与想法"[②]，两岸在价值、文化、思考方式等方面确实存在差异，但只要以开放、包容的态度进行互动、沟通、交流，不认同的心态也会被相互尊重的心态所取代。"或许，管它是什么，只要政权稳定，经济持续发展，人人有饭吃，这种体制也是有机会获得尊敬与效仿，虽然我可能会很不喜欢这样的体制"[③]。

① 梁章林主编：《我从台湾来》，海风出版社，2008 年，第 26 页。
② 陶孟仟：《大上海地区的台湾移民对子女教育的安排》，《当代中国研究通讯》，2009 年第 12 期。
③ 谢铭元：《海的那边是什么？》，《当代中国研究通讯》，2009 年第 12 期。

情境性认同是在闽台商社会认同的另一特征。这里的情境性认同是指台商在对外给自己贴台湾人还是大陆人标签的时候，在一些场合宣称或彰显自己是"台湾人"，在另一些场合，则说自己是"大陆人"（具体到大陆某个省、市）。例如，在以大陆人为主要生意往来对象的情境中，台湾人身份对他们的经营、工作并没有特别的帮助，甚至会因为附着在大陆"台湾人"身上的刻板印象而影响到他们正常的社会交往，他们往往不愿彰显他们的"台湾人"身份。

> 工作上，我们的生意状态是比较单纯的，就是跟客户接触一下，没有太复杂。我跟人家都说我是泉州的，那后来我跟人家说我是台湾的，祖籍泉州，人家说 ok，也没有觉得特别怎么样。（田野调查日记，YZQ，2009 年 4 月 2 日）

在以台湾人居多的情境中，台商就会倾向通过语言或自我介绍等方式来彰显自己的台湾人身份。对于很多初到大陆的台商来说，借助地缘关系的认同力量，先从"台商圈"入手，再逐步拓展到其他的关系网络是台商适应当地社会的基本路径。但是随着在地化程度的加深，台商对外彰显台湾人身份的积极性降低，地缘认同减弱。

> 以前刚来我会相信台湾人，因为观念比较相近，后来几年下来，我会发现说很多台湾人来这边他也会不正当，他反而是台湾人欺骗台湾人，他利用你对台湾人先入为主的信任。（田野调查日记，ZJP，2009 年 4 月 6 日）

（三）心理秩序的重建

跨界流动的生活应运而生了在闽台商"弹性"的身份认同[①]，这种弹性认同主要体现为双向认同和情境性认同，它使台商在个人心理层面保持了时空记忆与现实环境的无缝结合。跨界流动意味着外在生存和发展环境的改变以及由此引起的跨界流动者内在心理认知和认同结构的变化、解构、建构或重建。各种因为环境改变而带来的内在认知冲突或失衡通过这两种认同方式得以调和，重建了内在心理秩序。费孝通先生曾提出"心态秩序"观点，以解决在各种文化中塑造出来具有不同人生态度和价值观念的人们，带着思想上一直到行为上多

---

① 黄宗仪：《全球都会区域的弹性身份想象：以台北与上海为例》，（台）《文化研究》，2007年第 4 期。

种多样的生活样式进入了共同生活，怎样能和平共处的大问题①。如果"心态秩序"要解决的是不同个体多样性文化共处的问题，那么笔者所提出的"心理秩序"则要解决得是同一个体面对多样性文化交汇引起的认知混乱甚至认知冲突时如何建立内在认知秩序的问题。台商在跨界流动过程中，摸索出一套可行的方法———建构跨界的认同。

这种心理秩序的重建包括两个方面。首先，寻求不同文化价值取向背后人类文化和心理的一致性的东西。第二，在不同的文化价值取向之间寻求理解、互补、共生的逻辑。台商在跨界的生活经验中，对两岸社会在政治制度、经济发展、社会人文素养、价值观念、生活方式等方面的优势和劣势有了自己的比较和体验，他们倾向于在不同项目的比较中，挑选出相对优势的项目，最后将这些挑选出来的要素有机组合，最终形成跨界的认同模式，双向认同和情境性认同就是这种跨界认同的两种表现形式。双向认同意味着台商在其认同结构中，既有大陆的因素，也有台湾的因素，既对大陆的市场和共享的中华文化的高度认同，又同时保持对台湾的地域和文化价值观念的认同。情境性认同则是一种状况性认同策略，通过对具体情况的判断，选择大陆认同或者台湾认同。

三、全面嵌入当地社会：多元社会关系网络的建构

（一）移民社会关系网络研究理论回顾

移民研究领域十分重视移民的社会关系网络在移民社会适应中的作用。许多对华裔移民的实证研究都表明，关系网络在华人社会里普遍存在且发挥着重要的作用②。抵达移居地初期，移民往往通过族群内部关系，如熟人、亲戚、朋友、同事、同乡和宗亲会馆等寻找工作、安顿住所，借助社会关系的重组和培植，排除心灵的孤寂，关系网络对移民在物质和精神两方面的安定与稳定都起到了重要作用。事实上，关系文化是中华文化的重要特征，与其他民族不同，大多数华人看重"关系"，凡事都讲道义交情，着眼于营造人际关系，并以血缘、地缘为线索，形成了广泛的人际关系，每个人都处于这种关系网络之中，每个人都在不断地扩大或维持这种网络③。通过与移居地社会成员和相关团体的

---

① 麻国庆：《走进他者的世界》，学苑出版社，2001 年第 360 页。
② 张继焦：《城市的适应———迁移者的就业与创业》，商务印书馆，2004 年，第 83 页。
③ 郑一省：《多重网络的渗透与扩张——海外华侨华人与闽粤侨乡互动关系研究》，世界知识出版社，2006 年，第 29 页。

互动，有助于移民迅速建立和培植适合个人生存与发展的关系网络，以便在新环境中实现个人价值和奋斗目标。简言之，移民在移居地重组和培植关系网络，有助于社会资本的获取与积累，进而有助于适应与融入当地社会生活。

建立跨地域的社会关系网络，并把它转化为社会资本更是当代移民的重要特征。移民群体通过社会网络的建构，实现社会网络的资本化与跨国式互动，并进而形成了移民"跨国社会空间"[①]。王春光通过对巴黎的温州移民所做的研究发现，移民社会关系网络是移民在他乡或别国生存、发展和融入的重要法宝和社会资本，而不是社会融合的障碍。移民社会关系网络在移民社会融入中的作用表现在三个方面：第一，移民社会网络是移民传递流动信息的媒介；第二，社会关系网络是移民流动得以进行的机制；第三，社会关系网络是移民生存与发展的支撑体系[②]。吴前进在对新加坡华裔新移民的研究中还发现，越来越多的新移民在融入新加坡当地社会的同时，努力把居住国和外部世界联系起来[③]。也就是说，一种更适合当代跨界移民的发展模式正在形成：移民的社会网络不断拓展，移民群体社会资本不断增殖，人群、社会、国家乃至地区之间的各种关系经过各种有意识的人为架构而实现了旨在促进相关利益共同发展的互动。可见，移民关系网络无论是对移民适应当地社会，还是对加强以移民为中介的移民移出地和移入地社会的民间关系都有积极作用。

当代移民社会关系网络的形成具有开放性、状况性的特征，会随着流动而发生改变。从流出地到流入地，移民生活的社会和文化环境发生了改变，为了适应这种变化，流动者必须调整和修改其原有的社会网络，甚至要建构新的社会网络。许多对海外华人新移民的研究都发现，传统的亲缘关系网络在移入地的影响和作用没有国内强，甚至削弱；而在共同的重要经历中建构起来的社会关系网络（变现为友谊、缘分等）的作用变得越来越强。

移民社会关系网络是"移民系统"的重要组成部分。在阿金·马博贡耶提出的"移民系统"理论中[④]，提出作为一种空间构成的"移民系统"，包含了移

① 吴前进：《当代移民的本土性与全球化》，《现代国际关系》，2004 年第 8 期，第 18—24 页。

② 王春光：《巴黎的温州人：一个移民群体的跨社会建构行动》，江西人民出版社，2000 年，第 55—82 页。

③ 吴前进：《1990 年以来中国 - 新加坡民间关系的发展——以中国新移民与当地华人社会的互动为例》，《社会科学》，2006 年第 10 期，第 83—91 页。

④ 华金·阿郎戈：《移民研究的评析》，《国际社会科学杂志（中文版）》，2001 第 3 期，第 35—46 页。

民输入地与移民输出地之间相对稳定的联系，而这种联系是在一个相对固定的制度框架内，依靠各种社会关系网络而维持的，移民就是在这个制度框架和关系网络中，凭着自身的人力资本而不断地流动与互动，以此来共同构成一个相对开放和流动的移民系统。根据这一理论，有学者进一步提出可以从宏观、中观与微观三个层面分析这个移民系统[①]。比如在当代中国城市劳动力新移民这个系统中，宏观层面主要指的是国家相关制度、政策、法规，以及城乡经济状况、社会发展关系，它几乎对劳动力新移民的产生与发展具有生杀予夺的权力。中观层面主要是指移民社会网络，是对正式制度的一种补充，发挥着巨大的作用。当国家层面上的正式制度不能很好的在移民系统中发挥推动作用时，作为民间活动的社会网络会积极地替代各种正式关系，以非正式群体特有的方式来推动劳动力新移民的形成。这种来自民间的社会网络大多依靠血缘、地缘关系自然形成，有助于移民自身在移居地重建各种社会关系、拓展社会网络。微观层面则主要指移民的人力资本，之所以在同等制度和网络环境下，新移民的最终结果会表现出巨大的差异和分化，其中一个很重要的原因就是其人力资本的不同。移民系统实际上是由宏观层面的相关制度、中观层面的关系网络和微观的人力资本三个层面的要素相互作用、相互影响而构成的一个动态系统。

此外，日本学者广田康生提出"移民族群网络"分析轴，详细剖析了由移民个人关系网络连接起来的各类关系主体。在广田康生看来，移民族群网络的构成者主要包括四种类型[②]：首先是"局外者"，即移民本人；其次是"局内越境者"，即身处当地社会，但能够与作为"局外人"的移民进行互动的人，例如移民在当地社会生活的亲戚、朋友等；第三是"对抗者"，即持与当地社会主流价值观不同看法，倾向于移民价值观的人，由此产生与移民交流的契机；第四种是"局内人"，即持主流价值观的当地社会居民。

（二）在闽台商社会关系网络的类型与建构策略

在大陆生活的台商群体中流传着这样一句话："有关系就没关系，没关系就有关系"。不论有没有在大陆定居的打算，既然到大陆在工作、生活，就必须要以某种形式同所处的大陆当地社会进行接触，要为自己安排出一个特别的生活

---

① 文军：《论我国城市劳动力新移民的系统构成及其行为选择》，《南京社会科学》，2005年第1期，第54—58页。

② 广田康生：《移民和城市》，马铭译（据日本有信堂1997年版本译），商务印书馆，2005年，第198—204页。

空间，以接触工作以外的地区社会。下文以台商生产网络以外的社会关系网络的建构为侧重点，根据问卷调查和访谈资料分析在闽台商群体社会关系网络的类型和建构策略。

第一，亲缘关系和地缘关系是在闽台商最重要的关系网络类型和社会支持网。对于初到大陆的台商来说，来自家人的关心和陪伴是台商消除心理孤寂感、在当地安心工作的最大支持力量。建立在地的朋友圈子不管是对工作还是对工作以外的生活都有着十分重要的意义，而以地缘关系为纽带建立和拓展自己的社会关系网络是一个行之有效的路径。问卷调查结果显示：超过一半的受调查者日常生活中遇到问题的商量和求助对象多为家人和台湾朋友，而对于工作中遇到的问题，大部分人选择的求助对象是同事、上级、生意伙伴，其次是台湾朋友。将近 7 成的受调查者已经或正在考虑将家人接来大陆同住。同时，受调查者在对"台湾过来的人"的人信任程度远高于"大陆本地人"。将近一半的受调查将"与朋友相聚"作为主要闲暇生活内容。这一结果表明：在闽台商十分重视以家庭为核心的亲缘关系的社会支持作用；同时，台商朋友不论是在工作中还是在生活中都占有十分重要的地位。

表 2 台商教育程度与配偶的籍贯

		教育程度					总计
		初中或以下	高中、高职	专科	大学	研究所及以上	
配偶的籍贯	台湾	20	24	37	10	92	
	福州	1	0	0	0	0	1
	闽南地区	0	0	0	2	0	2
	福建地区	0	1	1	2	0	4
	大陆其他各省	0	1	5	5	1	12
	未婚	0	1	4	5	2	12
总计		2	23	34	51	13	123

第二，两岸婚姻是台商社会关系网络建构的特殊方式，也是一种策略化社会适应方式。台商建立跨界婚姻关系的行动策略并非在大陆独有，台湾学者王宏仁在对越南台商与当地女性的联姻现象的研究中就指出，有些到越南的台商群体是人力资本不高的、边缘的人，为了在当地生活，他们没有良好的政商关系来进入市场，没有像样的学历以便在跨国劳动市场中流动，唯一依靠的就是自己的劳动力，以及透过跨国婚姻而来的、新的社会网络的建立，以便在当地

求取生存。

这种通过跨界婚姻而来的草根交流越是活跃，跨界流动的台商就越是在地化，他们融入当地社会的程度就越高[①]。闽台之间有着相似的自然环境、饮食、语言和风俗习惯以及地方文化心理，再加上地利之便，随着台商到福建投资、工作人数的增加、常驻时间的增长，闽台之间的通婚关系更趋热络。据统计，2006 年底闽台通婚达到 87250 对，占内地涉台婚姻登记总数约 1/3，闽台通婚中又有一半来自福州。在笔者随机访谈的 32 位台商中，就有 7 位是两岸婚姻。在 125 份问卷调查中，属于两岸婚姻的个案高达 19 份，占 16%，其中配偶为福建籍的有 8 位。

可见在闽台商群体中的两岸婚姻关系比较常见，那么福建台商的两岸婚姻与越南台商的草根跨界婚姻关系是否类似呢？交叉分析显示，19 位有两岸婚姻关系的在闽台商中 16 位学历在专科以上（见表 2）。笔者随机采访到的配偶是大陆籍的七位台商全部为自由恋爱，其中一位是台干，一位是女性，一位是二代台商，五位婚龄在 10 年以上，他们不仅在生活中相互照顾，在事业上也互相配合，稳定的婚姻关系对台商在大陆的社会适应与融入的作用是显而易见的。

我们 2007 年结婚的，算是来这边最大的收获了。我跟我老婆两个个性比较互补，她个性比较活泼，嘴巴甜，讲话比较厉害，待人处事比我老道。我比较静，比较老实啦。我们两个蛮幸福的。我老婆是湖北红安人，现在没有做事，台湾生产后回到大陆，现在在家带小孩。有了老婆，小孩也刚出生，才四个多月，肩膀的责任又重了，以前是为了理想抱负，现在考虑比较多了一点。（田野调查日记，2009 年 4 月 27 日，福清台干 ZXN）

我跟我先生没吵过架。我跟我先生大概认识三年才结婚。其实我跟你讲，我跟我先生没有轰轰烈烈的，我觉得我跟我先生很像朋友之间的感觉，因为只有你很平常化、平常心，那你的人生才会很常态。我婆婆是福建人，所以她非常能体谅我们。你如果说嫁出去的女儿怎么样，那我说那干嘛那么辛苦从台湾跑到这边来啊。我觉得是缘分，或许缘分是在这里。（在事业分工上）工商、食品卫生这些跟政府部门打交道的事情都是他在做，因为我也弄不懂，干脆让他去做，因为我先生以前在我们家公司就是在处理这些事情的。然后管理上会有

---

① 王宏仁：《草根跨国组织与或跨国社区的建立：以在越南的台湾人为例，《亚太研究论坛（专题研究Ⅱ：台越关系专辑）》第 24 期，2004 年 6 月，第 112—130 页。

去做一些沟通。（田野调查日记，WHY，2009 年 3 月 25 日）

（三）"大圈子"和"小圈子"：在闽台商社会关系网络的建构过程

问卷调查显示：超过 60% 的受调查者更愿意参加台湾人在大陆的社团组织。而在受调查者中，有近七成加入了本地台协会，35.9% 的受调查者参加了高尔夫球等类型的兴趣团体，还有接近两成的受调查者参与了台湾同乡会类型的组织。加入各类社会关系网络是在闽台商在社会适应中的普遍行为方式。下面笔者从正式的"大圈子"和非正式的"小圈子"来剖析在闽台商社会关系网络的建构过程。

第一，不同类型台商有各自的"大圈子"来扩展在当地的社会关系网络。在闽台商社会关系的"大圈子"有两个特征，一是以地缘性关系为主要脉络构建"大圈子"。二是关系网络组织比较正式，有相对固定的活动地点、活动内容和组织规范。

台湾台胞投资企业协会（以下简称"台协会"）是台商在当地成立时间最早、最为正式的社会关系网络。目前福建省内共有 9 个台协会，台协会的会员以台商企业主为主，是台商在当地的民间社团组织。遵照大陆民间社团的管理办法，台协会登记管理机关是地方民政部门，业务主管单位是地方台办。会长由台商担任，会长聘任秘书长、副秘书长领导秘书处处理会务，秘书长、副秘书长一般由当地台办人员兼任或专任。据估计，参加台协会的会员企业约占在大陆当地投资台企总数的三分之一左右[1]。以福州市台协会为例[2]，该协会由来福州投资的台商自愿组成，1994 年成立，2009 年时有企业会员 400 家（不含福清市），以台湾中小企业为主，行业涵盖制造业、高新科技等 30 多个门类，投资企业平均年限达到 15 年以上[3]。协会自成立以后，以"服务、团结、协调"为宗旨，围绕服务台企、加强台商会员之间、台企与政府之间、台商与当地社会之间的沟通、交流和协调开展工作。在加强会员之间的联谊、交流方面，福州市台协会已经形成了四大工作平台，开展多样化联谊交流活动以加强台商之间

① 许淑幸：《两岸互动制度化之研究——从大陆台商协会的功能观之》，台湾大学，2005 年（硕士论文），第 24 页。

② 2008 年 10 月至 2009 年 1 月，笔者在福州市台协会做了为期三个月的田野调查，田野调查结束后，笔者仍与台协会保持联系，参加台商部分相关活动。

③ 陈奕廷（福州市台协会常务副会长）：《立足海西，促进台企永续发展，引领企业再创辉煌——在为加快建设海西再展雄风企业家座谈会上的发言》，载《福州市台胞投资企业协会会刊》，2009 年总第五十期。

的凝聚力。这四大工作平台分别是：第一，片区活动。将福州划分为六个片区开展联谊活动，基本做到月月有活动，同时邀请当地部门领导参加，构建台商与政府部门的联系平台。第二，青年委员会。2007 年福州市台协会正式成立台协会青年委员会，专门服务于青年台商、台干。2008 年台青会举办了 14 场活动，活动主题包括联谊餐叙、大自然探险、知识讲座、烧烤等，还组织台青会与市青年团体举行联谊活动，加强与当地社会的联系。第三，牵手之家。牵手之家成立于 1998 年，是台协会下设的专门服务于女台商和台商眷属的组织。第四，高尔夫球队。台协会高尔夫球队坚持月例赛活动，以福州台协会命名的球赛"台协会杯"至今已经举办了五届，每年年底举行，是在闽台商一项重要活动，赛后颁奖仪式和晚宴吸引不少台商及家属来参加。台协会高尔夫球队与省内外台商高尔夫球队的交流也比较频繁。此外，台协会每年一次的周年庆也吸引了很多台商来参加。福州台协会还办了自己的会刊、网站，会刊由会长指导秘书处负责编辑，在周年庆前送到每个会员手中。台协会的会刊、网站都是台商了解、交流信息的重要渠道。

台商个体户也有属于自己的社团。2007 年厦门市思明区成立了全省首个个体户协会台商分会，业务主管单位是厦门市思明区工商局。担任首任会长的 CYL 介绍说，协会现有副会长两名，理事四名，名誉会长由思明区台办主任兼任，其中一名副会长由思明区工商局某科室科长兼任。至今已有会员 96 人。协会成立以来，办公地点都是在他自己的办公室里，协会没有收取任何会费，经费支出都是他自掏腰包。只要是会员开店遇到困难，他都积极帮助协调解决。协会就像台湾的民意代表，在台商个体户和政府之间起到了很好的桥梁作用。（田野调查日记，2009 年 5 月 5 日与 CYL、CQY 谈大陆台商个体户）

目前以台干为主的正式社团还没有出现，但在台干比较集中的地方有一些联谊性质的定期聚会。比如在台干聚集比较多的福州青口东南汽车城，每个月都有一次台干餐叙。由汽车城的配套厂商自愿自行组织，每月一次以吃饭的形式聚会，每次由自愿报名参加东南汽车城配套厂商台派干部联谊会的配套厂中的三家轮流做东，年初排好全年的餐会计划，并通过福州市台协会传达到在闽台企，餐会地点近几年都定在闽侯青城大酒店。事实上，参加月例餐叙的人员是向所有台商及相关人员开放的，跟台干生活、工作相关的人和事都可以在聚会时统一介绍、宣传、通告①。笔者认为，东南汽车城配套厂商台派干部联谊餐会（以下简称"联谊餐会"）是在闽台干社会关系网络建构与维护的重要非正式制度安排，其作用表现在三个方面：

首先，联谊餐会是一个以汽车城台干为主体的台干群体社会关系网络运作的载体。青城大酒店作为一个常规性的聚会场所，作为台干的社会关系网络编织和信息交流的据点而发挥作用。正是这里潜在的关系和信息的力量将来到汽车城和福州工作、投资的台干、台商吸引来参加，聚集在这里的每一个台商之间随机地编织个人关系网络，从而形成了一个无形的汽车城台干群体关系网络。

在这个网络中的人，有着相同的生活方式，聚餐成为他们建立和支撑其自身生活方式的日常关系的重要途径。

其次，非正式组织与正式组织的连接与互动。在一次月例餐叙前几天，一家台企发生了员工打架致死事件，死者家属与这家台企就赔偿问题发生矛盾冲突。餐会上这件事被广泛关注和讨论，福州市台协会秘书长与相关企业和人员不停沟通，甚至顾不上吃一口饭，餐会结束后连夜写材料上报市台办和相关部门来处理此事。

再次，非正式的私人关系嵌入到正式的工作关系中，关系网络得到维护和扩张，社会资本增值。联谊会的会员以轮流做东的形式保持着与汽车城内兄弟厂商的联系与沟通，这些厂商的负责人之间在这种长期的人际交往中建立了相对较为信任的关系。而每个月受邀来餐会的台商也以乡音乡情为基础在一来二往中扩大着自己在大陆的社会关系网络。有意思的是，在大陆工作的台干在网络上呼吁成立类似国外工会组织的"台干协会"②，反映了大陆台干自发构建本群体内正式社会关系网络的意愿。

第二，"小圈子"作为在闽台商社会关系网络的另一种形式使台商关系触角深入到当地社会日常生活中。与"大圈子"相比，在闽台商社会关系"小圈子"的特征是：建构方式更加灵活，更具开放性和状况性，网络规模和互动形式更加小型化、私人化、日常生活化。特别是业缘关系参与到"小圈子"的建构中，有利于在闽台商日常生活的本土化，也有利其社会适应和融入。"小圈子"的

---

① PXJ 是该餐叙活动的主要召集人和组织者之一，1999 年 PXJ 被台湾母公司派驻福州工作，自那以后就成了每月餐叙活动的主持人。在 PXJ 帮助下，笔者在一次月例餐叙前完成了在闽台商社会适应的问卷调查。在另一次餐叙中，一家福州的技校向与会台商搜集企业用工信息。有些新到福州的台企或在福州开店的台商个体户也会利用这个平台做自我宣传。

② 成立台干协会的建议，http：//www.twgocn.net/thread-40574-1-1.html，2009-02-5。

规模一般在几个人或十来人左右，刚好够一桌到两桌人吃饭，"小圈子"内的互动内容比较生活化，比如定期吃饭、唱歌和不定期结伴出游。能结成一个"小圈子"主要是源于某一个或某些方面的共性，如都是年轻人，或都是台商的眷属，或都在当地做小买卖，或有着同样爱好等。形成"小圈子"的途径也比较多元，可能是在返台飞机上或外出活动中的一次偶遇，也可能是在台协会或台干餐叙的一次饭局中，还有可能是同在当地的台湾朋友的引介。

"小圈子"关系网络建构的一个重要渠道是沿着业缘关系将本地人纳入自己的社会关系网络。问卷调查表明，工作对象大部分为大陆人的台商其朋友圈子大部分为大陆人的比例接近 40%，比工作对象部分为大陆人的台商其朋友圈子大部分为大陆人的比例高出 24.8%。台商在当地生活时间越长，就越认识与当地人交往的必要性。CCR 在福州生活了近 20 年，她非常注重拓展当地的关系网络，"很多台湾人也是这样，生活圈子跟台湾人在一起。其实这是一个错误的思考。我要在这边，我要生存下去，就要本土化。"（田野调查日记，CXR，2009 年 2 月 27 日）

"小圈子"关系网络建构的另一个新兴途径是互联网络。如今互联网在台商拓展社会关系网络中的作用越来越大。青年台商都有上网的经历，很多台商在来大陆前就在网上寻找当地的台商朋友。台太 LMG 告诉笔者在来福州前她就通过网络联络到一位将赴东南汽车城工作的台干眷属。SKYPE、MSN、QQ 都是台商与台湾、大陆和国外朋友联络的重要手段。而对厦门台商庄许家凌来说，互联网络更是给她带来意想不到的收获。

我来自台湾，是个台商太太，也是女台商。2008 年 3 月 8 日我在新浪开博了。满两年后的今天，博客来访超过百万。这两年"城主夫人"便由厦门大正电脑城城主的老婆（城主就是总经理啊！）也变成了我的笔名而广为人知。我一开始是写做菜。每日做完菜后再拍照写博。结果，无意中受到《厦门晚报》美食版的关注及采访，称之为"民间高手"！在那之前，很多人是不知道也不相信我会做菜。上报后受到广大群众回响，于是便邀请我这个台湾人开周专栏《食尚领鲜》。（部分文章在本博博文分类厨娘 2046），约半年后，又另加了《食踪》专栏。后来又和皮皮王子共同创作希米系列（ximi），再后来也在《海峡导报》开始了《厨娘 2046》，由于我博客里经常有比较特色介绍并教做台湾小吃，因而也促成了美食大三通"厦门两岸美食展"在大正电脑城门前广场举办①。

"小圈子"的建构过程也是生活方式的形成过程。一位受访者说，"福州的台湾人形成了很多不同的区块，或者叫社群，比如爱打高尔夫球的是一个圈子，喝酒唱歌的是一个圈子，像我们慈济人也有一个活动的圈子。"（田野调查日记，2009年3月19日，HJQ的慈济人生）一个圈子内的人互动的频率和时间比圈子外的人更多，圈子里的互动方式就是他们建构起的惯性生活方式。比如，PXJ喜欢打高尔夫球，每周末没有其他事情都会固定用来打球。HJQ热心推动台湾慈济在福州的公益活动，她的大部分业余和周末时间都用在了会务推展上。

私底下我们组织了小小的团体，十几个人，然后自己给自己取了一个名字，叫福州圆满会，简称福满会就对了，差不多每个礼拜就会聚餐一次，然后人员比较固定，我担任联系人，周六，几号，在哪里吃饭呀，对，对。重点是大家聚会，然后看看最近发生什么事情呀，每次聚餐都100块钱这样的，差不多一桌，因为差不多有的人来来去去，返台，出差呀。大部分没有生意上的往来。在台青会成立以前，大家都是各玩各的，我就是跟着父亲去夜总会，我就坐在那里，也没事干（笑），在家也没事干。他们现在吃完饭也还是会去夜总会。参加了台协会后，一群人中你总会淘到几个人比较要好，然后大家玩在一起，然后比较常联系。（田野调查日记，XXL，2009年3月12日）

正如关系网络对华裔移民适应与融入当地社会具有重要作用一样，华人社会"关系文化"对大陆台商的影响同样存在。在闽台商以亲缘关系和地缘关系为主要支撑，"大圈子"和"小圈子"共同编织起台商在当地社会的关系网络，推动台商更好、更快地适应和融入当地社会。

（四）全面嵌入当地社会

大陆台商群体是一个特殊群体，它在经济、政治、文化、心理等方面的特性使其在社会适应方面存在较大的张力，同文同种是台商能够融入当地社会的

---

① 城主夫人：《新浪开博两年赚进不只百》，http://blog.sina.com.cn/s/blog_51119d4d0100h8au.html，2009－03－10。

最有利因素，但这个群体在经济、文化和心理等层面的"强势外来者"特征 [①] 又使得该群体缺乏融入当地社会的积极性和主动性，政治层面的敏感地位更成为一道难以绕过的客观障碍。由此导致台商与大陆当地社会若即若离的关系。笔者认为，台商社会关系网络的建构与扩展是台商接触当地社会的主要渠道，借此从经济、社会、文化、日常生活等各层面嵌入当地社会生活。

首先，在闽台商通过生产网络的建构与嵌入当地社会完成经济层面的适应。

台商跨界流动最大的动机是追求个人生存、发展的更大空间和更多机会。要留在大陆发展，台商首先必须在经济层面获得稳定的生存和发展机会。社会关系网络在台湾企业社会普遍存在 [②]，大陆台企承袭了在台湾的企业经营风格，"关系网络"在台商的流动决策和流动后的生产经营中都有着重要影响。"朋友介绍"是台商到大陆投资、工作的一种常见类型，不少台企甚至在投资大陆初期也将在台湾的生产网络整体移植到大陆，以人情关系为纽带建立起了内闭式的协力生产网络。这种内闭式生产网络降低了对当地社会的依赖，但将台商隔离于当地市场体系和社会生活之外，不利于台企在大陆的长期发展。在长期的大陆社会生活实践和企业本土化经营转型过程中，这种封闭式、同质性的关系网络被打破，社会关系网络的结构、功能都在发生变化。

其次，在闽台商以地缘和业缘关系为纽带扩张社会关系网络，全面嵌入当地社会。除了生存需要，台商还有生活信息获取、人际交往等各种社会和心理需要。在重建当地生产网络的过程中，首先是厂商之间经过多次合作的专业连带的建立；之后，在专业连带的基础上，双方经理人间私人情谊关系的建立。因此，基于厂商之间密切经济合作的经济网络的建立在先；厂商之间多次互惠合作培养出彼此的信任，再加上双方企业员工间文化同源，人际关系等社会资源而建立的社会网络在后。同时，台资厂商在当地的互动对象并非局限于地方厂商，因为他们在大陆地区投资会面临一系列生产和生活上的问题，如生产方面的土地审批、海关、税务、劳工政策等方面都需要与当地政府发生互动，而在生活方面的治安、医疗、求学等方面也需要地方政府的协作。因此，地方政

---

① 刘伟在对在华外籍就业人员的社会适应研究中提出"强势外来者"概念，指称相对于其他类型的外来人群乃至当地人群而言，在经济、文化、心理等方面处于优势地位的人群。参见刘伟：《在华外籍就业人员的社会适应》，《社会》，2010 年第 1 期，第 152—177 页。

② 吴思华：《组织逻辑：人情与理性》，张笠云主编：《网络台湾：企业的人情关系与经济理性》，台北：远流出版公司，1999 年。

府的服务意识与效率对台资在大陆地区的社会嵌入将产生直接影响①。在上述过程中，台商将包括大陆人和台湾人在内的生意往来伙伴、地方政府工作人员、大陆企业员工等互动对象纳入到自己的社会关系网络中。上述功能性的社会交往成为台商建构和维系"大圈子"的主要目的。此外，台商通过"小圈子"的活动，在日常休闲、消费、婚丧嫁娶人情往来、慈善公益等社会活动中，都把台商的形象带到当地社会，完成了与当地社会的情感性、象征性社会交往。

费瑟斯通提出全球化过程中全球文化之存在于跨界移民群体中，这是一种"第三文化"———"那些以各种方式逐渐独立于民族国家的实践、知识体系、习俗与生活方式。"② 据此笔者认为，在常态性的跨界流动过程中，台商群体形成了独特的认同心理和社会关系网络建构模式，台商群体的这种独特生活实践和文化实践有可能创造出一种独立于台湾文化和大陆文化之外的"第三文化"。

---

① 王成超、黄民生：《台商投资大陆地区的区位选择及其空间拓展研究》，《人文地理》，2008年第6期，第71—77页。

② [英] 迈克·费瑟斯通：《消解文化——全球化、后现代主义与认同》，杨渝东译，北京大学出版社，2009年，第159页。

从"筑巢引凤"到"聚凤筑巢"

——以民间社团组织拓展闽台农业合作平台

郭为桂　陈　宾[*]

近 30 年来，两岸农业合作从无到有、由点到面、由沿海到内陆、由单纯农产品贸易到农业全产业链合作，水平不断提高，内涵不断深化。特别是随着大陆居民收入水平与生活品质的不断提高，食品消费支出的数量与层次都迅速增长，为台湾农产品在大陆的销售市场打开了广阔的市场前景。台湾农业从种养、加工、管理、技术到营销等，都有许多值得大陆学习之处，两岸农业合作符合双方利益，潜力巨大。

但是，目前两岸农业深化合作遇到一些瓶颈：一是贸易增速快但规模小。从 2002 年到 2011 年十年的两岸农产品进出口增速来看，年均增长率达到 19.5%。其中，按照大陆方面的统计，2011 年大陆对台湾农产品进出口总额为 18.6 亿美元，占同年两岸贸易总额的 1.16%，占大陆农业进出口总额的 1.19%，台湾在大陆农产品出口市场中排名第 11 位（占比 2.5%），在大陆农产品进口市场中排名第 29 位（占比 0.4%）。二是投资单向性且规模小。农业投资是两岸农业经贸关系中最重要的部分，目前呈单向投资、规模有限的格局。截至 2012 年 9 月，台商赴大陆农业投资累计 5341 件，约 53.86 亿美元，约占同期台商赴大陆投资总额的 9.5%。农业投资平均个案规模约为 100 万美元，这反映出投资大陆农业的厂商多为台湾的中小企业。而陆资到台投资农业相关项目，多为批发零售业，金额不过 4 亿元人民币。如何突破这些瓶颈，发挥合作潜力，实现互利双赢，开拓国际市场，等等，是下一步需要着力思考的重大现实问题。

作为两岸农业合作先行先试示范区的福建省，理应在这方面有所作为。本着上述想法，中共福建省委党校地方治理研究中心于 2012 年底成立课题组，广

---

　　* 郭为桂，中共福建省委党校、福建行政学院党的建设教研部主任、教授；陈宾，福建江夏学院工商学院物流管理系副主任。该文原发表在《闽台关系研究》2014 年第 3 期。

泛收集资料，总结合作经验，深入全省各地闽台农业合作典型区域与平台，并于 2013 年 4 月，到台湾各地进行了为期 9 天的农业专题考察，获得了大量第一手资料。经过进一步深入考察与思考，形成调研报告。

一、台湾农业发展空间有待拓展

台湾以精致农业闻名于世。20 世纪 80 年代初，由于土地和劳动力成本上升，依靠低成本优势出口的台湾农产品国际竞争力明显下降，台湾方面于是提出了发展精致农业的应对之策，并作为台湾农业产业结构升级的战略性选择。所谓精致农业，就是高品质农业，亦即资本技术密集、品质优良、符合卫生安全要求、具有市场潜力又能兼顾生态环境之农业。精致农业作为一个综合性农业体系，基本形态是"三精农业"，即精准的设施农业、精深的农产品加工业和精品的创意休闲农业；经营的基础是高投入和高科技，核心是高标准和高质量，特点是精和特，优势是高竞争力、高附加值和高收益。

支撑精致农业的是台湾完善的农业综合体系，这一体系包括良好的农业基础设施、广泛的农会组织体系、先进的农业生产加工技术、完备的农产品营销网络，以及严格的农产品质量安全体系。相对而言，台湾农业发展的优势在于：农业基础设施好、农业组织化程度高、农业技术先进、农产品营销网络发达、农产品质量安全（见图 1）。

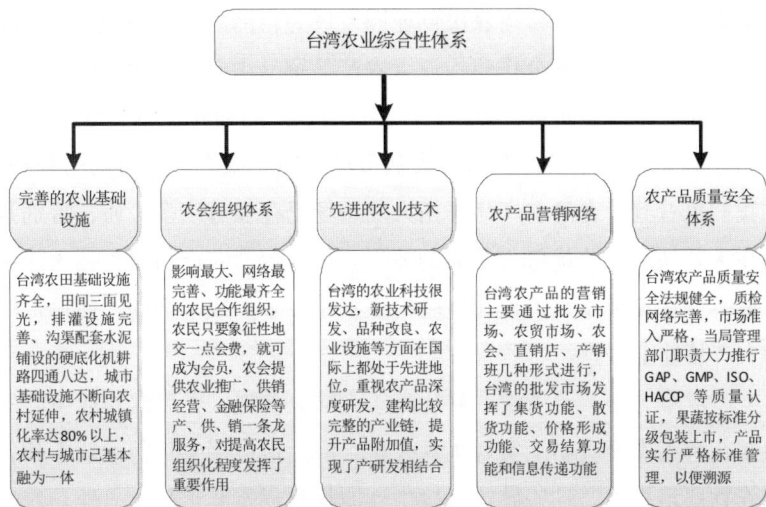

图 1　台湾农业综合体系

台湾精致农业虽然备受赞誉，但精致化的背后，是其不得不面对的产品规模、市场规模以及企业规模的软肋。一是生产规模局限。台湾农牧耕地约 83 万 hm²，家庭农场平均规模约 1.1hm²，属于小农家庭农场经营形态。这就决定了台湾农业生产的规模有限，农业发展缺乏足够的空间，农产品及相关制品主要以内销为主、出口为辅，2011 年农产品出口额为 46.68 亿美元，仅占台湾出口总额的 1.47%。二是市场规模局限。台湾本岛人口约 2300 多万，这样的人口总量只相当于大陆的"一线城市"人口，市场规模比较小，岛内可以拓展的市场空间十分狭小。对于以农产品为基质的食品加工或农产品加工产业来讲，缺乏形成一定市场规模的条件，很难在区域竞争中取得优势。三是企业规模局限。农产品及其农产品加工企业主要以中小企业为主，而且主要与当地的农会（渔会）组织相结合。虽然每个地区农会（渔会）都有自己的核心特色农产品及其加工品，但是很多农产品加工品相似度很高，加工工艺相近，市场竞争十分激烈。以台湾的乌鱼子为例，彰化区渔会、云林区渔会、梓官区渔会、花莲区渔会等都将其视为核心产品，产品同质化现象十分普遍。

鉴于此，台湾当局和民间社会有一个比较广泛的共识，那就是台湾农业必须摆脱岛民心态，拓展自身发展空间。台湾农业主管部门负责人，于 2012 年底曾经明确表示，台湾农业要跳脱传统思想，尽快实现农产品贸易自由化，向大陆和全世界开放市场，同时也开拓对方市场，才能提高竞争力。并且台湾农业主管部门将发展农业技术输出与品牌行销、建立互补性合作模式列为两岸农业交流短期策略，思考将台湾农民创业园发展为台湾农业的岛外基地。在长期规划方面，则希望与大陆合作建构亚太农产品贸易中心，合作拓展国际农产品市场。我们在台湾考察期间了解到，许多从事农产品种养、加工和贸易的台商，也表现出了开拓大陆市场乃至借由大陆市场开拓亚太农产品市场的强烈愿望。但是，我们也看到，台湾农产品开拓大陆市场仍存在着诸多障碍，特别是台湾农产品在大陆缺乏比价优势为最大的障碍。目前台湾农产品销售到大陆主要包括生产成本、物流成本、关税和检验检疫费用，多重成本叠加，使得台湾销往大陆的农产品处于劣势。

在生产成本方面，台湾农产品远高于大陆。首先，受岛内农业生产的客观条件限制，台湾农业基本上实现了现代化，广泛地运用生物防治技术和各种先进的农作物栽培技术，这些导致直接生产原材料成本非常高。另外，台湾农民的工资水平远高于大陆，所有这一切使得台湾农产品的生产成本远高于大陆。

其次，在物流成本方面，台湾农产品运输到大陆，只能采用海运或空运方式。海运周期长，损耗大，空运费用高，这些对于易变质且低附加值的农产品来说，都无形增加了物流成本。特别是对于台湾初级农产品来说，由于销售环节不畅，从采摘地到大陆销售市场，要经过诸多采购商、贸易商等中间环节，其间所产生的费用都增加了台湾农产品的成本。在关税和检验检疫费用方面，除 ECFA 所列举的 18 类早收清单产品外，台湾水果和农产品进口到大陆，需征收 5%—20% 不等的税收，即使是早收清单所列产品也要征收 17% 的增值税，加起来的税负最多达到 37%。这无疑大大降低了台湾农产品的竞争力。第三，检验检疫问题提高了销往大陆的台湾农产品的成本。检验检疫是农产品出口必不可少的环节，由于政治因素，两岸农产品贸易只能通过独立检验机构出具证书进行检验检疫或进行重复检验，这既提高了成本，又延缓了通关时间，同时还加大了新鲜农产品保鲜的技术难度。由于运输和检验的问题，农产品的新鲜难以保证。第四，中间商赚取利润压低了台湾农民的收益。由于渠道不畅，为数不多的几家经销商垄断了两岸农产品贸易的绝大多数份额，小微企业和家庭作坊的议价能力弱，导致采购价被人为压低。在台湾调研中发现，即使是大陆为台湾部分滞销农产品纾困而进行的大宗采购，也同样要经过经销商环节，当地农民并没有更多获益。

二、闽台农业合作平台有待拓展

作为两岸农业合作试验区，福建省在推动深化两岸农业合作方面不遗余力，率先创建台湾农民创业园，率先推出促进两岸农业交流合作的地方性法规，率先建设台湾农产品物流中心，率先启动零关税进口台湾农产品，等等。2012 年闽台农产品贸易额突破 9 亿美元，居全国首位。近年来，闽台农业合作所取得的成效，主要依托台湾农民创业园与国家级和省级重点对台农产品集散中心两大类别的平台。

1. 台湾农民创业园。台湾农民创业园主要是将台湾农业优良品种和技术引进至创业园，以种植业和养殖业为核心。福建省从 2006 年在大陆率先开始建设台湾农民创业园，目前已有漳浦、漳平永福、仙游、清流、福清、惠安 6 个国家级创业园，各园区建设进展顺利，特色明显，成为海峡两岸农业合作的新亮点和福建的区域品牌（见表 1）。截至 2013 年 3 月底，6 个国家级台湾农民创业园累计有 495 家台资农业企业，引进台资 8.5 亿美元。

　　台农创业园意在与台湾设施农业深度对接，在农业设施技术、种植和养殖技术、优良品种引进和改良等方面深度合作，但实际经营状况并不理想。目前 6 家创业园中，5 家是种植业，1 家是养殖业，总占地面积高达 17 万亩，但总产值只有约 40 多亿元，规模档次不高，产业化进程缓慢，示范效用不强，带动周边产业和区域经济的能力较差。

表 1　福建省六大国家级台农创业园

福建省国家级台农创业园	漳浦台农创业园	漳平台农创业园	清流台农创业园	仙游台农创业园	福清台农创业园	惠安台农创业园
核心定位	种植业	种植业	种植业	种植业	种植业	养殖业（渔业）
特色产业	台湾花卉产业天福茶叶基地	台湾高山茶生产基地	鲜切花种植基地	台湾甜柿基地，嘉宝果等台湾苗木基地	台湾优质蔬菜种植基地和台湾名特优水果引进种植基地	海水养殖品种和苗种繁育技术基地
台资企业入驻（家）	247	59	53	34	65	8
台商投资金额（美元）	3 亿	0.8 亿	2.2 亿	0.45 亿	1.2 亿	1.2 亿

　　2. 对台农产品集散中心。对台农产品集散中心主要是打造台湾农产品在大陆市场的综合交易平台，以农产品贸易、物流集散为核心，主要针对的是初级农产品和水产品。福建省目前有五大国家级对台农产品集散中心，分别为厦门台湾水果集散中心、海峡两岸（南安石井）农产品交易物流中心、海峡两岸（福建东山）水产品加工集散基地、海峡（福建漳州）花卉集散中心、霞浦台湾水产品集散中心；三大省级重点对台农产品集散中心，分别为海峡（福州马尾）水产品批发市场、漳州海峡两岸（国际）农产品物流城、海峡（闽侯南通）农产品批发物流中心等（见表 2）。

表2　省级以上重点对台农产品集散中心

省级以上重点对台农产品集散中心	厦门台湾水果销售集散中心	海峡两岸（福建东山）水产品加工集散基地	漳州海峡两岸（国际）农产品物流城	海峡两岸（南安石井）农产品交易物流中心
项目定位	中国大陆台湾水果最大的物流集散中心，中心功能定位为"分拨、集散、中转"为主	依托东山国家中心渔港的渔业枢纽平台，打造对接台湾。辐射国内乃至东南亚的大型水产品物流交易集散中心	农产品贸易为核心，多功能为一体，打造对接台湾、辐射国内乃至东南亚的海西一站式大型农产品物流集散中心	其功能定位为"立足海西，对接两岸，辐射全国"的高规格的综合农产品交易物流中心
项目区位	中心位于中埔水果市场旁，毗邻厦门大桥，距离高崎火车站约500米，距高崎国际机场1公里，距离厦门港3公里，距离金门10公里，地理位置优越	位于东山县城安临港工业区，东面临海，西面与疏港路相连，基地距离沈海高速公路10公里，与国道324线相连，处于厦深高铁的连接线，陆路运输便利	漳龙高速公路漳州北出口以西、九龙大道以北，交通便利。高速公路、铁路、航空、物流保税港，综合立体交通网络成就物流配送发展的最佳黄金区位	该中心位居闽南"金三角"中心的石井港，东与台湾金门隔海相望（仅距6海里）、南接特区厦门，西临漳州，北靠泉州市区
项目规模	项目2009年1月8日正式开业，总占地面积1.87万 m²，总建筑面积为1.46万平方米。2012年全年，厦门口岸台湾水果进口量近7384吨，其中约6650吨通过中心分拨，占到总量的90%	该集散基地占地3000亩，投资15亿元，将成为集生产、加工、仓储、运输多功能，辐射闽、粤、浙、台的海峡两岸水产品加工集散基地、海峡两岸物流仓储基地	总占地1760亩，总投资28亿元，其中80亩为商业住宅地产，总建筑面积超百万平方米，分两期开发。项目一期占地面积790亩，实际建筑面积582亩，已建成10万平方米的农产品交易市场和10万平方米的主题特色商业街。预计项目二期2015年完成	规划占地面积800亩，总投资5.8亿元。目前已完成总投资近2亿元人民币，占地10万平方米。完成总建筑面积13.5万平方米，建有商铺350套、商务套房252套、展厅5000平方米、加工车间3000平方米、交易大厅15000平方米、冷库2.3万吨等。
台资企业入驻(家)	27	15	0	20

目前，对台农产品集散中心总体上台湾入驻企业数量有限，而且各个中心

本身都存在着结构性缺陷。厦门台湾水果销售集散中心，占据着 90% 的台湾水果进口量，但这一成绩背后靠的是当地政府每年 532 万元的财政补贴才得以维持。海峡两岸（福建东山）水产品集散基地规划面积 3000 亩，但入驻台湾企业才 15 家，而且基地通过土地变更，整体上是以项目地产形式进行开发，对台的基地示范效应比较有限；漳州海峡两岸（国际）农产品物流城，主要是个区域性的物流地产项目，目前尚无台湾企业入驻；海峡两岸（南安石井）农产品交易物流中心，坐拥 10 多项国家级两岸农业交易合作牌子，但由于地域及经营模式局限，投产十多年，产值不过 1 亿元，难以做大做强。

总体来说，闽台农业合作中，第一产业对接虽然声势较大，但占地多，产值小，辐射面窄，产业链条短缺；第三产业对接方面，总体上也存在着总量小、产值小的问题，同时，各个平台布局分散，入驻台湾企业有限，缺乏有效的产业链支撑。当然，还有一些农产品加工生产企业分布全省各地，但总体上分布分散，缺乏规模效应，成为闽台农业合作的一块短板。

三、支持民间社团推进闽台农业深化合作

我们在看到闽台农业合作所取得成就的同时，更应该看到它的局限和障碍。毫无疑问，目前最大的障碍是制度障碍和政策壁垒。突破障碍和壁垒，实现两岸农业自由贸易，是两岸农业合作发展的方向。显然，突破政策壁垒的前提是两岸政治互信程度的提高，但这尚需时日。在制度障碍与政策壁垒消除之前，我们应该着力考虑的是，闽台农业合作的潜力是否都已经挖掘了？各自的优势是否都充分发挥了？闽台农业深化合作的路径在哪里？

闽台农业合作状况的考察表明，结合两地农业发展优势，双方合作仍有很大的潜力可以挖掘。

福建在两岸农业合作方面的政策优势、资源优势、区位优势、市场优势，台湾在农业方面的技术优势、人才优势、资金优势、行销推广优势等，尚未更加充分有效地结合起来。突破闽台农业合作间接性、单向性、小规模、分散化的现有格局，进一步实现优势互补，进一步拓展合作深度，亟需进一步整合资源建立两岸农业合作的综合平台，在平台上探索两岸农业全面合作、深化合作的路径。

在两岸农业实现自由贸易之前，两岸农业产业界应该面向国内市场和更广阔的世界市场——首先是亚太市场，建立两岸农产品共同营运中心，积聚两岸

中国人的智慧，面向世界市场赚世界的钱，实现合作共赢。共同营运中心应是一个以共同建设、共同管理、共同受益为原则的综合平台，是一个集农产品展示和交易、农产品精深加工、农产品物流配套服务、农产品科技服务和金融服务等诸多功能于一体的两岸农业合作实验区，是台湾广大中小农业企业和种养加工户开拓大陆市场的基地，其直接目的是为了减少台湾农产品采购中间环节，降低物流成本，让台湾农民直接受惠，长远目标是通过优势互补，开拓国际市场，促进两岸农业产业升级，实现互利共赢，为实现两岸农产品的自由贸易探路。

针对闽台农业合作的现状，这个综合实验平台必须同时具备以下综合优势：

——距离台湾本岛近的地理优势；

——交通基础设施通畅的物流优势；

——农业生产和农业腹地的基础优势；

——两岸交流传统和语言的文化优势；

——具备两岸贸易一级口岸的通关优势；

——待开发国土面积广阔的土地优势。

综合平台建设，除了需要综合考虑以上要素之外，还需要充分考虑其推进的方式。对此，我们认为需要认真总结迄今为止闽台农业合作平台的推进模式，即"筑巢引凤"模式：大陆提供优惠政策，以政府或农业龙头企业为主体，划定特定开发区域或者建设特定交易平台，吸引台商前来投资和贸易。这种方式固然可以收一定之效，但整体上呈分散化的单兵作战模式。大陆方面虽有好意，但处于相对被动地位，招商引资、吸引台商参展的难度都比较大，往往"巢"筑好了，引不来凤。此外，这种方式预设门槛较高，吸引的多是有实力的台湾农业大型企业，它们多数已经在大陆落地生根，但广大台湾农业中小企业和一般种养加工户还没有能力到大陆投资兴业，而后者恰恰是台湾农业经营的主体，形成有实力的不来、有意愿但实力不强的来不了的局面。因此，这种"筑巢引凤"的推进模式很难挖掘闽台农业合作的深层潜力。在台湾调研期间，我们与台湾农业中小企业和一般种养加工户深入交流，明显感觉到许多人虽有愿望拓展大陆市场但裹足不前，观念保守。究其原因，一是对大陆市场比较陌生；二是自身实力弱小，没有能力开拓大陆市场，即使是对参加各地举办的展销会，也往往有心无力。

针对上述问题，我们认为两岸农业合作的推进模式需做重大转变，即将"筑巢引凤"变为"聚凤筑巢"，把分散的、力量相对弱小的台湾农业中小企业和农户，通过一定方式聚拢起来，形成拓展市场的新的主体。其推进方式可以分为三步走：第一个阶段是熟悉大陆市场，主要是以台湾中小农业企业组团参与各省会城市各种展会，实地感受大陆居民对台湾特色农副产品的需求，坚定其开拓大陆市场的信心和决心；第二个阶段是销售网络的逐步形成，主要包括各个省会城市的台湾农副产品销售中心的布局，从而进一步在福建省建立全国性的台湾农副产品线上线下交易双平台和物流平台；第三个阶段是精深加工基地的落地，最终实现集农产品展示和交易、农产品精深加工、农产品物流配套服务、农产品科技服务和金融服务等诸多功能于一体的综合平台。

要想实现以上推进方式的三步走，需要一个载体把台湾分散的中小企业和种养加工户积聚起来。从以往的经验来看，政府部门和农业龙头企业都难以胜任这样的角色。政府部门主要受制于两岸政治互信程度，而农业龙头企业以逐利为目的，平台培育期过长会导致较大风险。同时政府部门和农业龙头企业一定会在推进过程中占据主导地位，导致台湾中小农业企业失去自主权，大大降低他们参与的积极性。我们认为由第三方的民间社团组织作为推进载体最为合适。

第三方的民间社团组织具有民间性、正规性、非营利性、自愿性、自主性等属性。海峡两岸的民间社团组织在两岸的科技、文化、经贸交流等方面所作的贡献有目共睹，但是也存在组织松散、缺乏针对性和连续性的问题，尤其是在经贸领域缺乏一系列常态化的运作模式，大大降低了民间社团组织的向心力。因此，作为两岸农业合作先行先试示范区的福建省，应该对民间社团组织进行功能创新，进一步提升其在两岸农业合作中的作用。此类民间社团组织应该满足以下要求：（1）对象明确：主要针对台湾中小农业企业和种养加工业者，针对台湾特色的名优特农副产品及民俗工艺品，打造一个重要的民间多元化台湾农副产品营销平台和精深加工技术的创业平台。（2）主体性：要体现台湾中小农业企业的自主性，在民间社团组织中体现两岸中小农业企业"共同规划、共同开发、共同经营、共同管理、共同受益"的核心原则，这样才能产生强大的凝聚力。（3）专业性：熟悉台湾农业发展情况，熟悉台湾农副产品的特点，与台湾农业社团组织有广泛联系，在岛内具有一定的影响力。同时，熟悉大陆农副产品市场，了解大陆居民的消费习惯，并且具有一系列常态化的商业运作模式，例如丰富的专业化农副产品展会运作能力，与全国各大农产品或民俗展销展览会的战略合作协议等。培育支持此类社团组织的发展，应当成为闽台农业深度对接、垂直合作的一个重要思路。

两岸商缘相通的历史考察

林建华 *

福建省在对台关系上提出了"五缘""六求"的战略思路，这就需要对"五缘"展开深入的研究，本文即试图对两岸商缘相通的历史进行考察，总结历史的经验，以利于这一战略的贯彻落实。

一

1. 源远流长的两岸商贸史。台湾在隋代称为流求。据《隋书·陈棱传》："大业三年，拜虎贲中郎将。后三岁，与朝请大夫张镇州发东阳兵万余人，自义安泛海，击流求国，月余而至。流求人初见船舰，以为商旅，往往诣军中贸易。"这一记载说明隋代大陆与流求之间就有着较为密切的商业往来。

到了宋代，澎湖地区与大陆的贸易关系已十分密切。《台湾通史·开辟纪》载：当是时，澎湖居民日多，已有一千六百余人，贸易至者岁常数十艘，为泉外府。至元中，乃设巡检司，隶同安。澎湖之置吏行政自兹始。"这就是由经贸关系逐步发展成了行政隶属关系，使澎湖地区首次纳入中华帝国的版图。另据明嘉靖《潮州府志》载"闽粤滨海诸郡，人驾双桅，挟私货，百十为群，往来东西洋，售诸蕃奇货。"明代称台为"东蕃"可见宋、元时代，粤东与台湾的贸易往来也已相当繁荣。

《台湾通史·度支志》还记载：台湾之钱，多自各省运来。旧志引《海东札记》，谓台地多用宋钱，如太平、元祐、天禧、至道等年号，钱质小薄，千文贯之，长不盈尺。"这也充分说明宋代的两岸经贸关系已极为密切。

2. 航线的开通。两岸的商贸必然促进航线的开通。《台湾通史·商务志》详

* 林建华，中共福建省委党校、福建行政学院哲学教研部教授。该文原发表在《闽台关系研究》2013年第4期。

细记载了这一盛况：台湾为宇内奥区，农矿虞衡，各蕴其利，商务之盛，冠绝南海。当宋之时，华人已至北港贸易，其详虽不可考，然已开其端矣。"

《台湾通史·商务志》还指出：是台湾者农业之国，而亦商务之国也。"就是说郑成功据台时期，台湾的商贸十分发达，已成为"商务之国"，并产生了极大的吸引力，使得"漳、泉人争附之"。

到了清代，"洎乾隆间，贸易甚盛，出入之货岁率数百万圆，""南至南洋，北及天津、牛庄、烟台、上海，舳舻相望，络绎于途，皆以安平为往来之港。而南之旗后，北之北港，亦时有出入。四十九年，许开鹿港。五十七年，又开八里坌港，以与泉州互市，而商务乃暂及台北。"① 说明两岸之间的多条航线已经开通，商贸出现了空前的繁荣。

光绪年间，省会初建，冠盖云集，江、浙、闽、粤之人，多来贸易，而糖、脑、茶、金出产日盛，收厘愈多。其后遂改招商局为通商总局，以董其事，而台湾商务乃日进矣。"② 现代商船也投入了使用，飞捷、成利、万年清三艘，则往来沿海及东南各省，运载货物，无有积滞。"③

3.互为转口贸易。先是在荷据台湾时期，台湾成为大陆与日本等国家和地区的贸易中转站。当时，经荷兰人之手，台湾与大陆交换的主要商品有米、糖、鹿肉、鹿角、藤等；从大陆拿回的为生丝、犀角、药材并转口到日本出售。荷兰人从巴达维亚输入台湾的货物如香料、胡椒、琥珀、锡、铅、麻布、木棉、鸦片等也是贩运到中国大陆去的。④ 可见在此，台湾作为转口贸易的地位十分重要。鸦片战争以后，清政府被迫开放沿海港口，两岸贸易逐渐纳入资本主义世界市场体系。厦门则在这一时期成了台湾与国际贸易的中转港口。这一阶段，台湾出口的大宗货物是茶、糖和樟脑，茶有 90% 输往美国；糖则输往澳洲、纽西兰及美洲；樟脑的主要市场在德国、英国和印度。这些商品大多是经过厦门中转的。如台湾茶叶出口的 90% 是经由厦门加工后转销世界各地的。大体上，台湾有 70% 货物是经厦门中转出口的。可见两岸有着极为紧密的商贸关系。⑤

4.商行组织的发展。在两岸经贸发展的过程中，出现了一种叫"郊行"的

---

① 连横：《台湾通史·商务志》，商务印书馆，1983 年。
② 连横：《台湾通史·商务志》，商务印书馆，1983 年。
③ 连横：《台湾通史·商务志》，商务印书馆，1983 年。
④ 周宪文：《台湾经济史》，台湾开明书店，1980 年，第 137 页。
⑤ 唐次妹：《厦门与台湾》，鹭江出版社，2002 年。第 69—70 页。

商贸组织。史载"洎乾隆间，贸易甚盛，出入之货岁率数百万圆，而三郊为之主。三郊者，南郊苏万利，北郊李胜兴，糖郊金永顺也，各拥巨资，以操胜算。"① 但有些史料载"北郊"以苏万利为首，规模最大，由专营厦门以北各港口（上海、宁波、天津、烟台、牛庄等处）贸易的 20 多家店号组成；"南郊"以金永顺为首，有 30 多家商行专营华南各港口（金厦两岛、漳泉二州、香港、汕头、南澳等处）的贸易；"糖郊"以李胜兴为首，由 50 多家专营对大陆粳米出口的贸易商号组成。"三郊"是当时台湾最大的进出口贸易集团。鹿港和八里坌 1784 年和 1792 年先后开放，商业繁盛，也先后出现了"郊"的组织。鹿港有"泉郊""厦郊"，其中"厦郊"所属商号有 100 多家。此外，尚有以经售行业划分的"郊"，如"糖郊""米郊""布郊"等等。同样地，大陆也有开展与台湾贸易的郊行。1803 年，厦门已有经营台南贸易的"台郊"和经营鹿港贸易的"鹿郊"。②

5. 种类繁多的两岸贸易。两岸商船往来频繁，从台湾输往大陆的主要是农业土产，如糖、花生油、樟脑、茶叶、大米、茄藤、薯榔、麋鹿、獐皮等；从大陆输往台湾的主要是民生用品，因各地所产而不同。如漳州输台的物品有：丝线、漳纱、剪绒、纸张、烟草、砖瓦、雨伞、水果、干果等；泉州输台的商品有：瓷器、纸张等；厦门有土货及复出口土货输往台湾，最有价值的是麻布包，用于包装糖；此外还有砖、陶瓷、铁器、药材、纸、南京布、烟丝等手工业品。复出口到台湾的土货以茶垫的数量为最大，它主要来自广州，被用于覆盖台湾的茶叶箱。同时，棉花、油纸、纸也具有相当的比重。福州有木料、干笋、香菇等；上海有布匹、纱缎、帽子、牛油等；浙江有绫罗、棉绸、绒线等；宁波有棉花、草席等；山东有白蜡、紫草、药材、红枣、核桃等；关东有药材、松子、海参、银鱼等。③ 可见两岸之间贸易的货物品种相当丰富，既满足了两岸人民不同的生活需求，又带来了丰厚的商业利润。

6. 两岸民间有共同信仰，由神缘关系而发展了商贸关系。例如，澎湖地区"不产百物，凡衣食器用，皆购于妈祖宫市。"④ 可见，妈祖宫市成了台湾同胞与大陆进行贸易的重要渠道。又如清水祖师是安溪籍民的信仰对象，开漳圣王是漳州籍民的主要信仰对象，王爷则主要是泉州籍民的信仰对象，等等。这些寺

① 连横：《台湾通史·商务志》，商务印书馆，1983 年。
② 唐次妹：《厦门与台湾》，鹭江出版社，2002 年，第 62—63 页。
③ 卓克华：《清代台湾的商战集团》，台原出版社，1990 年，第 89—90 页。
④ 黄福才：《台湾商业史》江西人民出版社，1990 年，第 195 页。

庙由办庙会而形成的贸易市场，无疑成为两岸经贸活动的重要载体。

7. 两岸大米贸易。台湾物产丰富，犹以大米产量高而闻名，被誉为"海外一大粮仓"。台湾稻米源源不断地输往福建等东南沿海地区，是清代两岸商贸鼎盛一时的重要原因。那时台湾常年有上百万石的米谷输往大陆，大大缓解了闽南地区粮食紧缺的困境。此外，台米还销往粤、江、浙、沪、津等地。道光年间，"台船岁往江、浙、锦、盖诸州者以千计"，最远甚至到达辽东半岛地区，使台湾对大陆经贸辐射到整个大陆沿海地区。在台米大量输往大陆的同时，大陆的日用手工业品等也不断输入台湾。清代台湾是一个典型的农业社会，并未形成一个自给自足的经济体系，许多生活用品无法自给，"百货皆取资于内地"，因此便与大陆形成了一方提供农产品、一方提供手工业品的互通有无、互惠互利的经济关系。而福建漳、泉、厦等地的商人则在其中扮演了中介的角色。他们从福建载去生活必需品，再从台湾载回米、糖等农产品，获利甚巨。由于两岸的米谷贸易发达，出现了每年往返于台湾海峡的"台商米艘，帆樯相从"的盛况。

8. 两岸近代工业技术的交流。台商实际上早就在福建投资产业。如 1895 年台湾板桥林家的主要成员就在厦门投资建立了电话公司，1907 年协助厦门商会成立了厦门电灯公司，1913 年支持泉州电力公司的创建。[①] 1934 年台商在厦门设立的企业有：洪大川制香厂、馥香酒厂、厦门制钉厂、成源制冰厂、中国制药厂、东南汽水公司、光明电汽厂等。[②] 抗日战争胜利后，福建省曾组织产品参加台湾省光复节的展览，所展内容包括了电器、制纸、制糖、制茶……多种工业制品。[③] 可见，与当年先民开拓台湾时大陆民众把先进的农业生产技术带到台湾的情形一样，近代以来，两岸同样开展了先进生产技术的交流，促进了两岸经贸关系的新发展。

二

综上所述，我们看到两岸之间的商贸关系源远流长并极大地造福于两岸人民。回顾历史给予我们什么启示呢？

---

① 泉州市政协文史资料研究委员会编：《泉州文史资料》（第 3 辑），泉州市政协文史资料研究委员会印，1987 年。

② 福建省档案馆编：《闽台关系档案资料》，鹭江出版社，1993 年，第 634 页。

③ 福建省档案馆编：《闽台关系档案资料》，鹭江出版社，1993 年，第 682—683 页。

1. 两岸在长期的经贸发展中形成了自然的分工格局。明末清初之际，大量汉人入台开垦，当时，百货俱缺，只能靠大陆供应。后来台湾拓垦渐有成效，米、糖出产渐多。但台湾虽然土壤肥沃、气候温和，却不适合种植棉桑，加上手工业不发达，所以移民日用所需的绸缎、布匹、纸张、砖瓦等都需要从漳泉等大陆各地运来，这样就形成了大陆和台湾之间一方供应日用手工业品、一方供应农产品的区域分工。①

2. 两岸商贸是大陆民生尤其是闽粤民生发展的需求。"闽省福、兴、漳、泉、汀五府，地狭人稠，自平定台湾以来，生齿日增，本地所产，不敷食用。惟开洋一途，藉贸易之赢余，佐耕耘之不足，贫富均有裨益。"② 这种情况始终是福建经济社会发展的一大特点。早在宋代，福建居民就曾经因为人口的压力而迁居台湾。隋、唐、五代时，由于中原人口多次南迁，使得福建人口大量增多，唐天宝元年（742 年）福建人口约 41 万，到南宋绍兴三十二年（1162 年）达到了 282.8 万人，400 年间增加近 6 倍。所以，人稠地狭，生存不易，福建人民只好向海外发展，这种传统在福建可以说由来已久了。③ 而向海外求生存、求发展，最便利的不就是发展与台湾的海上贸易吗？

3. 两岸贸易获利巨丰，是统治者的阻挠所不能阻止的。"初，芝龙驻安平，自为坚舰，贸易于南洋群岛，凡海舶不得郑氏令旗者，不能来往，每舶例入二千金，岁入以千万计，以此富敌国。及王入台，而清廷方严海禁，沿海数千里，尽委而弃之，故得独擅其利，通饷金、厦、铜山、达濠诸镇，与民交易，无相诈虞。凡中国诸货，海外之人皆仰给焉。故能以弹丸之岛，而养七十二镇之兵，苟非岁入充裕，其以何堪。"④ 这段记载充分说明，郑成功父子所以能在台湾坚持下来，以台湾弹丸之地供养庞大的军队，完全依赖于海上贸易的巨大利润。所以，尽管明清两朝搞闭关锁国，对两岸经贸设置了重重障碍，但这种违背民心的做法是难以奏效的。如清初，为断绝沿海人民与郑成功军队的联系，清政府在闽粤沿海实行了海禁，下令迁界，强令闽粤沿海 30 里地区之内的居民一律迁徙内地。在康熙年间，很长的一段时间里，只允许厦门港与台湾鹿耳门港的一条航线开通，而且有一定的限制，违者问罪，失察官员，亦受制裁。⑤ 然

---

① 卓克华：《清代台湾的商战集团》，台原出版社，1990 年，第 28—29 页。
② 连横：《台湾通史·商务志》，商务印书馆，1983 年。
③ 陈孔立主编：《台湾历史纲要》，九州出版社，1996 年，第 25 页。
④ 连横：《台湾通史·商务志》，商务印书馆，1983 年。
⑤ 周宪文：《台湾经济史》，台湾开明书店，1980 年，第 288 页。

而，历史证明，两岸人民相互交往、互惠互利的经贸关系、追求商贸利润的潮流始终是清朝统治者无法阻挡的，到了清末，两岸之间的航线已经越来越多，两岸经贸已经不可阻挡。[①] 改革开放以来，台商到大陆投资也受到了以李登辉、陈水扁为代表的"台独"势力的阻挠，使得两岸"三通"、台湾水果零关税登陆、大陆人民赴台旅游等有利于台湾人民的经贸关系难以发展。但从历史来看，这是不可阻挡的。两岸经贸关系已经成了命运共同体，任何识时务者都应顺应历史潮流，促进两岸经贸的发展。

4. 两岸经贸是唇齿相依、互惠互利的。以大米的贸易为例。由于福建地狭人稠，山地丘陵几乎占全省土地面积的 80% 以上，平原面积不足 10%，素有"八山一水一分田"之说，粮食常常无法自给，尤其是漳州、泉州等闽南地区，缺粮情况非常严重。所以福建为官最为头疼的，莫过于筹粮。雍正时闽浙总督高其倬曾说："米谷一节，最为福建第一紧要之事。"乾隆时福建巡抚周学健也慨叹："闽省第一要务，无如筹画民食仓储一事。"

而台湾地广人稀，土地肥沃，大米产量高，常年有上百万石的米谷供应福建沿海各地，所以，漳、泉等地的民食，是"四分出于本地，六分资于台湾。"足见福建对台湾稻米倚赖程度之深。民以食为天。台湾米谷的接济，对于缓解福建粮食紧缺、稳定社会秩序具有十分重要的意义。正如时人所言，福建粮食"价之贵贱，视台湾米价为低昂。"而台湾米价，也"因漳泉昂贵，是以不能独贱。"可见台湾已经深深融入福建的经济体系之中。另一方面，台湾米谷销往大陆，也推动了台湾社会经济的发展。雍正元年，曾禁台米出口大陆，结果"漳、泉之民仰食台米者，大形困苦。"当时闽浙总督高其倬奏言：台湾地广民稀，所出之米，一年丰收，足供四五年之用。民人用力耕田，为自身食用，亦图卖米换钱。一行禁止，则囤积废为无用，既不便于台湾，又不便于漳、泉。究竟漳、泉之民势不得不买。台湾之民亦势不能不卖，查禁虽严，不过徒生官役索贿私放之弊。"[②] 这里就十分深刻地道出了两岸经济唇齿相依、互惠互利的紧密关系。

台湾著名历史学家连横在《台湾语典·自序》中说：夫台湾之语，传自漳泉，而漳泉之语传自中国。其源既远，其流又长。"这里所说的"台湾之语"，指的就是闽南话。台湾岛内操闽南话者人口众多，约占全省人口的 80%。因此，

---

① 唐次妹：《厦门与台湾》，鹭江出版社，2002年，第 64 页。
② 连横：《台湾通史·农业志》，商务印书馆，1983年。

　　两岸之间尤其是闽台之间的商贸关系不仅仅是一种简单的经济关系，而且是包含着骨肉同胞深情的经济文化关系。一部两岸商缘相通的历史告诉我们，民心不可违，两岸人民和则两利、共荣、双赢，任何人试图阻碍两岸人民的商贸往来，都是逆历史的潮流而动，都是注定要失败的。

清代前期台湾的米谷贸易

凌承纬[*]

在中国两千多年的封建社会时期，一直以农业为立国之本。重视农业，以农为本是中国历代封建王朝最基本的经济指导思想。随着农业的发展和生产力水平的提高，剩余产品的流通成为一种必然的趋势。粮食作为封建社会商品交易中的主体，占据了鸦片战争前国内商品流通中 42% 的比重[①]。大陆与台湾自古一脉相承，两岸经贸一直是两岸关系中最活跃的组成部分。明清时期，社会经济有了显著的发展，贸易繁荣，处于东南沿海的闽台贸易更是鼎盛一时，对于这一段时期闽台经济交往的研究也日趋活跃。台湾学者王世庆的专著《清代台湾社会经济》主要论述了清代台湾米产外销的发展变迁及其对米价的影响[②]；杨彦杰的《清代台湾大米对福建的输入——以兵眷米谷为中心》考察了兵眷米谷调运的起源、基本情况、发展变化及其衰变的原因[③]；黄国盛主持研究了明清时期东南沿海航务档案资料的整理和清代闽台"三通"与两岸经济互动，《清代闽台"三通"及其历史影响》[④]中论述了闽台贸易对两岸的社会经济发展所产生的重大影响。除了专题研究之外，清代台湾粮食贸易作为全国粮运的重要组成部分，许多研究当时国内贸易的文章中对此也有所提及。

一、清朝收复台湾前的闽台贸易

闽台经济交往源远流长，早在商周时期，福建和台湾的往来就使大陆先进

---

[*] 凌承纬，中共福建省委党校、福建行政学院中共党史教研部讲师。该文原发表在《闽台关系研究》2014 年第 3 期。

[①] 吴承明：《中国资本主义和国内市场》，中国社会科学出版社，1985 年，第 269 页。

[②] 王世庆：《清代台湾社会经济》，台北联经出版事业公司，1994 年。

[③] 杨彦杰：《清代台湾大米对福建的输入——以兵眷米谷为中心》，《中国社会经济史研究》，1988（1）。

[④] 黄国盛：《清代闽台"三通"及其历史影响》，《福建师范大学学报》，2009（6）。

的生产技术推广到了台湾；汉晋隋唐时期，两岸往来进一步扩大；元朝在台湾设立了澎湖巡检司后，闽台之间交流更趋频繁；明清时期，闽南沿海地区生产力水平提高，社会经济发展，商品经济繁荣，海外贸易较为兴盛。清代前期，随着海峡两岸间的物资交流的空前繁荣，台湾一跃成为这个时期中国经贸活动最为发达的地区之一。台湾与沿海各省经贸往来的发展与扩大，标志着东南沿海地区社会经济进入了新的发展阶段，也表明整个中国沿海各区域之间的经济联系、协作发展迈入了新的时期，这对于中国沿海统一市场的最终孕育成熟具有划时代积极意义。这本来是值得庆幸的事，国内贸易可以取长补短，彼此促进；海外贸易"致诸岛银钱货物百余万入我土"。但是，商业的发展必然要打破原有的社会秩序，这迫使统治者首先从政权巩固的角度去制定政策。由于官方"厚往薄来"的朝贡贸易的沉重负担以及前期倭寇的巨大危害，使得封建统治者选择了严厉的海禁政策。这样一来，闽粤沿海民众的海上贸易生活受到遏制，由商转为寇。郑芝龙所经营的海商就是当时活跃于台澎地区的比较重要的海上武装集团，其特别之处不仅仅在于他是起自台湾，并以台湾为据点攻击闽粤沿海，更主要的是在于其隐含在劫掠骚扰活动之后的政治动机，就是用武力迫使明政府放弃海禁，开放贸易，让他们有生意可做，这实际上是新兴海商资本要求摆脱封建束缚的一种表现。几经较量之后，郑芝龙虽于1628年接受明廷招抚，但"海舶不得郑氏令旗不能往来，每舶税入二千，岁入以千万计"，"芝龙以此居奇为大贾，独擅通洋巨利"①，郑氏集团在明清海禁的逆势格局下，开创了中国封建历史上少有的民间海上霸业。

　　清入关之后，开始着手统一全国。在招抚郑氏政权的时候，对台贸易始终是双方争论的焦点。台湾虽然农产作物十分丰富，但布帛、纸料等日常生活用品却十分缺乏，通商与否，直接关系到岛上民众的生存。1665年前后，郑经曾派遣江胜潜据厦门，禁止掳掠，辑睦边界，以吸引沿海私商贸易。此外，郑氏还向英国建议通商，东印度公司随即在安平和厦门两地设立商馆。清政府自然不会坐视郑氏政权在财力上的日益强大，在诱降一再失败之后，于顺治十八年（1661年）、康熙三年（1664年）、康熙十八年（1679年）先后三次在福建沿海强行"迁海"，全面封锁对外交通。沿海迁界给商品流通带来了巨大的破坏，"昔之闾里繁盛者，化而为虚矣，昔之鸠宗聚族者，化而星散矣，户口凋残，典籍

① 陈碧生:《台湾地方史》，中国社会科学出版社,1982年，第44页。

失矣，兄弟离散，神主遗之"①，私商贸易纷纷移往广东，货物来源大减，贸易濒于断绝，财政极度困难，直接导致了郑氏依附于大陆贸易以商养军格局的溃散。

二、清领初期的贸易变化

收复台湾之后，清政府在处理对台贸易的问题上是很矛盾的。鉴于"台湾乃孤悬之地，易为奸宄逋逃之薮，故不宜广辟土地以聚民"，所以没有明确开海贸易。清朝首任福建台湾总兵官杨文魁陛辞之时，康熙曾谕曰：至于海洋为利薮，海舶商贩必多，尔须严饬，不得因以为利，致生事端，有负委托。"② 可见康熙此时对闽台"海舶商贩必多"已有预见。康熙二十三年六月五日（1684年7月16日），康熙谕曰：向令开海贸易，谓于闽粤边海民生有益，若此二者民用充阜，财货流通，各省俱有裨益，且出海贸易非贫民所能，富商大贾贸迁有无，薄征其税，不致累民，可充闽粤兵饷，以免腹里省份传输协济之劳，腹里省份钱粮有余，小民又获安养，故令开海贸易"③，决定正式实行开海贸易政策，不过这一时期，所有商船只许在厦门至安平间航行。出口之时，船上须挂红旗，巡丁到船，报明无差，乃由委员给照收费，不换照者以为走私，船货充公。"④ "内地商人置货过台，由原籍给照，如不及回籍，则由厦防厅查明，取保给照"，⑤ 到达安平后，须应验牌照。不仅大陆渡台的航线受到限制，对于贸易的内容也有明确的规定：由台至厦船只所装食物不得超过六十石，并禁止竹材出口；由厦至台船只不准载带眷的移民和铁器。实行开海贸易可以说是清政府顺应历史潮流所采取的一项重大举措，但长期海禁和闭关的观念与影响不可能马上从统治者的思想中消除，指定单口对渡贸易，实际上是一种严加限制的区域性贸易政策。尽管如此，对台贸易还是很兴旺的，康熙年间，"商船有糖船、横洋船之分，材坚而固，大者可载六七千石"，当时去台贸易者多为漳泉商贾，贸易之货"漳州则载丝线、漳纱、翦绒、纸料、烟、布、草席、砖瓦、小杉料、鼎铛、雨伞、柑柚、青果、桔饼、柿饼，泉州则载磁器、纸张，兴化则载杉板、

---

① 王日根：《元明清政府海洋政策与东南沿海港市的兴衰嬗变片论》，《中国社会经济史研究》2000（2）

② 张本政主编：《清实录台湾史资料专辑》，福建人民出版社,1993年，第63页。

③ 《清圣祖实录》卷117，康熙二十三年十一月乙卯，中华书局,1985年。

④ 陈碧生：《台湾地方史》，中国社会科学出版社,1982年，第343页。

⑤ 陈碧生：《台湾地方史》，中国社会科学出版社,1982年，第100页。

砖瓦，福州则载大小杉料、干笋、香菇，建宁则载茶；回时载米、麦、菽、豆、黑白糖饧、番薯、鹿肉售于厦门诸海口；或载糖、靛、鱼翅至上海，小艇拨运姑苏行市，船回则载布匹、纱、缎、枲、棉、凉暖帽子、牛油、金腿、包酒、惠泉酒；至浙江则载绫罗、绵绸、绉纱、湖帕、绒线；宁波则载棉花、草席；至山东贩卖粗细碗碟、杉枋、糖、纸、胡椒、苏木、回日则载白蜡、紫草、药材、茧绸、麦、豆、盐肉、红枣、核桃、柿饼；关东贩卖乌茶、黄茶、绸缎、布匹、碗、纸、糖、曲、胡椒、苏木、回日则载药材、瓜子、松子、榛子、海参、银鱼、蛏干。海壖弹丸，商旅辐辏，器物流通，实有资于内地。"[①] 正是他们在闽台与江浙、山东等地经营的转口贸易满足了大陆与台湾物资交换的需要。由于区域贸易的互补性，两岸经贸交往迅速发展，单口对渡远不能满足贸易需求，实际上许多未经官方许可的小港口，如鸡笼港、乌山港、竹堑港、造船港（后改为香山港）、后垄港、梧栖港、笨港（北港）、东石港、打狗港、东港、万丹港和澎湖的妈宫港等，都有商船在那里出入运载，民间私航异军突起，有的"竟成通津"。在两岸贸易日益增长的强大压力下，清政府不得不修改过去安平——厦门间的单口对渡的规定，分别于乾隆四十九年（1784年）和乾隆五十五年（1790年）增开彰化鹿仔港——泉州蚶江口对渡航线和淡水厅八里坌——福州五虎门对渡航线，闽台进入三口对渡时期。统治者经常奉行的政策取向是保守的、被动的和不全面的，而民众强烈的通航愿望及民间私口贸易和私航活动，客观上成了清政府被迫放宽政策的重要推动力量。自康熙二十二年（1683年）统一台湾后，清政府曾在闽台地区特别实行过指定口岸贸易政策。在闽台指定口岸不断增加的过程中，往往是民间的私口、私航在先，政府正式开港、设口在后。从"单口对渡"到"三口对渡"再到变通为准许厦门、蚶江、五虎门船只通行台湾三口，至此，清前期对台贸易政策的调整已基本完成。

　　清政府的对台贸易政策之所以在一个半世纪的时间之内发生了如此的变化，还有着更为重要的原因。当年统一台湾主要是出于消灭地方割据、统一全国的目的，而对于台湾本身，清政府则认为"得之无所加，不得无所损"，朝廷内外弃而不守之论颇为盛行，只有施琅一人坚决反对。

　　他在《陈台湾弃留利害疏》中详细论述了台湾与东南海防的重要关系，如弃而不守，必将为外国所据"，红毛遂联络土番，抚纳内地人民，渐作边患"，把台湾视为"乃江、浙、闽、粤四省之左护"。施琅用历史事实说明，没有台

---

① （清）黄叔璥：《台海使槎录》，卷2，"赤嵌笔谈·商贩"。

湾，沿海就不得安宁，终于使康熙帝决定在台湾设立一府三县，拨兵 1 万名防守。自此以后，分驻戍兵皆调自福建，三年一换，乃赋其谷曰正供，以备福建兵糈。"福建水陆官兵五十营，与驻防旗兵不下十万"而福建调"负山环海，田少人多"无法满足其粮食供给，每遇丰歉或青黄不接时，多藉台湾接济，雍正间，先后奏请半支本色，以台湾额征供粟内拨运，谓之兵米。嗣增戍台兵眷米，亦以台谷运给"。"乾隆十一年，巡抚奏定分配商船，运赴各仓"，"凡商船赴台贸易者，须领照，准其梁头，配载米谷，谓之台运"①，也就是官谷商运，清政府也由此逐渐放宽了对台贸易政策，台海两岸一时商务繁盛。虽然清政府主要是为了军事戍兵而进行改革，但无疑对两岸的经贸往来起到了巨大的促进作用。台湾与沿海各省之间通商口岸的不断增多，带来了闽台区域经济发展史上一场历史性的变革，为海峡两岸经贸的扩展创造了非常重要的条件。

三、政策变化对米谷贸易的影响

清代前期，台湾"百货皆取资于内地"日用品几乎全靠内地供应。《噶玛兰厅志》记载："兰俗夏尚青丝，冬用绵绸，皆取之江浙。每春夏间，南风盛发，两昼夜舟可抵浙之四明、镇海、乍浦、苏之上海，惟售番镪，不装回货。至末近冬北风将起，始到苏装载绸匹、羊皮、杂货，率以为恒。"②台湾产的米谷，除本地食用外，赢余的主要运往漳、泉各郡，厦岛乃南、北、台、澎船只来往贸易之所。……商船对渡台湾鹿耳门，向来千余号……通商重地，岁往台湾及南北洋贸易者以发计。厦门口岸的富商为对台贸易专门建造"横洋船"。"横洋船者，由厦门对渡台湾鹿耳门，涉黑水洋，黑水南北流甚险，船则东西横渡，故谓之横洋。船身梁头二丈以上，往来贸易，配运台谷，以充内地兵糈"③。除此之外，邻近之江、浙各省，偶值米价昂贵，该商等运往贩卖，藉以平减时价，亦所时有。且以此地之有余，补彼处之不足。"雍正元年，巡台御史黄叔璥以台湾之米出口日多，恐其接济洋盗，或以市价腾贵，虑生事端，奏请禁止。从之。

① 连横：《台湾通史》卷 20，商务印书馆，1983 年，第 380—381 页。
② （清）陈淑均、李祺生：《噶玛兰厅志》，卷 5，"风俗上·商贾"，台湾大通书局，1987 年，第 197 页。
③ 厦门市地方志编纂委员会办公室整理：《厦门志》，卷 4、5，道光年间刊本，方志出版社，1999 年。

"于是漳、泉之民仰食台米者，大形困苦。"[1] 可见台米运销大陆，不仅有助于解决闽粤、江浙等地民食的困难，同时也保证了岛内米价的稳定和稻作经济的持续增长。除了米谷，台糖也是重要的贸易物资，康熙、雍正年间，三县每岁所出蔗糖约六十万篓，每篓一百七八十斤。"全台仰望资生，四方奔趋图息，莫此为甚。糖斤未出，客人先行定价；糖一入手，即便装载"[2]，运销天津、上海、苏州、宁波等地。雍正十三年八月初四至乾隆元年八月初二，先后抵达天津关有"闽船七十八只"，所载货物以松糖、白糖为首。[3] 由此可见，除闽台指定口岸之外，商船北上贸易也有不小的规模。随着这种闽台商船远赴其他省份长途贸易的兴盛，官谷台运渐渐成为了负担。台湾商船载货往往先北上，至宁波、上海、胶州、天津、盛京，贸易后返回福建。"往返数月，官谷在舱久，惧海气蒸变，仓吏不收，故多私易银买货。其还也亦折色交仓，不可，乃买谷以应。官吏持以为利，久之遂成陋规"[4]，并且为官方运输的收入往往只有私货运费的十分之一，再加上仓吏的百般挑剔，谁还愿意承担台运？嘉庆十五年（1810年）闽浙总督方维甸以台谷积滞，奏开八里坌港，与鹿耳港一律配运。同年五月二十八日（6月29日）清帝谕内阁，著照方维甸说请，嗣后准令厦门、蚶江、五虎门船只通行台湾三口，将官谷按船配运。于是鹿耳门应运49000余石，鹿港22000余石，八里坌14000余石，官谷大量积压的局面得到了有效缓解。

除了在港口的开放上由"指定港口"到"令其对渡"，清政府在对台米谷贸易中实行的平粜之制、田赋折征银钱之制对台米贸易也有重要的影响。雍正三年开始，"岁拨存粟碾米五万石，运赴内地平粜"[5]，逐步建立起定时定额的粜运制度，将台地富余的米谷拨运到内地以弥补供给不足。自康熙末雍正初采买台米开始至乾隆中叶，清政府为了确保仓谷所采买例价，每石谷价仅银三钱至三钱六分，这个价钱不值市价之半。另外还要课收田赋，在计亩征银而以粟代纳时，每输纳谷一石仅折为银三钱六分抵缴，即把输纳之米粟低价折算课收。反之田赋由谷纳制变银纳制时，则把正供税谷石高价折算折收，即在市价谷一石一元时，正供谷一石改以银二元抵缴，其定例几乎贵于市价之1倍。此外收效颇大的平粜之制的价格往往也比市价低2成左右，并超收购仓谷定价1倍之上，

---

①　连横：《台湾通史》，卷27，商务印书馆，1983年，第456页。

②　（清）黄叔璥：《台海使槎录》，卷1，"赤嵌笔谈·赋饷（籴运）"。

③　黄国盛：《论清代前期的闽台对渡贸易政策》，《福州大学学报》，2000（2）。

④　连横：《台湾通史》，卷20，商务印书馆，1983年。

⑤　《明清史料：戊编》第2本，中华书局，1988年，第102页。

故官府虽举办平粜，但其所赚银款仍相当可观。这种强行低价收购之政策显然严重损害了台湾粮食耕种者的利益，导致政府的粮食采购往往不能顺利进行。故乃有乾隆六年书山、张湄等《条奏台郡采买谷石定价增加》一摺，略曰："内地发买谷价仅得三钱六分或三钱不等，脚费俱从此出，从前谷贱之年原足敷用，今则不免赔累，后请按年岁丰歉酌量增减……查上年台湾收成之际，米价每石尚至一两五钱不等，则谷亦在七钱上下……目下各属米价自一两七八钱至二两不等，与从前大相悬殊，可知原议之谷价既不论装载运费已不抵时值之半，倘仍不议增必致因循岁月至相观望采买无期。迫之使趋，非县令受赔偿之累，即间阎罹价短之苦，小民终岁勤劳，至秋成而贱卖之，既失皇上爱民重农之意……伏乞准照督抚所议，按年丰歉酌量价值采买，庶于海外地方实有裨益。"[①] 经过反复商议，清政府将采买谷价上调至六钱，即便如此，采买价格与市价仍有一定差距，并且此办法不问粮食丰歉，市价涨落与否，消极被动，给粜运制度埋下了隐患。乾隆十一年，粜运危机不断加重，福建巡抚周学健奏请废除定时定额的拨运制，改为根据台湾实际产量和福建实际需要而决定采买与否以及采买数量的视时采买制。可见，台米贸易也不总是双赢的，作为王朝的统治者，首先把王朝的命运放在最重要的位置，而发展贸易则完全出于服务政府财政和巩固统治的需要。

有清一代，台米生产发达，而台地人口尚属稀少，未达饱和，是故始终有米外销。台湾米谷的外销，就其销售地言，以闽省，尤以漳泉福州为最多，浙江、天津、粤省等地次之。盖因闽省山多米少，且台郡属于闽省辖下，而除经请准外不许外销他省故矣。此外，清代台米外销仅限于国内，除香港外未曾运销外国，此亦为其特色。再就购粮性质而言，则可分为兵米、眷米、粜米、商贩米、走私米等，而前三者则为例运，商贩米则仅限准后始可出口，以调剂粮食余缺、平抑米价，而年年的走私出口者亦达到相当可观的数目。清代台湾外销之米实以闽省军粮及兵眷米为其主干，而经商人交易为其副也。

四、结语

清代台湾米谷外销大陆，对输出地台湾和输入地主要是福建地区都产生了积极的影响。清代的台湾是一个典型的农业社会，还没有建立起自给自足的经

---

① 书山、张湄等:《条奏台郡采买谷价增加》,《明清史料·戊编》第 9 本，中华书局,1988年。

济体系，直至 19 世纪中期，除了简单的染布、缝衣、刺绣以及少许的棉布、麻布纺织、制绳之外，并无其他较为显著的手工业发展[1]，多数生活必需品要依赖大陆供给。而清代大陆闽、浙地区虽然传统手工业较为发达，却面临着粮食不足的情况，尤其是福建地区，地狭人稠，素有"八山一水一分田"之说，山地丘陵占全省土地面积的 80% 以上，耕地面积狭小且土地贫瘠，粮食常常无法自给，缺粮情况十分严重。清领台湾之后，随着台地的日益安定和东渡移民的不断增加，给台湾带去了先进的生产技术和充裕的劳动力，台湾农业生产在康熙末年到雍正初年之际已经发生了很大的变化，粮食产量激增。台湾农业的发达，为福建的厦、漳、泉地区提供了一个稳定的粮食来源。台湾米谷的输入，对于缓解福建粮食短缺、维护社会安定的重要性是不言而喻的。同时，正是由于大陆地区对台湾米谷的强烈需求，提升了稻米的商品价值，促使生产者加大了对农业的投入，促进了这一时期台湾土地的垦拓和水利设施的兴修。在台米大量内销大陆的同时，闽浙粤地区的日常必需品远远不断地输入台湾。一方供应农产品，另一方供应手工业产品，陆台之间的资源秉赋和区域分工使得两岸的经贸往来达到了高度的互补。

由于四面环海，水路成为清代台湾对外交流的唯一通道。随着两岸经贸关系日益密切，台湾的主要口岸相继开放，闽台之间及与沿海各省之间的海上航道成为当时国内最繁忙的海上航线。海上贸易经济链的延伸给岛内腹地区域经济的发展创造了新的契机，粮食贸易的繁荣大大激发了台湾民众开垦田园与种植粮食作物的积极性。鹿耳门、鹿仔港、八里坌口以及海丰港、乌石港相继经官方正式开口后，周边地区经济自然蒸蒸日上，港口区域的机能和贸易自主性不断提高，逐渐形成各自独立的港口体系，成为区域经济发展的引擎，带动闽台两地区域市镇兴起，促进了区域经济核心的形成。海峡两岸经济优势互补，通过经贸交流加强了闽台两地之间的信息沟通，使得地缘、血缘、商缘和文缘的传统优势得以发挥，初步形成了区域性分工和自然资源的相互利用，互为市场的局面。米谷贸易是清代两岸最重要的组成部分，回朔历史，闽台两地因米谷贸易而紧密融合在一起。台湾米谷外销大陆与台湾港口的开放有着必然的联系。历史的发展告诉我们，闽台直接通航，不仅促进了海峡两岸的经济发展，更成为维系国家统一的重要桥梁和纽带。

---

[1]　林满红:《茶、糖、樟脑与晚清台湾经济社会之变迁（1860—1895）》,台北联经出版事业公司,1997 年，第 9 页。

借鉴台湾经验　推进福建农村就地城镇化建设的思考与建议

江振娜*

当前，大量农村剩余劳动力向大中城市转移后难以真正融入城市生活，造成农民市民化进程滞后。这已成为推进新型城镇化建设面临的一个深层次矛盾。新型城镇化是"人"的城镇化，要想妥善安置农村剩余劳动力，除了发挥大中城市对农村劳动力的吸纳作用，如何整合农村资源，实现农村"就地城镇化"也是一个重要课题。

当前城镇化发展的思路不仅要重视农村剩余劳动力向城镇转移，还应当重视农村自身的发展，从内涵上缩小农村和城镇的差别，城乡协调发展。台湾城镇化发展走过了 60 多年的历程，在农村"就地城镇化"建设等方面积累了一些成功做法。学习和积极借鉴台湾农村"就地城镇化"建设等方面的成功经验，对于加快推进福建新型城镇化建设具有重要意义。

一、当前福建新型城镇化建设中存在的问题

（一）强调农村人口向大中城市转移，"就地城镇化"重视不够

在当前城镇化建设过程中，农村人口向大中城市转移不可避免带来一些弊端。一是社会运行和公共服务不堪重负。大量农村人口转移到大中城市，加剧了城市的交通拥堵、环境污染、就业难等城市病。同时造成一些城市的公共服务资源短缺，城市的运行秩序混乱，同时给城市的社会治安造成巨大压力。二是"空心村"现象普遍存在。青壮年农村劳动力的大量流出，农村发展丧失活力，农村社会结构失衡，出现农村老龄化、留守儿童等社会问题。

---

* 江振娜，中共福建省委党校、福建行政学院闽台研究院副教授。

（二）强调政府主导作用，农民参与性重视不够

在新型城镇化推进过程中，政府主导型的"自上而下"的城镇化模式的弊端逐渐凸显。一是忽略农民的参与。本应作为城镇化主角的农民，更多地是作为管理对象来看待。二是农民缺乏意见表达的渠道。农民在生产、生活中组织化的机构较少，农民的诉求和意见往往不能通过有效的渠道来表达。三是政府过度介入城镇化。有关城镇化的各类政策：如户籍政策、土地政策、行政区划政策、规划政策、投资政策等的制定程都由政府来完成。这种用计划手段来推动城镇化发展，其弊端是显而易见的。尤其，在农民市民化过程中，未完全遵从农民的意愿，使得农村转移人口市民化的成本也相当高，进而影响了城镇化的进程。

（三）强调硬件设施建设，农村人居环境提升重视不够

当前城镇化更多强调的是城镇人口的增加，以及城镇地域、规模的扩展，而忽视了农民生活方式、价值观等方面的真正转变。更多重视的是房地产的开发、景观改造，而轻视农村良好宜居环境的打造，忽略了提高和改善农民的生活、生产条件，以及个人和整个社会潜能的释放。2014年11月27日，李克强在国家博物馆参观人居科学研究展时指出，城镇化要以人为核心，其他的一切都要为人服务。推进城镇化意不在"地"，不在"楼"，而在"人"。

（四）强调城镇化规模和速度，城镇个性化打造重视不够

《国家新型城镇化规划（2014—2020年）》提出"文化传承，彰显特色"原则。城镇是城市之尾，农村之头，是城乡一体化的桥梁，城镇的特色是小城镇的生命力所在。但是，在城镇化建设过程中，存在将城镇化理解为扩大城镇建设、增加城镇数量、扩大城区面积、增加城镇居民人口的规模与速度误区。在这种理念下，许多城镇的规划互相搬抄，建筑物雷同没有体现当地特色，更有些地方完全不顾当地的民风民情，一味地照搬城市小区模式来建设新农村，造成农民生活的极大不便。除此之外，建城区面积的扩大，也使得很多农村的文化个性和自然风光被破坏，乡土特色和民俗文化流失，农村文化传承与创新功能较弱。

二、台湾农村城镇化建设的经验

（一）就地发展，推进农村"就地城镇化"

台湾地区通过就地利用农村自然资源，发展工业、商业、服务业，使农村迅速向城镇化迈进。从台湾经验来看，城镇化不是只有工业化，农业现代化同样也是城镇化的重要组成部分。用城镇化的技术标准改造提升农村的基础设施和生活环境、用工业化的理念组织农业生产、用服务业的方式再造农业经营模式，走出了一条有特色的农村就地城镇化发展之路。台湾人多地少，人均耕地面积很少，农业也是以小规模家庭经营为主的小农制发展模式。加上台湾农民特有的乡土观念，台湾地区的农业选择了小农家庭制度。这种制度不仅解决了广大农民的就业和生存问题，还帮助了台湾地区实现从"以农业培养工业"到"以工业培养农业"的转型。从 20 世纪 80 年代初的"永续农业"的新型农村发展模式到上世纪90 年代的"富丽农渔村"的建设目标，再到 2010 年开始实施的"农村再生"计划，台湾农村得到很多政策的扶持，台湾休闲农业、现代农业得到快速的发展。台湾农业的产业链向第二、三产业延伸，不仅给农村提供了新的就业机会，转移了大量剩余劳动力；还进一步的吸引更多资本进入农村领域，推动了农村新兴产业、农村工业发展和提升，进而带动了当地城镇化的发展。

（二）尊重民意，发挥民众参与规划的积极性

从台湾经验来看，城镇建设规划尤其重要，而农民、农会、农业经济组织的积极性则在规划中发挥着十分重要的作用。首先，台湾农村建设充分尊重民众意愿，真正体现"我要建"，而不是"要我建"。台湾农村建设一般由社区提出初步规划方案，提交全体民众反复酝酿，在基本取得一致后，再向政府报告项目方案；政府在对各社区上报项目进行论证审查后，再予以项目立项和资金安排，确保了政府投资能惠及百姓让民众满意，防止了政府官员为了表面政绩而作出个人决策。其次，台湾农村建设充分尊重民众权利，努力实现保护个人权益与改善人居环境统一。村庄建设尊重历史形成和个人财产保护，不搞大拆大建，不强求整齐划一。新建公共设施涉及用地，充分尊重地主意见，采取征收、租赁、合建等多种办法进行协商，如协商意见难以一致的，宁可暂缓项目建设，也不实施强征强拆强建，努力维护社会和谐。

（三）社区再造，打造农村优良品质生活

为了留住农村人口，台湾非常注重农村再造，注重农民生活品质的打造。一是以人的生活需要为第一要务，注重宜居功能建设，而不是片面追求外表形象；在居住环境整治过程中，考虑到百姓的生活、就业的实际需要，最大限度地绿化和美化环境，注重生态环保设施建设，农村环境要整治干净，但不强求房屋建筑的整齐划一。二是充分尊重和发扬当地的生活传统，积极开展各种丰富农民文化生活的活动，让具有当地特色的活动常态化。三是帮助农民利用当地特色资源发展有机农业，提高农民收入。比如台湾新竹县竹东镇软桥社区是一个比较典型的山区村庄，但他们利用厨房垃圾制作有机微生物肥料，发展有机农业（稻米、蔬菜），实现了农业的高附加值，带动了当地农民的致富，走出了一条有机农业发展路子。四是以村（里）为单位开展社区营造，编制任期建设规划和年度计划已经形成机制和常态化。区或县以及更高决策层形成了成熟的项目审查、项目实施、项目监理方面规范模式。

（四）培育特色，实施差异化产业发展战略

在台湾，从南到北，每个城市农村，或传统或现代，或发达或不发达，"要唯一，不要第一"的发展理念，使得每一座城市都与众不同、特色鲜明。在小城镇建设上，台湾的各个乡镇，各有不同特色。比如，台湾西螺镇突出的是品牌农业，彰化王功突出的是渔港休闲观光产业，而彰化田尾公路花园则是花卉产业集聚区，这些乡镇都无不大力彰显特色，也焕发了活力，促进了农村和城镇的"生机再现"。

（五）权责分明，发挥农会等基层组织作用

台湾农会是真正全部以从事农业生产的农民为会员的公益性组织，按照"一乡镇一农会"的政策设置。农会由理事会、监事会和总干事及职能部门组成，层级结构分明，任务明确，除了指导农会成员进行农业生产外，还具有市场营销、金融和保险服务保障等方面的功能，在农民中具有很高的威信和号召力。农会通过产销班，指导农产品的生产、技术，协调运输、销售，把关产品质量安全。农会对产销班实行严格的到户、到品种的生产履历证管控。一旦发生食品安全问题，将会按照包装物的条形码追求相应责任，并记录农户信用部的诚信档案。农会的信用部是专门为会员提供金融服务的金融部门，为了扶持

农业的发展，实行差别化利率，农业贷款实行优惠利率。信用部还为农业、农民提供保险服务。农会信用部利用其金融和保险功能有力地支持了台湾地区农业的发展。台湾农会通过自身严谨的制度设计和完善的机构设置，发展广大农民之间的互助合作，帮助农民按照现代化的产业标准运营生产农产品，降低了面对市场的风险，提高了应对市场的能力。

三、推进福建新型城镇化建设的几点建议

（一）借鉴台湾城镇化规划经验，建立公众参与机制

台湾农村建设一般由社区提出初步规划方案，提交全体民众反复酝酿，在取得共识后，再向上级政府报告项目方案；政府对各社区项目进行论证审查后，再予以项目立项和资金安排，确保政府投资能惠及百姓，有效防止政府官员为表面政绩而作出个人决策。建议借鉴台湾经验，探索建立我省城镇化建设公众参与机制。

第一，建立公众参与机制。改变当前城镇规划工作自上而下的方式，通过以奖代补政策，引导村民积极参与农村规划工作。加强农村规划人才培育，建立农村规划师专业证照制度，增设农村规划师考试类科，充实农村规划人才。建议今后农村规划工作由基层乡镇提出申请，由上级主管机关订定审核标准，加以规范，要在法制化、整体性与综合性规划理念的架构下，实现农村可持续发展目标。

第二，积极引导公众参与社会公益事业管理。通过组织农民合作社，发挥老人协会和共青团、妇联等群团组织作用，做到大家的事情大家参与，建构公众自我服务、自我约束、自我管理的机制。倡导开展志愿服务，例如推行"社区规划师"的志愿服务等。

第三，严格监督执行规划。要强化规划的权威性、执行力，并实施监管。本着对历史负责的态度，严格履行法定程序，切实做到"一张图纸管到底"，不因为领导的变更而变更，保障城镇化建设的科学性与持续性。

（二）借鉴台湾农村再生与永续发展理念，实施农村再造

台湾地区通过就地利用农村自然和文化资源，发展工业、商业、服务业，用城镇化的技术标准改造提升农村的基础设施和生活环境，用工业化的理念组

织农业生产，用服务业的方式再造农业经营模式，用当地特色文化丰富和提升农民的生活品质，走出了一条有特色的农村就地城镇化发展之路。建议借鉴台湾经验，在我省实施农村再造工程。

第一，发展特色产业，实现农业现代化。一是要突出地区特色，形成区域品牌。以资源型产品为纽带，鼓励产业集聚，延长价值链，形成一批地方特色的乡镇产业集群，实现农村剩余劳动力就地转移。二是在有条件的地区，要将农业与文化产业、旅游产业进行深度融合，走现代观光农业道路，结合农村生产、生活与休闲娱乐等功能，开创新产业以及新的非农业就业机会。

第二，改善农村人居环境，提升生活水平。一是要确保农村生活性服务设施的供给，比如幼儿园、学校、运动设施等。二是要根据农村产业的特性与发展需求，考虑生产性设施的供给，如农机维修中心、集货场、晒谷场等。三是在户型设计和小区公共设施配套上，要以方便农民生活为出发点，不仅要增设公共休闲设施，还要考虑农具储藏和停放场地及小菜园等建设。在生态环境方面，要关注维护水源涵养、空气流通以及能源维护等生态环境。

第三，维护农村传统风貌，显现独特风格。在城镇更新改造和美丽农村建设中，要坚持固态保护、活态传承并举。一是在固态保护上，要对有历史积淀和文化底蕴的古建筑、树木等给予保留和修缮。二是在活态传承上，要注重保留和延续城镇的传统文化、特色风貌、人文习俗，尽可能在原有村庄形态上改善居民生活条件。

（三）借鉴台湾农会经验，推进农村基层组织建设

台湾农会设有供销部、推广部、会计部、保险部、信用部等职能部门，在指导和保障农业生产方面发挥着重大的作用。建议借鉴台湾经验，加快我省农村基层组织建设。

第一，重点围绕特色优势产业，学习借鉴台湾农会"在政府的有效管约下，加强自身建设并引导农民积极参与"的运作方式，着力引导和培育一批组织健全、运行规范、功能完善的农民合作组织，既要在数量上求突破，也要在运作质量上提层次。

第二，结合村级基层组织建设和村级集体经济发展，强化村级组织与农民之间的直接联系和利益机制建设，通过村级组织更好地发挥农民在城镇化过程中的主体作用。

第三，通过财政补助、基地建设、先建后补等方式支持农民专业合作组织的发展，加大土地治理项目、产业化经营项目、集中科技推广项目安排，支持与农民利益联结紧密的专业合作社。

第四，大力加强镇、村两级班子建设，努力在营造公平、公正环境中提高班子成员的公信力，使其成为小城镇建设谋划的领路人、公益事业的热心人、村民维权的代言人、民主管理的召集人。

（四）借鉴台湾农业发展制度，促进农村生产要素流动

台湾城乡互动，各种生产要素流动比较顺畅，这得益于其完善的农村土地制度和成熟的土地资本市场，及其户籍人口制度改革。建议借鉴台湾经验，促进农村生产要素有效流动和配置。

第一，建议成立全省农村产权交易中心，促进农村产权流转，增进农民财产收益，促进生产要素流动。加大改革力度，破除一些制度障碍，积极、稳妥地加大农村改革力度，赋予农民更多的土地处分权和自由流转权，通过合理利用土地，实现规模化经营。

第二，结合户籍改革实行人口控制，引导更多的人口向中小城市和重点乡镇流动，大城市要对人口规模进行合理控制，使人口的流动更均衡。同时，要加大户籍、公共服务均等化等方面的深度改革，切实对"人的城镇化"发展起到推动作用。

推进闽台海洋科技协同创新

陈朝宗 *

一、闽台海洋科技协同创新具有优先的意义

闽台海洋科技协同创新不仅具有重要的战略意义，而且具有优先的意义。近年来，我省海洋经济和海洋事业有了长足的进步，特别是在海洋药物、海洋生物制品、海产品精深加工等技术研发取得进展，使海洋科技进步对海洋经济的贡献率达 59%，海洋新兴产业的产值增长幅度超过 25%。但从总体上看，我省海洋高科技方面虽然在全国排位靠前，但在国际排位中则还处在第三阵营；台湾海洋科技虽然起步比福建早，但在国际排位中基本也属于第三阵营。面对闽台海洋科技在国际上处于相对落后的局面，闽台应该携起手来，在海洋科技协同创新方面做一番事业。近几年来，闽台科技交流合作取得了一些进展，但由于某些原因，闽台在海洋科技交流合作方面还没有实质性的进展。

实际上，闽台海洋科技是具备协同创新的基础的。首先，闽台海洋科技合作不涉及政治，具有宽松的合作前提；其次，闽台海洋科技具有较强的互补性，福建在海洋药物、海洋生物制品、海产品精深加工中占优势，台湾在海洋渔业及海洋生物技术研发方面占有优势，两岸可以通过海洋科技合作实现优势互补，成果共享；第三，南海是海峡两岸共同的祖产，在今天东亚各国大肆争夺南海资源的背景下，海峡两岸暂且不谈对外政治合作问题，只谈两岸如何更有效地开发利用南海资源，应该是可以达成合作共识的；第四，我国近年来实施"一带一路"发展战略和"自由贸易试验区"战略，这两大战略都与海洋密切相关，台湾乃至东南亚各国在融入东亚经济圈过程中首先可以展开合作的领域就是海洋。从海上贸易到海洋产业，从海洋产业到海洋科技，从海洋科技到海洋生态环境保护等等，具有广阔的合作前景。

* 陈朝宗，中共福建省委党校、福建行政学院闽台研究院教授。

二、闽台海洋科技协同创新的重要领域

根据我省海洋科技发展的现状，闽台海洋科技协同创新首先可以在海洋渔业技术和海洋生物技术两大领域展开，再扩展到海工装备研发。

一是海洋渔业技术的协同创新。这首先涉及海洋探测技术的协同创新。海洋探测技术协同创新是闽台海洋渔业跨越式发展的重要前提。今天，全世界大约有1600多艘海洋考察船，其中分沿海型、区域型、大洋型和全球型，大陆现在全球型的就2—3艘，大洋渔业的调查船也不够；台湾也一样，全球型的海洋考察船没有，大洋渔业的调查船明显不足。现在国际上提出来，你要在大洋上搞渔业开发，你首先要提供这个地方渔业资源数据，然后再提出你的捕捞强度。两岸在海洋探测技术方面的落后必然制约海洋渔业的发展，闽台有必要在海洋探测技术方面展开协同创新，实现大的突破。其次是海水养殖技术的协同创新。创新领域涉及水产养殖设施与装备、水产养殖与种苗、水产食品安全。当今世界，发达国家和地区都非常重视海水养殖技术创新与应用。福建海水养殖技术创新能力较弱，在良种繁育和养殖设施与装备方面的技术创新尤为落后，在海水养殖生产实践中还没有形成一个主养品种。台湾在水产繁育技术方面具有领先世界的水平，在协同创新中，我省可以多学习台湾水产繁育技术，实现闽台在水产繁育技术方面比翼双飞。再次是海洋生态、渔业资源保护技术的协同创新。闽台可以通过交流闽台海洋渔业资源领域的最新研究进展，探讨闽台海洋渔业资源养护与管理技术的现状、面临的问题和解决办法，以促进闽台渔业的持续健康发展。

二是海洋生物技术协同创新。近年来，我省在高纯度河鲀毒素产业化开发、高纯度葡萄糖胺硫酸盐产业化开发、基因几丁质酶开发技术、甲壳多糖及其衍生物的研发生产、贝壳珍珠层粉和骨修复材料的研发、虾青素发酵法产业化技术等一批高新技术成果居全国领先水平，但总体上，我省海洋生物资源开发技术由于起步晚，与国外比还有较大的差距。台湾在海洋生物技术研究方面起步比大陆早些，也有一些研究成果，如繁殖种苗及育成技术方面领先于世界各国，但与国外比还有较大的差距。闽台可以在基因工程和细胞工程技术培育海水养殖生物新品种、海洋生物活性物质的分离提取、海洋环境保护、海洋生物新材料等领域展开协同创新。我省在海洋生物科技研究领域有较大的优势，目前拥

有以厦门为依托的海洋资源与环境重点实验室和生物技术工程中心，以及以福州为依托的海洋科技中试基地和闽台海洋科技合作交流中心，这为闽台海洋科技协同创新打下良好的基础。

除此之外，未来福建还可以考虑在海洋工程装备技术方面与台湾展开协同创新。

三、闽台海洋科技协同创新的具体思路

1. 建立闽台海洋科技协同创新基金

2015年2月3日，两岸四地科技协作和共同发展的"协同创新澳门论坛"在澳门举行，论坛内容包括两岸四地协同创新的政策与机制、智慧城市建设合作发展、科技金融合作模式、文化创意合作发展等。会上相关各方签署了《两岸四地协同创新联盟倡议书》。本文认为闽台可以在科技金融合作模式上首先取得突破，由闽台海洋产业协会牵头，联合闽台海洋大学、海洋研究机构募集资金，共同成立闽台海洋科技协同创新基金会，并成立理事会，由闽台各派一代表轮流担任协同创新基金会主席。

2. 建立闽台海洋科技研发中心

其次，闽台海洋产业协会还可以考虑共同建立海洋科技研发中心，在福建和台湾各设一个，实行两块牌子一套人马，由闽台海洋科技专家轮流担任研发中心主任，建立闽台海洋科技人才流动机制，推动闽台海洋科技人才定期到对岸研发中心工作。同时制定二十年远期规划、十年中期规划和五年短期规划，鼓励闽台参加合作的研究单位之间或牵头的专家之间商定合作计划，利用双方的设备、技术、人才、资金开展研究，实现成果共享，促进闽台海洋科技研发中心早出成果、多出成果。

3. 建设闽台海洋科技成果转化基地

为促进闽台海洋科技成果的转化，建议由闽台海洋产业协会牵头成立闽台海洋科技成果转化基地，包括海洋科技成果中试基地、海洋科技企业孵化基地，同时还可以考虑在闽台各建一个海洋产业生产合作基地，把经过中试和孵化的海洋科技研究成果应用到生产中去，使闽台在海洋科技合作中都得到丰厚的回报。例如，闽台可考虑合作建立功能完善的海洋药物和海洋活性物质化学生物产业孵化器平台，形成以海洋生物医药技术为核心的产业链，加强海洋生物技

术与下游产业的衔接和成果转化。

4. 建设闽台海洋科技教育服务中心

充分利用闽台优质教育资源，根据共同规划、合作办学、合作管理的原则，加快平潭海洋大学的组建工作，将平潭海洋大学建设成为立足平潭，面向福建，辐射两岸的两岸高等教育交流合作先行先试的重要基地、两岸高校联合培养海洋创新人才的基地、联合开展海洋科技创新和应用开发的基地。鼓励和扩大闽台及两岸海洋学科、科研机构到平潭进行进一步的交流与合作，建立海洋教育、科研、信息、环境监测等区域性网络，增加互派学生和各类人员交流，在平潭逐步实现闽台以及两岸海洋教育、信息等资源的真正共享。

闽台法规制度研究

ECFA 若干法律问题的分析

陈辉庭*

ECFA，即《两岸经济合作框架协议》（英文全称为 Economic Cooperation Framework Agreement），是大陆与台湾地区于 2010 年 6 月所签署的一项旨在加强和增进两岸区域性经济合作的法律协议。ECFA 将为未来两岸进一步深入发展经贸关系提供重要的法律依据。有鉴于此，本文将围绕 ECFA 若干法律问题展开分析，通过分析制度本质，厘清相关法理，在此基础上总结 ECFA 的成败得失，进而为其补缺完善提供一定的借鉴参考。

一、ECFA 的法律性质

ECFA 从本质上说是一项自由贸易区协定吗？它同内地与香港、澳门地区签定的《关于建立更紧密经贸关系的安排》（简称 CEPA）有何区别？关于 ECFA 的法律性质，目前在学术研究和理论宣传方面仍存在着一些模糊的认识，需要从法理上加以厘清。

目前比较常见的一种认识误区是将 ECFA 视为 WTO 框架下的自由贸易区协定，其性质与 CEPA 相同。也有一些学者在提法上更谨慎一些，即认为 ECFA 是在 WTO 框架下建立的一种类似自由贸易区性质的经济合作协议。[1] 但对于何谓"类似自由贸易区性质"，也语焉不详。ECFA 是不是属于自由贸易区范畴，关系到两岸成员方未来在 WTO 框架下应当承担何种特定的义务。

ECFA 是依托 WTO 法律体系而建立的，它应当符合 WTO 关于区域经济合作的一般规范要求。依据成员方内部政策整合程度的不同，区域经济合作体

---

* 陈辉庭，福建省委党校、福建行政学院法学教研部副主任、闽台关系研究中心副教授。该文原发表在《闽台关系研究》2010 年第 3 期。

[1] 胡石清：《两岸经济合作框架协议的由来与意义》，《台湾周刊》2010（5）。

制可分为优惠的贸易安排、自由贸易区、关税同盟、共同市场、货币同盟和经济同盟等。GATT1947 第 24 条第 8 款（b）项给自由贸易区下了一个定义，即"在两个或两个以上的一组关税领土（customs territories）中，对成员领土之间实质上所有（substantially all the trade）有关产自此类领土产品的贸易取消关税和其他限制性贸易法规（如有必要，按照第 11 条、第 12 条、第 13 条、第 14 条、第 15 条和第 20 条允许的关税和其他限制性贸易法规除外）。"在这一定义中，"实质上所有贸易"是一个不确定的法律概念。据此可以推定，GATT 第 24 条并不要求完全取消成员方之间的所有贸易障碍。但根据 GATT 专家组的解释，只有在成员方之间已实施贸易壁垒削减计划的自由贸易总额达到所有贸易总额的 80% 以上，才符合"实质上所有贸易"的要求。①WTO 成立后，服务贸易也纳入其调整范围。GATS 第 5 条"经济一体化"也作了类似的限制性规定，即要求双方订立的协定必须涵盖大部分服务部门（substantial sectorial coverage），并规定在协定生效时或在一合理时限的基础上，对于上述服务部门实质上取消现有歧视性措施或禁止新的歧视性措施。对于何谓大部分服务部门，应根据部门数量、受影响的贸易量和提供方式进行理解。如发展中国家作为参加方，则在涵盖的服务部门及实质上取消或禁止歧视性措施方面可给予更大的灵活性。

ECFA 和 CEPA 一样，都是在中国内部不同关税区域之间开展区域经济合作的尝试。从内地与香港签订的 CEPA 来看，它基本涵盖了货物贸易、服务贸易和投资便利化等主要方面。（1）在货物贸易领域，香港将继续对所有原产内地的进口货物实行零关税。内地自 2004 年 1 月 1 日起，对原产香港进口金额较大的 273 个税目的产品实行零关税；并在不迟于 2006 年 1 月 1 日对以上 273 种以外原产香港的进口货物实行零关税。双方将不对原产于对方的进口货物采取与世界贸易组织规则不相符的非关税措施；内地将不对原产于香港的进口货物实行关税配额。双方将不对原产于对方的进口货物采取反倾销和反补贴措施。可见，在货物贸易领域，双方的合作程度完全可以满足削减贸易壁垒比例达80% 以上的要求。（2）在服务贸易领域，CEPA 所涵盖的服务贸易包括管理咨询、会展服务、广告、会计服务、建筑及房地产、医疗及牙医、分销服务、物流、货代服务、仓储服务、运输服务、旅游服务、视听服务、法律服务、银行业、证券业和保险业等 17 种，规定双方应逐步减少或取消限制性措施，逐步推动服务贸易的自由化。此外，内地作为发展中成员方，在签订此类协定时还享

---

① GATT，BISD6S/70，at 99, para. 30.

有一定的灵活性。因此，CEPA 在服务贸易领域也基本符合 GATS 关于建立自由贸易区的要求。（3）在投资便利化方面，CEPA 列出了双方合作的领域包括贸易投资促进；通关便利化；商品检验检疫、食品安全、质量标准；电子商务；法律法规透明度；中小企业合作；中医药产业合作等，并规定了双方的磋商义务。因此，内地与香港签订的 CEPA 满足 WTO 关于建立自由贸易区的实质要求，从性质上基本可纳入自由贸易区协定的范畴。内地与澳门签订的 CEPA 亦是同理。

然而，ECFA 的情况就有所不同。从 ECFA 的标题和内容上都可以看出，它的基本定位是一个框架性协定。尽管 ECFA 在内容上不仅涵盖货物贸易、服务贸易和投资，还包括更为广泛的经济合作，但总体上它仅是一个纲要性文件，所涉及的众多合作领域仍有赖于双方未来的进一步磋商谈判。两岸签署的 ECFA 率先通过制订"早期收获"（Early Harvest），对两岸合计 806 项商品实施关税减让，并在三年内实现零关税，相互开放 26 项金融服务贸易项目，以及大陆对台湾 18 项农产品实施零关税。根据协议规定，ECFA 生效后六个月内，在实施"早期收获"基础上，两岸将就"货物贸易协议"与"服务贸易协议"等展开磋商。显然，"早期收获"只是两岸自由贸易与服务市场开放的前奏，是一种临时性措施。从两岸目前贸易合作的现状看，ECFA 在货物贸易和服务贸易这两大主要领域，均难以达到 WTO 协议在"实质上所有贸易"和"大部分服务部门"中实质性削减贸易壁垒和开放市场的要求。因此，ECFA 从本质上说仅是一个筹备建立自由贸易区的过渡性临时协定（an interim agreement）。

两岸订立筹建自由贸易区的过渡性临时协定应当遵守 WTO 条约规定的相关特定义务。依据 GATT1947 第 24 条第 5 款（c）项规定，此类临时协定应当包括"在一段合理持续时间内形成此种自由贸易区的计划和时间表。"相关缔约成员方应迅速通知缔约方全体，并及时提供拟议成立的自由贸易区的必要信息。《关于解释 GATT1994 第 24 条的谅解》（以下简称《谅解》）对于"合理持续时间"作出解释，即只有在例外情况下方可超过 10 年。如参加成员方认为 10 年不够，它们应向货物贸易理事会提供需要更长期限的全面说明。同时，《谅解》还规定，对于临时协定，工作组可针对报告中拟议的时限和完成自由贸易区所需要的措施提出适当建议，如有必要，工作组可规定对协定进行进一步审议。如果参加成员方对临时协定中所涉的筹建计划和时限进行了实质性变更，应当及时通知货物理事会，由理事会加以审查。

二、ECFA 在国际法上的地位

ECFA 是不是一项国际条约？ECFA 的缔结、批准、修订和实施是否应当适用相关的国际条约法和其他相关国际法规则？这是两岸在开展区域经济合作过程中不得不面对的敏感问题，亟需从法理的角度加以澄清。

ECFA 和 CEPA 都是在同一个主权国家内部不同关税区之间依据 WTO 规则开展区域经济合作的尝试。由于香港和澳门已经顺利回归祖国，因此，内地与香港、澳门签署 CEPA 时，主权统一问题已经明朗化。而台湾尚未回归祖国，两岸政治分歧仍然存在，"台独"势力仍然在推行渐进式分裂政策。因此，主权问题在两岸经济合作过程中存在特殊的敏感性。

在内地与香港、澳门的 CEPA 实践上，中国政府仍然选择了一种特别谨慎的态度。如从名称选择上看，尽管 ECPA 本质上是自由贸易区协定，但传统上，"自由贸易区"和"协定"这两个概念通常用于两个不同的国家。为避免涉及主权的误解，内地与香港、澳门签定的双边法律文件特意采用了"更紧密经贸关系"和"安排"（arrangement）的用语。有学者指出，无论是一般国际法，还是 WTO 法律，并未规定自由贸易区只能在主权国家之间建立，中国境内不同单独关税区之间建立的自由贸易区关系可参考直述其名。[①] 此外，"更紧密经贸关系"和"安排"也用于国际条约，如澳大利亚与新西兰之间的区域经济一体化协定称为"更紧密经贸关系协定"（Closer Economic Relations Agreement）。可见，双方签署的双边法律文件选择何种名称，在国际法上不会产生任何实质影响。因此，ECFA 直接以"协议"冠名，并不影响缔约双方在国际法的地位，即内地与台湾地区同属于一个主权国家。

然而，对于能否将 CEPA 和 ECFA 视为国际条约，有学者提出明确的否定意见。其主要理由是依据 1969 年《维也纳条约法公约》第 2 条第 1 款（甲）项规定院"称'条约'者，谓国家间所缔结而以国际法为准之国际书面协定，不论其载于一项单独文书或两项以上相互有关之文书内，亦不论其特定名称为何"，因此，如果将 CEPA 和 ECFA 视为国际条约，将否定内地与香港、大陆与

---

① 曾令良：《论 WTO 体制下区域贸易安排的法律地位与发展趋势》，《国际经济法论丛》（第7卷），法律出版社,2003 年，第 13—14 页。

台湾地区同属于一个主权国家的法律定位。^① 这种主张的潜在后果是，CEPA 和 ECFA 的缔结和运行均游离于条约法和相关国际法规则之外。

笔者认为，对于 1969 年《维也纳条约法公约》对条约的定义，不应当作狭义和僵硬的理解。从国际法实践的发展来看，条约的缔结也不仅限于国家之间。国家与国际组织之间，及国际组织相互之间，甚至包括一些其他非主权实体也可签订《维也纳条约法公约》意义上的国际条约。

CEPA 和 ECFA 都是 WTO 体制框架下的法律安排，应当纳入 WTO 条约体系中去加以理解。WTO 的成员资格是以关税区，而不是以主权国家为适格条件的。GATT1947 第 26 条、第 32 条、第 33 条规定，主权国家并不是 GATT 缔约方资格的必要条件。任何实体，不论是否主权国家，只要构成一个关税区，均可按一定程序成为 GATT 缔约方；相反，即使是一个独立的主权国家，如未形成一个关税区，也不可能成为 GATT 的缔约方。《建立世界贸易组织协定》（以下简称 WTO 协定）沿袭了 GATT1947 有关成员资格的规定。第 12 条第 1 款规定院"任何国家或在处理其对外商业关系及本协定和多边贸易协定规定的其他事务中享有充分自治权的单独关税区（separate customs territory），可按照它与 WTO 议定的条件加入本协定。"为了将"单独关税区"的法律概念纳入整个 WTO 多边贸易规则中，WTO 协定在最后一段"解释性说明"中还特别指出，"本协定及多边贸易协定中所用的'country or countries'应理解为包括任何 WTO 单独关税区成员。对于 WTO 单独关税区成员，除非另有规定，如本协定和多边贸易协定中用'national'一词，也应理解为是指单独关税区。"对此，国内著名 WTO 专家赵维田教授评论说："从国际法上说，这种以单独关税区政府为条约主体与国际组织成员单位的状况，也都是独一无二的。"^②

目前中国香港、中国澳门、中国大陆和中国台湾已先后成为 WTO 成员方，并以"一国四席"身份参与到 WTO 多边贸易体制中，其中，中国大陆以主权国家身份加入 WTO，而中国香港、中国澳门和中国台湾以单独关税区身份加入 WTO。内地与香港、澳门，大陆与台湾地区之间的经贸活动共同受 WTO 条约体系的调整和约束。香港、澳门和台湾地区参加 WTO 组织，并与中国大陆地区共同受 WTO 条约体系的约束，并不影响其主权归属中国的法律地位。WTO

---

① 曾华群：《CEPA：两岸四地经合模式之展望》，王贵国主编《区域安排法律问题研究》，北京大学出版社，2004 年，第 98—100 页。

② 赵维田：《世界贸易组织的法律制度》，吉林人民出版社，2000 年，第 42—44 页。

条约体系是典型的国际公法体系，其缔结和实施均受《维也纳条约法公约》及其他相关国际法规则的约束。因此，两岸四地在处理 WTO 体制范围内的事项，也应依循《维也纳条约法公约》及其他相关国际法规则的规定。可见，在 WTO 框架下，适用条约法规则和其他相关国际法规则，并不会影响到香港、澳门和台湾地区的主权归属问题。

笔者认为，否认 ECFA 的条约地位是不必要的，这种观念可能在很大程度上束缚和限制未来 ECFA 体制的正常发展，使之陷入法理的困境。无论是 ECFA，还是 CEPA，其缔结、批准、修订和实施等均可适用相关的条约法和其他相关国际法规则，这种适用不会影响到中国的主权统一问题。

三、ECFA 贸易救济措施的法理分析

贸易救济措施是一国（或单独关税区）政府针对境外产品在国内（或域内）市场存在的不公平竞争行为，所采取的一种正当的贸易保护措施，它通常包括反倾销、反补贴和保障措施等手段。鉴于 ECFA 同内地与香港、澳门之间签署的 CEPA 一样，都是中国内部不同关税区之间展开区域经济合作的法律实践，它们之间在法理依据和制度设计上存在较大程度的可类比性，笔者首先就内地与香港之间 CEPA 所涉贸易救济措施展开法理分析，然后在此基础上对比分析 ECFA 贸易救济措施，解读其制度设计的原理。

由于内地与香港均属于同一主权国家，CEPA 在设计贸易救济措施时有意作出不同于一般自由贸易区协定的特殊安排。例如，CEPA 第 7 条规定双方承诺将不对原产于对方的进口货物采取反倾销措施，第 8 条规定双方承诺互不采取反补贴措施。类似的情况也发生在保障措施方面。

CEPA 第 9 条规定，内地与香港相互承诺如"原产于对方的某项产品的进口激增，并对该方生产同类或直接竞争产品的产业造成严重损害或严重损害威胁，该方可在以书面形式通知对方后临时中止该项产品的进口优惠，并应尽快应对方的要求，根据《安排》第 19 条的规定开始磋商，以达成协议"。CEPA 第 19 条规定双方成立联合指导委员会，由其解释 CEPA 的规定，解决 CEPA 执行过程中可能产生的争议，并规定"双方本着友好合作的精神，协商解决《安排》在解释或执行过程中出现的问题。委员会采取协商一致的方式做出决定。"可见，CEPA 保障措施的实施受到争端解决方式的限制，即只能采取协商方式。

而根据 WTO 保障措施协定，磋商并非解决此类纠纷的唯一手段。

针对 CEPA 在贸易救济措施上的上述特殊安排，有学者明确提出了不同意见。例如，2003 年 9 月 4 日，王贵国教授在接受《南华早报》访问时提出 CEPA 协议第 7 条（互不适用反倾销措施）的规定与 WTO 法律的精神不符。理由是如果中国对香港进口的产品不采取反倾销措施，就如同给予香港比其他 WTO 成员更有利的待遇，除非中国也答应对其他成员进口的产品也不采取反倾销措施。① 对此，香港官员的回应是反倾销措施可被视为贸易壁垒，取消它符合贸易自由化的目标，因此第 7 条规定不违背 WTO 精神。②

那么，在自由贸易区的安排中，是否禁止成员间约定互不适用反倾销措施呢？从现有的国际实践来看，答案是否定的。例如欧盟现有的成员之间就互不适用反倾销措施，而实行统一的竞争法，反倾销调查由欧盟委员会统一对非成员国家（地区）实施。问题的实质在于，如果取消了反倾销措施，是否存在一种替代性的救济措施来保障进口的公平竞争秩序？反倾销措施实质上不是一种贸易壁垒（尽管事实上经常被作为贸易保护主义的工具），而是一种正常的贸易救济措施。如果中国仅针对香港之外的外国产品采取反倾销措施，就有可能在国内市场造成不公平的贸易竞争环境，从而违背 GATT 第 24 条致力于消除各类限制性贸易法规（restrictive regulation of commerce）的目标。在"美国要对来自韩国的圆焊碳质条形管的最终保障措施一案"③ 中，韩国指控美国将加拿大和墨西哥排除在适用条形管的保障措施外，违反了 GATT 第 1、13、19 条和《保障措施协定》第 2 条第 2 款关于最惠国待遇原则（7.127 段）。在该案中，专家组认定，自由贸易区成员之间可以不实行保障措施。但这样做的目的是为了促进成员间的贸易流动，而不是为了制造贸易壁垒去阻止与非成员的货物贸易。可见，问题的实质在于，CEPA 第 7 条的规定是否可能造成一方产品在另一方境内的特殊地位（即可以倾销而不受反倾销法制裁），从而对其他外国成员方的产品形成不公平的竞争环境。因此，如果没有提供取消反倾销措施后的有关弥补措施（如实施统一竞争法等），则 CEPA 第 7 条的规定有可能被视为违反 WTO 精神。

CEPA 第 8 条和第 9 条的规定，同样也适用于上述的法理分析。设置反倾

---

① South China Morning Post, 4 September 2003.

② South China Morning Post, 8 September 2003.

③ United States Definitive Safeguard Measures on Imports of Circular Welded Carbon Quality Line Pipe From Korea, WT/DS202/R, 29 October 2001.

销、反补贴和保障措施的目的不是设置壁垒，而是维护公平的贸易环境。如果在内地与香港、澳门的 CEPA 中对贸易救济措施作出特殊的安排，那么这种安排的目标应当是继续维护公平贸易的秩序，而不应当成为引发不公平贸易活动，阻碍第三方产品参与竞争的新的贸易壁垒。

ECFA 并未来得及设立完整的贸易救济措施制度。双方仅在第 3 条"货物贸易"中规定院"双方同意，在本协议第七条规定的'货物贸易早期收获'基础上，不迟于本协议生效后六个月内就货物贸易协议展开磋商，并尽速完成。""货物贸易协议磋商内容包括但不限于噎噎（五）贸易救济措施，包括世界贸易组织《关于实施 1994 年关税与贸易总协定第六条的协定》《补贴与反补贴措施协定》《保障措施协定》规定的措施及适用于双方之间货物贸易的双方保障措施。"

在双方根据第 3 条所达成的货物贸易协议生效之前，ECFA 第 7 条第 3 款针对"货物贸易早期收获"规定了临时性贸易救济措施。对于适用于"早期收获"的临时性反倾销、反补贴措施，ECFA 没有进一步加以明确。对保障措施，ECFA 附件三《适用于货物贸易早期收获产品的双方保障措施》规定，当进口方因履行早期收获计划，导致从另一方进口特定产品的数量绝对增加或与其产量相比相对增加，且此种情况已对其生产同类或直接竞争产品的产业造成严重损害或严重损害威胁，进口方可要求与另一方进行磋商，以寻求双方满意的解决方案。根据上述规定，经调查，如一方决定采取双方保障措施，可将所涉产品适用的关税税率提高至采取双方保障措施时实施的普遍适用于世界贸易组织成员的非临时性进口关税税率。双方保障措施的实施期限应尽可能缩短，并以消除或防止进口方产业受到损害的范围为限，最长不超过一年。实施双方保障措施时，对于本附件中未规定的规则，双方应对相关条款作必要修改后适用世界贸易组织《保障措施协定》，但世界贸易组织《保障措施协定》第五条所列的数量限制措施及第 9 条、第 13 条、第 14 条不适用。最后，ECFA 双方保障措施不得与 WTO《保障措施协定》规定的措施进行累加实施，二者只能择其一。

从 ECFA 框架设计的思路来看，它似乎已经部分汲取了 CEPA 在贸易救济制度方面的经验教训。首先，ECFA 并未排斥反倾销、反补贴措施，而是将其纳入未来谈判的议题。这一点与 CEPA 的态度形成鲜明的对比。对于"早期收获"的临时性反倾销、反补贴措施，ECFA 未予明确，即意味着存在巨大的灵活解释空间。其次，对于保障措施，ECFA 一方面将其列入未来谈判议程，另一方面又处心积虑地设计了一种针对"早期收获"的特殊的双方保障措施。ECFA 双方保障措施与 CEPA 保障措施存在着一些明显的区别。（1）在 ECFA 体制下，双方可以在 ECFA 双方保障措施和 WTO《保障措施协定》规定的措施之间选择其一，但不得同时实施（参见附件三第 6 条）。而 CEPA 未作此规定，它表明双方应优先适用 CEPA 协定，不存在选择权。（2）ECFA 规定，双方保障措施的实施期限应尽可能缩短，最长不超过一年。而 CEPA 没有作出这样的特别规定，表明它依从 WTO《保障措施协定》的规定，即原则上不超过 4 年，若延长适用则不超过 8 年，在涉及发展中国家的例外情况下可以再延长 2 年。（3）对于双方保障措施的争议，ECFA 附件三也规定了双方的磋商程序，这一点与 CEPA 规定相同。但不同的是，ECFA 附件三第 4 条又作出了一条具有重要意义的授权性规定院"实施双方保障措施时，对于本附件中未规定的规则，双方应对相关条款作必要修改后适用世界贸易组织《保障措施协定》"。第 5 条规定院"本附件适用世界贸易组织《保障措施协定》条款时所称的'货物贸易理事会'或'保障措施委员会'均指《海峡两岸经济合作框架协议》所称的'两岸经济合作委员会'。"这实际上意味着，ECFA 在处理双方保障措施方面的争议，可以参照 WTO 保障措施协定的相关规则进行，包括向两岸经济合作委员会提起申诉，请求专家组以准司法方式进行裁决等。而在 CEPA 体制下，双方在保障措施方面的争议只能采取协商方式，受到很大的限制。

四、对 ECFA 法理基础的认识

由于 ECFA 的特殊性，目前在 ECFA 法理基础的理解上仍存在着许多认识上的误区。

第一种认识的误区是将两岸经贸关系定位为"国内经贸关系"，并认为它应当在纯"国内经贸关系"的法律框架下运行。[①] 从严格的政治意义上来讲，台湾地区是中国主权领土的一部分，两岸经贸关系自然应当属于一国范围内的经贸关系。然而，WTO 法律体系及其框架下的区域经济一体化规则并不是以主权国家为单位的，而是以单独关税区为单位的。大陆与台湾都是 WTO 框架下的单独关税区，必须遵循 WTO 的原则和制度。因此，两岸的经贸关系属于"区

---

① 朱兆敏：《论"入世"后中国各单独关税区建立紧密经贸合作关系的法律基础和框架》，陈安主编《国际经济法论丛》（第 7 卷），法律出版社，2003 年，第 18 页。

际经贸关系"，应当按照 WTO 规则行事，而不是立足于"国内经贸关系"的法律框架。

第二种认识的误区虽然认为两岸经贸关系不能用单纯的"国内法"加以调整，但同时也否定 ECFA 具有"国际法"性质，并在 ECFA 的设计和运作过程中尽量排斥国际法规则的适用。[①] 这种观点主张，由于 ECFA 是在同一主权国家范围内不同关税区之间签署的，它不具有"国际法"性质，也不能适用条约法规则和相关国际法规则。在此逻辑下，ECFA 的法律基础局限于"一国两制"方针和两岸政治分离的法律现状，以及 WTO 区域经济一体化规则。它实质是一种部分内容受 WTO 规则规范和调整的一国国内的特殊法律安排。否定 ECFA "国际法"性质的主要出发点是出于政治上的考虑，即防范渐进性"台独"势力利用"国际条约"的名号，推行国家分裂政策。

从政治需要的角度上看，否定 ECFA "国际法"性质的主张具有充分的理由。但从两岸制度合作的角度上看，这种主张可能会对未来两岸经济合作构成许多重大的法理障碍，限制和影响未来两岸在经济合作领域的制度创新。两岸在政治上呈现明确的分离现状，在经济运行的相关法律和制度上差异明显，因此完全以传统"国内思维"来处理两岸经贸关系存在根本障碍，这是不争的事实。同时，如果仅以 WTO 条约体系及其框架下的区域经济一体化规则作为两岸经济合作的法律基础也是不够的。目前已经有相当多的学者认同 WTO 本质上是一种国际公法，应当适用国际公法和一般规则。[②] 因此，条约的缔结、批准、修改和实施，以及 WTO 组织机构及其成员方的相关活动都应当受到国际法一般规则的约束。两岸未来的经济一体化进程所需要面对的困难和挑战是空前复杂的，如果仅将合作制度的发展依赖于两岸之间任意性的政治意志的话，很容易使其无序发展乃至陷入僵局。只有将两岸的政治意志纳入到未来经济一体化的法律框架中来，才能正确指导未来两岸的制度合作实践，在起起落落的政治风浪（尤其是"台独"势力的活动）中坚定方向，建立日渐巩固的两岸合作法律关系。要确立巩固的两岸经济一体化法律框架，需要大陆与台湾共同携手努力，在制度和观念上进行充分的创新。因此，如果将 ECFA 仅局限在 WTO 条约及其区域经济一体化规则框架下是不够的，它可能严重束缚了两岸合作的

---

① 曾华群：《CEPA 两岸四地经合模式之展望》，王贵国主编《区域安排法律问题研究》，北京大学出版社，2004 年，第 100 页。

② ［比］约斯特·鲍威林：《国际公法规则之冲突：WTO 法与其他国际法规则如何联系》，周忠海等译，法律出版社，2005 年，第 33 页。

制度创新。

第三种认识的误区是简单地用传统国际法理论来指导 ECFA 的发展。传统国际法理论认为国际法主要规范国家之间的关系，私人之间的跨国经济合作关系不纳入其调整范围。这种观念实际上曲解了两岸经济合作关系的本质，对国际法在经济全球化背景下的特定地位和作用未能作出准确认识。

首先，两岸经济合作关系的本质是什么？传统国际法观念认为 ECFA 是两岸基于各自整体利益而进行的经济合作。故而只有两岸官方在 ECFA 体制中具有主体地位，两岸民众的私人利益只有由两岸的官方利益加以指代。长期以来，这是一种相当盛行的曲解经济合作活动本质的错误观念。实质上，两岸经济合作的实质是两岸民众以生产者、投资者、贸易商和消费者等私人主体身份，共同参与两岸范围内的跨境经济分工与合作活动。通过两岸的合作，两岸民众以资源优化配置为指引，更好地参与跨境经济分工与合作活动，从而创造出更大的经济利益和社会福利，实质上，两岸民众才是经济分工与合作活动的真正参与者。而两岸民众具有多元化的私人利益，如一方境内的生产者、投资者、贸易商和消费者在同一项经济活动中可能具有完全不同的利益，ECFA 体制应当充分考虑到这些多元化的私人利益，并为其正当活动提供法律保障。因此，ECFA 在法律制度的设计上，应当从两岸民众正常参与经济合作活动的角度出发，充分考虑到私人主体间多元化的私人利益，以创建公平的市场竞争和良好的法律环境。

其二，政府在 ECFA 中应当扮演何种角色？是两岸经济分工与活动的干预者，其目标是以法律方式保障私人跨境活动的自由权利，维护公平的贸易竞争秩序，维护公共价值和社会利益。两岸经济合作意味着两岸民众在跨境经济活动中拥有更大的发展空间，这实际上是两岸以 ECFA 的法律方式（如削减关税和其他贸易壁垒）确认两岸民众在更好地参与跨境经济活动中的自由和权利。同时，政府有权采取诸如反倾销、反补贴和保障措施等市场干预措施，维护私人主体间公平的贸易竞争秩序。最后，政府还可以保障公共利益的名义，对私人活动加以适度的限制和干预。由此也可以看出，在 CEPA 和 ECFA 体制中设置正常的贸易救济措施是完全必要的，决不能仅以贸易壁垒的狭隘角度看待这些贸易救济措施。

在 ECFA 制度的运行过程中，既要努力避免部分私人主体以不公平竞争方式扰乱正常市场秩序；又要着力限制部分公权部门滥用权力，任意干预正当的市场行为，扭曲正常的经济关系。要想完成这一目标，仅凭借政府内部的法律制度是不够的，而单纯依赖于签订的 ECFA 协议也是不够的。笔者认为，ECFA 实质是处理两岸经济合作过程中公权主体与民众之间的关系。因此，它应当在"一国两制"框架下，以市场经济的法治原理加以指导。如果对 ECFA 所调整社会关系的利益主体进行分类，一类应当是作为生产者、消费者、贸易商和投资者等的两岸私人主体（个人和企业等），他们是跨境经济分工与合作活动的实质参与者；另一类则是两岸公权主体，它们是跨境经济合作活动的管理者和干预者。从市场经济的法治原理要求来看，ECFA 在价值设计上应当充分保障两岸私人主体正常参与跨境经济分工与合作的自由和权利，同时确立两岸公权主体对跨境经济活动的适度干预权。市场经济生活的"法治化"体现了两岸共同的发展方向和目标，使两岸合作具有共同的价值追求和制度基础。在此共同价值基础上，ECFA 才有可能与两岸各自内部的法治化进程相呼应，为未来经济一体化合作拓展出巨大的制度创新和发展空间，从而真正促进两岸的深层次互信合作。

如何正确建构 ECFA 的价值基础，关系到该体制未来能否朝着正确的方向，克服重重困难不断发展壮大。"一国两制"本身是一个历史的创新，同样我们也要用创新的思维来处理两岸未来的经济合作。概括来说，应当用"法治思维"而不是传统"政治思维"来指导两岸未来的经济合作，这是能否保持两岸之间长期稳定的、持久的和健康的经贸合作关系的关键。以"法治思维"指导 ECFA 体制的发展，需要对一些传统的国际法和国内法观念进行变革。两岸经济合作只有遵照经济全球化的历史发展规律，从市场经济法治原理和国际法一般规则中充分地汲取智慧，包括对一些传统的国际法与国内法观念进行变革，进而建立巩固的经济一体化的法治基础，才能最终顺利解开两岸统一这一历史难题。

ECFA 的签署，是两岸经济合作制度化发展的重要里程碑，未来两岸经济合作将在这一制度框架下运行和发展。ECFA 对于分离了六十多年的两岸来说，具有重要的历史意义。作为两岸经济一体化的开端，ECFA 要求两岸在涉外经济活动相关的法律和政策上进行渐近性的相互衔接和配合，这不仅将保障两岸民众和企业在跨境经济活动中的自由与权利，而且将有力地推动两岸在官方和民间两个层次上的交流协作，促进两岸在制度和观念上的相互接纳和融合，增强两岸的互信与共识。两岸经济一体化的渐进性发展，必将成为未来两岸的政治合作的基础和推手。正确构筑 ECFA 的法理基础，对于指导未来两岸经济合作乃至政治合作都具有至关重要的意义。

关于新形势下福建
涉台地方立法模式的思考

郑清贤[*]

一、各种立法模式的利弊

关于立法模式，通常认为有三类：分散的单行法模式、基本法与单行法结合的模式和法典化模式。这三类模式各有长处，但又并非绝对完美，同时伴随着一定的弊端。具体到涉台地方立法方面，其利弊表现如下：

（一）单行法模式

分散的单行法模式是指为了促进某类法律问题的解决，立法者采取单行法律、法规的形式从不同方面分别进行规定，但没有就有关共通的原则、制度制定统一适用的规定。其既可以协调同一性质内容的法律关系，又可以灵活地制定，但无法系统地解决共同性问题，而且独立制定的不同规定之间因缺乏共同的指导原则导致不同单项法规规定内容经常相互重复，有时还会出现不同法规就类似调整对象的规定内容或互相冲突或明显遗漏的现象。

单行法模式是福建涉台地方立法最常采用的立法模式。台湾地区是福建吸收境外资金的主要来源地，台商投资有力地促进了福建的经济发展。因此，规范闽台经贸交往就成为福建涉台地方立法的重点。[①]20 世纪 90 年代以来，为了

* 郑清贤，福建省人大涉台法律研究中心助理研究员、中共福建省委党校、福建行政学院闽台关系研究中心特约研究员。该文原发表在《闽台关系研究》2013 年第 1 期。

① 根据 2011 年 10 月国务院新闻办公室发布的《中国特色社会主义法律体系》白皮书，中国特色社会主义法律体系包括宪法、法律、行政法规和地方性法规，不包括地方政府规章和部委规章，为与其保持一致，本文所讨论的涉台地方立法仅指地方性法规，不包括地方政府规章和部委规章。同时，为了讨论和理解的方便，本文直接以涉台地方立法基本法指代涉台地方基本性规定，特此说明。

实现促进闽台经贸发展的目的，围绕台商在闽投资以及与其密切相关的台湾船舶来闽停靠（便利台胞来闽）、台商子女赴闽就读（解决台商子女就学问题，避免台商后顾之忧）、台胞捐赠兴办公益事业（投资收益回馈社会）、近洋渔工劳务合作（闽台劳务合作）、台商投资企业登记与用工管理、闽台农业合作等方面，福建相继制定了一系列专项涉台法规，为实践中处理闽台渔工劳务合作、台企劳动用工、台企登记管理等领域的法律事务提供了较为明确的法律依据，从而营造了较好的台商投资软环境，促成了台商投资福建的热潮，推动了闽台关系（尤其是闽台经贸关系）的发展。但这些专项法规较少考虑跨部门、跨领域的法律问题，各专项法规之间的关联性不强，缺乏普遍适用的一般规定，以致于部分法规甚至存在彼此不相一致的规定。

（二）法典化模式

法典是"一套内容十分完整，具有严格的逻辑顺序并且用语精确的综合性法律规定的总和"，具有权威性、统一性、系统性和内容完整、结构清晰、逻辑严密等特征①。但法典化立法模式比较僵硬，规定内容很难及时依据变化了的实际情况作出适当调整，因而往往表现出一定的滞后性。

目前大陆有关涉台的立法除了《宪法》的原则性规定外，还只有"两法三规"。现实中调整纷繁复杂两岸事务，主要依据国务院有关部门单独或联合制定发布的专门规定。国台办法规局编辑审核并于 2011 年 3 月公开出版发行的《台湾事务法律文件选编》显示，至 2010 年底，此类专门规定有 61 部。这些单行涉台规范之间不够全面、系统，彼此之间不能相互呼应，缺乏应有的系统性。显然，当前大陆涉台立法的现状，离形成完善的涉台法典还有相当距离。在中央涉台立法尚不能实现法典化的情况下，作为中央立法补充的福建涉台地方立法更不可能采用法典化模式。

（三）基本法与单行法相结合模式

基本法与单行法相结合模式是指将各单行法中共通的原则、制度加以归纳，制定一部超越各单行法的基本法作为相关立法的统率。基本法模式下，基本法主要规定抽象、概括的原则和制度，具体、特殊的制度则规定于由基本法统领的各单行法中。从内容上看，基本法与法典的总则几乎相同，各单行法则与法典

---

① 晋海:《基本法模式：我国环境立法的理性选择》,《江淮论坛》,2007 (5)。

的分则颇为相似。因此，基本法与单行法相结合的模式既可以克服单行法模式下各法规因缺乏体系而容易发生立法冲突或立法遗漏的不足，又可以避免法典化模式下法典因注重体系化和追求逻辑严密而导致灵活性欠缺的问题。

就福建现行涉台地方立法而言，福建省实施《〈中华人民共和国台湾同胞投资保护法〉办法》（以下简称《实施办法》）就台商在闽投资及其相关问题作出了比较全面的规定，因其内容的综合性而在福建现有涉台经贸类立法中居于基本法地位，统率福建其他涉台经贸法规。而《福建省促进闽台农业合作条例》（以下简称《农合条例》,《福建省台湾同胞投资企业登记管理办法》已失效），则秉持与《实施办法》所确立的基本原则一样的理念，就台商在闽投资的特殊领域（农业）或特定事项（企业登记）作出了进一步细化的规定，从而避免了《实施办法》因规定内容过多而出现庞杂的问题，又保证了闽台农业合作、台企设立登记等方面的立法可以就调整事项作出更加具体或更加灵活的规定，有效地满足了台商在闽投资对法制环境的需求，调动了台胞在闽投资的积极性，促进了台胞在闽投资规模的扩大。

二、闽台关系新形势对福建涉台地方立法的新要求

（一）闽台关系面临的新形势

ECFA 的签署开创了两岸经济合作实现制度化的新时代。目前，两岸经济合作不断深化，文化交流精彩纷呈，民间交流蓬勃开展，遍及各界别、各领域，特别是基层民众交流迅速兴起。两岸大交流形成了全方位、宽领域、多层次的格局，呈现出形式多样、内容丰富、参与广泛的态势。如今，两岸往来之便捷、经济联系之密切、各项交流之活跃、民众感情之融洽、共同利益之广泛，都是前所未有。[①] 在两岸关系处于和平发展的大背景下，闽台经贸合作规模不断扩大，领域不断拓展，深度不断延伸；闽台人员双向往来愈加便利，人数直线攀升；闽台文化交流持续升温，形式日趋多样，内容日益多元；平台建设成效显著，活动影响不断扩大；两地民众融合速度明显加快，台胞在闽参与社会管理领域不断扩展。

---

① 贾庆林:《在第四届海峡论坛大会上的致辞》,《两岸关系》, 2012 (6)。

（二）福建涉台地方立法面临的新期待

作为由国家制定的社会规范，法具有指引、评价、预测、教育和强制等规范作用。面对闽台关系新形势，福建涉台地方立法面临着一系列新期待：一方面，涉台法律规范要为涉台事务的开展提供充分的行为规范，促进运转有序的两岸交流交往秩序的建构，保障两岸交流交往的顺畅进行；另一方面，涉台法律规范还要保障涉台行为主体（既包括大陆居民，又包括台湾地区居民）的合法权益，增进两岸同胞的认同，推动两岸民众融合。为此，全新的两岸关系形势要求福建涉台地方立法在以下几个方面取得新进展，力争实现新突破，为将来中央可能进行的涉台综合性立法积累经验：

1. 促进形成运转有序的两岸全方位交流交往秩序。福建作为大陆对台工作前沿，对台各领域交流都有相当基础，且成效显著。不仅两岸经贸领域合作要实现规范化、有序化，两岸文化、人员往来、教育科技卫生、政治等领域交流合作也需要良好秩序。因此，福建涉台地方立法不能延续现行集中于调整经贸领域合作的做法，而应把包括经贸、文化、政治等领域交流合作纳入调整范围，为两岸各领域交往的开展提供有效的规范保障，进一步密切两岸民众的联系，推动闽台关系、两岸关系向纵深领域发展。

2. 探索实现台湾同胞在大陆享有"居民待遇"的有益经验。当前，大陆对台湾同胞法律地位的定位还不够科学，且存在模糊空间。根据大陆的司法实践，台湾地区居民在大陆参照适用大陆有关外国公民（法人）在华活动的规定，并在经贸等少数领域享受"同等优先、适当照顾"的特殊待遇。然而，这一做法的负面影响却不容忽视。"涉台"显然不属于"涉外"，保障台胞权益参照大陆现行涉外法律中外国人权益保障的相关规定，容易在政治上引发误解，不利于增进台胞对大陆的认同感。在岛内实行选举政治的情况下，民众对于台湾问题的解决具有至关重要的作用。如果台湾民众真正从心底认同大陆，则两岸问题的解决就水到渠成。但是，依照现行做法，台湾同胞在大陆俨然处于凌驾于普通民众之上的地位，享受优于大陆一般民众的待遇，他们能够真正认同大陆吗？因此，适时调整现行做法，试点台胞在大陆全面享有"居民待遇"，系统解决由此带来的一系列问题，将成为未来对台工作的一项重要内容。《实施办法》《农合条例》等福建涉台地方性法规已经就此进行了一些探索，取得了一些经验，未来的福建涉台地方立法应继续就此进行探索，积累有益经验。

3. 探索台湾同胞有序参与大陆社会治理的可行模式。目前台湾同胞参与大陆社会治理的机会还不多，然而随着两岸关系的进一步发展，"西进"大陆的台胞人数将越来越多。随着融入当地社会程度的日益深入，他们参与所在地社会治理的愿望也将愈益强烈。因此，台湾同胞如何有序参与大陆社会治理问题理当引起重视，并应及早谋划，方能掌握主动。福建与台湾具有特殊的五缘优势，素有对台先行先试的传统。早在1980年制定《福建省县、社两级直接选举实施细则》时就曾开创先例，在全国范围内最早规定涉台条款。目前，福建拥有10万以上常住的台胞，且已有台胞成功当选投资地人大代表的先例。继续开展这方面的探索，并使之实现制度化、法制化，显然时机恰当、条件具备。

三、新形势下福建涉台地方立法采用基本法与单行法结合的模式的必要性

（一）各领域分开立法，无法有效统筹闽台各领域交流

福建现行涉台立法以专项法规为主要表现形式，侧重解决单项领域某个问题或某些问题，其内在逻辑是促进经贸的发展，但各涉台专项立法之间的关联性不强，缺乏普遍适用的一般规定，难以系统规划和有效协调大交流、大发展、大合作格局下闽台交往各方面关系，无法指引福建通过开展闽台交流合作达到《海峡西岸经济区发展规划》所设定的目标，无法保障闽台交流合作始终沿着正确方向发展，促进"两岸交流合作前沿平台"顺利实现。如近年来，福建制定的各涉台法规都规定了台胞出入境便利、台胞权益保障等类似的内容，这意味着涉台立法碰到了一些共性问题，需要统筹解决。但如果延续目前分领域制定专项法规的做法，这些问题可能将在不同法规中以不同程度、不同形式体现，无法确保各法规规定的一致性，很难避免互相冲突的发生，无助于系统解决。

（二）立法调整对象存在空白领域，无法满足闽台全面交流合作需要

福建现有的涉台立法以规范两地经贸合作为主要调整对象，且大部分法规是以吸引台资、台胞来闽为主要目的，主要内容均秉持积极鼓励、充分保护和适当管理的原则。台胞在闽民生和社会权益方面，除了《福建省接受台湾同胞捐赠管理办法》和《福建省招收台湾学生若干规定》等少数几部法规稍有涉及外，几乎都处于靠政策规范的状态；闽台文化交流方面，现行立法只涉及台湾学生来闽就学和涉台文物保护，其他方面都呈现空白状态。

（三）现行区别对待的立法理念，无助于实现台胞全面享受"居民待遇"

长期以来，大陆在台胞权益保障方面参照适用现行涉外规定，并在部分领域遵循"同等对待，适当优先"的理念。福建涉台地方立法对此从法制层面予以确认。然而，随着闽台交流交往的发展和合作的深入，台胞融入大陆社会的程度不断加深，原来名为"同胞"实际按照"外胞"的方式日益受到质疑。在闽台胞希望享有居民待遇的呼声日益升高，参与社会管理的愿望日趋强烈。

2011 年 11 月 30 日，由台湾工业总会与大陆台商投资企业联合会联合发布的《2011 白皮书——对大陆投资环境之建言》，认为目前台资企业在政府采购、融资、税务、环保等方面比陆资企业受到更严格的限制，建议大陆给予台资企业"国民待遇"。一旦台胞"国民待遇"（实际应为居民待遇）得到全面落实，由于福建现有涉台地方立法很多制度是基于"同等优先、适当照顾"的原则而设计的，势必根据"居民待遇"的要求进行重新设计，那时可能因缺乏基本规定而造成冲突。

（四）两岸关系发展还具有不确定性，实现涉台立法法典化的前提还不具备

涉台立法最大的特点是涉"台"。正因如此，涉台立法始终受制于两岸关系的发展变化。目前，两岸尚未正式结束敌对状态，大的政治分歧很难于短期内消除。涉台法律问题本质上即包含程度不一的政治问题。[1]（P9）两岸和平发展法律框架尚未构建，两岸关系仍存在许多不稳定因素，两岸各种社会关系远未定型，且在不同阶段具有不同的表现形式。[2] 两岸关系发展仍处于不断变动的现状，表明涉台法律关系具有未定型性、阶段性等特点。因此，当前福建涉台立法尚不具备采取法典化模式的条件，不能盲目推动法典化。

而在"基本法与单行法相结合"的立法模式下，福建省涉台基本法主要规定闽台交流合作的共性问题，并对一些长期以来制约闽台关系发展的一些深层次问题给出明确意见，从而勾勒出闽台关系发展基本框架，指明闽台关系进一步发展的方向，进而保证涉台立法具有一定的体系性；至于各专门领域的具体问题，则可以通过专项立法形式，遵循基本法设定的原则和基本制度由单行法作出规定，从而具有很强的灵活性。

---

① 张万明：《涉台法律问题总论》，法律出版社,2003 年，第 9 页。
② 刘能：《福建省涉台地方立法评述》,《福建政法管理干部学院学报》，2009（4）。

综上所述，福建涉台立法显然不宜继续沿用以往单纯针对分领域制定专项立法的模式，也不宜简单的一步到位，仓促制定闽台交流交往法典，而必须转而采取"基本法与单行法相结合"的立法模式。通过制定基本法，构建起闽台全面交流合作的制度框架，发挥法律特有的指引、导向、预测、教育等功能，建构闽台交流交往的良好秩序，保障闽台交流交往的有序开展，推动两岸关系的发展。单行法则依据基本法所确立的原则，就本领域需要进一步进行规范的事项作出细化规定，建立本领域特殊行为规范，提供行为指南，有效维护各方的合法权益。

四、关于制定福建地方涉台基本法的几点思考

（一）关于福建地方涉台基本法的立足点问题

目前，中央涉台立法已初步形成一个以宪法为统帅，涵盖法律、行政法规、司法解释、部门规章、地方性法规和地方政府规章、两岸协议及其他规范性文件的涉台法律规范体系。福建涉台地方立法基本法从法律位阶上看，仍属于地方性法规。因此，必须自觉按照中央对台工作大政方针的要求，严守《立法法》所规定的地方立法权限，自觉维护国家法律体系的统一，不与上位法的基本原则和精神相抵触。另一方面，福建涉台基本法应当立足于地方事权，在总结实践经验的基础上，充分吸收中央给予福建的优惠政策和自主权，借鉴乃至移植中央已有的政策措施，力争建立起引领未来一段时间内福建涉台立法的方向，提供一个框架。立法所要解决的问题应当限定在本省事权范围之内，不涉及中央事权，个别需要争取中央支持的事项，提请有关部门协调。规定的制度应充分反映闽台关系发展状况对立法调整的需求程度，适合通过涉台立法解决本地突出的而国家尚未立法或国家立法没有解决的问题。

（二）关于福建地方涉台基本法的立法内容

涉台法律问题非常复杂，按不同标准可作不同类型的划分，以两岸交往的时空范畴或主题内容为标准，国家统一前的涉台法律问题主要有：（1）两岸居民日常往来中引发的法律问题；（2）两岸双向交流交往引起的法律问题；（3）两岸商谈与相互协助中的法律问题；（4）港台、澳台交往中的法律问题；（5）对外

交往中的法律问题。①

　　由于地方立法的属性，福建地方涉台基本法的调整对象应集中于解决闽台居民日常往来中引发的法律问题和闽台双向交流交往引起的法律问题。具体来说，可包括：闽台两地居民人员往来过程中相关的出入境、通关、医疗、保险、捐赠、定居等以及与其相关的一系列问题；闽台经贸、科技、学术、文化、教育、体育、卫生、宗教、新闻、出版、影视、邮政、航运等领域合作过程中产生的问题；闽台开展区域合作过程中产生的台胞参与社会治理及其衍生的一系列法律问题。当然，对于现行涉台专项地方立法已有规定的内容，基本法规不能简单地重复规定，只需原则体现即可。立法的重点主要应放在现行法规缺失或亟需修改的内容。在这些事务领域内，在遵从宪法和法律的基本原则和精神的前提下，只要不违反中央对台工作的大政方针，符合"一国两制"精神，遵循宪法精神，不违背法律的基本原则，对台湾同胞有利的事情，对维护台海地区和平有利，对促进两岸交流有利，就都可涉及。

　　由于各地涉台工作发展不均衡，中央层面在未来可预期的一段时间内很难出台在大陆范围内统一解决的方案，而这却成为福建这对台工作先行地区当前无法回避的现实。之所以就这些内容进行规定，主要着眼于为将来中央可能进行的涉台立法提供"样品"，积累正反两方面经验。而且，如果福建地方涉台基本法的内容与今后中央可能出台的调整同一对象的规定相冲突，福建地方涉台基本法的内容应及时根据中央的规定进行修正。

（三）关于福建地方涉台基本法的立法形式

　　目前福建涉台专项立法因通常含有宣示性条款，"刚性"规定有限，实际发挥作用还需依赖政府出台具体的政策配套措施，因此在学界饱受诟病。但在法规中规定宣示性条款，有利于重申当前或者今后一个时期内对有关问题发展的政策取向或发展方向，主要目的在于提高有关主体对某项事业发展的信心，为事业的发展奠定基调，稳定秩序。② 而且，通过设置宣示性条款，还可以因为把公众和社会定位于实质性参与位置上，把鼓励和促进公众与社会参与作为法律调控目标实现的重要途径"③，从而引导人们在意识和行为上进行选择或实践，

---

①　张万明：《涉台法律问题总论》，法律出版社，2003 年，第6—7 页。

②　李龙亮：《促进型立法若干问题探析》，《社会科学辑刊》,2010（4）。

③　刘志强：《促进型法律的功能模式和维度》，《湖南科技学院学报》,2010（11）。

进而实现促进之目的。因此，福建制定涉台地方立法基本法时应重视宣示性条款的价值，通过采取设置宣示性条款从正面引导闽台关系的发展方向，同时还应兼采负面表列的方式，划定破坏闽台关系发展的行为"红线"。通过正反两方面的规定，保障闽台两地交流朝良性方向发展，促进闽台合作不断取得有益成果，增进闽台两地人民的利益。另一方面，采取设置宣示性条款形式，可以使法规内容具有一定的前瞻性，避免朝令夕改现象的发生，保证基本法"能够适应一段较长时间内两岸形势的发展变化，从而保持相对稳定性"①，为今后在其基础上制定涉台专项性法规作出较具体"刚性"制度预留可能性。

（四）关于福建涉台地方立法基本法的立法主体

人民代表大会立法在内容上调整的是全省范围内带根本性、全局性的关系，解决的是本行政区域内特别重要的事项。根据《地方各级人民代表大会和地方各级人民政府组织法》第七条第一款的规定，福建省人民代表大会可以根据本行政区域的具体情况和实际需要，在不与宪法、法律、行政法规相抵触的前提下，制定和颁布地方性法规，规范闽台交流交往事务。福建制定地方涉台基本法将根据中央对台大政方针，进行福建处理涉台事务的制度"顶层设计"，提出福建处理涉台事务的一些基本原则，解决制约闽台关系发展的制度问题，构建一些规范和促进闽台两地交流合作的基本制度。为了明确地方涉台基本法在位阶上高于涉台专项地方立法，体现其为"母法"的权威，根据《立法法》第六十七条的规定，建议福建制定地方涉台基本法时应当采取由省人民代表大会全体会议审议通过的方式，以区别于地方涉台专项立法一般由省人大常委会审议通过的方式。

（五）关于福建地方涉台基本法的法律适用

由于基本法旨在为福建开展闽台交流合作提供法律框架，规定福建开展闽台两地交流合作的基本原则和内容，并为地方涉台专项立法提供依据。因此，在具体适用法律时，同样遵循"新法优于旧法、专项法优于普通法"的法律适用原则，即对于专项法已有规定的，除非基本法有新规定且该规定更有利于促进闽台交流、保障当事人权益，或者基本法的内容更加切合新形势下闽台交流实际而专项法的内容明显滞后于形势发展需要，否则应当以优先适用专项法为原则。

---

① 郑清贤:《我国大陆地区涉台地方立法研究》,《福州党校学报》,2010（5）。

台湾地方自治制度的发展变迁与评估
——从行政区划调整的视角

陈晓晓　廖中武[*]

台湾地方自治的"宪政制度"发展史，可以说是经历从威权体制逐步迈向地方分权、地方自治的三大发展阶段：（1）1945年台湾光复，台湾在1950年颁布"台湾省各县市实施地方自治纲要"（以下简称"地方自治纲要"）推行地方自治。当时台湾威权体制授予的自治权虽然有限，却也奠定地方选举定期化、地方自治机关现代化的基础，此为台湾光复后地方自治发展的第一阶段；（2）通过1992年"宪法"第2次增修方式，冻结"宪法"有关地方自治的限制，开启了台湾地方自治法制化新契机，台湾地方自治进入第二阶段；（3）1999年台湾在颁布施行"地方制度法"后，奠定了台湾地方自治的法制基础，以此为开端台湾地方自治进入第三阶段。然而作为地方自治重要标志的行政区划变革，却已超过半个世纪没有因应地方发展需要而展开通盘性调整，"行政区划法草案"更是延宕十数年之久而未能完成"立法"。本文以台湾地区行政区划变迁为视角，观察台湾地方自治的发展成效。

一、地方自治的含义辨析与理论基础

美国政治学者布莱斯（James Bryce）在专著《近代民主政治》中指出："民主政治最好的学习和民主政治成功的最佳保障便是实施地方自治"（The best school of democracy,and the best guarantee for its success, is the practice of local self government）。[①] 地方自治是现代国家宪政主义和民主化的产物，其终极目的在

---

* 陈晓晓，集美大学思政部讲师；廖中武，中共福建省委党校、福建行政学院闽台关系研究中心副教授。

① James Bryce,*Modern Democracies*,(New York:The Macmillan Co.,1924), Vol.I.P133.

于居民的人权保障以及福利水准的提升。

（一）地方自治的含义

一个国家或地区为了便于治理，往往将其领土，划分为若干不同层次，不同范围的行政区域，这种大小不同的行政区域，就是地方。① "自治"（self-government）一词在汉语古籍中并没有对应的文献，最早是清末宪政改革中作为"官治"的对应物而出现。所谓官治，即指地方上的公共事务，都由中央委派人员管理，而地方居民只是被统治的地位，没有政治参与的权利。所谓自治，则完全相反，地方上的事务完全由地方上的人民自己去管理决定、或选出代表去管理，而不受中央的干扰。因此，它是一种地方民主制度。②

中国地方自治的尝试开始于 1905 年的上海③，而"地方自治"一词在中国的正式使用，起源于清末光绪三十四年（1908 年）的《城镇乡地方自治章程》及宣统元年的《京师地方自治章程》《府厅州县地方自治章程》。④ 地方自治亦指一种政治制度，这种政治制度，按孙中山先生的说法，是"将地方上的事情，让本地方人民自己去治。"但是人民治理地方上的事情，不能个别任意为之，必须要有法令的依据，也需要有一定的组织，同时这个组织必须具有法人资格，因为如无法人资格，则无法成为权利义务的主体。此外，它并不能个别享有主权，因此必须接受国家的监督。⑤

综上所述，可见所谓地方自治，乃"国家特定区域内的人民，基于国家授权或依国家法令，在国家监督之下，自组法人团体，以地方之人及地方之财，自行处理各该区域内公共事务的一种政治制度，也是一种地方民主制度"。地方自治内容涉及中央与地方的行政分权、人事分权、财政分权、权责划分、行政

---

① 董翔飞：《地方自治与政府》，台北：五南图书公司，1981 年，第 1 页。

② 董翔飞：《地方自治与政府》，台北：五南图书公司，1981 年，第 3 页。

③ 1905 年 11 月在上海成立的上海总工程局，是中国政治结构和行政制度中从未有过的新设施，是中国第一个带有构成人员自治色彩的自治机关。参见朱国斌："近代中国地方自治重述与检讨"，载张庆福主编：《宪政论丛》（第 2 卷），法律出版社，1999 年，第 340 页。

④ 1907 年 9 月，清政府派官员出国考察西方宪政。参考出国大臣对日本国宪法的介绍，令宪政编查馆会同资政院进行草拟宪法大纲。1908 年 8 月 27 日（光绪三十四年八月初一），清政府批准公布了《钦定宪法大纲》。同一天，清政府还颁布了《议院未开以前逐年筹备事宜清单》。因这个清单包括从光绪三十四年至光绪四十二年，九年中每年应办事项，故通常又称《九年筹备清单》。这份清单拟定七年内完成地方自治，规定第一年（1908 年）颁布《城镇乡地方自治章程》、第二年颁布《厅州县自治章程》。其后清政府颁布了一系列的地方自治法规。参见张学仁、陈宁生主编：《二十世纪之中国宪政》，武汉大学出版社，2002 年，第 26 页。

⑤ 薄庆玖：《地方政府与自治》（上），台北：华视文化事业公司，1987 年，第 7—8 页。

区域重划、乡镇（市）自治、地方府际合作与地方治理等问题。

（二）地方自治的理论

在西方，地方自治的历史可以追溯到古罗马时期的自治邑。现代意义上的地方自治则发端于 11 世纪欧洲的"市民自治"运动，而作为一项具体的政治制度则形成于 19 世纪末。[①] 地方自治制度最初仅仅指议决机关、执行机关由当地人民选举产生，到后来逐步发展为确定地方政府自治权，再到现在发展为承认地方政府具有与中央相同的法律地位，两者争议不仅仅由中央单方面解决，而且还可以通过司法机关解决。[②] 这种发展演变是经历了上百年的时间演变而成的。

现代地方自治强调自由主义与民主主义二者缺一不可，地方自治即是分权与制衡的一种机制，也是一种地方民主制度。基于政治、行政、法律、经济、社会、种族文化等层面的理论建构与推论，或是基于参与政治、行政分权、法律保障、经济均衡、社区组织、文化差异等理念，无疑地，已为地方自治构筑相当坚固的理论基础。台湾学者罗志渊认为就地方自治的含义而论，它具有政治上、经济上、法律上以及地方自治哲理观等四方面的意义。[③]

二、台湾地方自治的不同历史时期发展概况及其特点

台湾地区地方自治制度的建立，严格来说，可以追溯至日本殖民统治时期，当时已有近代地方制度，但关于该时期的部分，属于地方制度史范畴，本文不予介绍。学者因论述角度与结构的不同，对台湾地方自治发展阶段的分期，有不同的界定。本文将台湾地方自治分为地方自治纲要时期（1950 至 1994 年），"宪政改革"之后有"省县自治法"与"直辖市自治法"时期（1994 至 1999 年），以及地方自治法制化时期（1999 年迄今）等三个时期。前面两个时期，台湾"省政府"拥有某些资源及行政权，"地方制度法"施行之后，"省虚级化"并成为"行政院"派出机关。观察台湾当代地方自治制度演进历程，明显呈现渐进式的发展轨迹。

---

① 郑贤君：《地方制度论》，首都师范大学出版社，2000 年，第 40 页。
② 田芳：《地方自治法律制度研究》，法律出版社，2008 年，第 1 页。
③ 罗志渊：《民主政治与地方自治》，《宪政思潮》，第十期，1970（4）。

（一）地方自治纲要时期（1950.4.22 至 1994.7.29）

"地方自治纲要"于 1950 年 4 月 22 日公布，开始实施地方自治，县、市行政首长和"民意代表"均直接民选。1954 年起，又进一步开放"省议员"直接民选，但"省主席"则维持官派。"地方自治纲要"实施期间，经过十一次大幅度的修正。此外，"省政府"另外颁布十六种自治规程、细则、办法等实施地方选举与自治的相关规定。这一阶段可称为"半自治"或"监护型自治"，指台湾当局没有依据"宪法"制定"省县自治通则"，并由台湾省及其下属各县市据以执行地方自治。"中央政府"集权、钱、人于一身，四级政府体制没有调整，地方政治生态逐渐恶劣化。但也有学者认为，当时以行政命令规范体制的程序虽然不够民主，实质上却有经验累积、渐进发展、积极进取的效果。[①]1950 年实施至 1999 年废止的"地方自治纲要"，在稳定与改良的渐进过程中，建立台湾地方自治的基础与习惯。

（二）"省县自治法"与"直辖市自治法"时期（1994.7.29 至 1999.1.25）

1992 年"宪法"第 2 次增修，第 17 条（后修正为第 9 条）明确规定"省、县地方制度以法律定之"，冻结"宪法"有关地方自治的限制，开启了台湾地方自治法制化新契机。1994 年 7 月第二届"立法院"分别通过"省县自治法""直辖市自治法"，同月 29 日公布施行。这一政治性法律，将"地方自治纲要"的规定转化为法律的形式，台湾地方自治正式法制化。"省县自治法"与"直辖市自治法"的通过，象征台湾地方自治制度迈入新的里程碑，因为这两个法律不仅使省市长民选取得明确的法源依据，并得以于 1994 年底顺利举行选举，更给予地方自治法律上的保障，提供地方自治团体更大的自治空间。[8]（P145）[②]

然而，"省长""直辖市长"民选的结果，自治权实际上由"省长"和"直辖市长"获得较大的权力，行政团队的职能大于省、市"议会"的制衡。其中，"省长"的行政权更明显地扩大。1996 年 12 月 28 日"国家发展会议"中，中国国民党与民进党两大政党以减少地方层级、增加行政效率、节省财政支出等理由，达成推动"精省"的共识。

---

① 纪俊臣：《地方政府与地方制度法》台北：时英出版社，2004 年，第 371—372 页。

② 赵永茂：《中央与地方权限划分的理论与实际——兼论台湾地方政府的变革方向》，台北：翰芦图书出版有限公司，1998 年，第 145 页。

（三）地方制度法时期（1999.1.25 年至今）

1996 年"国家发展会议"达成"精省"共识；1998 年 10 月"立法院"三读通过"台湾省政府功能业务与组织调整暂行条例"，施行半世纪的省自治走入历史。"内政部"研拟"省县自治法""直辖市自治法"合并为单一的"地方制度法"草案，同时协调"精省"的立法安排。随后，1999 年 1 月 25 日"地方制度法"公布实施，完成地方自治"宪政主义"的法律程序。

2010 年 1 月 18 日，"立法院"三读通过"地方制度法部分条文修正草案"，县市合并改制取得"法源"，① 规定人口 125 万以上，且政治、经济、文化及都会区域发展上有特殊需要的地区，可以设置"直辖市"。通过一体适用附带决议，凡是计划 2010 年 12 月 25 日单独或合并改制"直辖市"的县市，应拟具改制计划，经"议会"同意后，2009 年 5 月 31 日前送台湾"内政部"，其应本一体适用原则，不主动提出改制计划。具体言之，2010 年通过"地方制度法修正案"，形成 5 个"直辖市"，即台北市、新北市（原台北县升格而成）、高雄市（由原高雄市、高雄县合并而成）、台中市（由原台中市、台中县合并升格而成）、台南市（由原台南市、台南县合并升格而成）；"直辖市"内设区，区不采用民选体制。至于"直辖市"以外的县市（"省辖市"）、县下设乡镇市，为民选体制；"省辖市"（例如基隆市、新竹市、嘉义市）之下设区公所，为市的外派机关。依据台湾"行政院"核定的改制计划，2014 年产生第六个"直辖市"即桃园市（由原桃园县升格而成）。

（四）台湾地方自治制度的特点

1. 与民族区域自治制度的对比

民族区域自治是在国家统一领导下，各少数民族聚居的地方实行区域自治，设立自治机关，行使自治权。实行民族区域自治，让少数民族在自己聚居的地方当家做主，自己管理本地方内部事务，可以使少数民族的平等权利得到保障，确保广大人民群众拥有当家做主的民主权利。②

台湾实行少数民族自治制度。少数民族自治区，指政府为办理少数民族地区内的少数民族自治事项，所设置具公法人地位的民族自治团体，其组织有行

---

① "三波激战，绿营复议后路断了"，（台湾）《联合报》，2010 年 1 月 19 日。
② 王换芳：《民族区域自治与特别行政区高度自治的比较研究》，《世纪桥》，第 3 期，2014 年。

政机关及"立法"机关。依法拥有参政权和接受民族教育之权。依法处理机关内部事务、民族文化事务、保安事务、事业经管事务及其他事项。

2. 与村民自治制度的对比

大陆地区实行两委制下的村民自治方式，其组织机构及运作方式主要围绕村民委员会和村党支部委员会这两个组织展开。两委制下的村民自治具有重要意义：村党支部委员会确保了党对农村的领导，而村民委员会能充分体现村民对村庄事务的自我管理。[①]

台湾是双轨制的乡村治理模式以及为农村经济发展提供专门服务的农会组织。双轨制即"行政"与"自治"并行。在台湾的乡村治理结构中，公权力与民间百姓的关系及界限是很清楚的，各司其职。农会的作用遍及基层社会的方方面面，甚至影响选举。[②]

3. 台湾地方自治制度的特点

台湾地方自治以地方自治权的主体、地方自治的权能以及自治地方与"国家"的权力关系三者为内容要素。台湾地方自治的理论基础为行政至上，社会基础为草根民主，组织基础为地方政府与民间团体。其特点为：

一是地方公共团体拥有某种程度的自主性权力，地方机关首长由当地居民选举产生，在地方事务有相当程度的自主性，此即所谓"团体自治"；

二是地方机关由当地人民选举组成，人民可参与地方事务的决策，地方机关也能为当地人民的利益而服务，对当地人民负责，此即"人民自治"。

台湾地方自治的精神在于地方居民以治理者身份，得以在某种程度上自主决定地方事务。台湾民主化进程的大步迈进与台湾地区的地方自治有着直接关系。当然，在制度施行过程中也存在"中央"与地方争权、地方财政能力弱、权责划分不明等问题，尤其以行政区域重划因为涉及面广，而面临争议与挑战。

三、行政区划变迁对地方自治的影响

1950 年台湾当局为实施地方自治，将光复初期的大县制改为小县制，60 多年来台湾行政区域仅有因应都市化趋势作小幅度的调整，不但无法配合社会发

---

① 陈文兴：《汤凌燕、林雅玲：《村民自治方式的完善途径——基于两岸乡村治理的比较分析》，《福建农林大学学报》（哲学社会科学版），第 4 期，2015 年。

② 陈弘峰：《我国大陆地区村民自治制度的改善——借鉴台湾地区经验》，《内蒙古电大学刊》第 4 期，2014 年。

展的需要，也违反扩大行政区域的世界潮流，阻碍了地方政府的行政效率与竞争力。在台湾地方自治发展过程中，行政区划随之不断变迁，反过来影响地方自治制度的发展。行政区划（administrative divisions）难以执行问题，一直是台湾地区政治与行政上的一个讨论主题。[①]

行政区划所涉问题颇多，就行政区划调整的原因而论，包括因地方政府层级变更需要、因行政管理需要、因都会机能调整需要、因区域整体发展需要等多方面。然而台湾地区关于行政区划的规定，只有"地方制度法"第7条。该条第1项规定："省、直辖市、县（市）、乡（镇、市）及区之设置、废止与该行政区划之划分、调整，依法律规定行之。"行政区划事项，依据"宪法"第112、122条，属于由"中央立法"并执行，或交由省县执行的事项，因此"行政区划"必须由"中央法律"来规定。[②]但台湾地区行政区划的立法，只有"行政区划法"草案，仅止于草案阶段，尚未通过。

（一）台湾地区现行行政区划

目前台湾现行的行政区划，根据"宪法"增修条文及"地方制度法"规定，划分为1个台湾省（已"虚级化"）、1个"福建省"、6个"直辖市"（包括台北市、新北市、台中市、台南市、高雄市、桃园市）；其中台湾省划分为11个县、3个市，"福建省"下辖2个县。

根据2000年"宪法"增修条文的规定，台湾省政府由地方自治团体转型为"中央政府"的派出机关，成为"虚级省"。

"直辖市"为地方自治团体，"行政院"是上级自治监督机关。直辖市以下分设区，区以下设里，里之下设有邻。目前台湾有台北市、新北市、台中市、台南市、高雄市、桃园市等六个"直辖市"。县在1998年"精省"前曾隶于"省政府"，现今由"中央"各业务主管机关管理监督。县以下分设有乡、镇、县辖市。目前台湾地区（含"台湾省"及"福建省"）有13个县。

市与县同级，"省县自治法"中称"省辖市"；"精省"前曾隶于"省政府"。人口聚居达50万人以上未满125万人，且在政治、经济及文化上地位重要地区得设市。市以下分设区，区以下设里，里之下设有邻。目前台湾有基隆市、新

① 黄锦堂:《地方自治法制化问题之研究》，台北：月旦出版社股份有限公司，1995年，第289页。

② 黄明勇:《台湾地区行政区划调整之研究》，台湾政治大学硕士论文，1999年。

竹市、嘉义市等三市。

乡、镇、县辖市、区，是四种行政区位阶相同或相似的行政区划名词。乡、镇、县辖市为县下之划分，为地方自治团体，有自己的首长选举、民意机关、自治财源等。法规规定人口聚居达十五万人以上未满五十万人，且工商发达、自治财源充裕、交通便利及公共设施完全之地区，得设县辖市；而对乡镇则未规定设立标准。区则为直辖市或市下之划分，非地方自治团体，行政首长由所属市长指派，不设民意机关。目前台湾地区共有 368 个乡镇市区：146 乡、40 镇、12 县辖市、170 区。

乡以内划分为村；镇、县辖市及区以内则划分为里。村、里设民选村、里长一名，为台湾最基层之地方选举。村、里之下又划分为邻。

（二）台湾行政区划变迁面临的问题

地方自治的改造，对台湾的发展而言是非常重要的。但是，行政区划改革牵涉到相当多的因素。举凡人们对地名、城市归属感的"失落"、地方甚至"中央"政治生态与政治经济利益分配的变化，农会、渔会或其他地域人民团体的辖区调整，甚至相关的民间势力的重组，都卷入行政区划改革的"震撼"系统中。因此，台湾的行政区划改革变成"口水政治"、以政党或个人的利益考量来设计制度。用马英九的话来说，台湾未改革之前的地方制度，可用"竞争无力""治理无效""参与不足"三点概括其问题。就"竞争无力"而言，县市的规模太小，且未掌握海空通路，无法成为区域经济的引擎；就"治理无效"而言，"精省"之后，权力不但未下放反而"上缴中央"，地方财源与授权不足，县市首长很难进行有效治理；就"参与不足"而言，民意上虽是民主政治最珍贵的机制，然而乡镇自治功能不彰，县市层级又嫌太高，使得草根民意的上达困难重重。[①]总而言之，"精省"之后，台湾地方自治的实施显露出都会与农村地区城乡发展失衡的现象，"中央"与地方政府组织叠床架屋、地方财政自主性严重不足，都已经到了应加以变革并加速重整的地步，今后台湾需就行政区域重划变成了一致的共识。

在区域发展、广域行政与效益行政的理念之下，行政区划问题中涉及政治性最高、也是最困难的问题即在地方政府层级的变更，与原有行政区域的分割

---

① 马英九：《地方政府与国土规划》，载于苏永钦主编《地方自治：落实人民主权的第一步》，台北：新台湾人文教基金会，2002 年，第 109 页。

与合并问题。包括停止乡镇（市）层自治，或乡镇（市）合并、区域县市合并与"多省制""废省"或"省虚级化"等问题。尤其"多省制""废省"或"省虚级化"方案相关争议颇多，莫衷一是。而乡镇（市）层停止自治、乡镇（市）与县（市）扩大合并的议题，更涉及来自地方各种既有势力及政经社会共生结构，以及传统地方主义者的反对，困难重重。

在现今六都十三县之前，不时有人提出各种改制方案，常见的有县市合并升格、"三都十五县"（马英九提出）、"四省两特区双首都"（吕秀莲提出）及"六星计划"（谢长廷提出）。多数的议题都包含扩大台北市、台中市、高雄市行政区以及台中市升格等诉求，但是由于行政区调整涉及各行政区重划、预算分配、取消部份乡镇市选举、地方性选举选区调整等议题，影响层面过大，故大多是雷声大雨点小。但也反应出行政区划规划欠佳的事实，不论蓝绿阵营皆有探讨此问题的声浪。

（三）行政区划变迁对地方自治的影响

行政区划的议题，终究还是要在现实政治中操作。地方政治是台湾政治转型和政治秩序重构过程中一个不容忽视的重要面向。20 世纪 90 年代以来，受到台湾政治"民主化"、政党轮替、选制改革和行政区划调整等多重因素的影响和冲击，台湾地方政治无论是制度环境、运作模式，还是地方派系的权力利益结构，都处于重新建构和调整中，对未来台湾政党政治的发展将会产生重要影响。

其一，行政区划的变迁使得两党政治更为确立，带来政治上的对抗性。举例来说，"立法院"于 2010 年三读通过"地方制度法修正案"，建立"直辖市"的区制与人员转任、地方政府间的合作机制及若干零星议题。就乡镇市长与代表的当然留任问题，"立法院"爆发马英九上台以来最严重的冲突，在长达 70 分钟的表决过程，共计有三十次表决、三波大冲突与数十次小冲突，蓝绿双方各有多名"立法委员"受伤。"立法院"院会最后使出"调虎离山、声东击西"，由副院长曾永权从侧门登上主席台并在国民党"立法委员"层层保护下，才得以完成表决。[①]

其二，也有人提出"六都"的形成，将"吸干"地方资源，而使乡镇县市日益困窘和边缘化，地方自治权不彰。很多人希望政府能够拿出大决心，对台

---

① "三波激战，绿营复议后路断了"，（台湾）《联合报》，2010 年 1 月 19 日。

湾每一级的行政区划，使其在赋税上能自足，在生活需要上能满足，规模不致过小，使每一级政府在土地面积、产业特色上都有各自的功能。然而，"中央"与各级地方行政首长均采用单一选举，不利于第三党的发展；"立法委员"选举采用单一选区两票制，使得地方派系的影响力下降。地方民意代表固然采用中型选区复数席次不可让渡投票法，而非不利于无党籍与第三党的竞争，但在两党政治更加成型的情形下，空间必然受到缩小。只有村里长选举因涉及最基层生活、人际网络与经营规模，从而仍得以维持较大的自治空间。

针对这些情势，如能透过行政区划的途径，对自治层级加以调整，将对地方传统及新兴势力结构的重组与生存产生极大的冲击，并将有助于政党政治及地方政治的正常发展。换句话说，行政区划的调整有助于政治生态的改造。尤其如能以都会区、"省辖市"及县辖市的扩大合并为主轴，进行区域性县市、乡镇市的合并等，将对地方政治生态的改造产生一定程度的影响。因此，行政区划之上的行政及政治运行必须具有一定的稳定性与开创性，才能使方案议而有决，决而能行。

四、结论及建议

受到全球化效应的冲击，使得政府职能角色转变，朝着区域化、民主化与分权化的趋势发展，尤其是地方政府的治理功能角色日益重要，如何透过地方制度的调整进而提升地方自治的效用，成为当前地方治理的重要课题。世界各国普遍采用整并地方政府成大行政区及地方分权的策略，使其肩负经济整合及区域规划的任务。台湾也是如此，"中央"逐步放权，地方各项权能得以扩张，地方治理能力不断加强，地方自治制度得到进一步落实与巩固。当然，也不可避免地面临一些问题。

2014年底形成的台湾"六都"，无疑是台湾地方自治史上的重要变革。新的制度设计不仅改变了行政区域的划分，改变了"中央"与地方分权的界限，更强化了区域政府的权责。虽然台湾当局一再宣称此举可让城市获得更多国际竞争力，并可有效进行资源整合；然而因背后过多政治计算，导致升格匆匆上路，加上台湾独特的蓝绿政党政治对立杯葛的纠缠，这对台湾未来地方发展与竞争力提升未必能带来直接正面影响，还会由于台湾地方自治的强化而造成台湾民众的认同区隔强化，进而对"国家"认同造成影响。

　　由于台湾面临激烈的政治经济转型、政党对立以及体制的余毒（如法令僵化问题、官僚文化、司法功能的发挥等），构成地方政府积极施政的结构性限制，并对台湾地区的"中央"与地方权力划分与政令通达造成一定阻滞，使得台湾高层与地方自治呈现出两张皮的现象。笔者研究后以为，台湾方面应尽速立法通过"行政区划法"，达到行政区划法制化的要求，使未来行政区域调整、合并、或地方层级升格，能以地区情势发展及未来趋势所需的整体考量作为依据，提供一个健全完备坚实的法制基础，以避免不当的上级行政裁决或政治力干扰，以此保证行政区划都市发展的正确方向。

平潭开放开发研究

台商总部经济岛
——平潭综合实验区开放开发战略定位研究报告

中共福建省委党校课题组[*]

　　探索两岸经济交流合作新模式、打造两岸同胞交流交往新载体，是推进平潭综合实验区建设的重要战略目标。基于上述战略目标，平潭综合实验区不能等同于一般经济开发区或经济特区，平潭开放开发不能等同于一般的招商引资，要在更高起点、更高标准、更高层面、更高水平上推进海峡两岸交流合作平台建设。当前要紧紧抓住台资产业第四波产业转移机遇，充分利用平潭岛的区位优势、生态环境优势和政策优势，先行先试，营造良好投资环境，大力吸引台湾企业总部经济转移、集聚，全面推进两岸产业价值链分工整合、重构，积极探索实践两岸共同规划、共同开发、共同管理、共同经营、共同受益的新模式。

一、台资企业总部转移趋势与平潭吸引台商总部机遇

　　总部经济是指某区域以其特有的区位优势和资源优势吸引大型企业集团总部在该区域集聚，进而对地方经济发展产生重要影响的一种经济形态。这里所谓的企业总部，既包括全球总部，也包括地区总部和功能性总部（如投资管理中心、财务结算中心、营销物流中心和研发设计中心等）。与一般加工制造环节相比，企业总部是企业价值链中高知识技术密集、高附加值的高端环节，因此前者被称为"躯体产业"，后者则称为"脑袋产业"。

　　改革开放以来，随着海峡两岸关系逐步缓和，台湾地区产业开始大规模地向大陆转移。台商在大陆的投资主要投向制造业的生产环节，20 世纪 80 年代

　　* 中共福建省委党校课题组。课题负责人：吴玉辉，中共福建省委党校原常务副校长。课题首席专家：陈明森，中共福建省委党校产业与企业发展研究院院长、教授。课题组成员：林红、柳秉文、陈新、蔡承彬、王建文。该文原发表在《闽台关系研究》2011 年第 2 期。

主要以服装纺织、鞋帽玩具、食品等轻纺工业为主，90 年代以后转向家用电器、电子零配件以及机械、石化等，21 世纪以后台商投资重点转向电子信息、机械装备等。

但是相对于生产环节大规模转移而言，台商运营总部（包括研发中心、营销中心和地区总部等）对大陆转移明显滞后。截止到 2008 年，设在台湾地区台资企业营运总部高达 599 家，不仅台商全球总部扎根台湾地区，而且连研发中心、营运中心和地区总部也多数留在台湾地区，两岸之间形成"脑袋在台湾，躯体在大陆"的非均衡价值链垂直分工格局。

台资企业的营运总部设在台湾，有一定的主客观原因：首先与台湾当局实施"亚太营运中心"等政策有关。长期以来，台湾当局不仅严格限制台资企业对大陆投资比例，而且制定高技术对大陆转移审查制度，成为台商赴大陆设立地区总部或研发中心的严重障碍。其次与台商群体的经营特征有关。由于两岸同文同种，台商在大陆的经营不存在交流沟通上的障碍，再加上人员往来日趋便利，设立具有单独管理职能的地区总部的紧迫性并没有欧美大企业强烈。同时，台资企业多为中小型企业，经营形态又多以家族企业为主，所有权与管理权往往难以分离，使得欧美跨国公司普遍采用的区域总部经营模式难以在台商中推广。

但是近年来由于两岸关系趋于缓和，两岸经贸合作迅猛发展，台资企业将全球总部设在台湾地区的同时，出现将地区总部（主要是大陆区或亚太区管理总部）或功能性总部（主要是研发中心、营销中心）向大陆转移的趋势。

一是研发中心转移。目前总体上台商在大陆的技术来源仍以台湾母公司提供为主，但当地自行研发的比例上升速度非常快，特别在沿海许多大城市，台资企业纷纷设立大陆研发中心，便于靠近生产基地和销售市场，及时、直接解决生产、销售中技术问题，而且可以更好吸收当地工资相对低廉的科技人才，节省研发成本。

二是营销中心转移。长期以来大陆台资企业主要以加工贸易为主，产品主要面向国际市场，设备与原材料也主要依靠从台湾地区或发达国家进口，当地采购比例很低。但近几年来，特别是国际金融危机以后，随着国际市场萎缩，台资企业开始将销售重点转向国内市场，加上大陆工业配套能力持续增强、产品质量的不断提高和价格优势，台商在大陆当地采购半成品、原材料、机械设备的比率也逐年升高（目前大陆台商当地采购率已达 60% 左右）。因此不少大陆台资企业开始在大陆各城市设立区域营销中心和物流采购中心。

三是区域总部转移。目前，有不少台资企业集团在大陆设立多家子公司，为了缩小时空距离，便于对子公司或分支机构管理，这些台资企业迫切需要在大陆台商集聚区域的周边具备一定条件的中心城市设立地区总部，其中上海成为台商在大陆设立营运总部或业务中心的首选之地。少数的台资企业还将全球总部迁往大陆，或实行全球"双核总部模式"。

吸引企业总部集聚，发展总部经济，是区域产业转型升级高端路径，也是当今发达地区之间资源争夺的焦点和经济发展的制高点。2009年8月国务院正式批复的《横琴总体发展规划》，其战略定位是重点发展港澳地区的区域性总部基地，以及与此相配套的世界级度假胜地、现代服务业和科教研发等。为此广东不惜重金营造总部经济集聚良好环境，仅在总部平台中央商务区建设投资总额就达到1000亿元。平潭作为综合实验区，具有对台政策优势、区位优势和生态环境优势，应紧紧抓住台资企业第四波产业转移，特别是总部经济转移的机遇，充分利用先行先试政策，举全省之力营造良好投资环境，努力将平潭综合实验区建设成为台商总部经济集聚地。

二、平潭建设台商总部经济岛基本条件
与政府驱动型模式选择

从不同角度与不同侧重点出发，目前对于平潭综合实验区发展定位，有各种各样形象、简洁表述，诸如开放活力岛、幸福宜居岛、生态低碳岛、科技信息岛、国际旅游岛等。如果从平潭成立综合实验区的基本宗旨与战略高度出发，平潭开放开发目标定位应是台资企业总部经济岛，使实验区成为台资企业总部经济的主要集聚地。这主要基于以下几点考虑：

一是符合党中央与国务院的要求。国务院《关于支持福建省加快建设海峡西岸经济区的若干意见》十分明确地把海峡西岸经济区定位为"两岸人民交流合作先行先试区域"，"努力构筑两岸交流合作平台，实施先行先试政策，加强海峡西岸经济区与台湾地区的全面对接，推动两岸交流合作向更广范围、更大规模、更高层次迈进"，大力吸引台湾企业到海峡西岸经济区设立地区总部、配套基地、采购中心、物流中心、营运中心和研发中心"。充分利用平潭的区位优势和政策优势，大力承接台湾企业总部转移，促进总部经济集聚，不仅有利于

提升两岸经贸交流合作层次，促进两岸产业深度对接，而且有利于以平潭综合实验区总部经济为节点，推进海峡两岸产业价值链重新整合，提升大中华经济圈在全球价值链中地位，为两岸交流合作先行先试提供一个成功的范例。

二是对平潭及其周边区域发展具有强大的带动与提升效应。首先是税收效应。总部经济占据产业链的高端环节，是技术知识密集型环节，附加值高，对当地税收贡献大。其次是产业乘数效应。发展总部经济有利于吸引、带动几个甚至几十个与之相关产业在其周边地区集中，形成产业集聚，尤其可以带动现代服务业发展。第三是消费效应。企业总部的商务活动、研发活动的消费和总部白领员工的各种消费均可以促进当地消费经济的发展。第四是环保效应。总部经济是"无烟工厂"，资源消耗低，对生态环境污染程度小，特别是平潭岛淡水资源缺乏，环境承载力难以支撑大规模工业项目，发展总部经济尤为适宜。

三是独特区位优势。平潭岛处于环海峡经济走廊的中心突出部，是太平洋西岸国际航线南北通衢的必经之地，目前每天经平潭东部海面航行的中外轮船达 2000 多艘。同时平潭岛既是祖国大陆距台湾最近的县份（平潭东面与台湾新竹仅距 68 海里，距离基隆港 100 海里），又是位于大陆的长三角、珠三角和海峡西岸经济区三大台商投资密集区于的中心位置，距离福州马尾港 50 海里、厦门港 130 海里、香港 380 海里、上海 490 海里，通过海上运输与周边地区联系极为便捷。在平潭岛建立台资企业大陆区总部或亚太运营总部，有利于对周边大陆地区台资企业的战略管理，也有利于大陆区总部与台湾全球总部的联系。

四是对台政策优势。平潭是中共中央和中央政府对台合作先行先试的区域，在对台经贸交流合作方面具有比其他地区更为开放、更为宽松、更为优惠的政策和措施，包括实施更加优惠的海关特殊监管区政策、先行实施 ECFA 条款及后续协议政策、财政支持及税收优惠政策、方便两岸人员往来政策和口岸开放政策等，都给平潭带来前所未有的政策叠加优势，这是建设台商总部经济岛所拥有的沿海发达地区不具备的优势，有利于形成台资企业总部经济生存、发展的软环境。

当然，影响地区总部选址的因素是多方面的，除了区位条件、交通基础设施条件和政策制度因素之外，总部经济集聚地域往往还必须是知识中心、金融中心、流通中心和环境中心，这里的环境不仅是自然生态环境，还包括社会人文环境等。从平潭综合实验区情况看，上述条件还不成熟，短期内尚不具备大规模吸引总部经济集聚的现成条件。

综观世界总部经济集聚区域形成，主要有两种路径和模式，即市场驱动型模式与政府驱动型模式。市场驱动型总部经济集聚，这是一个以市场力量为主导、通过比较利益机制作用而产生的长期、自然演进过程。政府驱动型总部经济集聚，主要是根据政府战略意图，通过政府规划、投资、运营以及优惠政策等措施，营造良好外部环境，以吸引国内外地区总部和功能性总部的转移与进入。前者以纽约与香港为代表，后者以新加坡为典型。20世纪80年代以前，新加坡是一个以制造业为主的小岛国。80年代后，新加坡政府制定大力发展以金融和商务为重点现代服务业规划，推出一系列吸引跨国公司总部优惠政策，营造良好的吸引总部经济集聚的软、硬环境，使得新加坡成为全球最具竞争力的商务中心、总部基地。目前有2.6万家国际公司入驻新加坡，7000多家跨国公司中，60%已经设立了总部或者区域总部。

根据平潭的现实条件并借鉴上述经验，平潭台商总部经济岛建设应实行政府驱动型模式。它是以建设总部经济集聚区为战略目标导向，通过政府的精心设计、全面规划，逐步推进岛上政策制度创新、基础设施建设、现代服务业发展、港口物流建设，以及人力资本引进与培养，营造总部经济发育成长的良好外部环境，以吸引台湾地区总部和跨国公司总部进入。平潭岛开放开发的最终目标是建设成为以台资企业为主体的总部经济的集聚岛。

三、以总部经济为导向的平潭开放开发对策措施

1.实施更加优惠政策，推动实验区总部经济集聚

福州市于2008年出台《鼓励境内外企业在福州设立地区总部的若干规定》，对发展总部经济起着一定作用。为了提升平潭综合实验区针对台湾企业总部经济的凝聚力与吸引力，需要尽快出台更有吸引力的鼓励总部经济发展的优惠政策。一是奖励政策。采取省、区两级财政共同负担的办法，设立鼓励企业设立地区总部发展专项资金，对在实验区新注册的台湾大型企业、跨国公司和国内大型企业的经济总部（主要指全球总部、亚太区总部和大陆区总部）给予一定开办资助。二是税收优惠政策。比照重庆两江新区政策，实验区内设立地区总部与研发中心的，到2020年以前按10%税率征收企业所得税；设立营销中心的，按15%税率征收企业所得税。三是人才方面。跨国公司地区总部引进国内优秀人才，可参照高新技术企业的相关政策执行，总部企业人员的奖金、住房

补贴、搬迁费、出差补贴、探亲费、语言培训费、子女教育费等，由纳税人提供合法有效凭证，经主管税务机关核准后，免征个人所得税。

平潭岛总部经济以台资企业为主，同时也欢迎各类企业总部进岛；除了跨国公司地区总部外，也应注意吸引国内企业（如央企或大型民营企业）地区总部或功能性总部入驻；对周边地区进驻岛内企业总部，可以采取"飞地总部"政策，以更好协调税源地与税收地的矛盾；平潭本地民营的船运业、隧道工程在全国占有重要地位，可鼓励、策划其在岛内设立全国性运营总部或物流配送中心。

2. 强化实验区与周边地区产业分工合作，有序推进岛内外一体化开发建设

在明晰平潭综合实验区发展战略目标基础上，加强与福清市和长乐市的联动，统筹"一岛两区"产业空间布局。实验区重点发展总部经济以及与此关联的现代服务、港口物流、旅游观光、科技教育以及节水环保高新技术产业等。平潭岛生态较为脆弱，缺乏淡水资源，不宜发展大型工业项目。临港重化工业主要布局江阴半岛开发区，不宜上岛的高技术产业主要布局长乐空港工业集中区。在目前行政区划尚未理顺之前，可采取"飞地工业"政策，将平潭综合实验区准备引进的工业项目摆放在福清江阴工业区或长乐空港工业集中区，在项目投产以后 5 至 8 年内均按照一定比例在平潭与福清或长乐之间分配工业增加值和税收，这样做既可充分调动平潭综合实验区招商引资积极性，也可在一定程度上解决实验区开发建设期间部分税源问题。

3. 两岸联手，共同建设完善的总部经济基础设施

城市中心商务区（CBD）是总部经济发展的重要空间载体。平潭综合实验区发展规划的中心商务区，位于主岛中部，重点布局发展高端商务、行政办公、金融保险、高尚居住及旅游服务。积极探索两岸共建总部经济的模式，鼓励台资介入平潭中央商务区建设，鼓励台湾投资机构参与平潭总部经济项目的规划、投资、建设、管理。总部企业可以自建办公楼，也可以直接购买或租赁建好的办公场所，政府可在供地、购房或租金方面予以优惠。

要把完善城市及其与周边区域的通信、交通等基础设施建设作为发展总部经济的工作重点。考虑到金融机构、公司总部对信息通信基础设施要求很高，应高标准建设同轴电缆、光缆、交换机系统、传输装置、卫星天线等，便于公司总部与世界各地的信息交往与信息联系。交通设施方面，除了目前正在建设渔（溪）平（潭）高速、平潭海峡大桥、长（乐）平（潭）高速公路和福（州）

平（潭）高速铁路，以及岛内主要物流港区，"十二五"期间要重点做好平潭第二跨海大桥和实验区设置支线机场前期工作，加紧建设对台海上滚装交通运输体系，形成台湾海峡"海上三小时交通圈"。同时积极做好由平潭至台湾地区的海底隧道建设前期论证工作，争取北京至台湾高速公路北线方案得以通过，使平潭岛具备成为台湾岛与大陆腹地经济交往的一个重要中转站和集散地。

4. 大力发展现代服务业，创造总部经济良好运营条件

高度发达的服务业是发展总部经济的重要条件之一。对公司总部吸引力强的城市，服务业在其国民生产总值中所占的比重都在 70% 以上。平潭综合实验区应大力发展以总部经济为导向的高端服务业，重点发展金融保险业、科技信息服务业、现代物流业、商务服务业、文化创意产业、旅游业、会展业等。积极承接台湾现代服务业转移，与其他地区相比，应该做到门槛更低、条件更优惠。同时积极向中央争取重大先行先试的政策突破，如在平潭建立对台离岸金融业务、海峡两岸股权交易市场等。

5. 以发展总部经济为导向，加大人力资源开发力度

发展总部经济需要有高素质的人力资源和科研教育资源，这是实验区发展总部经济的重要条件，特别是吸引总部经济相适应的经营管理人才。鼓励国内一流高校与台湾著名高校强强联合，在平潭综合实验区合作成立联合大学，专业设置重点应与发展总部经济和现代服务业相关联，可由台湾有关学校或培训机构担任教学工作，亦可聘请全球 500 强的高管及台湾大企业家为客座教授。积极推进实验区商业环境与国际接轨，大力推进以中英文为工作语言的双语工作与生活环境建设，营造吸引国际人才的工作软环境，同时通过提升政府部门服务效率，改进资讯传播效率与质量等，不断提升实验区商业与生活服务环境的国际化水平，增强对国际人才的吸引力。

6. 加快推进政府职能转变和管理创新，优化总部经济发展环境

平潭综合实验区开发开放，必须不断完善两岸制度化合作框架，从政策、制度和法律层面解决合作障碍，解决台商投资大陆行政与司法接轨难的矛盾。目前要积极争取全国人大授权，赋予福建地方人大平潭综合实验区发展的特别立法权。在设立对台离岸金融业务、海峡两岸股权交易市场等在法律法规、金融制度、外汇管理制度和税收优惠政策等有所突破，通过优质服务与政策鼓励，营造发展总部经济优势。同时加快推进综合实验区政府职能转变和管理创新，建立高效廉洁的服务型政府和全新的运行体制机制，设立专门机构负责台资企

业区域总部的认定、补助奖励兑现和提供便利政策的协调落实工作，实行一个窗口对外服务，提高工作效率和服务质量；不断完善支持总部经济发展的法律法规，以制度的力量推动台资企业总部经济的建设进程，打造"宜业、宜居、宜商、宜游、宜学"的总部经济发展环境。

促进平潭—台中港点对点区域合作
建设环海峡跨境自由贸易区

程　宇　陈明森　肖庆文*

一、两岸经贸关系新特点与自由贸易

（一）两岸经贸关系新特点

近年来，随着大陆经济结构的深度调整与产业结构的转型升级，两岸经贸合作关系和模式也慢慢发生改变及转化。具体表现为：

首先，两岸经贸关系从合作关系转向竞合关系。竞合关系是在合作基础上进行竞争，通过竞争促进更高层次的合作。这种竞争合作不仅包含物质和能量之间的交换，还包括人才、技术、信息等要素的互相博弈。竞合策略是以产业"比较优势互补"为主要原则的。台湾具有产业结构高度化基础上的雄厚软实力，表现为多元丰裕的资本、实力较强的研发设计技术、成熟的营销网络优势和精致完善的多门类服务业，而大陆的比较优势则在于丰富廉价的劳动力资源、巨大待挖掘的市场、相对优越的资源禀赋、庞大的基础工业和强大的科技队伍以及部分产业上的高精尖技术。近年来，由于大陆内部经济发展不平衡，东部沿海若干经济区域如长江三角洲、珠江三角洲、环渤海经济圈等在产业结构高度化方面已逐渐与台湾接近并与其形成竞合态势。

其次，由产业间横向分工到产业内垂直型分工。自20世纪80年代以来，两岸产业分工合作快速发展，由最初的产业间横向分工到目前产业内垂直型分工。20世纪80年代，由于台湾劳动力成本大幅上升，劳动密集型产业失去竞

---

* 程宇，中共福建省委党校、福建行政学院产业与企业发展研究院副教授。陈明森，中共福建省委党校、福建行政学院产业与企业发展研究院院长。肖庆文，中共福建省委党校、福建行政学院闽台研究院副院长，教授。该文原发表在《闽台关系研究》2014年第3期。

争优势，大量服装纺织、鞋帽箱包、食品等传统产业开始向大陆转移；台湾主要从事电子信息、石油化工、机械装备、冶金等技术密集型和资金密集型产业，两岸之间形成了产业间横向分工关系。进入 20 世纪 90 年代以后，台湾电子信息产业（先是家用电器而后是计算机等）开始向大陆转移，两岸之间形成产业内的垂直分工关系，即价值链生产环节分工，但这种分工是不对等的，台湾企业主要从事关键零部件（如主板、芯片等）研发制造以及产品营销等，处于产业价值链的高端环节；而大陆企业主要从事加工组装，处于产业价值链的低端环节。当前必须进一步促进两岸产业的分工与合作，深化两岸产业垂直分工，促进产业垂直升级，共同培育两岸企业参与国际竞争的新优势和竞争力。

一是深化两岸产业垂直分工。根据海峡两岸的比较优势，闽台产业垂直分工在今后一段时间内仍是不可避免的，但要注意产业垂直分工的深化。促进我省从简单的加工贸易向建立零部件、原辅材料制造基地升级；促进我省生产制造环节的专业化、精细化和模块化。同时要充分发挥台湾企业研发设计、国际营销网络的优势，两岸联手共同打造具有竞争力的全球价值链。

二是促进产业垂直升级，逐步从低端环节向中高端环节升级。对于大陆企业而言重点是过程升级和产品升级，着力攻克关键核心技术，有效突破在终端产品制造中缺"芯"少"核"现象；对于台湾企业而言重点是链条升级和功能升级，进一步提升产业竞争力，着力培育、打造区域性、国际性品牌。

再次，从制造业的交流合作转向服务业的交流合作。根据 WTO 对服务贸易的定义，将服务贸易大致分为三大类：运输服务、旅游服务和其他商务服务。运输和旅游属于传统的服务贸易项目，其他商务服务则主要为现代服务贸易。和货物贸易比起来，大陆服务贸易未来还有很大的发展空间。从全球看，服务贸易占国际贸易的比例约 20%，发达国家基本上高于这个比重，大陆服务贸易占比只有 10% 左右，比重偏低。

表 1 《海峡两岸服务贸易协议》主要开放内容

产业	大陆开放	台湾开放
金融	证券银行设点开放保险业者在大陆经营汽车险	取消陆银来台设立分支机构及参股限制已设分行者可增设分行
观光	旅行业全面开放	餐厅、观光旅管来台设点，在台设最多 3 家旅行社

产业	大陆开放	台湾开放
电子商务	可在福建设点（持股不超 55%），大陆境内可连线	
医疗照护	可独资设私立医院与疗养院	
贸易百货	达 30 家以上业者持股比率可达 65%	
运输服务	可成立公路客货运站	海、空运输参股不过半，公陆运输不超 10%

（二）自由贸易区与两岸贸易

1.FTA 与 FTZ

1997 年金融海啸后，全球经贸版图面临大洗牌，再加上 WTO 多哈回合谈判的触礁，使各国（地区）为追求自身最大利益，纷纷从多边贸易谈判转进双边或区域贸易谈判。越来越多国家（地区）试图通过签署 FTA 等方式参与区域经济整合，取得较其他 WTO 会员国（地区）更优惠的关税税率及服务业市场进入待遇。具体而言，FTA 除去 WTO 的最惠国待遇和多边主义原则，代之以双边主义和地区主义的特惠贸易协定。FTA 成员间适用低关税，最终达到无关税，相反，非成员则适用 WTO 维持的关税。

国际上，自由贸易区分为两种，一种是跨境自由贸易区，亦称自由贸易协定（Free Trade Agreement，FTA），是指两个或两个以上国家或地区通过签署在 WTO 最惠国待遇基础上，相互进一步开放市场，分阶段取消绝大部分货物的关税和非关税壁垒，改善服务业市场准入条件，实现贸易和投资的自由化，从而形成促进商品、服务和资本、技术、人员等生产要素自由流动的区域之间联合体；另一种是境内自由贸易区（Free Trade Zone，FTZ），是指在一国的部分领土内，对一切进口货物的关税及其他各税，实行境内关外管理，免于实施惯常的海关监管制度（参阅 1973 年国际海关理事会签订的《京都公约》）。为避免两者混淆，商务部等部门 2008 年专门提出将 FTA 和 FTZ 分别译为"自由贸易区"和"自由贸易园区"，以示区分。目前大陆有 100 多个保税区、出口加工区、保税物流园区、跨境工业区、保税港区、综合保税区等，实际上多是具有部分自贸园区（FTZ）功能的各类海关特殊监管区；而上海成立的自贸区，则是自由贸易园区的典型模式。

表2 FTA 与 FTZ

	FTA	FTZ
遵循原则	WTO《Regional Trade Agreement》	《Inter nat ional Convention on the Simpli- fication and Harmoni zation of Customs Procedures》
区域范围	国（地区）与国（地区）	境内部分区域
运行原理	贸易协议	境内关外
规则特点	排他性	非排他性

数据来源：RTA、《京都公约》。

表3 大陆已经签订的 FTA

签订时间	国家与地区	签订时间	国家与地区
2002 年 11 月	东盟（CAFTA）	2009 年 4 月	秘鲁
2004 年 10 月	香港、澳门（CEPA）	2010 年 4 月	哥斯达黎加
2005 年 11 月	智利	2010 年 9 月	台湾（ECFA）
2006 年 11 月	巴基斯坦	2013 年 4 月	冰岛
2008 年 4 月	新西兰	2013 年 7 月	瑞士
2008 年 10 月	新加坡		

2. 两岸贸易

两岸服贸协议是 ECFA 后续的协议，属于某种形式的 FTA。FTA 对自由贸易与经济的影响大致可分为两类：第一类是指由于自由贸易区域内成员相互间取消关税和贸易数量限制措施之后，各成员间贸易增加所产生的直接影响；第二类是贸易自由化后，资源可以在区域内重新优化配置，进而提高经济活动效率，导致各成员经济增长加快的间接效用。[①]

台湾经济历经多年低迷，"黄金十年"正是岛内民众引颈盼望、全力打拼的美好愿景，并积极谋求推动与主要贸易伙伴签署 FTA 之经贸政策。巧合的是，马英九在 2011 年元旦正式宣布台湾经济的"黄金十年"，恰与大陆全面建成小康社会的时间段上重叠，暗合着两岸产业深度对接的潜流和两岸区域经济整合的新愿景。

同时，台湾是浅碟经济体，经济发展主要靠国际经济贸易。近年来，海峡

---

① 朱春红：《双边自由贸易协定与我国经济发展》，《世界经济与政治论坛》，2005（6）。

两岸都推行了新的政策推进两岸经贸投资,具体取得效果可由表4、表5、表6看出。

表4　2010年—2012年两岸贸易数据

年份	两岸贸易总额		大陆对台湾出口		台湾对大陆出口	
	金额（亿美元）	同比情况	金额（亿美元）	同比情况	金额（亿美元）	同比情况
2012	1689.6	5.6%	367.8	4.8%	1321.8	5.8%
2011	1600.3	10.1%	351.1	18.3%	1249.2	7.9%
2010	1453.7	36.9%	296.8	44.8%	1156.9	35.0%

表5　1997年—2012年台湾对大陆贸易依存度统计表（单位：%）

年份	1997	1998	1999	2000	2001	2002	2003	2004
	103.85	105.26	107	118.03	105.75	109.21	114.76	125.85
年份	2005	2006	2007	2008	2009	2010	2011	2012
	126.75	129.89	130.42	127.87	116.33	133.15	130.84	120.60

数据来源：台湾"行政院"主计总处。

表6　台湾对大陆和福建的外贸份额比较

年份	2008	2009	2010	2011	2012	2013
对大陆外贸／台湾外贸总额	26.05%	28.10%	27.64%	27.14%	29.56%	34.28%
对福建外贸／台湾外贸总额	1.46%	1.85%	1.97%	1.97%	2.09%	2.23%

资料来源：WIND，宏源证券研究报告。

因而，构建环海峡跨境自由贸易区有助于促进两岸的进出口贸易和直接投资，使两岸贸易和投资更加便捷化，为两岸经济贸易关系创造新模式，对推动两岸经济发展意义重大。一是将成为两岸经济深度融合的试验区。从产业深度对接入手，深化垂直分工和水平分工，创新对外投资服务机制，打造两岸货物贸易中心、两岸企业对接平台，建设大陆企业走向世界、台湾企业拓展国际市场的先行区。二是将成为服务贸易政策的创新区。积极探索服务贸易发展政策，加快实行自由港、免税岛政策，将包括平潭在内的海西经济区打造成全国服务外包示范城市和两岸现代服务业创新合作示范基地。三是将成为海外投资总部经济的先导区。平潭作为中央确立两岸交流合作的综合实验区，具有对台政策优势、区位优势和生态环境优势，应紧紧抓住台资企业第四波产业转移，特别是总部经济转移的机遇，充分发挥先行先试政策，充分利用国内国际两个市场、海峡两岸两类资源，吸引境内外企业设立地区总部，使跨境自贸区成为台商总部经济集聚地。

二、建设环海峡跨境自由贸易区的可行性

按照平潭综合实验区目前通关制度和税收政策的设计，实际上也是境内自由贸易园区（FTZ）模式。这种模式主要问题是闽台之间缺乏有效互动，台湾当局甚至以矮化、统战等为借口，采取种种措施加以阻拦。为了消除台湾当局的顾忌，建议闽台经济合作可从地区对地区开始，促进平潭综合实验区与台中港"自由经济示范区"（这里仅是课题组建议，实际选点应由台湾当局授权海基会提出）的区域合作，建立环海峡跨境自由贸易区（FTA）。

环海峡自由贸易区在大陆与台湾同时实行"境内关外"管理模式，平潭与内地、台中港与台湾其他地区之间实行封关管理：大陆地区或台湾地区物品进入跨境自贸区，视同于出口，享受退税政策。从国外进入自贸区的货物，给予免税或保税。跨境自贸区货物进入大陆或台湾其他地区的，符合原产地规则的，实行零关税；不符合原产地规则的，视同于进口，要征收一定关税。在环海峡自贸区内部（包括平潭综合实验区与台中港"自由经济示范区"之间），实行人员自由往来、货币自由兑换、资金自由流动、货物自由流通。今后随着条件成熟和经验积累，跨境自贸区的范围可以逐步扩大，可以揽括台湾地区的"六海一空一区"（即基隆港、台北港、苏澳港、台中港、高雄港、台南安平港、桃园航空自由贸易港区及屏东农业生技园区）和大陆海西区的厦门、福州、漳州、泉州等台商投资区。具体来看，建设环海峡跨境自由贸易区的可行性在于：

一是有利于取得台湾当局呼应，增强两岸经贸合作互动性。2013年3月，台湾当局公布"自由经济示范区规划方案"，将台湾已设立的台北港、台中港、基隆港、高雄港、苏澳港及桃园国际航空城等"五海一空"自由贸易港区直接升级为"自由经济示范区"（随后台湾当局又调整为"六海一空一区"，包括基隆港、台北港、苏澳港、台中港、高雄港、台南安平港、桃园航空自由贸易港区及屏东农业生技园区），通过发展智能运筹、国际医疗、农业加值、产业合作四大营运模式，计划两年内吸引200家厂商进驻，产值破万亿新台币。台湾当

局设立"自由经济示范区"主要目的是启动新一波经济自由化、国际化进程，为加入亚太地区经济一体化创造条件，避免被边缘化的危机，同时还希望通过自由经济示范区与大陆特区开展"区对区"的合作，将示范区打造为两岸经济合作集成平台。如台湾"经建会主委"管中闵、政务委员"尹启铭等表示，未来示范区可利用 ECFA 优势，结合大陆及跨国企业资金合作，与大陆平潭特区、古雷半岛石化基地共同开发合作，建立跨国公司—台湾—大陆"新黄金三角合作模式"。

二是建设平潭—台中港跨境自贸区的基础条件初步具备。平潭综合实验区是两岸交流合作的示范区，是大陆开放度最高的经济特区。台中港则是台湾的"自由经济示范区"之一，与平潭岛海上直线距离仅有 160 公里，目前两地之间快捷客货滚装航线已经开通，海上航行时间仅为 2 个多小时。国台办发言人也表示，鼓励和支持两岸经济功能区之间加强交流合作。建设平潭—台中港跨境自贸区可为今后建立两岸自由贸易区进行有益的探索。

三是有利于突破上海自贸区模式，增大我省自贸区获批的可行性。自上海自贸区开始酝酿以来，全国各地出现新一轮的自贸区申报热，其模式多为 FTZ，但是目前上海自贸区带有试验区的性质，估计在取得初步成功经验之前，近期内国务院难以批准新的自贸区。因此建设环海峡跨境自由贸易区，不仅可以充分发挥福建对台优势，而且有别于上海模式，增强我省自贸区的申报竞争力，增大获批的可能性。

三、加快建设环海峡跨境自由贸易区的对策建议

1.加大自贸区顶层设计的论证力度

建设环海峡跨境自由贸易区可采取以下操作措施：

一是在深入调研基础上，组织编制《设立平潭—台中港环海峡跨境自由贸易区可行性研究报告》，并由省政府上报国务院相关部门争取批准立项。

二是积极推动将设立平潭—台中港跨境自由贸易区纳入 ECFA 后期谈判议程，并成立两岸联合专家组，共同研究、拟定跨境自贸区的相关协议和实施细则，最后由两岸当局授权海协会和海基会出面签署（据《海峡两岸经济合作框架协议》精神，海峡两岸之间日常往来的事务均由被授权的海协会与海基会协商、处理）。

三是召开由两岸有关官员、学者共同参与研讨会，针对设立跨境自由贸易区进程中的若干重大问题进行深入研讨，以达到统一认识、解决争端、扩大影响等目的。

四是争取把环海峡跨境自由贸易区纳入十三五规划的前期研究、相关规划编制，成为国家级规划的重点内容。

2. 落实"点对点""区对区"合作模式，推动两岸点—线—面多维合作

在自由经济岛愿景下，台当局正在积极推动"自由经济示范区计划"，设立台湾经济自由化和对外开放的先行先试区域。我们认为，两岸可以在前期达成的"点对点"合作共识基础之上，进一步探讨"区对区"合作的具体合作模式，使新型的产业合作模式落地实施。特别是可以利用 ECFA 自由化的便利，两岸鼓励和支持海峡西岸经济区、平潭综合实验区、昆山深化两岸产业合作试验区、上海自贸区等与台湾自由经济示范区进行合作，应尽速落实各区对区合作的具体内容，并以台湾自由经济示范区与福建平潭综合实验区、海峡西岸经济区作为促进两岸产业合作的关键及优先重要试点。建议先行推动福建平潭综合实验区、海峡西岸经济区与台湾自由经济示范区进行对口合作，积极运用两岸推动自由贸易区建设机制，落实"点对点""区对区"合作模式，采取"境内关外，前店后厂，委外生产"的模式选择一些大项目进行策略联盟，推动两岸合作试点，促进两岸产业合作，建设环海峡自由经济区，共同面向国际市场，参与国际竞争。这有利于开辟新时期两岸深化改革、扩大开放的新路径，有利于凝聚两岸同胞的共同智慧，充分借鉴国内外成功经验，加快体制机制创新，进一步建立充满生机、富有效率的体制机制，为全国深化改革、扩大开放积累经验、提供示范。

3. 积极推进后续协议商谈和重点突破

近年来，经济全球化和区域经济一体化趋势发展迅猛，两岸周边的自贸协议谈判都在快速推进之中。如跨太平洋伙伴关系协定（TPP），日本已加入谈判；区域全面经济伙伴关系（RCEP）、中韩 FTA、中日韩 FTA、服务贸易协定（TISA）已全面展开。在这种背景下，两岸的 ECFA 后续商谈更不能落后。

作为实验区的平潭应朝着自由港方向发展，更好地对接台湾自由经济示范区，在高端制造业、金融、商贸、物流等产业与台商进行深度合作，力争实现两岸经济合作的新突破。同时推进与相邻地区的联动发展：鼓励相邻地区发展关联产业，增强承接台湾产业转移的区域整体功能，实现平潭与相邻地区优势

互补、共同发展。统筹与海峡西岸经济区其他地区的协调发展：平潭综合实验区作为海峡西岸经济区先行先试的突破口，逐步向海峡西岸经济区其他地区推广成功经验，形成重点突破、以点带面、协调推进的对台交流合作新格局。同时，加强与国内其他地区的合作发展，支持平潭综合实验区加强与大陆其他地区尤其是台商投资相对集中地区的合作，鼓励这些地区的台资企业在平潭设立区域营销总部、物流分拨中心、产业研发基地，促进优势互补、分工合作、共同发展。

4. 以 ECFA 联接 TPP 与 FTA，寻求两岸共同参与全球及东亚区域经济整合的可行途径

海岛型经济与浅碟型经济体系的特点，使台湾地区经济发展有赖于国际贸易的扩张。两岸共同参与全球及东亚区域经济整合相关事务，一同融入亚太区域经济整合，是台湾扩大国际经贸空间的可行路径。两岸深化经济合作有利于两岸拓展国际经贸市场，提升两岸产业竞争力。两岸应持续促进两岸经贸正常化与自由化，并利用两岸经济合作，进一步寻求共同融入全球及东亚区域经济整合的途径，如 RCEP、TPP 等，扩大国际经贸空间。

要以 ECFA 联接 TPP 与 FTA，打造推动区域经济社会发展的新载体。这有利于开展两岸经济、文化、社会等多领域的交流合作，探索两岸共同应对东亚发展新情况、新课题的新模式和新机制，建设环海峡跨境自贸区，构建两岸同胞共同生活、共创未来的特殊区域，促进两岸经济社会的融合发展。

平潭综合实验区行政审批管理改革研究

——基于台湾经验借鉴视角

罗海成 *

一、引言

行政审批作为国家管理社会、政治、经济、文化等各方面事务的一种重要的事前控制手段，在我国被广泛地运用于许多行政管理领域，在我国经济社会发展过程中发挥了重要作用。但是，过多的行政审批和行政审批效率等问题日益突出，已成为发展的体制性障碍。推进行政审批制度改革，已成为各界普遍的呼声。

平潭综合实验区作为两岸和平发展的特殊区域，承担着各项改革先行先试的使命。当前，平潭推进自由贸易试验区建设，核心任务就是要推进体制、机制创新，打造改革的高地。借鉴台湾经验，推进行政审批管理改革，打造便利台胞的行政审批管理制度环境，推进两岸同胞共同家园建设，是国家行政审批管理改革宏观背景下，平潭迈入两区（综合实验区与自由贸易试验区）建设新阶段的内在要求，对于推进两岸深度交流合作融合发展，具有特殊的意义。

二、推进平潭行政审批管理改革的意义

（一）是贯彻落实中央决策部署的重要举措

2013 年 11 月，十八届三中全会通过的《中共中央关于全面深化改革若干重大问题的决定》指出，要全面正确履行政府职能，就必须进一步简政放权，深化行政审批制度改革，最大限度减少中央政府对微观事务的管理，市场机制

---

* 罗海成，中共福建省委党校、福建行政学院闽台研究院院长，教授。该文原发表在《闽台关系研究》2015 年第 3 期。

能有效调节的经济活动，一律取消审批，对保留的行政审批事项要规范管理、提高效率；直接面向基层、量大面广、由地方管理更方便有效的经济社会事项，一律下放地方和基层管理。①

十八届三中全会以来，中央将深化行政审批制度改革提到新高度、赋予新内涵、提出新要求，明确要求加快转变政府职能，进一步深化行政审批制度改革。李克强总理多次指出，政府职能转变是"新一届政府开门要办的第一件事"，要求"把不该管的微观事项坚决放给市场、交给社会，做到事前审批要多放、事中事后监管要到位"。推进行政审批改革，取消和下放一批行政审批项目也成为习李新一届政府的重要工作任务，并提出了削减三分之一以上的决心和目标，并强调行政审批改革是硬任务，地方要确保完成。

在平潭综合实验区迈入新的发展阶段之时，2014 年 7 月出台的《关于深化对台交流合作推动平潭科学发展跨越发展的意见》明确指出，要创新行政管理体制，改革审批制度，减少审批事项和审批环节，组建大综合的行政审批和公共服务平台。② 因此，平潭推进行政审批管理正是在中央行政审批管理改革的大背景下开展的，深化行政审批管理改革是平潭综合实验区科学发展跨越发展的重要工作，同时也是贯彻落实中央改革精神的重要举措。

（二）是建设自贸区和共同家园的积极探索

平潭综合实验区开放开发几年来，在基础设施建设方面取得了重大进展。在两岸关系不断发展的新格局之下，平潭综合实验区正迈向产业发展的重点阶段，尤其是平潭纳入中国（福建）自由贸易试验区范畴，平潭综合实验区发展面临新的机遇和挑战。在此背景下，平潭软环境的改善将成为未来较长时期内的一项重要工作。

平潭综合实验区设立以来，经济社会发展取得了巨大成就。但不容忽视的是，由于近年来功能区、行政区融合以及内外部（包括两岸关系）环境变化等原因，平潭综合实验区也面临着政策优势弱化、体制机制同化、外部竞争加剧等问题和挑战。

在平潭开放开发过程中，外界尤其是台湾方面一直在追问：平潭的独特优

---

① 中共中央关于全面深化改革若干重大问题的决定，2013-11-15，http://www.scio.gov.cn/zxbd/tt/Document/1350709/1350709.htm.

② 关于深化对台交流合作推动平潭科学发展跨越发展的意见，2014-07-27，http://www.fujian.gov.cn/zwgk/zxwj/szfwj/201407/t20140727_761621.htm.

势在哪里？

从国家战略层面来看，中央对平潭综合实验区的定位是"四区定位"——两岸交流合作先行区、体制机制改革创新区、两岸同胞共同生活宜居区、海西科学发展先导区。[①] 从"四区定位"的内在关系看"体制机制改革创新区"是其他"三区"的重要支撑和保障。因此，基于平潭综合实验区的总体定位，平潭的优势要突出体制机制创新方面——这也是平潭综合实验区中"综合"内涵所强调的定位。

在中国（福建）自由贸易试验区中，平潭片区与福州、厦门片区相比，相对而言还算是一片生地，平潭自贸片区必须突出自身定位，突出自身优势，平潭必须创造与福州、厦门等其他区域不同的比较优势，开展互补性试验。

自由贸易试验区建设作为一项国家战略，通过开放倒逼改革，努力实现制度创新，行政审批制度改革成为制度创新的着力点。中国（福建）自由贸易试验区建设为进一步推进平潭行政审批管理改革提供了良好契机。平潭要充分利用"综合实验区"的先行先试政策，利用自由贸易试验区体制机制的创新优势，全面展开和深化以行政审批管理改革为核心的体制机制改革，一方面要继续争取特殊政策权限，增强政策吸引力；另一方面要继续提升行政效率和服务水平，进一步放宽限制、简化手续、下放审批权，通过行政审批管理改革，在政府权力上做"减法"，在政府服务上做"加法"，换取市场环境的"乘法"，释放改革红利、激发市场活力，打造公平高效、充满活力的市场环境，打造互利共赢、和平发展的开放环境，推进投资贸易和人员往来便利化，创造和提升平潭的核心竞争优势。

三、台湾行政审批管理及其启示

围绕台湾行政审批制度与管理等议题，课题组赴台开展专题调研。台湾虽没有与大陆对应的行政审批的特定术语，没有与大陆相类似的行政审批中心，但是台湾公共行政理念以及台湾在行政审批管理方面的一些做法，值得平潭在行政审批管理改革中予以借鉴。

---

① 平潭综合实验区总体发展规划，2011-12-19，http://www.fujian.gov.cn/ztzl/jkjshxxajjq/zcwj/201112/t20111219_436384.htm.

（一）台湾行政审批管理简况

行政审批属于公共行政实务的内容范畴。在台湾，行政审批是随着公共行政实务改革而不断变迁的。[①]

1958 年 3 月，台湾当局成立"临时行政改革委员会"，围绕组织调整与权责划分、行政效率与分层负责、事务工作统一管理、地方行政等方面提出了 80 多项改革建议。

1969 年 3 月，台湾当局成立"行政院研究发展考核委员会"（以下简称"研考会"），并将之作为推动行政革新的常设性行政机构。"研考会"负责研拟革新及加强便民措施，"行政院"以下各层级机关也建立相应的研究发展考核体系，推动全面政治革新，以提高行政效率，实现为民服务的目的。

20 世纪 80 年代，是台湾发展的关键时期，台湾经济长期增长，与香港、韩国、新加坡同被誉称为东亚四小龙，开始朝自由化、国际化方向发展，行政管理改革也不断推进。

20 世纪 90 年代，是台湾公共行政的蜕变期。1993 年，美国克林顿总统推行"政府改革"，重塑政府运动，强调突出顾客导向理念，提出精简机构，放松管理等改革措施。在此背景下，台湾当局推动"行政革新"计划，以"廉洁、效能、便民"作为改革的重点。在提升行政效率，强化效能方面，设立"业务改进小组"，修订"分层负责明细表"，以委托或外包民间办理方式，简化政府服务业务；在落实制度变革，加强为民服务方面，设立"行政革新服务团""制度改革小组"等，实施跨机关部门信息连线服务，推动各机关部门办理服务训练，推行礼貌运动等政策。

1997 年 1 月，台湾当局推出修正的行政革新方案内容，将"建立电子化政府、创造竞争优势""提升服务质量，加强为民服务"作为改革的重点，并成立"政府再造推动委员会""政府再造咨询委员会"，从组织、服务、法制等方面进行全面性的"政府再造工程"（"三再造工程"）。一是在组织再造方面，推动制定"政府机关组织基准法"及"政府机关总员额法""行政院组织法"、调整机关部门组织功能业务以简化行政层级、调整各级政府权责分工、落实地方自治精神，以及建立组织及员额绩效评鉴制度等工作。二是在服务再造方面，主要包括全盘修正、简并、松绑人事法规，推动行政作业程序合理化、便捷化及效

---

① 李谒霖：《论政府改造下政府业务委托民间办理之相关法律问：以合作行政为中心》，台湾海洋大学海洋法律研究所，2006 年。

率化，并推动行政单一窗口化、简化作业流程，建立电子化政府，全面提升服务质量等。1997 年 1 月 1 日起正式实施"全面提升服务质量方案"，并从 1998年起开始实施"行政院服务质量奖评奖实施计划"，每年进行一次行政机关服务质量评比，促进各级行政机关服务质量大幅提升。三是在法制再造方面，推动政府角色调整，鼓励民间参与公共建设、政府业务委托民间经营、改革行政程序、检讨土地使用、加强环境保护、健全社会福利、研拟特殊法人等重大业务制度，减少管制法规，进行法规松绑、管制方式合理化、行政流程简化及标准化，以提升行政效率。①

1999 年 7 月，台湾当局成立"行政院提升行政效能项目小组"，针对如何提升行政效能研议改进措施，并于 2000 年通过"中央政府机关总员额法草案"，要求在 6 个月内提出行政程序简化方案。"行政院提升行政效能项目小组"就26 项行政效能改进措施逐项完成研议后，针对民众接受政府服务最常抱怨的问题，以及舆论对政府机关效能方面最常批评的议题，拟定"整合政府对外服务""强化机关内部管理"作为行政效能提升的重点工作内容。

2001 年 8 月，台湾当局设立"政府改造委员会"，秉持"顾客导向、弹性创新、伙伴关系、责任政治、廉能政府"等五大理念，正式推动政府改造工程，明确通过"去任务化、地方化、法人化、委外化"等"四化"策略来实现"民间可以做的，政府不做；地方政府可以做的，高层政府不做"的组织改造基本精神。

（二）台湾行政审批管理启示

1. 台湾公共行政"四化"理念及其启示

台湾公共行政"四化"是指"去任务化、地方化、法人化、委外化"四个方面的策略。一是"去任务化"，它是指强调梳理政府不再需要过问的政策业务内容，在行政管理审批上就是指要梳理出那些不需要行政审批项目和事项内容；②二是"地方化"，它是指强调对地方政府的授权管理，在行政管理审批上就是指要把那些由地方管理更为合适、高效的事项，通过上级授权，下放给地方和基层管理；三是"法人化"，它是指在行政机关中引进和推行"企业化"运

---

① 詹中原:《台湾公共行政实务发展之历史回顾》，2007-09-27，http://www.npf.org.tw/post/2/3038.

② 王皓平:《政府职能委外化与去任务化的差异》，2011-05-26，http://www.npf.org.tw/post/1/9230.

作模式，在行政管理审批上就是指要完善审批流程和服务质量，提升政府机关服务的效率与效果；四是"委外化"，它是指委托民间机构和团队承担某些政府事务，在行政审批管理上就是指将某些事务，如部分审批事项和部分事中、事后监管工作委托中介机构负责。

从某种意义上说，上述"四化"就是台湾行政审批管理等公共行政改革的基本精髓。也就是说，为了因应自由化、市场化的经济发展需求，对于因形势变化不再适合政府机关完成，而民间办理更高效的那些行政任务，台湾当局鼓励不再由政府的行政机关实施，而是转交由市场的民间部门实施，鼓励民间中介机构提供服务。

对于平潭综合实验区行政审批管理改革来说，平潭可以借鉴台湾公共行政的"四化"理念，梳理出哪些是不需要再审批的项目和事项，政府不再审批；梳理出哪些事项是上级政府可以授权基层审批管理的，尽快实行授权管理；梳理出哪些业务是可以委托民间中介机构完成的，委托有资质的合格的社会机构承担；梳理出哪些审批环节是可以进一步优化的，尽快采取措施优化行政审批程序。

2. 台湾行政审批管理需求导向及其启示

台湾行政机构在行政审批及服务方面，贯穿着"顾客导向"，即以实现公众满意为准则。在调研中，台湾一些政策研究机构和企业部门都强调在平潭行政审批管理改革中应对台胞和台企的实际需求给予高度关注和了解。

在与逢甲大学公共政策研究中心的座谈调研中，台湾学者指出，平潭与台中具有海上直航的便利条件，可以在产业经济方面开展深度合作。同时他们也指出，平潭方面应为台胞和台企提供他们认为最为重要的便利条件和环境。在台中，中部科学工业园区管理局采取单一窗口服务机制，所有与企业相关的投资、工商、营建、建管、资讯、环保、劳资、工安及其他所有服务项目，均由中部科学工业园区管理局负责提供。这种单一窗口服务机制在台湾普遍实施。

在与台湾京扬国际物流公司的座谈调研中，台方公司负责人指出，目前台中转运出口福建的奔驰、宝马等高级轿车，大部分都是经由上海等地再抵达福建，致使物流成本高昂。平潭方面可以分析这一问题的根源，根据不同企业实际，为台湾物流企业对接平潭、福建提供相应的条件，其中涉及通关过境在内的行政审批管理等方面都是值得进一步深思的。

3. 台湾行政审批授权管理模式及其启示

在台湾的调研中，课题组发现授权管理模式是台湾行政审批管理的一项创新，值得平潭方面深入研究和创造性借鉴。

在台湾，科学工业园区隶属于"科技部"，但在各科学园区的行政审批事项方面，"科技部"均直接授权委托所属科学工业园区管理局负责实施。因此，各科学工业园区的企业设立时限很短，科学工业园区管理局可以直接与企业沟通，提供企业所需的各项个性化服务。对于平潭综合实验区来说，区域内有海关、检验检疫、工商税务等直线部门，通过借鉴台湾的授权管理模式，将可以显著提高行政与服务效率。

在台中市政府"研究发展考核委员会"的座谈调研中，台中方面提及台中和金门两地互为授权，可以在本地为对方居民、企业等开展相关行政审批工作，实现跨域行政审批管理。在台湾港务有限公司台中港务分公司的座谈调研中，台中方面指出，平潭和台中方面可以在海关通关、检验检疫等方面，考虑将对方行政审批事项前移，分别授权委托对方有资质的部门或机关代为实施，可以进一步深化台中与平潭的港口合作。这些对于平潭与台湾开展点对点合作，探索两岸异地跨域授权管理具有重要的参考意义。

4. 台湾行政审批服务品质管理及其启示

台湾当局自 1999 年起实施"政府服务品质奖"，致力于政府机关服务品质的改善，强调为民服务质量的提升。

在东海大学的座谈调研中，围绕"提升为民服务质量的策略与制度"进行了交流；在台北市"为民服务 1999 热线"的调研中，台湾地方政府十分强调和重视行政服务流程的合理性，跨机关合作过程中的协调与沟通，服务人员队伍素质建设，以及服务品质定期分析研讨等方面的工作。这对于平潭行政审批管理改革，如何进一步优化行政审批管理流程，提升行政审批服务质量，都具有现实的借鉴意义。

5. 台湾行政审批组织再造做法及其启示

台湾在企业设立、项目审批等方面的手续非常简约，花费时间也非常有限，一些相关审批职能也分散到相应的机构之中。这种成效在很大程度来自于台湾公共行政组织再造。

台湾公共行政组织改造的基本做法是透过各机关合组工作圈，首先针对性质相同或近似的业务进行块状分析和检讨，通过对个别业务进行整体、单一的程序检讨，在分析检讨结果的基础上，研究最合适的处理方式，确定民间可以做的政府不做、地方政府可以做的"中央政府"不做，然后依次分别由"中央与民间伙伴小组""中央与地方伙伴小组"及"中央机关功能调整小组"进一步进行审查，最后制定组织改造方案，并提交专门委员会确认，进而达到组织改造的目标。这也是台湾当局推出的"三再造工程"中的"组织再造"工程。对于平潭来说，行政审批管理既涉及平潭当地的多个部门，也涉及中央、省部等上级部门，如何对这些横向和纵向的业务进行重组，如何针对行政审批管理中的相关部门业务进行重组，将是平潭行政审批管理改革的重点和难点。

四、平潭行政审批管理改革目标与思路

（一）改革目标

借鉴台湾公共行政经验，进一步降低市场准入门槛，大幅度减少审批事项；进一步完善配套服务，大幅度缩短审批时限，提高行政审批效率；进一步规范行政审批管理，强化事中、事后监管，推进政府职能转变、深化行政审批制度改革，将平潭综合实验区打造成为华东地区乃至全国审批项目最少、行政效率最高、管理秩序规范的实验区，最大限度释放改革红利，更加便利台湾同胞，显著提升环境优势，为全面推进两岸深度融合提供体制机制保障。

（二）平潭行政审批管理改革思路

一是变革观念，自我革命。政府部门要突破行政审批改革中的部门利益阻力障碍，打破权力暗箱，建立向社会公开的权力清单制度，确保行政审批流程清晰透明，把政府权力关进制度的笼子，发挥市场在资源配置中的决定性作用。

二是减少审批，简政放权。将政府职能转变和机构改革工作有机衔接，减少对微观事务的管理，加大政府职权向社会组织转移力度，精简、规范行政审批事项，严控新增行政审批，最大程度激发市场活力。

三是转变职能，主动服务。整合政府资源，变外部行政行为为内部行政行为，将项目建设单位面对多个行政部门，实施单一窗口受理制，依法整合审批流程、缩短审批时间，为两岸民众和企业提供便捷高效的服务。

四是再造流程，提升效率。优化行政审批服务和审批流程，强化跨部门工作协调，在审批阶段内涉及多个审批事项的，并联审批，同步办理，审批部门按照法定的审批权限、条件、标准、方式、责任，限时办结，提升行政审批效率。

五是放管结合，规范运行。坚持"放""管"结合，在简政放权的同时，切实加强对市场和社会的日常监督，防止出现管理真空，变事前审批为事中、事后的监督管理，营造公平竞争环境。

六是两岸融合，探索先行。突破历史路径依赖，突出两岸行政审批管理制度的相互借鉴、创新和改革，有计划、有步骤地推进改革先行试点，打造为台湾民众和企业认可的更高效、更便利的行政审批管理制度环境。

五、借鉴台湾经验，推进平潭行政审批管理改革的建议

（一）成立强力推进行政审批管理改革的专门工作机构

行政审批管理改革意味着要缩减政府相关部门的权力范畴，提高行政服务的要求，增加行政服务的投入，在这一改革过程中必须面对来自政府相关部门的阻力。为顺利推进行政审批管理改革，可参照台湾整合服务效能提升方案中设立专门工作小组的做法，建议成立强有力的专门工作机构。

一是成立强有力的工作领导小组。建议由平潭综合实验区管委会领导出任组长，相关部门主要负责人为成员。

二是设立领导小组办公室。负责指导、推进、协调、督促行政审批制度改革有关具体工作，承担领导小组的日常工作。

三是设立行政审批制度改革处。该机构可挂靠管委会办公室，负责指导、协调、推进深化行政审批制度改革工作，协调有关部门行政审批事项设立、办理等日常监管和投诉工作，推进行政权力公开透明运行，承担日常工作。

四是增设相关工作编制与岗位。考虑到行政审批管理改革任务繁重，建议对承担相关工作任务较重的部门增加相应的行政编制和岗位，确保行政审批管理改革工作落实到位。

五是加强行政审批人员培训。全面提升行政审批工作人员的思想政治素质、能力素质、服务素质，做到审批提速、服务提质、素质提升。

（二）全面梳理削减审批事项

李克强总理明确表示，新一届政府把简政放权、放管结合作为改革的重头戏，并提出了具体的目标要求。台湾当局在《整合服务效能跃升方案》（2012）中，也明确提出减少申办案件核章数的具体指标。因此，全面梳理和减少审批事项也应是平潭行政审批管理改革的首要重点工作。

一是按规定取消缩减行政审批事项。对国务院公布取消的行政审批事项，一律取消，对现行的行政审批事项能减则减。凡是公民、法人或者其他组织能够自主决定的，市场竞争机制能够有效调节的，行业组织或者中介机构能够自律管理的，政府都要退出；凡是可以采用事后监管和间接管理方式的，一律不设前置审批；凡是以部门规章、文件等形式违反《行政许可法》规定设定的行政许可，要限期改正。

二是根据自身特点确定取消行政审批事项。对上级没有直接涉及，但从实验区改革发展实际出发，有必要、有条件予以取消或调整的审批事项，各单位要积极提出调整意见和方案。

三是向上级争取下放部分行政审批权限。对原属上级职权范围或法律法规有明确限制，但平潭认为有利于实验区发展，应当下放给实验区或在实验区范围内暂停实施的审批事项，要进行深入分析和科学论证，提出调整建议，积极向上级反映，争取先行先试。

四是推行权力和责任清单制度管理。梳理确需设置的行政审批事项，汇总各有关单位的行政职权，编制政府权力清单和责任清单，一律向社会公开，切实做到法无授权不可为、法定职责必须为。

五是探索推行负面清单管理。结合自贸区建设，推行负面清单式管理，逐步向审批事项的"负面清单"管理迈进，做到审批清单之外的事项，均由社会主体依法自行决定。

（三）推进行政授权联合审批

建议借鉴台湾科学工业园区审批制度的做法，在更大范围推行授权联合审批。平潭综合实验区可以向上级主管部门争取授权管理，实行特殊行政审批管理。

一是推行行政服务中心行政审批授权审批制度。各审批部门驻行政服务中心的首席代表被授权现场审批权，在相关行政审批阶段，除需要专业技术服务机构开展听证、专家评审等环节外，其他流程的审批全部在政务服务中心窗口办理，实现现场授权审批，改革审批方式。

二是推行行业公会授权模式。部分审批、管控功能授权于行业协会实施，针对不同行业特点授予不同权限。这也是台湾业界的常见做法和经验。

三是探索"区中园"授权模式。借鉴台湾中部科学工业园区上级主管部门授权管理模式，在当前平潭自贸试验区建设过程中，探索建设平潭自贸试验区管委会与平潭三个片区的授权管理模式，部分审批、管控功能授权于专业园区管理处，针对不同园区特点与产业类别特点授予不同权限。

四是推行实验区与部省相关部门联合共管授权模式。根据园区性质与特点，涉及上级或垂直管理部门职权的，争取引进（共享主管权限）相关部委实现省部共管，探索在平潭综合实验区开展授权管理。

（四）优化行政审批管理流程

对平潭现有所有行政审批流程做进一步的批判性讨论，即便是对已经取得突破的行政审批管理都需要做进一步的考量和改革。建议借鉴台湾组织、服务再造做法，在现有内部操作流程基础上，进一步实施行政审批流程再造，提升审批效率和服务水平。

一是实行"一口受理、全程服务"。通过科学梳理流程采取"流水线"作业方式，使关联审批事项紧密衔接，建议实施企业设立"一口式"服务、企业投资项目"一体化"审批、政府投资项目"一条龙"办理机制。一方面，实行柜台服务单一窗口管理制度，行政审批各机关部门持续推动单一窗口全功能服务及跨机关部门业务整合服务，实行窗口统一受理、后台并联办理。另一方面，实行网络服务单一窗口管理制度，强化平潭行政审批官网作为网络单一窗口的平台功能，扩展政府机关部门各项在线申办服务与在线审核范围，方便民众通过网络渠道取代马路途径，办理相关审批事项。再一方面，实行电话服务单一窗口管理制度，各机关部门推行电话单一窗口，方便民众查询、申办各项服务。

二是开展行政流程简化。各机关部门要配合组织再造目标，分析和简化内部行政审批流程，例如落实分层授权机制，减少层转核定的层级；或如有会办案件时，以同步会办方式办理，各职能部门在后台限时办结，提高案件签办时效。

三是出台"行政审批流程图"。根据行政审批流程优化思路，针对相应的行政审批事项，逐项制作"行政审批流程图"。流程图要细化到具体的环节（包括申请、受理、审查、决定等）及相应的承办机构、关联审批情况（前置或后置审批）、上下级审批情况（初审或复审）、时间要求等内容。对于已制作流程图但涉及内容不够全面的审批事项，要进一步补充完善。

四是设立行政审批局。目前行政服务中心是采取各部门进驻中心的方式实施审批，审批职能分散，审批效率不高。为解决这一问题，建议突破传统的审批模式，探索设立行政审批局，将诸多部门的相关审批职责，全部划转到行政审批局，将原来归属于各部门的行政审批权力转出来，集中由行政审批局统一实施，启用行政审批专用章，为创新审批服务创造体制条件，提升审批效率和服务水平。2014年10月平潭成立的"马上办"办公室，在某种意义上可以理解为是一个以建设项目为核心的局部的"行政审批局"。建议进一步将现有服务中心与"马上办"办公室相关职能和业务进行整合，形成一个系统、完整的行政审批局。

（五）创建线上行政服务中心

树立公众顾客导向，创建线上行政服务中心，构建互联互通的网络平台，并将之纳入智慧平潭建设工程，创新推出各项便民服务措施，通过在线办理、相互联网，实现网上审批、网上监管。

一是建设电子信息交换共享平台。实现工商、质监、国税、地税和公安等信息共享，建立开通网上办事大厅"直通车"办事渠道和专门网站，搭建跨部门的行政审批网络平台，实现"申请—审批"的无纸化操作，申请人在互联网上登记申报审批事项，审批人员网上审核，争取大部分行政审批业务都能在线上完成，包括证件识别，证书打印等原先必须由线下服务才能完成的业务。凡是能通过事前网上登记备案的，取消现场办理和审批，部门间实行数据网上传递、项目网上审批，做到网上申报、受理、转送、答复、审核和办理，批准后通知申请人到行政许可服务中心一次性领取证件。

二是推行全程电子化文本。全力推动公文在线签核作业，推动单据凭证电子化，减少纸本单据凭证，以便利民众查询，或由受理单位主动查询，以加速申办速度，提高行政审批处理效能。

三是建立行政审批热线。电话热线的方式能够快速解决民众或企业在申办过程中的各种疑惑，使得申报者在准备材料、申请报批的流程中少走弯路。探索构建"实体—网络—电话"三位一体的服务体系，以拓宽民众行政审批办理渠道。

（六）提升行政审批服务品质

树立公众满意理念，借鉴台湾公共服务品质改进策略，大力改善和提升平潭行政审批服务水平，做好行政审批服务的"加法"。

一是主动提供民众所需服务信息。政府机关部门要设身处地考虑申报者申办某项业务时，可能面临的相关服务需求，主动提供后续相关服务信息，减少申报者可能出现多次往返查询等问题。运用多管道为申报者主动提供通知服务，方便民众在线查询服务，掌握申办进度，让民众透过单一窗口接收查看各项通知讯息。

二是推行简化和标准化文本表格。针对各类行政审批申报事项类别所需填写的不同表单，由行政审批管理各主管部门进行研讨交流，不断简化文本表格，尽快制定发布标准化表格，实现一表申报。

三是实行申报者签名即可办理制度。申报者在柜台办理简易申办案件时可以免填书表，可由申报者口述由服务人员确认身份后代填或在线填报后，打印纸本交付民众签名即完成申办服务。

四是实行多元管道，同步服务。针对一些与民众生活密切相关的申办服务，可运用民间多元服务通路（如超市、邮局），以扩大政府实体柜台服务网点，让民众可就近在上述地点接受政府服务或完成简易申办案件，落实便捷服务。

（七）创新行政审批监管方式

做好"放"和"管"的有效衔接，在重新界定行政审批权限的同时，制定加强监管的规定与办法，明确监管内容、落实监管职责、创新监管方式、健全约束机制，建立健全监管机制。

一是建立科学监管机制。在审批权取消和下放后，要明确不同类别监管的责任主体，职责，分类制定监管工作标准和规范；运用电子监控、服务对象评价、民意调查等多种手段建立多方共同参与的审批权力监督管理；加强基层审批能力建设，审批项目改革中事权的下放要与财权、要素配置权同步推进，并在推进中加强指导和协调。

二是制定监管标准体系。在准入标准方面，主要包括市场主体进入某行业或领域所必须具备的基本条件，如资质资格要求、规划要求、产业政策要求、环境保护要求等。在生产经营活动标准方面，主要是指在生产经营活动的过程中应当执行的标准和规范，如管理标准、技术标准、安全标准、行为规范、道德规范等。在检测（检查）操作规范方面，主要是对市场主体的生产经营过程以及所提供产品（服务）进行检测（检查）的操作规范，尽可能细化。在制定和公开监管标准的基础上，建立全面细致的事前服务和指导机制，加强跟踪服务，引导和帮助市场主体充分了解本行业或领域应当遵守的各项标准。

三是加强企业信用管理。探索建立"告知承诺"机制，政府部门告知市场主体应当遵守的监管标准，市场主体签订遵守标准的"承诺书"后，政府部门视同其通过审批，同时对其履诺情况开展不定期检查。与此同时，建立企业信用信息公示系统，采用异常企业名单的做法，及时公布在工商管理、税收征收、环境保护等方面出现违章违法的企业，加大对市场主体执行标准、遵守法律、诚信经营的监督检查。

四是建立行政执法部门与司法机关的协作机制。建设"行政执法与刑事司法衔接"工作信息平台，实现有关违法犯罪案件的执法、司法信息互联互通，建立完善信息共享范围、录入时限和责任追究制度。建立健全涉嫌犯罪案件的移送和监督机制，加强对行政执法机关查办和移送涉嫌犯罪案件工作的监督，加强行政执法与刑事司法衔接，形成预防和打击违法犯罪的合力，提高行政执法透明度。

五是加强内部管理监管。一方面，要制定行政审批监管制度和办法，建立行政审批服务评价机制。在网络上公布行政审批目录清单、程序清单、责任清单、政策依据、申报材料、承诺时限等，实现公开阳光审批，投资者可通过网络随时查询行政审批进度，并对办理情况进行评价打分。行政审批管理机构要定期收集社会各界对政府处理申报案件在服务速度、态度、专业度、解决问题程度等方面的满意度评价。另一方面，要建立和实施绩效问责长效管理机制，整合纪委、监察、审计等部门力量，建立大督查工作机制和综合评价体系，对审批过程实行实时监控、预警纠错、廉政监察、责任追究、绩效考核，根据社会各界反馈意见，对相应行政审批环节负责人兑现奖惩，以避免不作为现象。

（八）积极培育服务中介机构

借鉴台湾引入中介机构参与有关行政审批业务的做法，可以进一步提高审批效率、优化投资环境，同时要加强对参与行政审批中介机构的有效监管。

一是积极培育服务中介机构。探索实行中介服务外包方式，采取前效措施打破中介行业垄断，以"非禁即入"为市场准入原则，清理取消各种行业性、区域性的中介市场保护政策，降低准入门槛、拓宽市场准入大门，培育中介机构，引入外地高资质的中介服务机构，打破地方垄断。可以考虑将参与行政审批的重点中介机构进驻行政服务中心，通过服务大厅受理和服务，确保中介机构提供规范和标准服务。

二是确保政府部门与中介部门关系脱钩。要清理解决政府职能部门下属单位参与行政审批中介服务的现象，对于其他中介机构来说，这明显有失于竞争的公平性，难于保证结果的公正性，要尽快将中介机构与政府职能部门彻底脱钩，打造社会中介机构公平竞争环境。

三是加强中介服务机构监管。第一，出台监管办法，加强对中介机构的设立审批、行为规范、执业竞争、信息公开、行业监管、诚信守则、违规违法的惩戒处罚等内容，促使对中介机构有法可依，有章可循，规范发展。第二，成立专门监管机构，确保有专门部门负责对中介机构进行监管。

第三，强化行业自律，积极引导建立中介机构的行业协会，制定职业准则、执业规则、奖惩规则、信用等级制度，规范从业人员执业行为，建立行业自律性监督管理机制。第四，实施奖惩措施，选取服务质量优、服务价格低、服务时限短的机构进行中介服务，对服务不达标的中介服务机构实行黑名单制，优胜劣汰。

（九）推动两岸行政审批互动

平潭要打造成为两岸同胞共同家园，就必须多方面开展融合实验，行政审批管理领域也不例外，平潭综合实验区要探索与台湾方面开展交流互动，进行适度对接。

一是在平潭与台湾之间建立"点对点"行政审批交流互动。建议平潭可推动与部分有意向、有条件的台湾县市建立行政审批交流关系机制，相互交流行政审批现状与问题，相互借鉴对方成功经验与做法，前期可重点围绕行政审批作业流程等实务层面进行交流与合作，逐步推进平潭行政审批管理在更深层面上的改革。

二是建立简体、繁体、英文并用的行政审批文件体系。减少因文字差异给台胞、台企带来不方便的阻碍，体现出对台胞的尊重，强化平潭综合实验区行政审批工作的开放标志。

三是探索两岸跨域委托行政审批模式。参照台中与金门之间异地审批的做法，平潭综合实验区可在台湾一些县市委托台湾地方机构或中介机构，对台湾欲在平潭设立的企业或项目在台湾进行预审批；对平潭欲赴台湾设立企业或项目，台湾一些县市也可以委托平潭方面在大陆提供预审批服务，探索推行双方跨域预审批管理合作。

（十）建立行政审批动态优化机制

借鉴台湾为民服务热线等做法与启示，行政审批部门召开定期研讨会议，主动改善行政审批，实行动态优化管理。

一是建立行政审批定期与不定期相结合的优化机制。行政审批领导小组及各小组定期邀请民众和专家参加相关研讨会议，收集他们对政府行政审批管理方面的意见和建议。发现什么问题就解决什么问题，发现什么先进做法就学习什么做法，提出什么建议就研究什么建议，能做什么样的改进就进行什么样的改进，并结合定期（如一季度、半年或一年的）优化活动，使其系统化、规范化，使平潭综合实验区审批工作优化成为永续进行的任务。

二是树立持续优化意识。在不断推进优化平潭综合实验区行政审批服务体系的基础上，要重点发现和解决服务中存在的"瓶颈"，不管是环节上、程序上、工作人员服务质量或其他方面的问题，不因事小而不为，要把行政审批管理和服务实实在在地做到家。

鉴于行政审批工作涉及面广，且具专业技术性等特点，建议组织行政审批管理有关业务负责人，赴台湾、香港、新加坡等地开展深度调研，确定出哪些审批项目或内容可以取消，哪些审批项目或内容可以简约化，哪些行政审批流程可以再造，哪些方面可以与台湾对接，与国际对接，以确定平潭行政审批管理的优化项目与具体内容，不断推进平潭行政审批管理深层改革。对于从台湾地区或其他境外区域可借鉴的一些有价值的特殊举措，要根据大陆及平潭的环境条件设计专案，进行试点，探索其可行性，寻求先行先试性突破。之后，再逐步扩大试点范围，进而全面推进。